with
족보
닷컴

新 수학의
바이블

핵심을 쉽게! 이해를 빠르게! 점수를 우월하게!

내신 특강

중학 3-2

본 교 재

이투스북

新 수학의 바이블

이 책에 도움을 주신 선생님

서울

강민설	시대인재수학스쿨	박경보	최고수챌린지에듀학원
강아란	칼수학학원	박교국	로드맵수학학원
강은실	천호 하나학원	박명훈	김샘학원 성북캠퍼스
강춘기	리더스학원	박세원	최고수챌린지에듀학원
강현숙	유니크학원	박소라	메사학원 의자사관
고수환	상승곡선학원	박수건	비채수학원
고예슬	시그마학원	박연희	박연희깨침수학교습소
고윤석	수재학원	박용순	전문과외
고향근	멘툴수학전문학원	박용우	일신학원
고혜원	전문과외	박재석	날개수학학원
공정현	대공수학	박진희	박선생수학전문학원
구난영	셀프스터디수학학원	박찬수	대치 백년나무교육
구순모	세진학원	박태흥	CMS 학원
권가영	로드맵수학학원	박혜진	강북수재학원
권민주	안국대치이강학원	배용현	감탄교육화곡학원
권상호	수학은권상호	배재형	배재형수학
권용만	은광여자고등학교	백운경	일신학원
김경일	청명보습학원	변세정	더원학원
김국환	매쓰플러스수학학원	서광열	위드맵버스
김금화	라플라스수학	서근환	대진고등학교
김동철	토트라수학원	서다인	로드맵수학학원
김명도	성북 미래탐구	서민국	시대인재 특목관
김명후	더클레버수학학원	서중은	블루플렉스학원
김미영	명수학교습소	서지원	동구여자중학교
김민수	PGA전문가집단학원	서호근	깊은생각학원
김민창	개인교습	석현욱	잇올스파르타
김병호	국선수학학원	선철	일신학원
김보미	고매쓰공부방	성선화	칼수학학원
김복현	오류고등학교	성성아	SNS수학전문학원
김상철	마포 하이스트	손민정	두드림에듀
김선경	개념폴리아학원	손충모	대치동 케이투수학
김선용	목동 미래탐구	송기철	진명학원
김성규	서울바움학원	송진우	다원교육
김성민	카이수학교습소	신기영	청림학원
김성재	맑은수학밝음국어학원	신기호	성북 메가스터디
김수련	선정고등학교	신대용	신수학교습소
김승현	대치 Math4U	신승규	한국삼육고등학교
김양진	나무아카데미	신은진	상위권수학학원
김영재	뉴스터디	심지현	심지수학
김영진	전문과외	안대호	더함수학학원
김예름	다원교육	양원규	일신학원
김운	잇올스파르타	양철웅	Kevin Math Clinic
김정근	삼각산고등학교	양해영	청출어람학원
김정아	지올수학	엄지영	메이드학원
김정철	티포인트에듀학원	오한별	광문고등학교
김정환	길에듀수학의길	왕한비	왕쌤수학학원
김정훈	이투스수학학원	우재석	수학만학원
김주영	더하이	원종운	예섬학원
김주현	세화여자고등학교	원준희	CMS S
김진규	서울바움수학학원	윤여균	맥시마
김하연	전문과외	윤여호	위례광장엠베스트해법영어학원
김하현	행당 제일학원	윤오상	윤오상수학학원
김항기	숭인중학교	윤원기	세종과학고등학교
김현아	전문과외	윤현욱	수학을수학하다
김현욱	리마인드수학	윤홍원	드림수학교습소
김현유	혜성여자고등학교	은현	CMS 입시센터
김현주	숙명여자고등학교	이건우	송파 이지엠수학학원
김형진	수학혁명학원	이경주	이지수학학원
김홍수	김홍학원	이동훈	PGA전문가집단학원
나태산	학림학원	이민혜	양천고등학교
남호성	퍼씰수학전문학원	이민호	대치강안교육
목진욱	구주이배수학학원	이산	탁월한수학
문소정	사보이수학	이상문	P&S학원
문재웅	성북 메가스터디	이상훈	골든벨수학학원
민금조	미래인재학원	이성애	수박나무수학
		이성용	이성용수학

이성재	지앤정학원	허갑재	대치스펙터학원
이수호	수학의미래	허다민	더큰학원
이승호	동작 미래탐구	홍슬기	슬기수학공부방
이어진	신목중학교	황제선	삼성 다수인학원
이용우	올림피아드학원		

부산

이은숙	포르테수학교습소	구덕문	아연학원
이재만	대새수학전문학원	김명선	김쌤수학
이재복	동작 미래탐구	김민	미래탐구
이재용	분석수학 강서1관	김민규	다비드수학
이주경	생각의숲수학교습소	김아름	무한꿈터
이주하	탑고려학원	김유상	드림에듀
이준엽	메티스학원	김정아	대명여자고등학교
이지훈	훈쌤수학	김지연	김지연수학교습소
이진영	생각하는황소 광진	김진호	해운대 에듀플렉스
이충안	채움수학	김치욱	수학발전소
이태웅	수찬학원	김태진	한빛학원
이학송	뷰티풀마인드수학학원	김학진	학림학원
이현우	씨엠에스에듀 서초영재관	김효상	코스터디알파학원
이현주	방배 스카이에듀학원	김훈	매쓰힐수학학원
이현환	백샘영수학원	나기열	프로매스수학교습소
이현희	양천고등학교	노승경	프로페셔널수학
이혜림	염광고등학교	노하영	확실한수학
이혜수	수리샘수학교실	류형수	연제 한샘학원
이혜영	여의도고등학교	모란	매씨아영수학원
이호재	성북 메가스터디	박대성	키움수학교습소
임갑봉	중계 학림학원	박범진	다수인학원
임규철	원수학	박성찬	프라임학원
임다혜	시대인재수학스쿨	박연주	세인수학원
임상훈	방산고등학교	배철우	하단 종로학원
임성국	전문과외	신인선	이룸수학교습소
임아름	한국삼육고등학교	안찬종	이투스
임혜선	상승곡선학원	여지윤	수딴's수학
장지식	학림학원	유소영	파플수학학원
전경진	늘푸른수학학원	이경덕	수딴's수학
전지홍	수도여자고등학교	이연희	오른수학
전혜인	성북 메가스터디	이정화	수학의힘 가야캠퍼스
정대교	피큐브아카데미	이지은	하이매쓰수학학원
정민준	수학에미친사람들	이현광	현광수학학원
정수민	수민쌤수학과외	이효정	이효정고등/입시수학
정완철	강북멘토스학원	장인숙	더베스트학원
정장현	메사학원 의자사관	장정화	하이원수학
정주량	선덕고등학교	장혜선	자하연학원
정진아	정선생수학	전우성	이안학원
정하윤	랑수학교습소	정은주	성문종합학원
정현광	광성중학교	정의진	다수인학원
정혜련	신수학원	정재헌	개금국제어학원
정효석	최상위에듀학원	정희정	정쌤수학공부방
조병근	하이씨앤씨	조우영	위드유수학
조은우	한솔플러스수학학원	조은영	MIT수학교습소
조현탁	전문가집단	최정현	더쎈수학학원
주명준	가좌스쿨	최준승	다수인학원
주재우	성북 미래탐구	하예은	다수인학원
지명훈	선덕고등학교	허윤정	올림수학
차민준	이투스수학학원 중계점	허정인	삼정고등학교
차용우	서울외국어고등학교	황보미	전문과외
채수연	특자단수학학원	황성필	대치명인학원

인천

최병옥	최코치수학학원	강옥수	수학의온도
최연진	세화여자고등학교	기미나	기쌤수학
최영주	하나고등학교	김국련	G1230학원
최영준	문일고등학교	김윤경	엠베스트SE학원
최유담	동국대사범대학부속여자중고등학교	김윤호	종로학원하늘교육 동춘학원
최종석	수재학원	김응수	케이엠수학교습소
하태성	은평 G1230학원	김재웅	공부방
한동용	다원교육	김준	쭌에듀학원
한헌주	PMG학원	김진완	성일올림학원
함정훈	압구정함수학		

이름	소속	이름	소속	이름	소속	이름	소속
김현호	온풀이수학1관학원	백태민	송원학원	고지훈	지적공감학원	김경민	바른길수학학원
김효선	코다에듀	손혜진	인피니티수학학원	김근아	닥터매쓰205	김경진	경진수학학원
나원균	나쌤수학교실	양강일	양쌤수학학원	김기범	경일학원	김남진	산본 파스칼수학학원
노기성	노기성개인과외교습	유화진	진수학	김기평	둔산필즈학원	김동현	JK영어수학전문학원
박용석	절대학원	윤기호	샤인수학	김승환	청운학원	김미미	수학놀이터
박재섭	구월 SKY수학과학학원	윤선하	윤쌤수학	김윤화	나래수학	김민경	더원수학공부방
박창수	온풀이수학1관학원	윤태권	브라운학원	김윤환	양영학원	김민정	어울림수학공부방
박한민	감탄교육	이규철	조은수학	김지현	파스칼대덕학원	김상오	리더포스학원
박해석	비상영수학원	이상범	Math플래너	김진	발상의전환수학전문학원	김상훈	막강한수학학원
박효성	지코스수학학원	이우승	이우승수학전문학원	김홍철	토브수학교습소	김석현	G1 MATH
서호철	광성고등학교	이은주	전문과외	나효명	열린아카데미입시학원	김선정	수공감학원
석동방	GLA학원	이인호	본투비수학교습소	박연실	빅마수학	김선혜	기찬에듀기찬수학
송대익	ATOZ학원	이진욱	시지이룸수학학원 수성2호관	박진수	양영학원	김성은	블랙박스수학과학전문학원
신현준	수학수업	이태형	가토수학과학학원	배용제	L&K한울학원	김성진	수학의아침 수지캠퍼스
엄진웅	서인천고등학교	장두영	가토수학과학학원	배지후	다빈치영재입시센터	김세영	에스프라임학원
오상원	불로 종로엠학원	장세완	장선생수학	선진규	로하스학원	김소영	예스셈올림피아드
오선아	시나브로수학	장현정	남산고등학교	손일형	종로학원	김수민	통수학학원
오정민	갈루아수학공부방	전지영	전지영수학	송정은	전문과외	김영빈	이든학원
이승주	명신여자고등학교	정민호	J.STEADY수학	양상규	생각의힘수학학원	김영식	수학대가
이애희	부평 해법수학교실	주기헌	경원고등학교	우현석	에이투지학원	김영옥	서원고등학교
이원재	이루다교육학원	진국령	업앤탑수학과학학원	윤석주	윤석주수학전문학원	김영준	청솔수학
이필규	엠베스트SE학원	최영성	페르마학원	이규영	쉐마수학학원	김용덕	매쓰토리수학제2관학원
임지우	자유자재학원	최현정	MQ멘토수학	이수진	대전구봉중학교	김윤경	국빈학원
장영철	동산고등학교	하태호	월성 이투스수학학원	이일녕	양영학원	김은지	탑브레인수학과학학원
장효근	유레카수학학원	황지현	위드제스트수학학원	이지훈	이지훈수학과학	김은지	파스칼수학학원
전우진	인사이트수학학원	**광주**		조충현	로하스학원	김정호	큐매쓰학원
정대웅	전문과외	강승완	첨단시매쓰수학학원	차영진	연세언더우드수학	김정환	필립스아카데미
정윤교	온풀이수학1관학원	김광현	한수위수학학원	홍진국	와이즈만 대덕테크노센터	김정훈	죽전 파인만학원
정은영	밀턴수학학원	김국진	김국진짜학원	**울산**		김종남	제너스학원
정은혜	비상영수학원	김나형	원탑영수전문학원	권상수	호크마수학전문학원	김종찬	김종찬입시전문학원
정혜진	잇올스파르타 인천청라센터	김수홍	김수홍수학학원	권유혜	전문과외	김종화	퍼스널개별지도학원
조민관	서이학원	김원진	메이블수학	김경문	크레뱅크수학학원	김종환	바른수학학원
지영환	이능수학학원	김재현	김재현수학학원	김민정	전문과외	김지윤	광교오드수학
채수현	밀턴수학학원	김종민	하이퍼수학	김봉조	퍼스트클래스수학영어전문학원	김진국	스터디MK
최경수	코다에듀	김태완	루트원수학학원	김영배	화정 김샘수학과학학원	김진우	페르마수학학원
최문경	영웅아카데미	나혜경	고수학	김제득	퍼스트클래스학원	김창선	백영고등학교
최진	절대학원	류창암	멘토영수학원	나순현	물푸레수학교습소	김창영	에듀포스학원
최훈	수학의시선	마채연	마채연수학전문학원	문준호	파워영수학원	김태학	평택드림에듀학원
허진선	수학나무	박상현	유베스트학원	문호영	pmp영어수학전문학원	김현경	스카이학원
현미선	써니수학	배진문	광주양산학원	박국진	강한수학	김현자	생각하는수학공간학원
홍창우	인성여자고등학교	변석주	유클리드아카데미	박원기	에듀프레소종합학원	김현정	더클레버수학학원
황면식	늘품과학수학학원	설주홍	공신수학학원	성수경	위룸수학영어학원	김호숙	호수학원
대구		손광일	송원고등학교	신현승	토모수학	김호영	원수학학원
강민주	T.O.P.EDU	신성호	신성호수학	안재희	안쌤수학학원	김희성	멘토수학
강민지	용산김샘학원	양귀제	양선생수학전문학원	이원택	파워영수전문학원	나혜원	청북고등학교
구현태	나인쌤수학전문학원	양동식	1등급수리수학원	정세은	현대청운고등학교	노예리	더바른수학학원
권기현	이렇게좋은수학	이강우	대치공감학원	정운용	멘토영어수학학원	도진우	JCA교육
권보경	수%수학	이요한	제일수학학원	최규종	뉴토모수학전문학원	류혜영	용신중학교
김동영	통쾌한수학교습소	이주헌	리얼매쓰수학전문학원	최영희	재미진최쌤공부방	문기수	하늘아이학원
김득현	차수학 사월보성점	이헌기	보문고등학교	**세종**		문혜연	분당 입실론수학학원
김미소	에스엠과학수학학원	임태관	매쓰멘토수학학원	김영웅	새롬고등학교	박민주	카라Math
김성민	업앤탑수학과학학원	장민경	장민경플랜수학학원	김재현	세종국제고등학교	박상준	몬스터교육_대입몬스터
김수영	봉덕 김쌤수학	장영진	공감학원	박지연	리얼매쓰	박선영	알고수학
김연화	업앤탑수학과학학원	정다원	광주인성고등학교	안종훈	보람고등학교	박선우	문산제일고등학교
김영진	정앤진학원	정다희	다희쌤수학	오설향	해밀수학과학학원	박성준	수원칠보고등학교
김재홍	소선여자중학교	정원섭	수리수학학원	윤여민	전문과외	박연지	상승에듀
김채홍	학문당믿음수학	정형식	BMA롱맨영수학원	이요한	소담고등학교	박영주	쉬운수학 일산
김한서	한수학학원	정희현	현수학	이태호	상상이상	박원용	동탄트리즈솔빛나루수학학원
문윤정	능인고등학교	조은영	전문과외	이현아	현수학-전문과외	박정수	특작수학 시흥퍼펙트
박경득	파란수학	천슬기	페르마수학학원	정유진	세종다정고등학교	박정현	서울삼육고등학교
박나영	믿음수학학원	최수연	538수학학원	허욱	전문과외	박종필	정석수학학원
박산성	Venn수학	최지웅	매쓰피아	**경기**		박종덕	하이탑수학
박원철	경원고등학교	**대전**		강예슬	수학의품격	박주리	수학에반하다
박준혁	PNK수학교습소	강유식	헤럴드영수학원	강태희	한민고등학교	박주희	명인학원
박태호	프라임수학	강은옥	셀파5단지공부방	권용진	수학당	박찬용	템수학
박현주	Math플래너	강홍규	최강학원	권정현	전문과외	박하늘	일산후곡 쉬운수학

<table>
<tr><td>박한솔</td><td>SnP수학학원</td></tr>
</table>

박한솔 SnP수학학원
방미영 JMI수학학원
배재준 연세영어고려수학학원
배준용 솔로몬학원
배형진 에임하이수학학원
백경주 지트
변준호 김종우ATP학원
봉우리 하이클래스공부방
서용준 와이즈만영재교육학원
서지은 JMI수학학원
서하울 수학의품격
설성환 설생수학학원
성기주 토라모리아
성혜경 배움이자라는교실수학교습소
소상완 고잔고등학교
손석운 tn학원
손승태 와부고등학교
송승은 의정부고등학교
송지수 송지수공부방
송치호 대치명인학원
송태원 맑은숲수학학원
신경성 한수학전문학원
신동휘 김덕환수리연구소
신승현 동화중고등학교
신정화 SnP수학학원
신지현 CEM학원
신혜선 인창유투엠
안명근 맨투맨학원
안연수 포스텍수학학원
양동연 오산 위드학원
어재성 수학의아침
염철호 박선생수시전문학원
오승빈 뿌리깊은나무학원
용다혜 에듀플렉스학원
우선혜 엠코드수학
유진성 마테마티카수학학원
유현진 에이치알수학
윤여태 103동공부방
윤진근 씨엠클래스
이경민 차수학앤국풍2000학원
이경애 원픽수학교습소
이경희 임수학교습소
이명환 다산 더원수학학원
이봉주 성지학원
이상준 E&T수학전문학원
이성희 안산 피타고라스셀파수학교실
이소연 김덕환수리연구소
이소정 위즈333수학교습소
이소진 수학의아침
이수동 부천 E&T수학전문학원
이수진 청춘날다
이아라 cni수학원
이아현 전문과외
이원녕 이뷰스터디학원
이장훈 세일학원
이재호 플로우수학
이정찬 하길중학교
이지숙 브레인리그
이지인 전문과외
이진주 원수학학원
이창수 와이즈만
이창훈 나인에듀학원
이철호 파스칼수학학원
이태희 펜타수학학원
이현욱 teambasis덕소
임맑은 이지매쓰수학학원

임보람 펨토수학
임새롬 JMI수학학원
임성진 천천고등학교
임영주 해법수학학원
임우빈 2웨이수리관
임율인 탑수학교습소
임은정 마테마티카수학학원
장재영 이자경수학원 권선관
전애진 전문과외
전은혜 청유에듀타운
전일 생각하는수학공간학원
전진아 대치명인학원
정승호 이프수학
정연순 탑클래스
정영진 공부의자신감학원
정은선 용인필탑학원
정은주 전문과외
정장선 생각하는황소수학
정진섭 큐매쓰학원
정진욱 수원 메가스터디
정해도 목동혜윰수학
정황우 정석학원
조기민 연천중고등학교
조병욱 신영동수학학원
조상숙 수학의아침
조성민 유클리드수학학원
조성화 SH수학
조욱 청산유수수학
조의상 청유에듀타운
조재욱 지니학원
조현웅 추담교육컨설팅
조형숙 차수학 서재캠퍼스
지슬기 지수학
진인수 11월의로렐학원
차성규 셀프에듀학원
최귀종 판다교육
최근혁 업앤업보습학원
최다혜 싹수학학원
최성필 서진수학
최소영 조이매쓰
최수지 싹수학학원
최수진 재있는수학공부방
최영성 에이블수학영어
최영식 수학의신학원
최유미 파인만학원
최현기 김포고등학교
표광수 풀무질수학전문학원
한관희 에듀플렉스
한규욱 김포 윤쌤학원
한미정 한쌤수학
한수민 SM수학학원
한준희 매스탑수학학원
한지희 이음수학
함보연 포천여자중학교
함영호 함영호이과전문공부방
허형규 HK STUDY
홍규성 필탑학원 강의하는아이들
홍윤기 강남에이디학원
홍의찬 원수학학원
황삼철 멘토수학공부방
황석진 낙생고등학교
황은지 맨토수학

경남
강경희 T.O.P영수학원
강병국 전문과외
강장헌 T.O.P에듀학원

강철영 티오피에듀학원
고병옥 옥쌤수학과학
김무성 두성수학
김미양 오렌지클래스학원
김민석 한수위수학원
김병철 CL학숙
김양식 이투스247 진주점
김양준 이룸학원
김옥경 김해 반디수학과학학원
김해은 엠페스공부방
김혜송 윤선생영어숲 진해용원학원
김혜영 엠페스공부방
남준기 거제고등학교
민동록 거제민쌤수학(전문과외)
박상은 영광이아침국어수학학원
박정읍 이쿰수학학원
박주연 마산무학여자고등학교
배미나 이루다학원
유인영 마산중앙고등학교
유효희 고등부수학과외방
이근영 매스마스터수학전문학원
이아름 애시앙수학맛집
이정훈 장정미수학학원
전창근 엠베스트SE
조창래 한빛국제학교
하윤석 정금학원
한희광 성신학원
황진호 타임수학학원
황초롱 마산중앙고등학교

경북
공영대 늘품학원
권오준 필수학영어학원
권요준 인투학원
김득락 우석여자고등학교
김성용 이리풀수학
김재인 우석여자고등학교
민청식 종로엠스쿨
박유건 닥터박수학학원
박진성 포항제철고등학교
소효진 전문과외
손나래 이든샘영수학원
손주희 이루다수학과학
염성군 근화여자고등학교
이상현 인투학원
이성국 포스카이학원
정주용 문일학원
조현정 올댓수학교습소
홍현기 비상아이비츠학원

전남
김성만 창평고등학교
김은경 목포덕인고등학교
박미옥 폴리아학원
박진성 한가람학원
성준수 광양제철고등학교
이강화 강승학원
이유선 하이탑학원
이지현 목포제일여자고등학교
임정원 매산고등학교

전북
김성혁 에스수학전문학원
나호진 전주한일고등학교
박미화 엄쌤수학전문학원
성영재 성영재수학전문학원
송시영 블루오션수학학원
안현진 청람수학
양재호 양재호카이스트학원

양형준 대들보수학학원
유현수 수학당
유혜정 수학당
윤병오 이투스247 학원
이혜상 에스수학전문학원
정용재 현대학원

충남
권오운 프라임스터디
김은배 올림피아드유투엠학원
남구현 강의하는아이들
윤보희 충남삼성고등학교
이근영 천북중학교
이봉란 탑매쓰학원
이승엽 청운학원
이승훈 탑씨크리트교육
이은아 개념원리홍성학원
장정수 페르마
전성호 시너지S클래스학원
정세진 쌘뿔여중고등학교
채영미 미-매쓰공부방
최원석 명사특강
한호선 두드림영어수학학원
허영재 와이즈만 서산센터

충북
구태우 이천 비상에듀기숙학원
김대호 온수학전문학원
김동영 이룸수학학원
김미화 참수학공방
김재광 노블가온수학학원
김주희 매쓰프라임수학학원
김현주 루트수학학원
설세령 페르마학원
염명호 유클리드수학학원
윤성길 엑스클래스수학학원
정수연 정수학
조선경 혜윰수학
한상호 한매쓰수학전문학원(주)

강원
김선희 MDA교육
김성영 빨리강해지는수학과학학원
노명훈 노명훈쌤의알수학학원
박상윤 박상윤수학공부방
오준환 초석대입전문학원
이지예 교동 에듀플렉스
전대윤 춘천 Kwon Class학원
천혜림 장은년수학전문학원
최수남 강릉 영수 배움교실
최재현 원주 KUESB수학과학학원

제주
김지영 생각틔움수학교습소
김지현 뿌리와샘
박찬 찬수학학원
오동조 에임하이학원
이수정 온새미로수학학원
이승환 예일분석수학
정혁진 샘N학원

STAFF

발행인 김형중

퍼블리싱 총괄 남형주

기획·개발 홍경아 유병범 이유미 이수현

디자인 김정인 강윤정 서재영 | **마케팅** 윤경선

제작 박종택 | **유통** 서준성

Special Thanks to

김보미 고매쓰공부방   이정찬 하길중학교   김혜영 엠페스공부방

이어진 신목중학교   박효성 지코스수학학원   강병국 전문과외

정완철 강북멘토스학원   임태관 매쓰멘토수학학원   이근영 천북중학교

이혜수 슈리샘수학교실   박경득 파란수학

新 수학의 바이블 내신 특강 중학 수학 3-2   ㅣ 202105 초판 1쇄

펴낸곳 ㅣ 이투스교육(주) 서울시 서초구 남부순환로 2547

고객센터 ㅣ 1599-3225   **등록번호** ㅣ 제 2007-000035호   **ISBN** ㅣ 979-11-6598-738-1(53410)

新 수학의
바이블

내신 특강

중학 3-2

구성과 특징

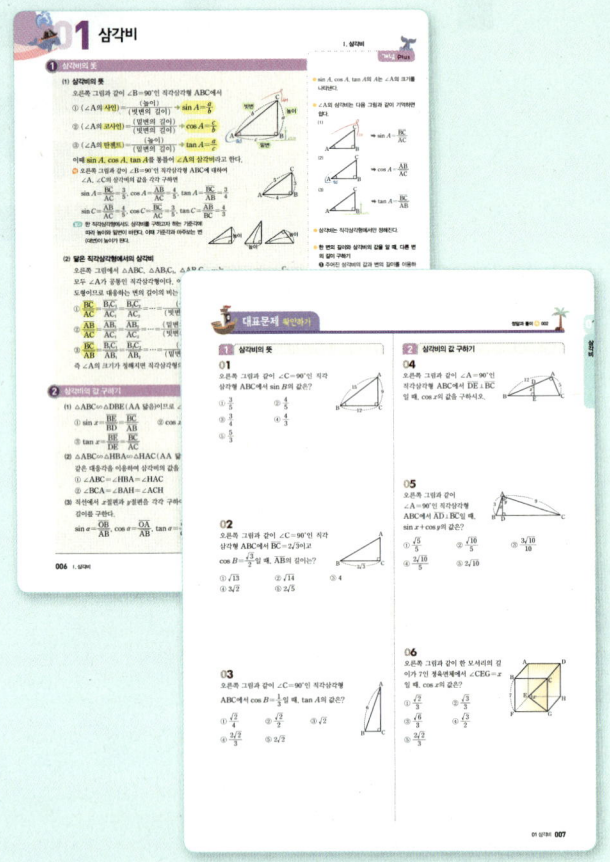

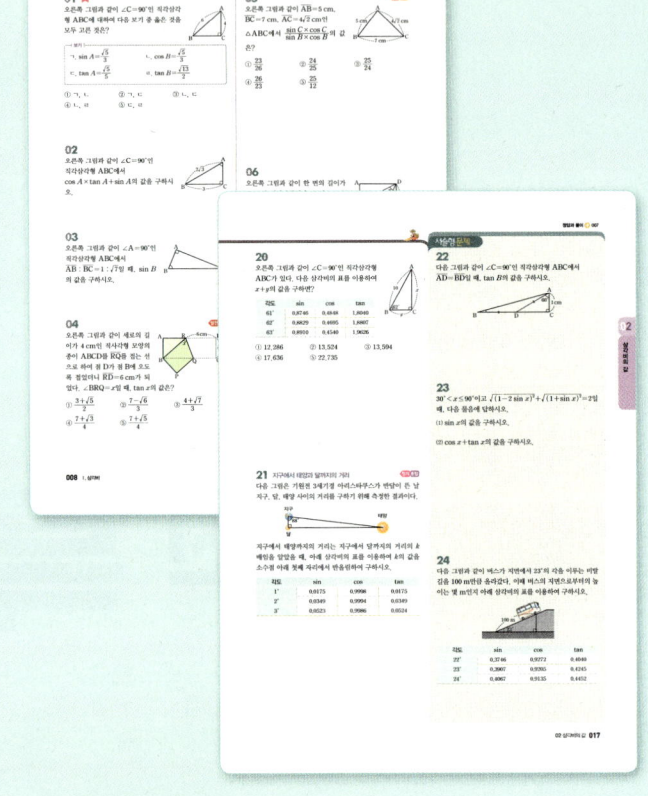

개념

- 주제별 단원에서 알아야 할 핵심 개념만을 모아 한눈에 볼 수 있도록 간략하게 구성하였습니다.

- 교과서와 학교 기출 문제에 나오는 꼭 필요한 개념을 간결하고 명쾌하게 제시하였습니다.

대표문제 확인하기

- 교과서 흐름에 맞는 주제별 구성으로 제시된 개념에 해당하는 교과서 대표 예제를 통해 개념을 얼마나 이해했는지 확인할 수 있는 문항으로 구성하였습니다.

- 기본 문제를 통해 문제를 해결해 나가는 기본 감각을 기를 수 있습니다.

필수문제 확인하기 항상 나오는 문제는 꼭 나온다.

- 유형별로 꼭 다루어야 하는 문제들을 난이도별로 제공하고 문제를 통해 유형을 완벽하게 체크해 볼 수 있도록 구성하였습니다.

- 발전 문제 시험에서 변별력을 결정하는 고난이도 문제를 제시하였습니다.

- 창의 융합 새 교육과정에 따른 수학적 창의력과 응용력을 강화시킬 수 있는 문항으로 출제하였습니다.

- 서술형 문제 실제 시험과 유사한 형태의 서술형 문항으로 출제하였습니다.

단기간에 한 학기 분량을
마스터 할 수 있는 효율성 높은 교재!
평소 유형 연습만으로 굳어진 패턴을
실전 상태로 확인해볼 수 있는 교재!
유형 문제집을 풀 때는 잘 풀었는데
시험만 보면 점수가 안 나오는 학생들에게 추천!

Work Book

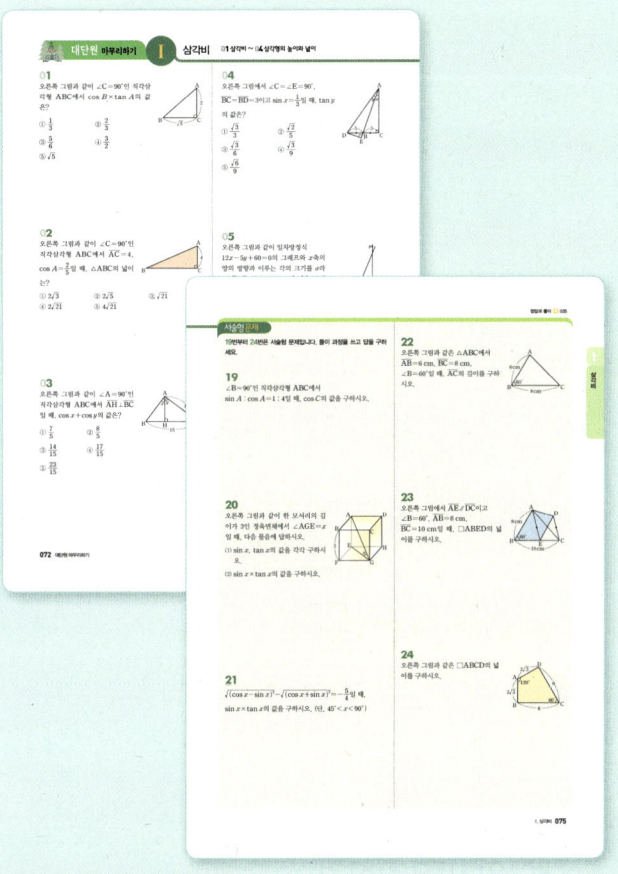

대단원 마무리하기

- 대단원별로 출제 빈도가 높은 문항들로 구성하여 학교 시험에 대비할 수 있도록 구성하였습니다.

- 시험에 자주 출제되는 서술형 문제를 실제 시험과 유사한 형태로 구성하였습니다.

- 출제율이 높은 고난도 문제를 제공하여 수학 실력을 한 단계 업그레이드 할 수 있습니다.

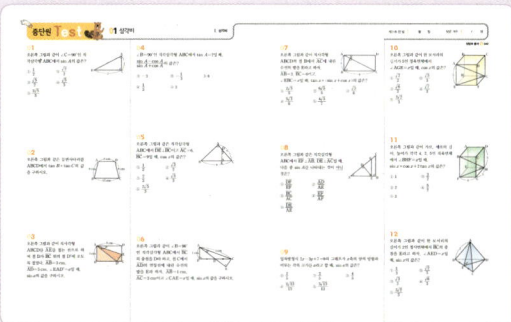

중단원 Test
중단원별 학습 성취도를 체크할 수 있습니다.

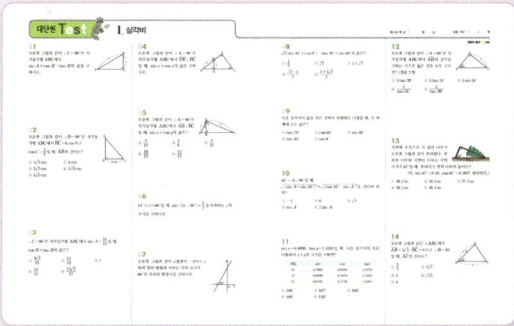

대단원 Test
대단원별 학습 성취도를 체크할 수 있습니다.

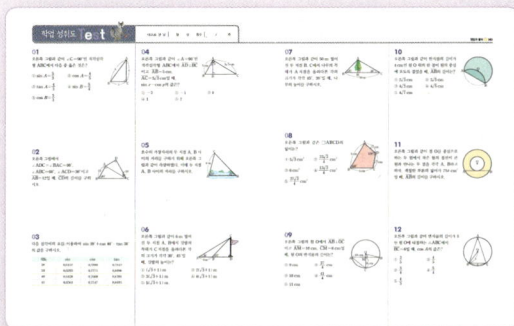

학업 성취도 Test
한 학기의 최종 학습 성취도를 체크할 수 있도록 실제 학교 시험 형태로 구성하였습니다.

이 책의 차례
Contents

I 삼각비

01 삼각비	006
02 삼각비의 값	012
03 삼각형의 변의 길이	018
04 삼각형의 높이와 넓이	024

II 원의 성질

05 현의 성질	032
06 원의 접선	036
07 원주각의 성질	042
08 원에 내접하는 사각형	048
09 접선과 현이 이루는 각	054

III 통계

| 10 대푯값과 산포도 | 060 |
| 11 산점도와 상관관계 | 066 |

대단원 마무리하기

I. 삼각비	072
II. 원의 성질	076
III. 통계	080

I 삼각비

학습 계획표		학습일
01 삼각비		
대표문제 확인하기	월	일
필수문제 확인하기	월	일
02 삼각비의 값		
대표문제 확인하기	월	일
필수문제 확인하기	월	일
03 삼각형의 변의 길이		
대표문제 확인하기	월	일
필수문제 확인하기	월	일
04 삼각형의 높이와 넓이		
대표문제 확인하기	월	일
필수문제 확인하기	월	일

01 삼각비

1 삼각비의 뜻

(1) 삼각비의 뜻

오른쪽 그림과 같이 ∠B=90°인 직각삼각형 ABC에서

① (∠A의 사인) = $\dfrac{(높이)}{(빗변의\ 길이)}$ ➡ $\sin A = \dfrac{a}{b}$

② (∠A의 코사인) = $\dfrac{(밑변의\ 길이)}{(빗변의\ 길이)}$ ➡ $\cos A = \dfrac{c}{b}$

③ (∠A의 탄젠트) = $\dfrac{(높이)}{(밑변의\ 길이)}$ ➡ $\tan A = \dfrac{a}{c}$

이때 $\sin A$, $\cos A$, $\tan A$를 통틀어 ∠A의 삼각비라고 한다.

예) 오른쪽 그림과 같이 ∠B=90°인 직각삼각형 ABC에 대하여
∠A, ∠C의 삼각비의 값을 각각 구하면

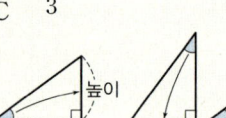

$\sin A = \dfrac{\overline{BC}}{\overline{AC}} = \dfrac{3}{5}$, $\cos A = \dfrac{\overline{AB}}{\overline{AC}} = \dfrac{4}{5}$, $\tan A = \dfrac{\overline{BC}}{\overline{AB}} = \dfrac{3}{4}$

$\sin C = \dfrac{\overline{AB}}{\overline{AC}} = \dfrac{4}{5}$, $\cos C = \dfrac{\overline{BC}}{\overline{AC}} = \dfrac{3}{5}$, $\tan C = \dfrac{\overline{AB}}{\overline{BC}} = \dfrac{4}{3}$

참고) 한 직각삼각형에서도 삼각비를 구하고자 하는 기준각에 따라 높이와 밑변이 바뀐다. 이때 기준각과 마주보는 변 (대변)이 높이가 된다.

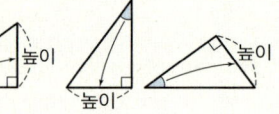

(2) 닮은 직각삼각형에서의 삼각비

오른쪽 그림에서 △ABC, △AB₁C₁, △AB₂C₂, …는 모두 ∠A가 공통인 직각삼각형이다. 이들은 서로 닮은 도형이므로 대응하는 변의 길이의 비는 각각 같다.

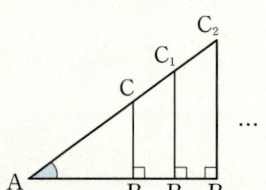

① $\dfrac{\overline{BC}}{\overline{AC}} = \dfrac{\overline{B_1C_1}}{\overline{AC_1}} = \dfrac{\overline{B_2C_2}}{\overline{AC_2}} = \cdots = \dfrac{(높이)}{(빗변의\ 길이)}$

② $\dfrac{\overline{AB}}{\overline{AC}} = \dfrac{\overline{AB_1}}{\overline{AC_1}} = \dfrac{\overline{AB_2}}{\overline{AC_2}} = \cdots = \dfrac{(밑변의\ 길이)}{(빗변의\ 길이)}$

③ $\dfrac{\overline{BC}}{\overline{AB}} = \dfrac{\overline{B_1C_1}}{\overline{AB_1}} = \dfrac{\overline{B_2C_2}}{\overline{AB_2}} = \cdots = \dfrac{(높이)}{(밑변의\ 길이)}$

즉 ∠A의 크기가 정해지면 직각삼각형의 크기에 관계없이 삼각비의 값은 일정하다.

2 삼각비의 값 구하기

(1) △ABC∽△DBE(AA 닮음)이므로 ∠A=∠BDE=x

① $\sin x = \dfrac{\overline{BE}}{\overline{BD}} = \dfrac{\overline{BC}}{\overline{AB}}$　② $\cos x = \dfrac{\overline{DE}}{\overline{BD}} = \dfrac{\overline{AC}}{\overline{AB}}$

③ $\tan x = \dfrac{\overline{BE}}{\overline{DE}} = \dfrac{\overline{BC}}{\overline{AC}}$

(2) △ABC∽△HBA∽△HAC(AA 닮음)이므로 크기가 같은 대응각을 이용하여 삼각비의 값을 구한다.

① ∠ABC=∠HBA=∠HAC
② ∠BCA=∠BAH=∠ACH

(3) 직선에서 x절편과 y절편을 각각 구하여 직각삼각형의 변의 길이를 구한다.

$\sin \alpha = \dfrac{\overline{OB}}{\overline{AB}}$, $\cos \alpha = \dfrac{\overline{OA}}{\overline{AB}}$, $\tan \alpha = \dfrac{\overline{OB}}{\overline{OA}}$

● $\sin A$, $\cos A$, $\tan A$의 A는 ∠A의 크기를 나타낸다.

● ∠A의 삼각비는 다음 그림과 같이 기억하면 쉽다.

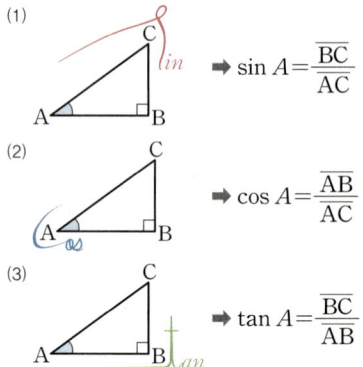

(1) ➡ $\sin A = \dfrac{\overline{BC}}{\overline{AC}}$

(2) ➡ $\cos A = \dfrac{\overline{AB}}{\overline{AC}}$

(3) ➡ $\tan A = \dfrac{\overline{BC}}{\overline{AB}}$

● 삼각비는 직각삼각형에서만 정해진다.

● 한 변의 길이와 삼각비의 값을 알 때, 다른 변의 길이 구하기
　❶ 주어진 삼각비의 값과 변의 길이를 이용하여 알맞은 직각삼각형을 그린다.
　❷ 피타고라스 정리를 이용하여 나머지 한 변의 길이를 구한다.

● 한 삼각비의 값을 알 때, 다른 삼각비의 값 구하기
　❶ 주어진 삼각비의 값을 이용하여 알맞은 직각삼각형을 그린다.
　❷ 피타고라스 정리를 이용하여 나머지 한 변의 길이를 구한다.
　❸ 다른 두 삼각비의 값을 구한다.

● 입체도형에서 삼각비의 값 구하기

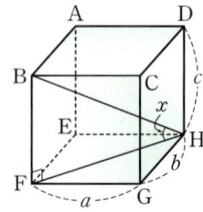

　❶ 입체도형에서 x를 한 내각으로 하는 직각삼각형을 찾아 변의 길이를 구한다.
　➡ $\overline{FH} = \sqrt{a^2+b^2}$, $\overline{BH} = \sqrt{a^2+b^2+c^2}$
　❷ 삼각비의 값을 구한다.
　직각삼각형 BFH에서
　➡ $\sin x = \dfrac{\overline{BF}}{\overline{BH}}$, $\cos x = \dfrac{\overline{FH}}{\overline{BH}}$, $\tan x = \dfrac{\overline{BF}}{\overline{FH}}$

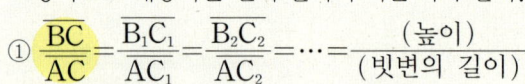
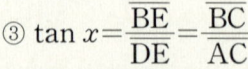
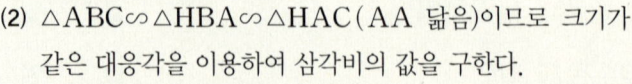

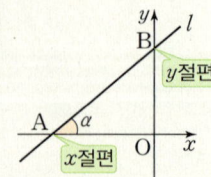

1 삼각비의 뜻

01

오른쪽 그림과 같이 ∠C=90°인 직각삼각형 ABC에서 sin B의 값은?

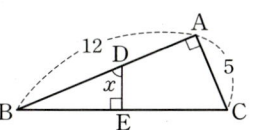

① $\dfrac{3}{5}$ ② $\dfrac{4}{5}$

③ $\dfrac{3}{4}$ ④ $\dfrac{4}{3}$

⑤ $\dfrac{5}{3}$

02

오른쪽 그림과 같이 ∠C=90°인 직각삼각형 ABC에서 $\overline{BC}=2\sqrt{3}$이고 $\cos B=\dfrac{\sqrt{3}}{2}$일 때, $\overline{AB}$의 길이는?

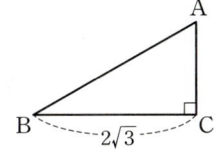

① $\sqrt{13}$ ② $\sqrt{14}$ ③ 4

④ $3\sqrt{2}$ ⑤ $2\sqrt{5}$

03

오른쪽 그림과 같이 ∠C=90°인 직각삼각형 ABC에서 $\cos B=\dfrac{1}{3}$일 때, tan A의 값은?

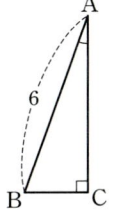

① $\dfrac{\sqrt{2}}{4}$ ② $\dfrac{\sqrt{2}}{2}$ ③ $\sqrt{2}$

④ $\dfrac{2\sqrt{2}}{3}$ ⑤ $2\sqrt{2}$

2 삼각비의 값 구하기

04

오른쪽 그림과 같이 ∠A=90°인 직각삼각형 ABC에서 $\overline{DE}\perp\overline{BC}$일 때, cos x의 값을 구하시오.

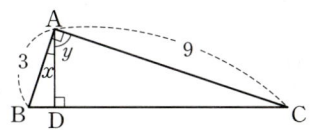

05

오른쪽 그림과 같이 ∠A=90°인 직각삼각형 ABC에서 $\overline{AD}\perp\overline{BC}$일 때, sin x+cos y의 값은?

① $\dfrac{\sqrt{5}}{5}$ ② $\dfrac{\sqrt{10}}{5}$ ③ $\dfrac{3\sqrt{10}}{10}$

④ $\dfrac{2\sqrt{10}}{5}$ ⑤ $2\sqrt{10}$

06

오른쪽 그림과 같이 한 모서리의 길이가 7인 정육면체에서 ∠CEG=x일 때, cos x의 값은?

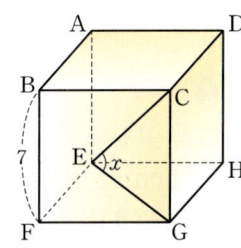

① $\dfrac{\sqrt{2}}{3}$ ② $\dfrac{\sqrt{3}}{3}$

③ $\dfrac{\sqrt{6}}{3}$ ④ $\dfrac{\sqrt{3}}{2}$

⑤ $\dfrac{2\sqrt{2}}{3}$

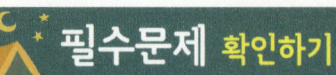

01 ⭐

오른쪽 그림과 같이 ∠C=90°인 직각삼각형 ABC에 대하여 다음 보기 중 옳은 것을 모두 고른 것은?

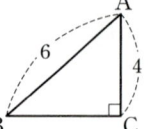

┤ 보기 ├

ㄱ. $\sin A = \dfrac{\sqrt{5}}{3}$　　　　ㄴ. $\cos B = \dfrac{\sqrt{5}}{3}$

ㄷ. $\tan A = \dfrac{\sqrt{5}}{5}$　　　　ㄹ. $\tan B = \dfrac{\sqrt{13}}{2}$

① ㄱ, ㄴ　　　② ㄱ, ㄷ　　　③ ㄴ, ㄷ
④ ㄴ, ㄹ　　　⑤ ㄷ, ㄹ

02

오른쪽 그림과 같이 ∠C=90°인 직각삼각형 ABC에서 $\cos A \times \tan A + \sin A$의 값을 구하시오.

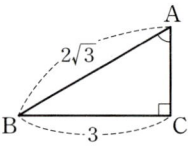

03

오른쪽 그림과 같이 ∠A=90°인 직각삼각형 ABC에서 $\overline{AB} : \overline{BC} = 1 : \sqrt{7}$일 때, $\sin B$의 값을 구하시오.

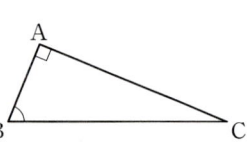

04 　발전 문제

오른쪽 그림과 같이 세로의 길이가 4 cm인 직사각형 모양의 종이 ABCD를 $\overline{RQ}$를 접는 선으로 하여 점 D가 점 B에 오도록 접었더니 $\overline{RD}=6$ cm가 되었다. ∠BRQ=x일 때, $\tan x$의 값은?

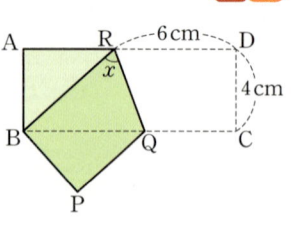

① $\dfrac{3+\sqrt{5}}{2}$　　　② $\dfrac{7-\sqrt{6}}{3}$　　　③ $\dfrac{4+\sqrt{7}}{3}$

④ $\dfrac{7+\sqrt{3}}{4}$　　　⑤ $\dfrac{7+\sqrt{5}}{4}$

05 　발전 문제

오른쪽 그림과 같이 $\overline{AB}=5$ cm, $\overline{BC}=7$ cm, $\overline{AC}=4\sqrt{2}$ cm인 △ABC에서 $\dfrac{\sin C \times \cos C}{\sin B \times \cos B}$의 값은?

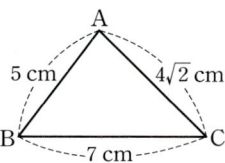

① $\dfrac{23}{26}$　　　② $\dfrac{24}{25}$　　　③ $\dfrac{25}{24}$

④ $\dfrac{26}{23}$　　　⑤ $\dfrac{25}{12}$

06

오른쪽 그림과 같이 한 변의 길이가 8 cm인 정사각형에서 두 점 M, N은 각각 $\overline{AB}$, $\overline{BC}$의 중점이다. ∠MDN=x일 때, $\sin x$의 값을 구하시오.

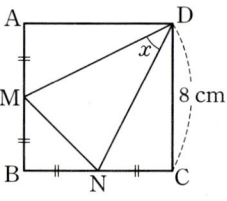

07 ⭐

오른쪽 그림과 같이 ∠C=90°인 직각삼각형 ABC에서 $\overline{AB}=10$ cm이고 $\sin B = \dfrac{1}{5}$일 때, $\overline{BC}$의 길이는?

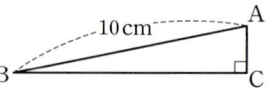

① 7 cm　　　② $5\sqrt{2}$ cm　　　③ 8 cm
④ $6\sqrt{2}$ cm　　　⑤ $4\sqrt{6}$ cm

08

오른쪽 그림과 같이 ∠B=90°인 직각삼각형 ABC에서 $\overline{BC}=6$ cm이고 $\cos C=\dfrac{3}{4}$일 때, △ABC의 넓이를 구하시오.

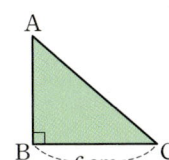

11

∠B=90°인 직각삼각형 ABC에서 $\cos A=\dfrac{1}{3}$일 때, $\sin A$의 값은?

① $\dfrac{1}{2}$ ② $\dfrac{3}{4}$ ③ $\dfrac{3\sqrt{2}}{5}$

④ $\dfrac{\sqrt{3}}{2}$ ⑤ $\dfrac{2\sqrt{2}}{3}$

09 자동차의 현재 위치 구하기

창의 융합

도로가 지면에서 기울어진 경사각을 ∠A라고 할 때, 도로의 경사도는 (경사도)$=\tan A\times100$(%)와 같이 나타낸다. 어떤 자동차가 해발 600 m인 지점에서 출발하여 경사도가 50 %인 도로를 1 km 달린 후에 멈추었다면 이 자동차의 현재 위치는 해발 몇 m인지 구하시오.

12 ⭐

∠B=90°인 직각삼각형 ABC에서 $\tan A=\sqrt{5}$일 때, $\sin A\times\cos A$의 값을 구하시오.

10

오른쪽 그림과 같이 ∠B=90°인 직각삼각형 ABC에서 $\overline{AC}=9$이고 $\sin A=\dfrac{2}{3}$일 때, $\cos A$의 값은?

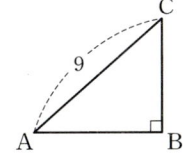

① $\dfrac{1}{3}$ ② $\dfrac{\sqrt{2}}{3}$

③ $\dfrac{\sqrt{3}}{3}$ ④ $\dfrac{\sqrt{5}}{3}$

⑤ $\dfrac{\sqrt{6}}{3}$

13

오른쪽 그림과 같이 ∠C=90°인 직각삼각형 ACB에서 $\overline{DE}\perp\overline{AC}$이고 $\tan B=2$이다. $\overline{BC}=3$, $\overline{DE}=\sqrt{5}$일 때, $\overline{EC}$의 길이를 구하시오.

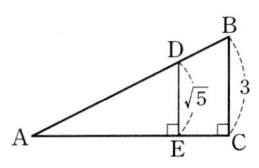

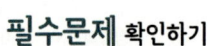

14 ⭐

오른쪽 그림과 같은 직각삼각형 ABC에서 ∠ACB=∠ADE이고 $\overline{AE}=3$, $\overline{DE}=7$일 때, $\cos B + \cos C$의 값은?

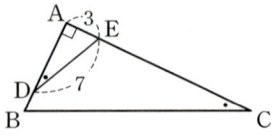

① $\dfrac{3}{7}$ ② $\dfrac{6}{7}$ ③ $\dfrac{2\sqrt{10}}{7}$

④ $\dfrac{3+\sqrt{10}}{7}$ ⑤ $\dfrac{3+2\sqrt{10}}{7}$

15

발전문제

오른쪽 그림에서 ∠C=∠E=90°, $\overline{DB}=\overline{BC}=3$이고 $\sin x = \dfrac{1}{2}$일 때, $\sin y$의 값을 구하시오.

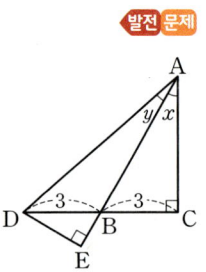

16 ⭐

오른쪽 그림과 같이 ∠C=90°인 직각삼각형 ABC에서 $\overline{AB}\perp\overline{CD}$이고 $\overline{AB}=20$, $\overline{BC}=12$이다. ∠ACD=x, ∠BCD=y일 때, $\cos x \times \tan y$의 값은?

① $\dfrac{3}{10}$ ② $\dfrac{7}{20}$

③ $\dfrac{2}{5}$ ④ $\dfrac{9}{20}$

⑤ $\dfrac{1}{2}$

17

오른쪽 그림과 같은 직각삼각형에 대하여 다음 중 $\cos A$의 값이 <u>아닌</u> 것은?

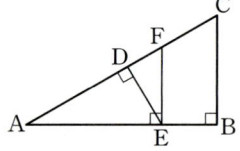

① $\dfrac{\overline{AB}}{\overline{AC}}$ ② $\dfrac{\overline{AD}}{\overline{AE}}$

③ $\dfrac{\overline{DE}}{\overline{EF}}$ ④ $\dfrac{\overline{DF}}{\overline{EF}}$

⑤ $\dfrac{\overline{AE}}{\overline{AF}}$

18

오른쪽 그림과 같은 직각삼각형 ABC의 점 A에서 $\overline{BC}$에 내린 수선의 발을 D, 점 D에서 $\overline{AB}$에 내린 수선의 발을 E라고 하자. $\overline{BD}=5$, $\overline{CD}=4$, ∠DAE=x일 때, $\tan x$의 값을 구하시오.

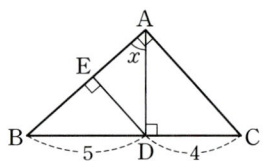

19

일차방정식 $3x-5y-15=0$의 그래프가 x축의 양의 방향과 이루는 각의 크기를 α라고 할 때, $\cos\alpha - \sin\alpha$의 값을 구하시오.

20 ⭐

오른쪽 그림과 같이 가로, 세로의 길이, 높이가 각각 5, 6, 8인 직육면체에서 ∠FAG=x일 때, sin x의 값을 구하시오.

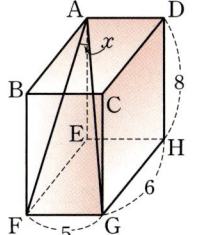

21

오른쪽 그림과 같이 모든 모서리의 길이가 2인 정사각뿔에서 두 점 M, N은 각각 $\overline{AB}$, $\overline{DC}$의 중점이다. ∠VMN=x일 때, sin x의 값은?

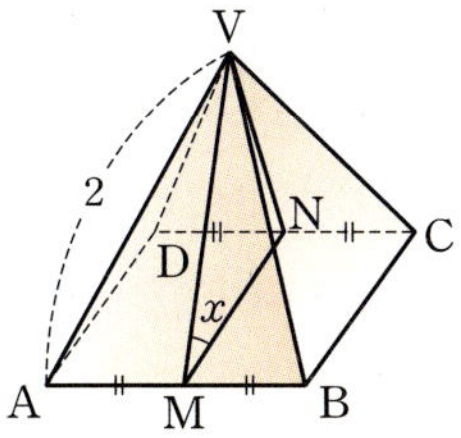

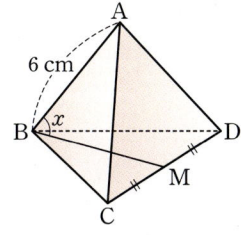

① $\dfrac{\sqrt{3}}{3}$ ② $\dfrac{\sqrt{2}}{2}$

③ $\dfrac{\sqrt{6}}{3}$ ④ $\dfrac{\sqrt{3}}{2}$

⑤ $\dfrac{2\sqrt{2}}{3}$

22

오른쪽 그림과 같이 한 모서리의 길이가 6 cm인 정사면체에서 점 M은 $\overline{CD}$의 중점이고 ∠ABM=x일 때, tan x의 값을 구하시오.

서술형 문제

23

오른쪽 그림의 반원 O에서 $\overline{AD}:\overline{BD}=4:1$, $\overline{AB}\perp\overline{CD}$일 때, cos x의 값을 구하시오.

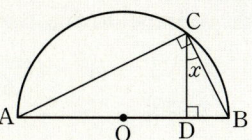

24

∠B=90°인 직각삼각형 ABC에서 $\tan A=\dfrac{3}{2}$일 때, 다음을 구하시오.

$$\dfrac{\tan A+1}{\cos A}\times \cos C$$

25

오른쪽 그림에서 ∠C=∠E=90°, $\overline{BC}=\overline{CD}=\overline{AD}=4$일 때, tan x의 값을 구하시오.

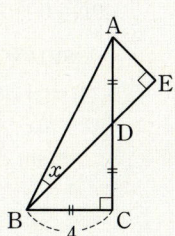

02 삼각비의 값

1 30°, 45°, 60°의 삼각비의 값

삼각비 \ A	30°	45°	60°	
$\sin A$	$\dfrac{1}{2}$	$\dfrac{\sqrt{2}}{2}$	$\dfrac{\sqrt{3}}{2}$	→ 커진다.
$\cos A$	$\dfrac{\sqrt{3}}{2}$	$\dfrac{\sqrt{2}}{2}$	$\dfrac{1}{2}$	→ 작아진다.
$\tan A$	$\dfrac{\sqrt{3}}{3}$	1	$\sqrt{3}$	→ 커진다.

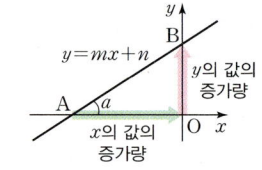

참고 한 변의 길이가 주어진 직각삼각형에서 한 내각의 크기가 30°, 45°, 60° 중 하나이면 삼각비의 값을 이용하여 나머지 두 변의 길이를 구할 수 있다.

● 삼각비의 값이 같은 경우
(1) $\sin 30° = \cos 60°$
(2) $\cos 30° = \sin 60°$
(3) $\sin 45° = \cos 45°$

● 삼각비의 계산에서
$\sin^2 A = (\sin A)^2 = \sin A \times \sin A$
$\neq \sin A^2$

2 예각의 삼각비의 값

반지름의 길이가 1인 사분원에서 예각 a에 대하여

(1) $\sin a = \dfrac{\overline{AB}}{\overline{OA}} = \dfrac{\overline{AB}}{1} = \overline{AB}$

(2) $\cos a = \dfrac{\overline{OB}}{\overline{OA}} = \dfrac{\overline{OB}}{1} = \overline{OB}$

(3) $\tan a = \dfrac{\overline{CD}}{\overline{OD}} = \dfrac{\overline{CD}}{1} = \overline{CD}$

└→ 분모가 1이 되도록!

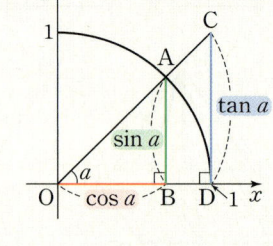

참고 반지름의 길이가 1인 사분원에서 예각의 삼각비의 값은 분모가 되는 변의 길이가 1인 직각삼각형을 찾아 구한다.

● 직선의 기울기 m과 tan의 값
직선 $y = mx + n \ (m > 0)$이 x축의 양의 방향과 이루는 각의 크기를 a라고 할 때

(직선의 기울기) $= m = \dfrac{(y의\ 값의\ 증가량)}{(x의\ 값의\ 증가량)}$
$= \dfrac{\overline{OB}}{\overline{OA}} = \tan a$

3 0°, 90°의 삼각비의 값

오른쪽 그림과 같은 직각삼각형 AOB에서

(1) ∠AOB의 크기가 0°에 가까워지면 $\overline{AB}$의 길이는 0, $\overline{OB}$의 길이는 1, $\overline{CD}$의 길이는 0에 가까워진다.
→ $\sin 0° = 0$, $\cos 0° = 1$, $\tan 0° = 0$

(2) ∠AOB의 크기가 90°에 가까워지면 $\overline{AB}$의 길이는 1, $\overline{OB}$의 길이는 0에 가까워지고 $\overline{CD}$의 길이는 한없이 커진다.
→ $\sin 90° = 1$, $\cos 90° = 0$, $\tan 90°$의 값은 정할 수 없다.

참고 삼각비의 값의 대소 관계
(1) 0° ≤ x < 45°일 때
→ $\sin x < \cos x$
(2) x = 45°일 때
→ $\sin x = \cos x < \tan x$
(3) 45° < x < 90°일 때
→ $\cos x < \sin x < \tan x$

● 삼각비의 값의 변화
x의 크기가 0°에서 90°로 증가할 때
(1) $\sin x$의 값은 0에서 1까지 증가한다.
→ $0 \le \sin x \le 1$
(2) $\cos x$의 값은 1에서 0까지 감소한다.
→ $0 \le \cos x \le 1$
(3) $\tan x$의 값은 0에서 무한히 증가한다.
→ $\tan x \ge 0$

● 삼각비의 값의 대소 관계를 이용한 식의 계산
$0 < x < 90°$일 때, $\sqrt{(\sin x - 1)^2}$을 간단히 하기
❶ $0 < x < 90°$이면 $0 < \sin x < 1$이므로
$\sin x - 1 < 0$
❷ $\sqrt{(\sin x - 1)^2} = -(\sin x - 1)$
$= 1 - \sin x$

4 삼각비의 표

(1) **삼각비의 표** 0°에서 90°까지의 각을 1° 간격으로 나누어 이들의 삼각비의 값을 반올림하여 소수점 아래 넷째 자리까지 나타낸 표

각도	sin	cos	tan
51°	0.7771	0.6293	1.2349
52°	0.7880	0.6157	1.2799
53°	0.7986	0.6018	1.3270

(2) **삼각비의 표 읽는 방법** 각도의 가로줄과 sin, cos, tan의 세로줄이 만나는 곳의 수를 읽는다.

예 $\sin 51° = 0.7771$, $\cos 52° = 0.6157$, $\tan 53° = 1.3270$

1 30°, 45°, 60°**의 삼각비의 값**

01

$\cos 45° \times \sin 45° - \sin 60° \div \cos 30°$의 값은?

① -1 ② $-\dfrac{1}{2}$ ③ 0

④ $\dfrac{\sqrt{3}}{2}$ ⑤ 2

02

오른쪽 그림과 같이 직선 $y=x+2$가 x축의 양의 방향과 이루는 각의 크기를 a라고 할 때, $\tan a$의 값은?

① $\dfrac{1}{2}$ ② 1

③ $\dfrac{\sqrt{3}}{3}$ ④ $\dfrac{\sqrt{3}}{2}$

⑤ $\dfrac{3}{2}$

2 **예각의 삼각비의 값**

03

오른쪽 그림과 같이 반지름의 길이가 1인 사분원에서 $\angle COD=x$일 때, 다음 중 $\tan x$의 값을 나타내는 선분은?

① $\overline{AB}$ ② $\overline{AC}$
③ $\overline{CD}$ ④ $\overline{OC}$
⑤ $\overline{OA}$

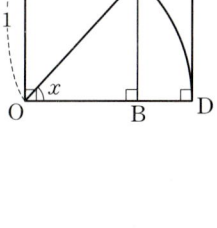

04

오른쪽 그림은 반지름의 길이가 1인 사분원을 좌표평면 위에 나타낸 것이다. 다음 물음에 답하시오.

(1) $\sin 43°$의 값을 구하시오.

(2) $\cos 43°$의 값을 구하시오.

(3) $\tan 43°$의 값을 구하시오.

3 0°, 90°**의 삼각비의 값**

05

다음 보기 중 옳은 것의 개수는?

┤ 보기 ├

ㄱ. $\sin 30° = \cos 60°$

ㄴ. $\tan 30° = \dfrac{1}{\tan 60°}$

ㄷ. $\sin 90° = \cos 0° = \tan 45°$

ㄹ. $\sin 0° \times \tan 45° - \cos 90° \times \tan 0° = 1$

ㅁ. $60° \le x < 90°$에서 x의 삼각비의 값 중 가장 작은 것은 $\cos x$이다.

① 1개   ② 2개   ③ 3개
④ 4개   ⑤ 5개

06

$45° < A < 90°$일 때, 다음 식을 간단히 하면?

$$\sqrt{(\cos 30° - \cos A)^2} - \sqrt{(\cos A - \cos 30°)^2}$$

① $-2\cos A$ ② 0 ③ 1
④ $\sqrt{2}$ ⑤ $\sqrt{3}$

4 **삼각비의 표**

07

다음 삼각비의 표를 이용하여 $\sin 12° + \cos 15°$의 값을 구하시오.

각도	sin	cos	tan
12°	0.2079	0.9781	0.2126
13°	0.2250	0.9744	0.2309
14°	0.2419	0.9703	0.2493
15°	0.2588	0.9659	0.2679
16°	0.2756	0.9613	0.2867

01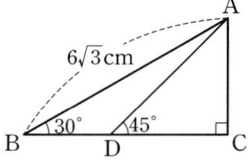

다음 중 옳지 <u>않은</u> 것은?

① $\sqrt{2}\sin 60° - \sqrt{3}\cos 45° = 0$

② $\cos 0° \times (2\sin 45° - \tan 0°) = \sqrt{2}$

③ $\tan 30° + \tan 45° \times \sin 90° = \dfrac{\sqrt{3}}{3}$

④ $(\tan 60° + 2\cos 30°) \times \cos 60° = \sqrt{3}$

⑤ $\cos 45° \div (\sin 90° + \sin 30°) = \dfrac{\sqrt{2}}{3}$

02

△ABC의 세 내각의 크기의 비가 $1:2:3$이고 가장 작은 내각의 크기를 ∠A라고 할 때, $\sin A \times \cos A \times \tan A$의 값을 구하시오.

03

이차방정식 $4x^2 + ax + 3 = 0$의 한 근이 $\sin 90° + \cos 60°$일 때, 다른 한 근은? (단, a는 상수)

① 0 ② $\dfrac{\sqrt{3}}{3}$ ③ $\dfrac{1}{2}$

④ $\dfrac{\sqrt{3}}{2}$ ⑤ $\sqrt{3}$

04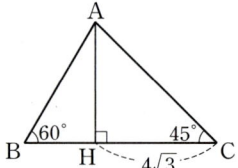

오른쪽 그림과 같이 ∠C=90°인 직각삼각형 ABC에서 ∠B=30°, ∠ADC=45°이고 $\overline{AB}=6\sqrt{3}$ cm 일 때, $\overline{BD}$의 길이를 구하시오.

05

오른쪽 그림과 같은 △ABC에서 $\overline{AH} \perp \overline{BC}$이고 ∠B=60°, ∠C=45°, $\overline{HC}=4\sqrt{3}$일 때, 다음 중 옳지 <u>않은</u> 것은?

① $\overline{AH}=4\sqrt{3}$ ② $\overline{BH}=4$

③ $\overline{AB}=8$ ④ $\overline{AC}=4\sqrt{6}$

⑤ △ABC$=12+16\sqrt{3}$

06

오른쪽 그림과 같은 부채꼴 OAB의 중심각의 크기는 30°이고 $\overset{\frown}{AB}=4\pi$ cm, $\overline{AH} \perp \overline{OB}$이다. 이때 색칠한 부분의 넓이를 구하시오.

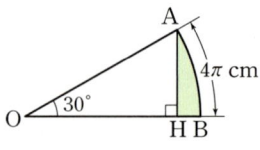

07

발전 문제

오른쪽 그림과 같은 두 직각삼각형 ABC, DBC에서 ∠A=60°, ∠EBC=45°이고 $\overline{CD}=\sqrt{6}$일 때, △EBC의 넓이를 구하시오.

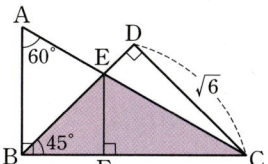

08

오른쪽 그림과 같이 ∠C=90°인 직각삼각형 ABC에서 ∠B=15°, ∠ADC=30°이고 $\overline{AC}=2$일 때, tan 15°의 값을 구하시오.

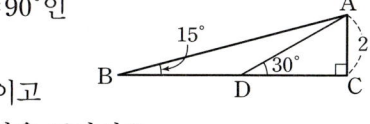

09

발전 문제

오른쪽 그림과 같은 직사각형 ABCD에서 $\overline{DF}=\sqrt{6}$, ∠EDF=30°, ∠BEF=45°일 때, cos 15°의 값을 구하시오.

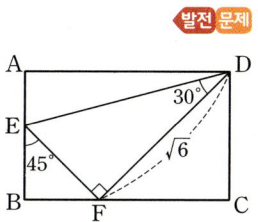

10

직선 $y=\sqrt{3}x+1$이 x축의 양의 방향과 이루는 각의 크기는?

① 15° ② 30° ③ 45°

④ 60° ⑤ 75°

11

오른쪽 그림과 같이 x절편이 −3이고 x축의 양의 방향과 이루는 각의 크기가 30°인 직선의 방정식이 $y=ax+b$이다. 이때 ab의 값을 구하시오. (단, a, b는 상수)

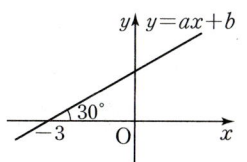

12

오른쪽 그림과 같이 반지름의 길이가 1인 사분원에서 다음 중 옳지 않은 것을 모두 고르면? (정답 2개)

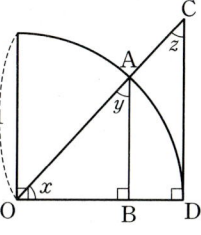

① $\sin x=\overline{AB}$

② $\cos y=\overline{AB}$

③ $\cos z=\overline{OD}$

④ $\tan x=\overline{CD}$

⑤ $\tan y+\tan z=2\overline{CD}$

13

오른쪽 그림은 반지름의 길이가 1인 사분원을 좌표평면 위에 나타낸 것이다. $\sin 57°+\tan 57°$의 값을 구하시오.

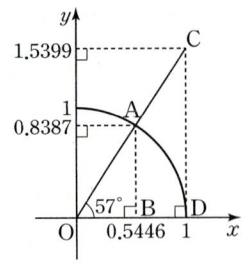

14

오른쪽 그림과 같이 좌표평면 위의 원점 O를 중심으로 하고 반지름의 길이가 15인 사분원에서 $\tan a=\dfrac{4}{3}$일 때, $\triangle AEC$의 넓이를 구하시오.

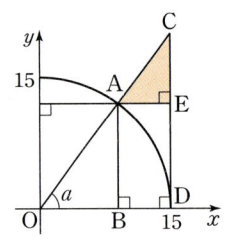

15

다음 중 삼각비의 값이 가장 큰 것은?

① $\sin 45°$ ② $\cos 0°$ ③ $\cos 35°$

④ $\cos 25°$ ⑤ $\tan 50°$

16 ⭐

$45°<A<90°$일 때,
$\sqrt{(\tan A+\tan 45°)^2}+\sqrt{(\tan 45°-\tan A)^2}$을 간단히 하시오.

17

$0°<A<45°$일 때,
$\sqrt{(\cos A-\sin A)^2}+\sqrt{(\sin A-\cos A)^2}$을 간단히 하면?

① $-2\cos A-2\sin A$ ② 0

③ 1   ④ $2\cos A-2\sin A$

⑤ $2\cos A+2\sin A$

18 ⭐

$\sin x=0.7660$, $\tan y=1.0724$일 때, 다음 삼각비의 표를 이용하여 $x+y$의 크기를 구하면?

각도	sin	cos	tan
47°	0.7314	0.6820	1.0724
48°	0.7431	0.6691	1.1106
49°	0.7547	0.6561	1.1504
50°	0.7660	0.6428	1.1918
51°	0.7771	0.6293	1.2349

① 94°   ② 95°   ③ 96°

④ 97°   ⑤ 98°

19

$\cos x=0.6157$일 때, 다음 삼각비의 표를 이용하여 $\sin x$의 값을 구하면?

각도	sin	cos	tan
50°	0.7660	0.6428	1.1918
51°	0.7771	0.6293	1.2349
52°	0.7880	0.6157	1.2799
53°	0.7986	0.6018	1.3270
54°	0.8090	0.5878	1.3764

① 0.7660   ② 0.7771   ③ 0.7880

④ 0.7986   ⑤ 0.8090

20

오른쪽 그림과 같이 ∠C=90°인 직각삼각형 ABC가 있다. 다음 삼각비의 표를 이용하여 $x+y$의 값을 구하면?

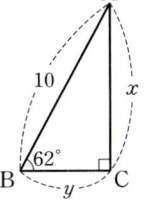

각도	sin	cos	tan
61°	0.8746	0.4848	1.8040
62°	0.8829	0.4695	1.8807
63°	0.8910	0.4540	1.9626

① 12.286   ② 13.524   ③ 13.594

④ 17.636   ⑤ 22.735

21 지구에서 태양과 달까지의 거리 창의융합

다음 그림은 기원전 3세기경 아리스타쿠스가 반달이 뜬 날 지구, 달, 태양 사이의 거리를 구하기 위해 측정한 결과이다.

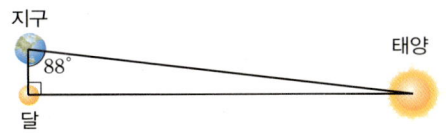

지구에서 태양까지의 거리는 지구에서 달까지의 거리의 k배임을 알았을 때, 아래 삼각비의 표를 이용하여 k의 값을 소수점 아래 첫째 자리에서 반올림하여 구하시오.

각도	sin	cos	tan
1°	0.0175	0.9998	0.0175
2°	0.0349	0.9994	0.0349
3°	0.0523	0.9986	0.0524

서술형 문제

22

다음 그림과 같이 ∠C=90°인 직각삼각형 ABC에서 $\overline{AD}=\overline{BD}$일 때, tan B의 값을 구하시오.

23

$30°<x\leq90°$이고 $\sqrt{(1-2\sin x)^2}+\sqrt{(1+\sin x)^2}=2$일 때, 다음 물음에 답하시오.

(1) $\sin x$의 값을 구하시오.

(2) $\cos x+\tan x$의 값을 구하시오.

24

다음 그림과 같이 버스가 지면에서 23°의 각을 이루는 비탈길을 100 m만큼 올라갔다. 이때 버스의 지면으로부터의 높이는 몇 m인지 아래 삼각비의 표를 이용하여 구하시오.

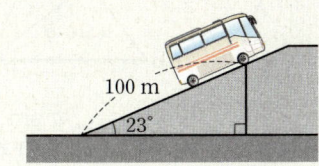

각도	sin	cos	tan
22°	0.3746	0.9272	0.4040
23°	0.3907	0.9205	0.4245
24°	0.4067	0.9135	0.4452

02

삼각비의 값

03 삼각형의 변의 길이

❶ 직각삼각형의 변의 길이

오른쪽 그림과 같이 $\angle C = 90°$인 직각삼각형 ABC에서
한 예각의 크기와 한 변의 길이를 알면 삼각비를 이용하여
나머지 두 변의 길이를 구할 수 있다.

(1) $\angle B$의 크기와 빗변의 길이 c를 알 때

$$\cos B = \frac{a}{c} \;\Rightarrow\; a = c\cos B$$

$$\sin B = \frac{b}{c} \;\Rightarrow\; b = c\sin B$$

(2) $\angle B$의 크기와 높이 b를 알 때

$$\tan B = \frac{b}{a} \;\Rightarrow\; a = \frac{b}{\tan B},\; \sin B = \frac{b}{c} \;\Rightarrow\; c = \frac{b}{\sin B}$$

(3) $\angle B$의 크기와 밑변의 길이 a를 알 때

$$\tan B = \frac{b}{a} \;\Rightarrow\; b = a\tan B,\; \cos B = \frac{a}{c} \;\Rightarrow\; c = \frac{a}{\cos B}$$

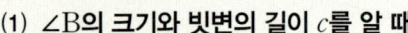

● 삼각형의 변의 길이를 구하는 과정은 무조건
외우기보다 구하는 과정을 이해하도록 한다.

● 기준각에 대하여 주어진 변과 구하는 변이 각각
➡ 빗변, 높이이면 sin을 이용
➡ 빗변, 밑변이면 cos을 이용
➡ 밑변, 높이이면 tan를 이용

❷ 일반 삼각형의 변의 길이

(1) $\triangle ABC$에서 두 변의 길이 a, c와 그 끼인각 $\angle B$의 크기를 알 때

꼭짓점 A에서 $\overline{BC}$에 내린 수선의 발을 H라고 하면

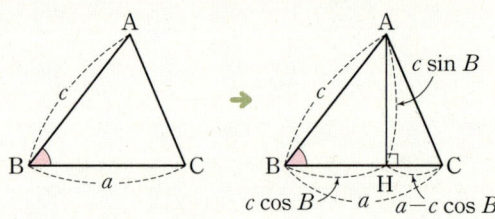

$$\overline{AC} = \sqrt{(c\sin B)^2 + (a - c\cos B)^2}$$

[설명] $\triangle ABH$에서 $\overline{AH} = c\sin B$, $\overline{BH} = c\cos B$
　　　$\triangle AHC$에서 $\overline{CH} = a - c\cos B$
　　　$\therefore \overline{AC} = \sqrt{\overline{AH}^2 + \overline{CH}^2} = \sqrt{(c\sin B)^2 + (a - c\cos B)^2}$

● 일반 삼각형의 변의 길이를 구할 때는 특수한
각의 삼각비를 이용하도록 보조선을 그은 후
직각삼각형 2개로 나누어 생각한다.

(2) $\triangle ABC$에서 한 변의 길이 a와 그 양 끝 각 $\angle B$, $\angle C$의 크기를 알 때

두 꼭짓점 B, C에서 대변에 내린 수선의 발을 각각 H, H′이라고 하면

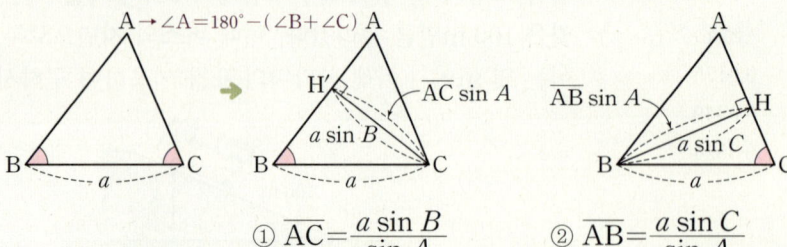

① $\overline{AC} = \dfrac{a\sin B}{\sin A}$ 　　② $\overline{AB} = \dfrac{a\sin C}{\sin A}$

① $\triangle H′BC$에서 $\overline{H′C} = a\sin B$
　$\triangle AH′C$에서 $\overline{H′C} = \overline{AC}\sin A$
　$a\sin B = \overline{AC}\sin A$
　$\therefore \overline{AC} = \dfrac{a\sin B}{\sin A}$

② $\triangle HBC$에서 $\overline{BH} = a\sin C$
　$\triangle ABH$에서 $\overline{BH} = \overline{AB}\sin A$
　$a\sin C = \overline{AB}\sin A$
　$\therefore \overline{AB} = \dfrac{a\sin C}{\sin A}$

1 **직각삼각형의 변의 길이**

01

오른쪽 그림과 같은 직각삼각형 ABC에서 $\overline{AB}$의 길이는?
(단, sin 25°=0.4226으로 계산한다.)

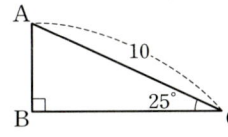

① 3.907　　② 4.067　　③ 4.226

④ 4.384　　⑤ 4.540

02

오른쪽 그림과 같은 직각삼각형 ABC에서 $\overline{BC}$의 길이를 구하는 식으로 옳은 것은?

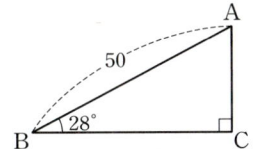

① 50 sin 28°　　② 50 cos 28°

③ 50 tan 28°　　④ $\dfrac{50}{\sin 28°}$

⑤ $\dfrac{50}{\cos 28°}$

03

오른쪽 그림과 같이 비행기가 지면에서 25°의 각을 이루면서 날아올랐다. 이 비행기가 직선 경로를 날아갈 때, 지면으로부터의 높이를 구하는 식으로 옳은 것은?

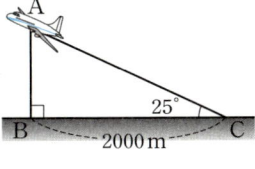

① 2000 tan 25° m　　② 2000 tan 65° m

③ 2000 sin 25° m　　④ 2000 cos 25° m

⑤ $\dfrac{2000}{\tan 25°}$ m

04

연못의 가장자리의 두 지점 A, B 사이의 거리를 구하기 위해 오른쪽 그림과 같이 측량하였다. 이때 두 지점 A, B 사이의 거리를 구하시오.

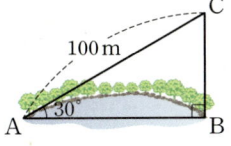

2 **일반 삼각형의 변의 길이**

05

오른쪽 그림과 같은 △ABC에서 $\overline{AB}$의 길이는?

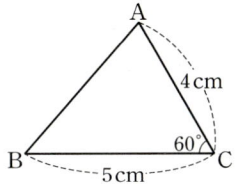

① $2\sqrt{5}$ cm　　② $\sqrt{21}$ cm

③ $\sqrt{23}$ cm　　④ $2\sqrt{6}$ cm

⑤ 5 cm

06

저수지의 가장자리의 두 지점 P, Q 사이의 거리를 구하기 위해 오른쪽 그림과 같이 측량하였다. 이때 두 지점 P, Q 사이의 거리는?

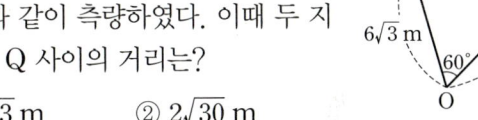
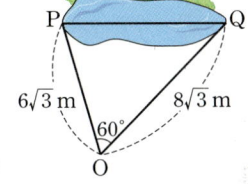

① $6\sqrt{3}$ m　　② $2\sqrt{30}$ m

③ $2\sqrt{33}$ m　　④ 12 m

⑤ $2\sqrt{39}$ m

07

오른쪽 그림과 같은 △ABC에서 $\overline{AC}$의 길이는?

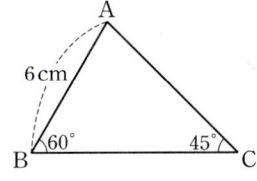

① $3\sqrt{3}$ cm　　② 6 cm

③ $3\sqrt{5}$ cm　　④ $3\sqrt{6}$ cm

⑤ $3\sqrt{7}$ cm

08

호수의 가장자리의 두 지점 A, B 사이의 거리를 구하기 위해 오른쪽 그림과 같이 측량하였다. 이때 두 지점 A, B 사이의 거리는?

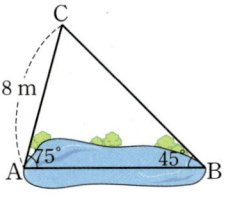

① $3\sqrt{3}$ m　　② $3\sqrt{6}$ m

③ $4\sqrt{6}$ m　　④ $6\sqrt{3}$ m

⑤ $3\sqrt{15}$ m

01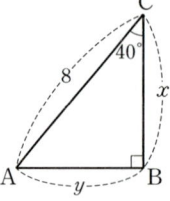

오른쪽 그림과 같은 직각삼각형 ABC에서 $x+y$의 값은? (단, $\sin 40°=0.64$, $\cos 40°=0.77$로 계산한다.)

① 11.19   ② 11.22

③ 11.25   ④ 11.28

⑤ 11.31

02

오른쪽 그림과 같은 직육면체의 부피를 구하시오.

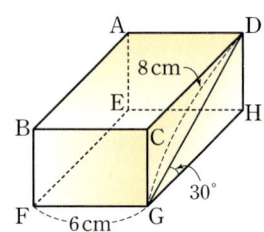

03

오른쪽 그림과 같이 원뿔의 꼭짓점 A에서 밑면에 내린 수선의 발을 H라 하자. 모선 $\overline{AB}$와 $\overline{BH}$가 이루는 각의 크기가 60°일 때, 이 원뿔의 부피는?

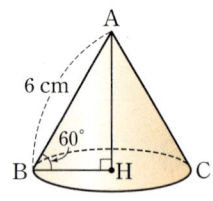

① $6\sqrt{3}\pi \ \text{cm}^3$ ② $9\sqrt{3}\pi \ \text{cm}^3$

③ $12\sqrt{3}\pi \ \text{cm}^3$ ④ $21\pi \ \text{cm}^3$

⑤ $27\sqrt{3}\pi \ \text{cm}^3$

04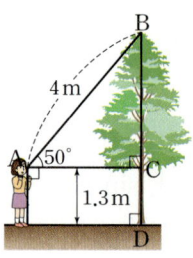

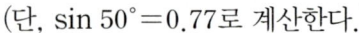

오른쪽 그림과 같이 현이가 나무의 꼭대기 B 지점을 올려다본 각의 크기는 50°이었다. 현이의 눈높이가 1.3 m일 때, 나무의 높이를 구하시오.

(단, $\sin 50°=0.77$로 계산한다.)

05

지면에 수직으로 서 있던 나무가 오른쪽 그림과 같이 부러졌다. 부러진 나무와 지면이 이루는 각의 크기가 30°일 때, 부러지기 전의 나무의 높이를 구하시오.

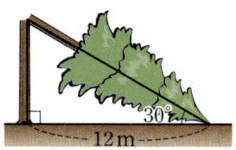

06

오른쪽 그림과 같이 C 지점은 A 지점에서 30° 기울어진 언덕을 6 m 올라간 지점이다. C 지점에서 건물의 꼭대기 B 지점을 올려다본 각의 크기가 60°일 때, 건물의 높이는? (단, 눈높이는 무시한다.)

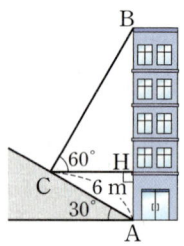

① $4\sqrt{2} \ \text{m}$ ② 6 m

③ $6\sqrt{2} \ \text{m}$ ④ $6\sqrt{3} \ \text{m}$

⑤ 12 m

07

오른쪽 그림은 산의 높이를 구하기 위해 지면에 $\overline{AB}=500$ m가 되도록 두 지점 A, B를 잡고 측량한 것이다. 이때 산의 높이인 $\overline{CH}$의 길이를 구하시오.

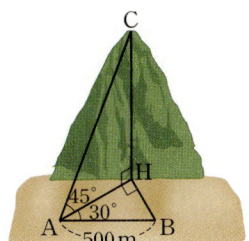

08

오른쪽 그림은 건물에 설치된 광고판의 위 끝과 아래 끝을 올려다본 각도를 나타낸 것이다. $\angle ABD=15°$, $\angle DBC=30°$, $\overline{CD}=2$ m일 때, $\overline{AD}$의 길이는?

① $(2\sqrt{3}-1)$ m
② $(2\sqrt{3}-2)$ m
③ $(3\sqrt{3}-1)$ m
④ $(3\sqrt{3}-2)$ m
⑤ $(\sqrt{3}+1)$ m

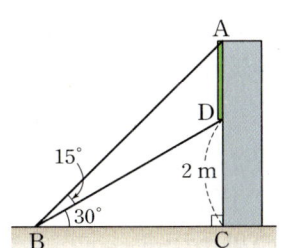

09

오른쪽 그림과 같이 한 변의 길이가 6 cm인 정사각형 ABCD를 꼭짓점 A를 중심으로 30°만큼 회전시켜 □AB′C′D′을 만들었다. 겹쳐진 부분인 □AB′ED의 넓이를 구하시오.

발전 문제

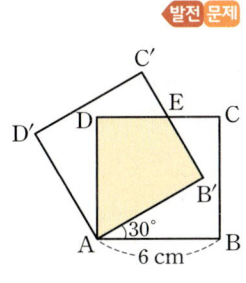

10

오른쪽 그림과 같은 직각삼각형 ABC에서 $\angle A=60°$, $\angle CDE=30°$, $\overline{AD}=100$, $\overline{DE}=50$일 때, $\overline{BE}$의 길이는?

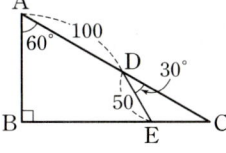

① $50\sqrt{3}+25$
② $50\sqrt{2}+25$
③ $50\sqrt{3}+25\sqrt{2}$
④ $50\sqrt{2}+25\sqrt{6}$
⑤ $50\sqrt{3}+25\sqrt{6}$

11

오른쪽 그림과 같은 직각삼각형 ABC에서 $\angle ABC=45°$, $\angle DBC=30°$, $\angle AEC=75°$이고, $\overline{BE}=2$일 때, $\overline{AD}$의 길이를 구하시오. (단, $\tan 75°=2+\sqrt{3}$으로 계산한다.)

발전 문제

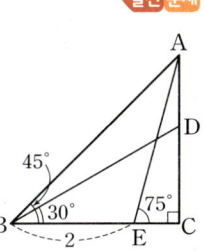

12 ⭐

오른쪽 그림과 같은 △ABC에서 $\overline{AB}$의 길이는?

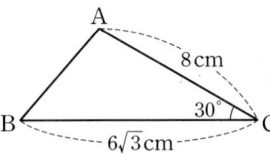

① $2\sqrt{5}$ cm
② $2\sqrt{7}$ cm
③ 6 cm
④ $2\sqrt{11}$ cm
⑤ $2\sqrt{13}$ cm

03 삼각형의 변의 길이

13

오른쪽 그림과 같은 △ABC에서
$\overline{AB}$의 길이를 구하시오.

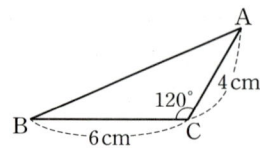

14

강을 사이에 두고 양쪽에 위치
한 두 지점 A, C 사이의 거리
를 구하기 위해 오른쪽 그림과
같이 측량하였다. 이때 두 지점
A, C 사이의 거리는?

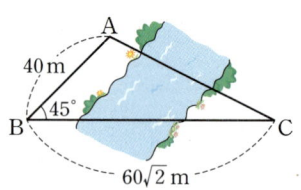

① $20\sqrt{7}$ m   ② $40\sqrt{2}$ m   ③ 60 m

④ $20\sqrt{10}$ m   ⑤ $20\sqrt{11}$ m

15 두 지점 사이의 거리 구하기

오른쪽 그림과 같이 윈드서핑을 하고
있는 두 사람이 같은 지점 O에서 동시
에 출발하여 서로 다른 방향으로 시속
5 km, 6 km로 달려서 2시간 후 각각
P, Q 지점에 이르렀다. 이때 두 지점
P, Q 사이의 거리를 구하시오.

(단, 두 사람은 직선 방향으로 움직인다.)

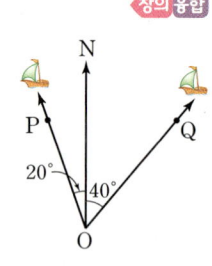

16 ⭐

오른쪽 그림과 같은 △ABC에서
$\overline{AB}$의 길이는?

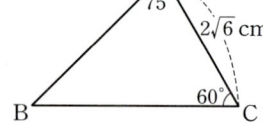

① $3\sqrt{6}$ cm   ② 6 cm

③ $6\sqrt{3}$ cm   ④ 9 cm

⑤ $9\sqrt{2}$ cm

17

오른쪽 그림과 같은 △ABC에서
$\overline{AC}$의 길이는?

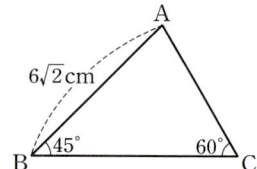

① $4\sqrt{2}$ cm   ② $4\sqrt{3}$ cm

③ $4\sqrt{6}$ cm   ④ $4\sqrt{7}$ cm

⑤ $4\sqrt{10}$ cm

18

오른쪽 그림과 같은 △ABC에서
$\overline{BC}$의 길이는?

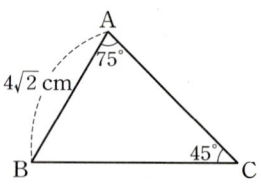

① $2\sqrt{2}$ cm

② $2\sqrt{6}$ cm

③ $2(\sqrt{2}+\sqrt{6})$ cm

④ $(3\sqrt{2}+2\sqrt{6})$ cm

⑤ $(3\sqrt{2}+4\sqrt{6})$ cm

19

오른쪽 그림과 같은 △ABC에서 $\overline{AC}$의 길이는?

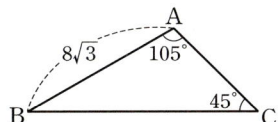

① $2\sqrt{21}$ ② $2\sqrt{22}$
③ $2\sqrt{23}$ ④ $4\sqrt{6}$
⑤ 10

20

오른쪽 그림과 같이 $60\sqrt{6}$ m 떨어진 두 지점 A, B에서 하늘에 떠 있는 풍선을 올려다본 각의 크기가 각각 75°, 45°이었다. A 지점에서 풍선까지의 거리는?

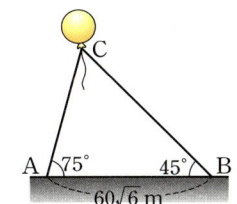

① 60 m ② $60\sqrt{3}$ m ③ 120 m
④ 150 m ⑤ $60(\sqrt{3}+1)$ m

21

강을 사이에 두고 양쪽에 위치한 두 지점 A, C 사이의 거리를 구하기 위해 오른쪽 그림과 같이 측량하였다. 이때 두 지점 A, C 사이의 거리는?

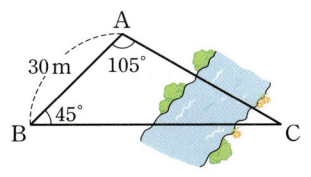

① $15\sqrt{3}$ m ② $15\sqrt{5}$ m ③ 30 m
④ $30\sqrt{2}$ m ⑤ $30\sqrt{3}$ m

서술형 문제

22

오른쪽 그림과 같이 길이가 20 cm인 실에 매단 구슬이 $\overline{OP}$를 기준으로 좌우로 30°의 각을 이루며 움직이고 있다. 구슬이 가장 높이 올라갔을 때의 두 지점을 각각 A, B라고 할 때, B 지점에 있는 구슬은 P 지점에 있는 구슬보다 몇 cm 더 높이 떠 있는지 구하시오. (단, 구슬의 크기는 무시한다.)

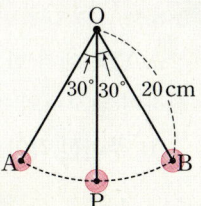

23

오른쪽 그림과 같이 두 척의 배 A, B는 O 지점에서 동시에 출발하여 서로 다른 방향으로 각각 시속 9 km, 12 km로 움직이고 있다. 40분 후에 배 A, B의 위치를 각각 P, Q라고 할 때, ∠POQ=60°이다. 다음 물음에 답하시오. (단, 두 배는 직선 방향으로 움직인다.)

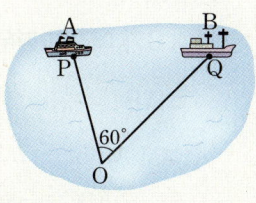

(1) $\overline{OP}$의 길이를 구하시오.

(2) $\overline{OQ}$의 길이를 구하시오.

(3) $\overline{PQ}$의 길이를 구하시오.

04 삼각형의 높이와 넓이

개념 Plus

1 삼각형의 높이

$\triangle ABC$에서 한 변의 길이 a와 그 양 끝 각 $\angle B$, $\angle C$의 크기를 알면 tan의 값을 이용하여 삼각형의 높이 h를 구할 수 있다.

(1) 주어진 각이 모두 예각인 경우

$$h = \dfrac{a}{\tan x + \tan y}$$

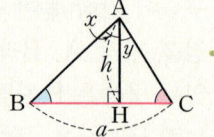 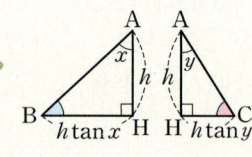

[설명] $\triangle ABH$에서 $\overline{BH} = h\tan x$, $\triangle ACH$에서 $\overline{CH} = h\tan y$
이때 $a = \overline{BH} + \overline{CH}$이므로

$a = h\tan x + h\tan y$, $a = h(\tan x + \tan y)$ ∴ $h = \dfrac{a}{\tan x + \tan y}$

(2) 주어진 각 중 하나가 둔각인 경우

$$h = \dfrac{a}{\tan x - \tan y}$$

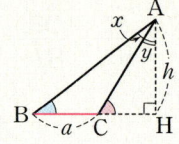 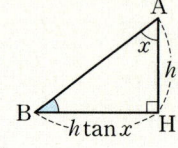 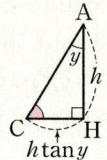

[설명] $\triangle ABH$에서 $\overline{BH} = h\tan x$, $\triangle ACH$에서 $\overline{CH} = h\tan y$
이때 $a = \overline{BH} - \overline{CH}$이므로

$a = h\tan x - h\tan y$, $a = h(\tan x - \tan y)$ ∴ $h = \dfrac{a}{\tan x - \tan y}$

● $h = \dfrac{a}{\tan(90°-B) + \tan(90°-C)}$

2 삼각형의 넓이

$\triangle ABC$에서 두 변의 길이 a, c와 그 끼인각 $\angle B$의 크기를 알면 삼각형의 넓이를 구할 수 있다.

(1) $\angle B$가 예각인 경우($0° < \angle B < 90°$)

$$\triangle ABC = \dfrac{1}{2}ac\sin B$$

[설명] $\overline{AH} = c\sin B$이므로
$\triangle ABC = \dfrac{1}{2}ah = \dfrac{1}{2}ac\sin B$

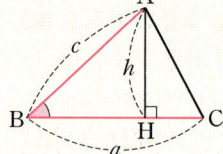

(2) $\angle B$가 둔각인 경우($90° < \angle B < 180°$)

$$\triangle ABC = \dfrac{1}{2}ac\sin(180° - B)$$

[설명] $\overline{AH} = c\sin(180° - B)$이므로
$\triangle ABC = \dfrac{1}{2}ah = \dfrac{1}{2}ac\sin(180° - B)$

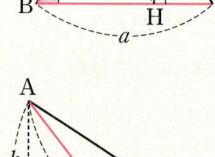

● 삼각형의 넓이

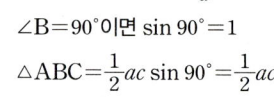

$\angle B = 90°$이면 $\sin 90° = 1$

$\triangle ABC = \dfrac{1}{2}ac\sin 90° = \dfrac{1}{2}ac$

3 사각형의 넓이

(1) 평행사변형의 넓이

평행사변형 $ABCD$에서 이웃하는 두 변의 길이 a, b와 그 끼인각 x의 크기를 알면 평행사변형의 넓이를 구할 수 있다.

→ $0° < x < 90°$일 때, $\square ABCD = ab\sin x$

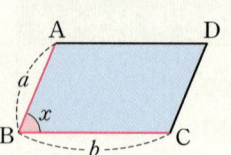

(2) 사각형의 넓이

$\square ABCD$에서 두 대각선의 길이 a, b와 두 대각선이 이루는 각 x의 크기를 알면 사각형의 넓이를 구할 수 있다.

→ $0° < x < 90°$일 때, $\square ABCD = \dfrac{1}{2}ab\sin x$

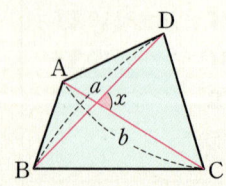

● 평행사변형의 넓이에서
$90° < x < 180°$이면

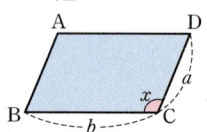

$\square ABCD = ab\sin(180° - x)$

● 사각형의 넓이에서
$90° < x < 180°$이면

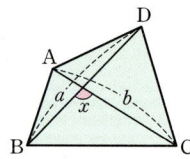

$\square ABCD = \dfrac{1}{2}ab\sin(180° - x)$

1 삼각형의 높이

01

오른쪽 그림과 같이 200 m 떨어진 지면 위의 두 지점 A, B에서 하늘에 떠 있는 열기구를 올려다본 각의 크기가 각각 35°, 40°일 때, 다음 중 지면으로부터 열기구의 높이를 구하는 식으로 옳은 것은?

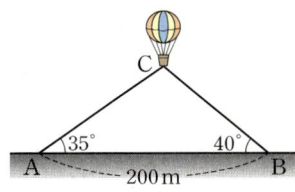

① $\dfrac{200}{\tan 35° + \tan 40°}$ m
② $200(\tan 35° + \tan 40°)$ m
③ $\dfrac{200}{\tan 55° + \tan 50°}$ m
④ $200(\tan 55° + \tan 50°)$ m
⑤ $\dfrac{\tan 55° \times \tan 50°}{200}$ m

02

오른쪽 그림과 같이 80 m 떨어진 지면 위의 두 지점 A, B에서 하늘에 떠 있는 연을 올려다본 각의 크기가 각각 45°, 30°이었다. 이때 지면으로부터 연의 높이는?

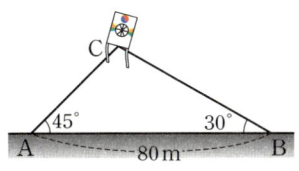

① $20(3-\sqrt{3})$ m
② $20(3+\sqrt{3})$ m
③ $40\sqrt{3}$ m
④ $40(\sqrt{3}-1)$ m
⑤ $40(\sqrt{3}+1)$ m

03

오른쪽 그림과 같이 △ABC의 점 A에서 $\overline{BC}$의 연장선 위에 내린 수선의 발을 H라고 할 때, $\overline{AH}$의 길이는?

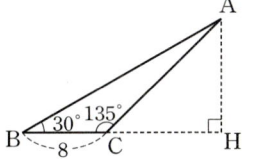

① $4(2-\sqrt{3})$
② $4(\sqrt{3}-1)$
③ $4(\sqrt{3}+1)$
④ $4(\sqrt{3}+2)$
⑤ $4(\sqrt{3}+3)$

2 삼각형의 넓이

04

오른쪽 그림과 같은 △ABC의 넓이는?

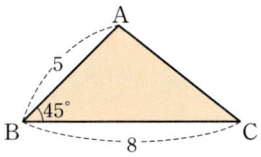

① 10
② $10\sqrt{2}$
③ $10\sqrt{3}$
④ 20
⑤ $20\sqrt{2}$

05

오른쪽 그림과 같은 □ABCD의 넓이를 구하시오.

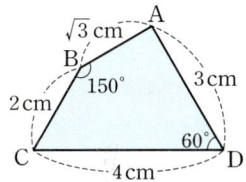

3 사각형의 넓이

06

오른쪽 그림과 같은 평행사변형 ABCD의 넓이는?

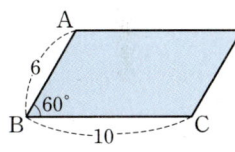

① 15
② $15\sqrt{2}$
③ $15\sqrt{5}$
④ 30
⑤ $30\sqrt{3}$

07

오른쪽 그림과 같은 □ABCD에서 두 대각선이 이루는 각의 크기가 60°이고 $\overline{AC}=6$ cm, $\overline{BD}=4\sqrt{3}$ cm일 때, □ABCD의 넓이는?

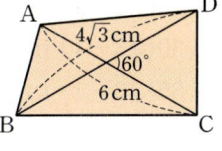

① $6\sqrt{6}$ cm²
② 12 cm²
③ $12\sqrt{3}$ cm²
④ 18 cm²
⑤ $18\sqrt{3}$ cm²

01 ⭐

오른쪽 그림과 같은 △ABC에서
$\overline{AH} \perp \overline{BC}$일 때, $\overline{AH}$의 길이는?

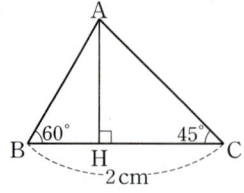

① $(3-\sqrt{3})$ cm

② 3 cm

③ $(3+\sqrt{3})$ cm

④ $3\sqrt{3}$ cm

⑤ $(3+3\sqrt{3})$ cm

02

오른쪽 그림과 같은 △ABC에서
$\overline{AB}=6$, $\angle B=45°$, $\angle C=75°$일 때,
△ABC의 넓이를 구하시오.

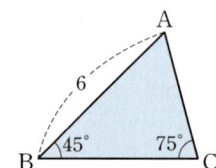

03

오른쪽 그림과 같이 60 m
떨어진 지면 위의 두 지점
B, C에서 나무의 꼭대기 A
지점을 올려다본 각의 크기
가 각각 45°, 30°일 때, 나무의 높이는?

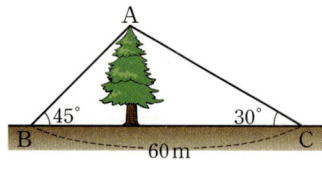

① $25(\sqrt{3}-1)$ m   ② $25(\sqrt{3}+1)$ m

③ $30(\sqrt{3}-1)$ m   ④ $30(\sqrt{3}+1)$ m

⑤ $35(\sqrt{3}-1)$ m

04 ⭐

오른쪽 그림과 같이 △ABC의 점 C에
서 $\overline{AB}$의 연장선 위에 내린 수선의 발
을 H라고 할 때, $\overline{CH}$의 길이를 구하시
오.

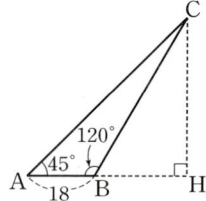

05

오른쪽 그림과 같이 180 m 떨어
진 두 지점 A, B에서 산꼭대기
C 지점을 올려다본 각의 크기가
각각 30°, 45°일 때, 산의 높이를
구하시오.

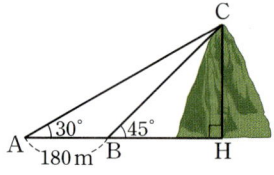

06

오른쪽 그림과 같이 건물 위에 수
직으로 세워진 조형물의 높이는?

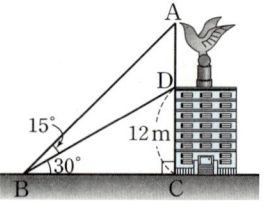

① $6\sqrt{3}$ m

② $12(\sqrt{3}-1)$ m

③ $12(\sqrt{3}+1)$ m

④ $12(3-\sqrt{3})$ m

⑤ $12(3+\sqrt{3})$ m

07

오른쪽 그림과 같이 $\overline{AB}=\overline{AC}$인 이등변삼각형 ABC의 넓이가 $4\sqrt{3}$ cm²일 때, $\overline{AB}$의 길이를 구하시오.

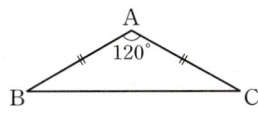

08

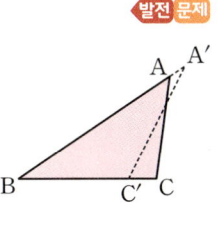

발전 문제

오른쪽 그림과 같은 △ABC에서 $\overline{AB}$의 길이를 10 % 늘리고, $\overline{BC}$의 길이를 20 % 줄여서 새로운 △A′BC′을 만들었다. 이때 이 삼각형의 넓이의 변화는?

① 12 % 감소한다.   ② 2 % 감소한다.

③ 2 % 증가한다.   ④ 12 % 증가한다.

⑤ 변화가 없다.

09

오른쪽 그림에서 □ABCD는 한 변의 길이가 4인 정사각형이고 △ADE는 $\overline{AD}$를 빗변으로 하는 직각삼각형일 때, △ABE의 넓이는?

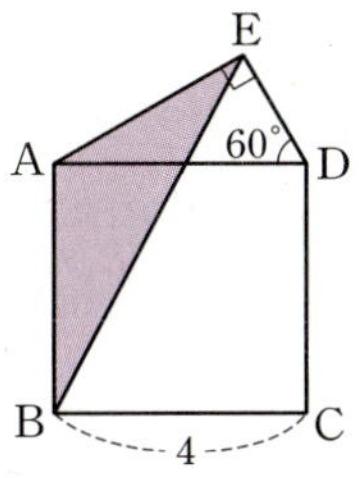

① $2\sqrt{3}$ ② 4

③ 6   ④ $4\sqrt{3}$

⑤ 8

10

오른쪽 그림과 같이 반지름의 길이가 6 cm인 반원 O에서 색칠한 부분의 넓이를 구하시오.

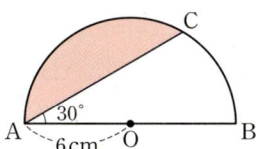

11

오른쪽 그림과 같이 직사각형 모양의 종이테이프 ABCD를 점 A와 점 C가 겹쳐지도록 접었다. $\overline{CD}=7$ cm, ∠PCQ=30°일 때, △PQC의 넓이를 구하시오.

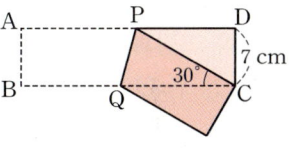

12

발전 문제

오른쪽 그림과 같은 평행사변형 ABCD에서 $\overline{AE}=4$, $\overline{AF}=6$, ∠EAF=60°이고 $\overline{BC}$, $\overline{CD}$의 중점을 각각 M, N이라고 하자. 대각선 BD와 $\overline{AM}$, $\overline{AN}$과의 교점을 각각 E, F라고 할 때, □EMNF의 넓이를 구하시오.

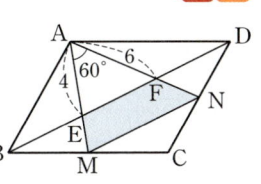

13

오른쪽 그림과 같이 $\overline{AB}=4$, $\overline{AC}=2\sqrt{6}$인 △ABC에서 ∠BAD=45°, ∠CAD=60°일 때, $\overline{BD}:\overline{CD}$를 가장 간단한 자연수의 비로 나타내시오.

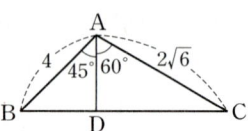

14

오른쪽 그림과 같이 반지름의 길이가 4 cm인 원 O에 내접하는 □ABCD가 있다. ∠B=30°, $\overline{AD}=\overline{CD}$일 때, □ABCD의 넓이를 구하시오.

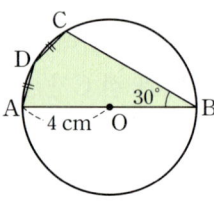

15 ⭐

오른쪽 그림과 같은 □ABCD의 넓이는?

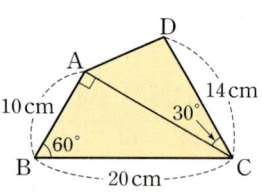

① $85\sqrt{3}$ cm²
② $(50+35\sqrt{3})$ cm²
③ $100\sqrt{3}$ cm²
④ $(85+35\sqrt{3})$ cm²
⑤ $(85+50\sqrt{3})$ cm²

16

오른쪽 그림에서 $\overline{AE}/\!/\overline{DC}$이고 ∠B=60°, $\overline{AB}=9$, $\overline{BC}=16$일 때, □ABED의 넓이를 구하시오.

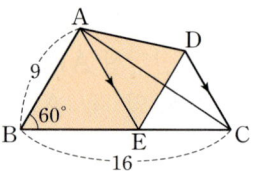

17

오른쪽 그림과 같이 반지름의 길이가 4 cm인 원 O에 내접하는 정팔각형의 넓이는?

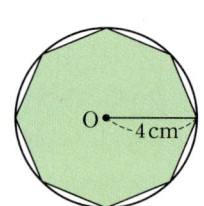

① $28\sqrt{2}$ cm²
② $32\sqrt{2}$ cm²
③ $36\sqrt{2}$ cm²
④ $40\sqrt{2}$ cm²
⑤ $44\sqrt{2}$ cm²

18

오른쪽 그림과 같은 평행사변형 ABCD에서 점 M은 $\overline{BC}$의 중점이고 $\overline{AB}=4$ cm, $\overline{AD}=6$ cm, ∠ADC=45°일 때, △AMC의 넓이는?

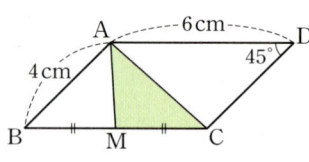
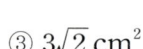

① $\dfrac{3\sqrt{2}}{2}$ cm²
② 3 cm²
③ $3\sqrt{2}$ cm²
④ $3\sqrt{3}$ cm²
⑤ 6 cm²

19

오른쪽 그림과 같은 평행사변형
ABCD에서 ∠B=60°,
$\overline{BC}$=10 cm, $\overline{CD}$=6 cm이다.
두 점 M, N이 각각 $\overline{BC}$, $\overline{CD}$의
중점일 때, △AMN의 넓이는?

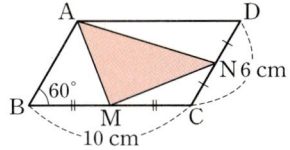

① $\dfrac{15\sqrt{3}}{4}$ cm²   ② $\dfrac{25\sqrt{3}}{4}$ cm²   ③ $\dfrac{35\sqrt{3}}{4}$ cm²

④ $\dfrac{45\sqrt{3}}{4}$ cm²   ⑤ $\dfrac{75\sqrt{3}}{4}$ cm²

20 겹쳐진 종이의 넓이 구하기 〔창의 융합〕

오른쪽 그림과 같이 폭이 각
각 $6\sqrt{3}$ cm로 같은 직사각형
모양의 두 종이를 겹쳐 놓았
을 때, □ABCD의 넓이를
구하시오.

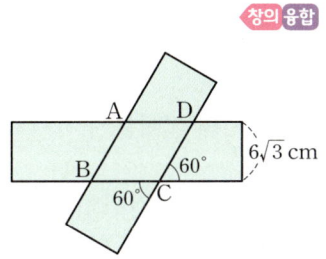

21

오른쪽 그림과 같은 □ABCD의
넓이를 구하시오.

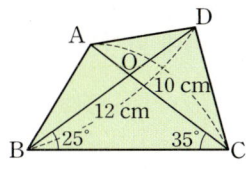

22

오른쪽 그림과 같이 $\overline{AD}$∥$\overline{BC}$인 등
변사다리꼴 ABCD의 넓이가
$8\sqrt{3}$ cm²이고 두 대각선이 이루는
각의 크기가 120°일 때, $\overline{AC}$의 길이
는?

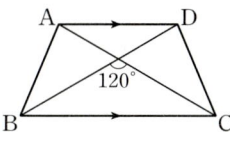

① 4 cm   ② $4\sqrt{2}$ cm   ③ $4\sqrt{3}$ cm
④ $4\sqrt{6}$ cm   ⑤ 8 cm

23

오른쪽 그림의 □ABCD에서
$\overline{AC}+\overline{BD}$=11, $\overline{CO}=\overline{DO}$=2,
∠COD=120°이고, △AOD의 넓이는
$2\sqrt{3}$일 때, □ABCD의 넓이를 구하시오.

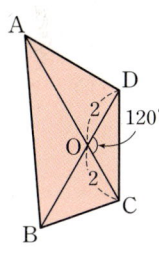

24 〔발전 문제〕

오른쪽 그림과 같은 □ABCD에
서 네 점 P, Q, R, S는 각각 $\overline{AD}$,
$\overline{BD}$, $\overline{BC}$, $\overline{CA}$의 중점이고,
$\overline{AB}$=12, $\overline{CD}$=14, ∠ABC=70°,
∠DCB=80°일 때, □PQRS의
넓이를 구하시오.

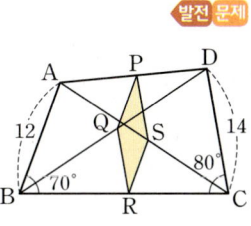

04 / 삼각형의 높이와 넓이

서술형 문제

25

강을 사이에 두고 양쪽에 위치한
두 지점 C, D 사이의 거리를 구하기 위해 오른쪽 그림과 같이 측량하였다. 이때 두 지점 C, D 사이의
거리를 구하시오.

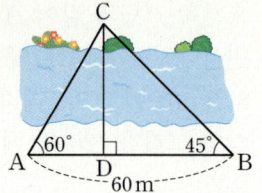

26

오른쪽 그림과 같은 △ABC에서
$\cos A = \dfrac{\sqrt{15}}{4}$이고 $\overline{AB}=8$ cm,
$\overline{AC}=10$ cm일 때, △ABC의 넓이를
구하시오.

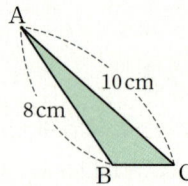

27

오른쪽 그림과 같이 한 변의 길이
가 10 cm인 정사각형 ABCD에서
두 점 M, N은 각각 $\overline{BC}$, $\overline{CD}$의
중점일 때, 다음 물음에 답하시오.

(1) $\overline{AM}$, $\overline{AN}$의 길이를 각각 구하
시오.

(2) △AMN의 넓이를 구하시오.

(3) $\sin x$의 값을 구하시오.

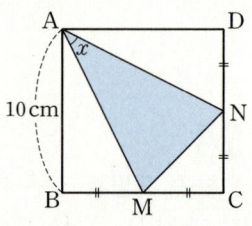

28

오른쪽 그림과 같은
△ABC에서
∠BAC=120°이고
$\overline{AB}=6$ cm, $\overline{AC}=12$ cm이다. ∠BAC의 이등분선이 $\overline{BC}$
와 만나는 점을 D라고 할 때, $\overline{AD}$의 길이를 구하시오.

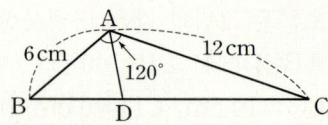

29

오른쪽 그림과 같은 평행사변형
ABCD에서 점 M은 $\overline{BC}$의 중
점이고 $\overline{AB}=5$ cm, $\overline{AD}=10$ cm
이다. ∠A : ∠B=2 : 1일 때,
△DMC의 넓이를 구하시오.

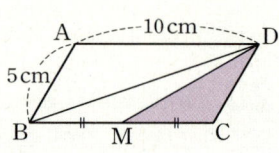

30

오른쪽 그림과 같이 □ABCD에서
$\overline{AC}=8$, $\overline{BD}=10$일 때, □ABCD
의 최대 넓이를 구하시오.

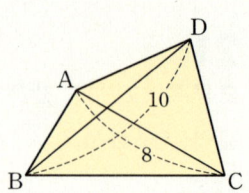

Ⅱ 원의 성질

학습 계획표	학습일

05 현의 성질

대표문제 확인하기   월   일

필수문제 확인하기   월   일

06 원의 접선

대표문제 확인하기   월   일

필수문제 확인하기   월   일

07 원주각의 성질

대표문제 확인하기   월   일

필수문제 확인하기   월   일

08 원에 내접하는 사각형

대표문제 확인하기   월   일

필수문제 확인하기   월   일

09 접선과 현이 이루는 각

대표문제 확인하기   월   일

필수문제 확인하기   월   일

05 현의 성질

1 원의 중심과 현의 수직이등분선

(1) 원의 중심에서 현에 내린 수선은 그 현을 이등분한다.

$\overline{OM} \perp \overline{AB}$이면 $\overline{AM} = \overline{BM}$ — $\overline{AB} = 2\overline{AM} = 2\overline{BM}$

(2) 원에서 현의 수직이등분선은 그 원의 중심을 지난다.

[설명] △OAM과 △OBM에서
∠OMA = ∠OMB = 90°,
$\overline{OA} = \overline{OB}$ (반지름), $\overline{OM}$은 공통이므로
△OAM ≡ △OBM(RHS 합동)
∴ $\overline{AM} = \overline{BM}$

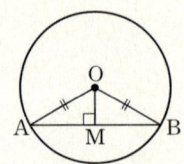

참고 오른쪽 그림의 원 O에서 현 AB의 수직이등분선을 *l*이라고 하면 두 점 A, B로부터 같은 거리에 있는 점들은 모두 직선 *l* 위에 있다. 이때 원의 중심도 두 점 A, B로부터 같은 거리에 있으므로 직선 *l* 위에 있다.
따라서 현 AB의 수직이등분선은 원 O의 중심을 지난다.

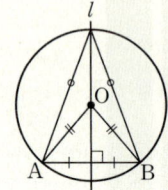

2 원의 중심에서 현까지의 거리와 현의 길이

한 원 또는 합동인 두 원에서

(1) 원의 중심으로부터 같은 거리에 있는 두 현의 길이는 서로 같다.

$\overline{OM} = \overline{ON}$이면 $\overline{AB} = \overline{CD}$

[설명] △OAM과 △OCN에서
$\overline{OM} = \overline{ON}$, $\overline{OA} = \overline{OC}$ (반지름),
∠OMA = ∠ONC = 90°이므로
△OAM ≡ △OCN(RHS 합동)
∴ $\overline{AM} = \overline{CN}$
∴ $\overline{AB} = 2\overline{AM} = 2\overline{CN} = \overline{CD}$

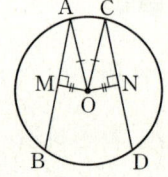

(2) 길이가 같은 두 현은 원의 중심으로부터 같은 거리에 있다.

$\overline{AB} = \overline{CD}$이면 $\overline{OM} = \overline{ON}$

[설명] $\overline{OM} \perp \overline{AB}$, $\overline{ON} \perp \overline{CD}$라 하면
$\overline{AM} = \overline{BM}$, $\overline{CN} = \overline{DN}$
그런데 $\overline{AB} = \overline{CD}$이므로 $\overline{AM} = \overline{CN}$ ······ ㉠
△OAM과 △OCN에서
∠OMA = ∠ONC = 90°, $\overline{OA} = \overline{OC}$ (반지름),
$\overline{AM} = \overline{CN}$ (∵ ㉠)이므로
△OAM ≡ △OCN(RHS 합동)
∴ $\overline{OM} = \overline{ON}$

참고 원에 내접하는 삼각형이 주어지는 경우

(1) $\overline{OM} = \overline{ON}$이면 $\overline{AB} = \overline{AC}$
→ △ABC는 이등변삼각형

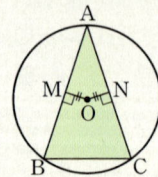

(2) $\overline{OD} = \overline{OE} = \overline{OF}$ 또는 $\overline{OD} = \overline{OF}$, ∠A = 60°이면
$\overline{AB} = \overline{BC} = \overline{CA}$
→ △ABC는 정삼각형

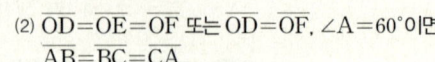
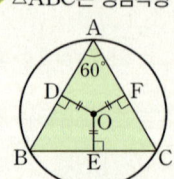

● 중심각과 현의 길이

한 원 또는 합동인 두 원에서

(1) 크기가 같은 두 중심각에 대한 현의 길이와 호의 길이는 각각 같다.

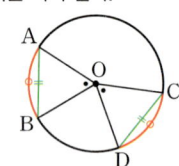

(2) 길이가 같은 두 현 또는 두 호에 대한 중심각의 크기는 같다.

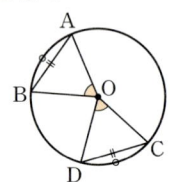

(3) 중심각의 크기와 호의 길이는 정비례한다.

(4) 중심각의 크기와 현의 길이는 정비례하지 않는다.

● 원의 중심과 현의 수직이등분선의 활용

(1) 원의 일부분이 주어진 경우

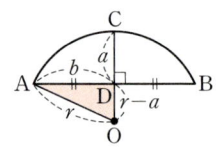

❶ 원의 중심을 찾아 반지름의 길이를 r로 놓는다.

❷ 직각삼각형 AOD에서
$b^2 + (r-a)^2 = r^2$

(2) 원주 위의 점이 원의 중심에 오도록 접은 경우

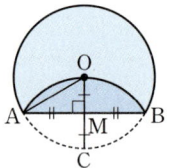

① $\overline{AM} = \overline{BM}$, $\overline{OM} = \overline{CM} = \dfrac{1}{2}\overline{OC}$

② 직각삼각형 OAM에서
$\overline{AM}^2 + \overline{OM}^2 = \overline{OA}^2$

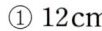

1 원의 중심과 현의 수직이등분선

01

오른쪽 그림의 원 O에서 $\overline{AB} \perp \overline{OM}$이고 $\overline{OA}=10 \text{cm}$, $\overline{OM}=6 \text{cm}$일 때, $\overline{AB}$의 길이는?

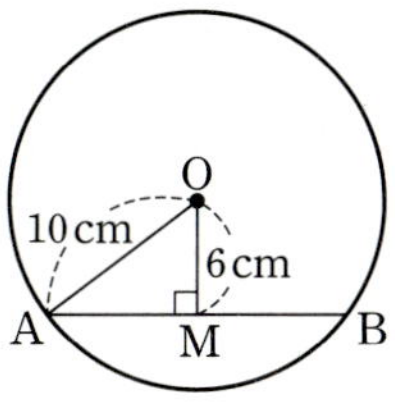

① 12 cm ② 14 cm
③ 16 cm ④ 18 cm
⑤ 20 cm

02

다음은 '원의 중심에서 현에 내린 수선은 그 현을 이등분한다.'는 성질이 성립함을 보이는 과정이다. ①~⑤에 알맞은 것은?

> 오른쪽 그림과 같이 원 O의 중심에서 현 AB에 내린 수선의 발을 M이라고 하자.
> △OAM과 △OBM에서
> ∠OMA= ① =90°,
> $\overline{OA}$= ② (반지름),
> ③ 은(는) 공통이므로
> △OAM≡ ④ (RHS 합동)
> ∴ $\overline{AM}$= ⑤

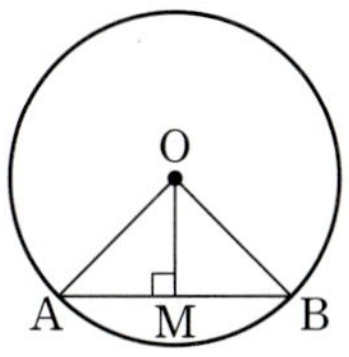

① ∠OMB ② $\overline{AB}$ ③ $\overline{AB}$
④ △OAB ⑤ $\overline{OB}$

03

오른쪽 그림의 원 O에서 $\overline{AB} \perp \overline{OP}$이고 $\overline{AB}=8 \text{cm}$, $\overline{MP}=2 \text{cm}$일 때, x의 값을 구하시오.

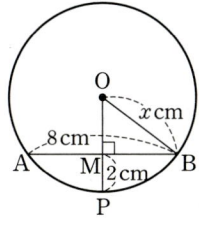

04

오른쪽 그림에서 $\overparen{AB}$는 원의 일부분이다. $\overline{AB} \perp \overline{CD}$이고 $\overline{AD}=\overline{BD}=8 \text{cm}$, $\overline{CD}=4 \text{cm}$일 때, 이 원의 반지름의 길이는?

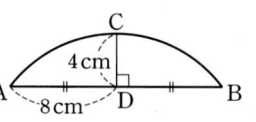

① 10 cm ② $\dfrac{19}{2}$ cm ③ 9 cm
④ $\dfrac{17}{2}$ cm ⑤ 8 cm

2 원의 중심에서 현까지의 거리와 현의 길이

05

오른쪽 그림의 원 O에서 $\overline{OM} \perp \overline{AB}$, $\overline{ON} \perp \overline{CD}$이고 $\overline{OM}=\overline{ON}=3 \text{cm}$, $\overline{OC}=7 \text{cm}$일 때, $\overline{AB}$의 길이는?

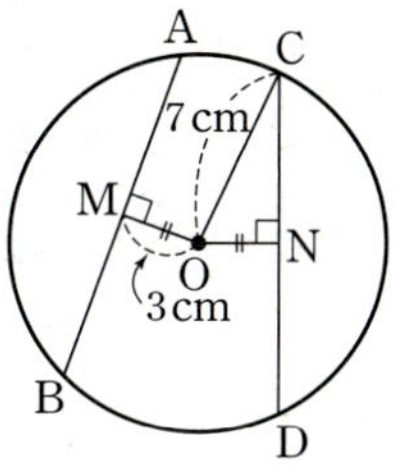

① $3\sqrt{10}$ cm ② 12 cm
③ $4\sqrt{10}$ cm ④ 13 cm
⑤ 14 cm

06

오른쪽 그림의 원 O에서 $\overline{OM} \perp \overline{AB}$, $\overline{ON} \perp \overline{AC}$이고 $\overline{OM}=\overline{ON}$이다. ∠A=36°일 때, ∠B의 크기는?

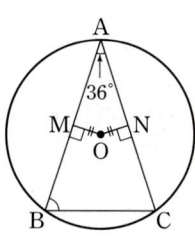

① 68° ② 69°
③ 70° ④ 71°
⑤ 72°

01

오른쪽 그림에서 $\overline{AB}$는 원 O의 지름이고 $\overline{CD} \perp \overline{OM}$, $\overline{AB} = 10$ cm, $\overline{OM} = 4$ cm일 때, $\overline{CD}$의 길이는?

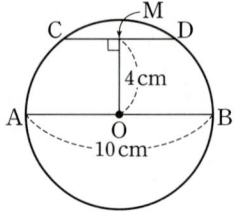

① 2 cm   ② 4 cm
③ 6 cm   ④ 8 cm
⑤ 10 cm

02

오른쪽 그림에서 $\overline{CD}$는 원 O의 지름이고 $\overline{AB} \perp \overline{CD}$이다. $\overline{CD} = 18$ cm, $\overline{DM} = 2$ cm일 때, $\overline{AB}$의 길이는?

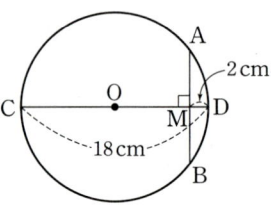

① $6\sqrt{2}$ cm   ② 9 cm
③ 10 cm   ④ $6\sqrt{3}$ cm
⑤ $8\sqrt{2}$ cm

03

오른쪽 그림에서 원 O는 $\overline{AB} = \overline{AC} = 10$ cm, $\overline{BC} = 16$ cm인 이등변삼각형 ABC의 외접원이다. 이때 원 O의 둘레의 길이를 구하시오.

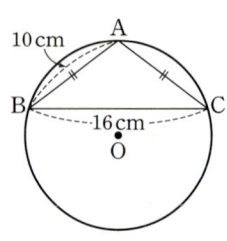

04 현의 수직이등분선을 이용하여 수막새 복원하기 창의융합

오른쪽 그림과 같이 일부가 깨진 원 모양의 수막새를 복원하려고 한다. 수막새의 가장자리에 세 점 A, B, C를 잡고 점 C에서 $\overline{AB}$에 내린 수선의 발을 D라고 하면 $\overline{AD} = \overline{BD} = 6$ cm, $\overline{CD} = 3$ cm일 때, 이 수막새의 지름의 길이를 구하시오.

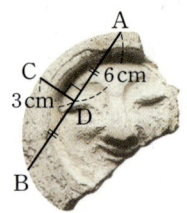

05 ⭐

오른쪽 그림과 같이 원 O를 현 AB를 접는 선으로 하여 접었더니 $\overarc{AB}$가 원의 중심을 지났다. $\overline{AB} = 12$ cm일 때, 원 O의 반지름의 길이는?

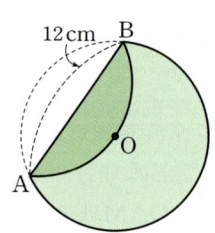

① $3\sqrt{3}$ cm   ② $4\sqrt{3}$ cm
③ $5\sqrt{2}$ cm   ④ $6\sqrt{2}$ cm
⑤ $5\sqrt{3}$ cm

06

오른쪽 그림과 같이 반지름의 길이가 8 cm인 원 O에서 $\overline{AB} = \overline{CD} = 10$ cm, $\overline{AB} /\!/ \overline{CD}$일 때, 두 현 AB, CD 사이의 거리를 구하시오.

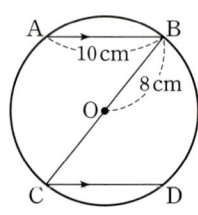

07 ⭐

오른쪽 그림의 원 O에서 $\overline{AB} \perp \overline{OM}$,
$\overline{CD} \perp \overline{ON}$이고 $\overline{OM} = \overline{ON}$이다.
$\angle OAM = 30°$, $\overline{CD} = 6$ cm일 때,
원 O의 둘레의 길이를 구하시오.

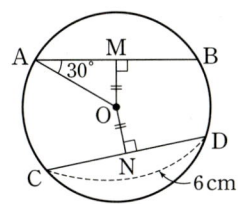

08

오른쪽 그림의 원 O에서 $\overline{OD} \perp \overline{AB}$,
$\overline{OE} \perp \overline{AC}$이고 $\overline{OD} = \overline{OE}$이다.
$\angle B = 32°$일 때, $\angle DOE$의 크기는?

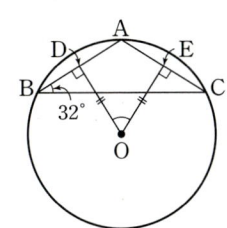

① 45°   ② 58°

③ 64°   ④ 70°

⑤ 76°

09

오른쪽 그림의 원 O에서 $\overline{OD} \perp \overline{BC}$,
$\overline{OE} \perp \overline{AC}$이고 $\overline{OD} = \overline{OE} = 2\sqrt{3}$이다.
$\angle C = 60°$일 때, $\triangle ABC$의 넓이는?

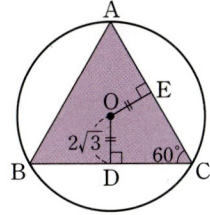

① $9\sqrt{3}$ ② $18\sqrt{3}$

③ $12\sqrt{3}$ ④ $36\sqrt{3}$

⑤ $72\sqrt{3}$

서술형 문제

10

오른쪽 그림에서 $\overparen{AB}$는 반지름
의 길이가 6 cm인 원의 일부분
이다. $\overline{AB} \perp \overline{HP}$이고
$\overline{AH} = \overline{BH}$, $\overline{HP} = 2$ cm일 때, $\triangle APB$의 넓이를 구하시오.

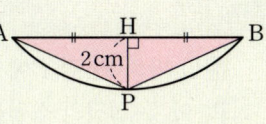

11   발전 문제

오른쪽 그림과 같이 반지름의 길이가
6 cm인 원 O 위의 한 점이 원의 중심
에 오도록 접었을 때, 접힌 부분인 활
꼴의 넓이를 구하시오.

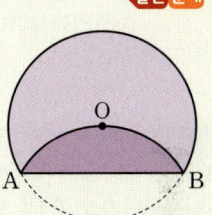

12

오른쪽 그림의 원 O에서
$\overline{OD} \perp \overline{AB}$, $\overline{OE} \perp \overline{BC}$, $\overline{OF} \perp \overline{AC}$이
고 $\overline{OD} = \overline{OE} = \overline{OF}$이다.
$\overline{AB} = 8\sqrt{3}$ cm일 때, 다음 물음에
답하시오.

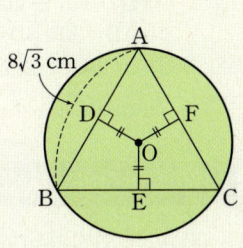

(1) $\overline{AD}$의 길이를 구하시오.

(2) 원 O의 반지름의 길이를 구하시오.

(3) 원 O의 넓이를 구하시오.

06 원의 접선

1 원의 접선의 성질

원 O 밖의 한 점 P에서 원 O에 그을 수 있는 접선은 2개이고, 이 두 접선의 접점을 각각 A, B라 하면

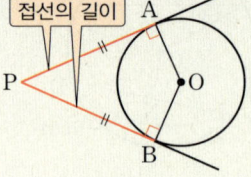
접선의 길이

(1) 원의 접선은 그 접점을 지나는 반지름에 수직이다.

→ ∠PAO=∠PBO=90°

(2) 원 밖의 한 점에서 그 원에 그은 두 접선의 길이는 서로 같다. → $\overline{PA}=\overline{PB}$

참고 $\overrightarrow{PA}, \overrightarrow{PB}$가 원 O의 접선이고 두 점 A, B가 그 접점일 때

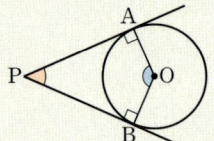

∠PAO=∠PBO=90°이므로
∠APB+∠AOB=180°

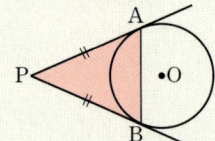

$\overline{PA}=\overline{PB}$이므로
△PBA는 이등변삼각형

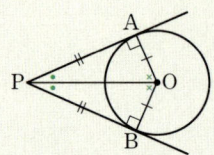

(1) △APO≡△BPO (RHS 합동)
이므로 ∠APO=∠BPO
(2) 직각삼각형 OPA에서
$\overline{PA}^2+\overline{OA}^2=\overline{PO}^2$

2 삼각형의 내접원

원 O가 △ABC의 내접원이고 세 점 D, E, F가 접점일 때

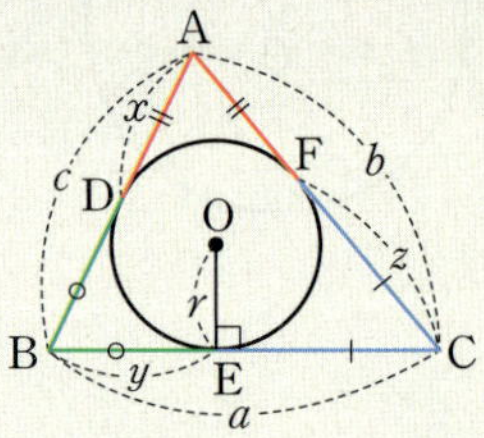

(1) $\overline{AD}=\overline{AF}, \overline{BD}=\overline{BE}, \overline{CE}=\overline{CF}$

(2) (△ABC의 둘레의 길이)$=a+b+c=2(x+y+z)$

(3) (△ABC의 넓이)$=△OBC+△OCA+△OAB$

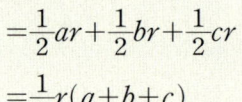

$$=\frac{1}{2}ar+\frac{1}{2}br+\frac{1}{2}cr$$

$$=\frac{1}{2}r(a+b+c)$$

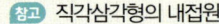
└→ △ABC의 둘레의 길이

참고 직각삼각형의 내접원
원 O는 ∠C=90°인 직각삼각형 ABC의 내접원이고
세 점 D, E, F는 접점일 때
(1) $\overline{AD}=\overline{AF}, \overline{BD}=\overline{BE}, \overline{CE}=\overline{CF}$
(2) □OECF는 한 변의 길이가 r인 정사각형이다.
(3) $△ABC=\frac{1}{2}r(a+b+c)=\frac{1}{2}ab$

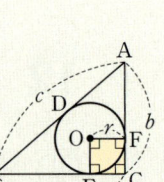

3 원에 외접하는 사각형의 성질

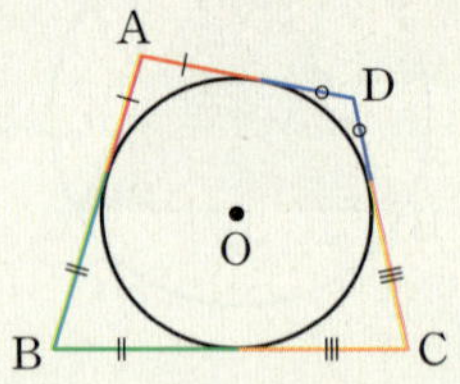

(1) 원에 외접하는 사각형에서 두 쌍의 대변의 길이의 합은 같다.

$\overline{AB}+\overline{DC}=\overline{AD}+\overline{BC}$

(2) 대변의 길이의 합이 서로 같은 사각형은 원에 외접한다.

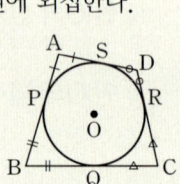

[설명] (1) 오른쪽 그림과 같이 원 O와 이 원에 외접하는
사각형의 네 접점을 각각 P, Q, R, S라고 하면
$\overline{AB}+\overline{CD}=(\overline{AP}+\overline{BP})+(\overline{DR}+\overline{CR})$
$=(\overline{AS}+\overline{BQ})+(\overline{DS}+\overline{CQ})$
$=(\overline{AS}+\overline{DS})+(\overline{BQ}+\overline{CQ})$
$=\overline{AD}+\overline{BC}$

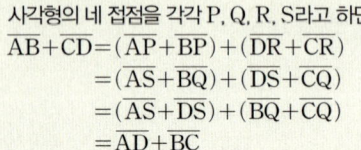

참고 원에 외접하는 사각형의 성질의 활용
원 O가 직사각형 ABCD의 세 변과 $\overline{DE}$에 접하고 네 점 P, Q, R, S가 접점일 때
(1) □ABED는 원 O에 외접하므로 $\overline{AB}+\overline{DE}=\overline{AD}+\overline{BE}$
(2) $\overline{DR}=\overline{DS}, \overline{ER}=\overline{EQ}$이므로 $\overline{DE}=\overline{DR}+\overline{ER}=\overline{DS}+\overline{EQ}$
(3) 직각삼각형 DEC에서 $\overline{CE}^2+\overline{CD}^2=\overline{DE}^2$

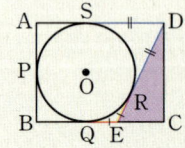

● **원의 접선의 성질의 활용**
$\overrightarrow{AD}, \overrightarrow{AF}, \overrightarrow{BC}$가 원 O의 접선이고
세 점 D, E, F가 접점일 때

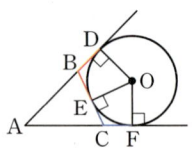

(1) $\overline{AD}=\overline{AF}, \overline{BD}=\overline{BE}, \overline{CE}=\overline{CF}$
(2) (△ABC의 둘레의 길이)
$=\overline{AB}+\overline{BE}+\overline{CE}+\overline{AC}$
$=\overline{AB}+\overline{BD}+\overline{CF}+\overline{AC}$
$=\overline{AD}+\overline{AF}=2\overline{AD}=2\overline{AF}$

● **반원에서 접선의 성질의 활용**
$\overrightarrow{AB}, \overrightarrow{AD}, \overrightarrow{CD}$가 반원 O의 접선일 때

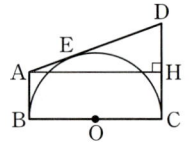

(1) $\overline{AB}=\overline{AE}, \overline{DC}=\overline{DE}$
$\overline{AB}+\overline{DC}=\overline{AE}+\overline{DE}=\overline{AD}$
(2) 점 A에서 $\overline{CD}$에 내린 수선의 발을 H라고 하면
$\overline{BC}=\overline{AH}=\sqrt{\overline{AD}^2-\overline{DH}^2}$

● **중심이 같은 두 원의 접선의 성질의 활용**
중심이 같은 두 원에서 큰 원의 현 AB가 작은 원의 접선이고 점 H는 접점일 때

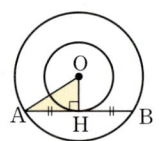

(1) $\overline{OH}\perp\overline{AB}, \overline{AH}=\overline{BH}$
(2) 직각삼각형 OAH에서
$\overline{AH}^2+\overline{OH}^2=\overline{OA}^2$

● **접하는 두 원의 성질의 활용**
직사각형 ABCD의 변에 접하면서 동시에 외접하는 두 원 O, O'의 반지름의 길이를 각각
$r, r'(r>r')$이라고 할 때

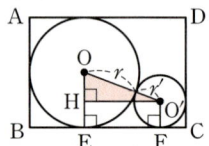

(1) $\overline{OO'}=r+r', \overline{OH}=r-r'$
(2) $\overline{HO'}=\overline{EF}=\overline{BC}-(r+r')$
(3) 직각삼각형 OHO'에서
$\overline{HO'}^2+\overline{OH}^2=\overline{OO'}^2$

1 원의 접선의 성질

01

오른쪽 그림에서 $\overrightarrow{PA}$, $\overrightarrow{PB}$는 원 O의 접선이고 두 점 A, B는 각각 그 접점이다. ∠P=48°일 때, ∠x의 크기는?

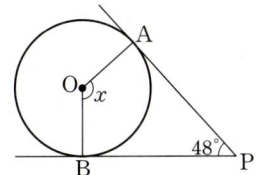

① 126°　　② 128°

③ 130°　　④ 132°

⑤ 134°

02

오른쪽 그림에서 $\overrightarrow{PA}$, $\overrightarrow{PB}$는 원 O의 접선이고 두 점 A, B는 각각 그 접점이다. $\overline{AO}$=2 cm, $\overline{PC}$=3 cm일 때, $\overline{PB}$의 길이를 구하시오.

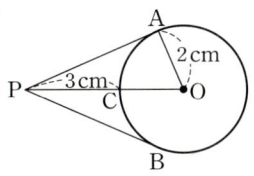

2 삼각형의 내접원

03

오른쪽 그림에서 원 O는 △ABC의 내접원이고 세 점 D, E, F는 접점이다. $\overline{AB}$=9 cm, $\overline{BE}$=5 cm, $\overline{CE}$=7 cm일 때, $\overline{AC}$의 길이는?

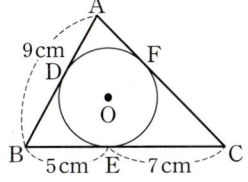

① 11 cm　　② 12 cm

③ 13 cm　　④ 14 cm

⑤ 15 cm

04

오른쪽 그림에서 원 O는 직각삼각형 ABC의 내접원이고 세 점 D, E, F는 접점이다. $\overline{AB}$=6 cm, $\overline{AC}$=10 cm일 때, 원 O의 반지름의 길이를 구하시오.

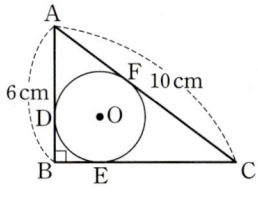

3 원에 외접하는 사각형의 성질

05

오른쪽 그림에서 □ABCD는 원 O에 외접하고 $\overline{AB}$=11 cm, $\overline{BC}$=18 cm, $\overline{CD}$=13 cm일 때, $\overline{AD}$의 길이는?

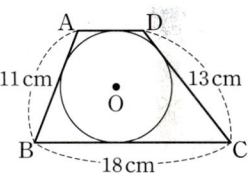

① 5 cm　　② 6 cm　　③ 7 cm

④ 8 cm　　⑤ 9 cm

06

오른쪽 그림과 같이 원 O에 외접하는 □ABCD에서 ∠A=∠B=90°, $\overline{AD}$=6 cm, $\overline{BC}$=10 cm일 때, 원 O의 반지름의 길이를 구하시오.

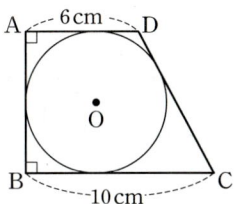

01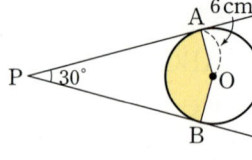

오른쪽 그림에서 $\overrightarrow{PA}$, $\overrightarrow{PB}$는 원 O의 접선이고 두 점 A, B는 각각 그 접점이다. $\overline{OA}=6$ cm, ∠P=30°일 때, 색칠한 부분의 넓이는?

① 12π cm²   ② 15π cm²   ③ 18π cm²

④ 21π cm²   ⑤ 24π cm²

02

오른쪽 그림에서 $\overline{PT}$는 원 O의 접선이고 점 T는 그 접점이다. ∠TPO=30°, $\overline{PA}=3$ cm일 때, $\overline{PT}$의 길이를 구하시오.

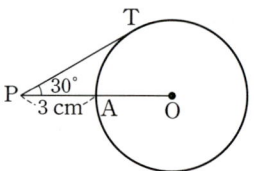

03

오른쪽 그림에서 $\overline{PA}$, $\overline{PB}$는 원 O의 접선이고 두 점 A, B는 각각 그 접점이다. $\overline{PB}=15$ cm, ∠AOB=120°일 때, 원 O의 반지름의 길이를 구하시오.

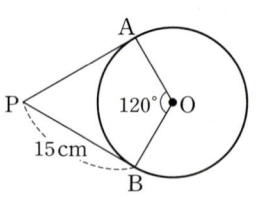

04

오른쪽 그림에서 $\overrightarrow{PA}$, $\overrightarrow{PB}$는 원 O의 접선이고 두 점 A, B는 각각 그 접점이다. $\overline{AO}=10$ cm, ∠AOB=120°일 때, △APB의 둘레의 길이는?

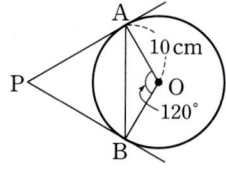

① 30 cm   ② $30\sqrt{2}$ cm   ③ $30\sqrt{3}$ cm

④ 60 cm   ⑤ $30\sqrt{6}$ cm

05 발전 문제

다음 그림과 같이 길이가 60인 $\overline{AD}$의 3등분점 B, C에 대하여 $\overline{AB}$, $\overline{BC}$, $\overline{CD}$를 각각 지름으로 하는 원 O_1, O_2, O_3을 그렸다. 점 T는 점 A에서 원 O_3에 그은 접선의 접점이고 $\overrightarrow{AT}$가 원 O_2와 만나는 점을 각각 E, F라고 할 때, $\overline{EF}$의 길이를 구하시오.

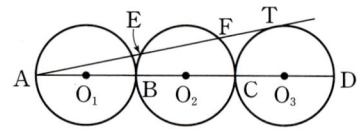

06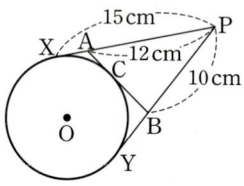

오른쪽 그림에서 $\overline{PX}$, $\overline{PY}$, $\overline{AB}$는 원 O의 접선이고 세 점 X, Y, C는 각각 그 접점이다. $\overline{PA}=12$ cm, $\overline{PB}=10$ cm, $\overline{PX}=15$ cm일 때, $\overline{AB}$의 길이를 구하시오.

07

오른쪽 그림에서 $\overrightarrow{AD}$, $\overrightarrow{AE}$, $\overline{BC}$는 원 O의 접선이고 세 점 D, E, F는 각각 그 접점이다. $\overline{OD}=3$ cm, $\overline{AO}=9$ cm일 때, $\triangle ABC$의 둘레의 길이를 구하시오.

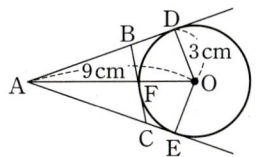

08 ⭐

오른쪽 그림에서 $\overline{AD}$, $\overline{BC}$, $\overline{CD}$는 반원 O의 접선이다. $\overline{AD}=2$ cm, $\overline{BC}=5$ cm일 때, 반원 O의 넓이는?

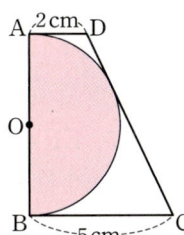

① 2π cm² ② 3π cm²
③ 4π cm² ④ 5π cm²
⑤ 6π cm²

09

오른쪽 그림에서 $\overline{AD}$, $\overline{BC}$, $\overline{CD}$는 반원 O의 접선이다. $\overline{AD}=10$ cm, $\overline{BC}=6$ cm일 때, $\triangle DOC$의 넓이를 구하시오.

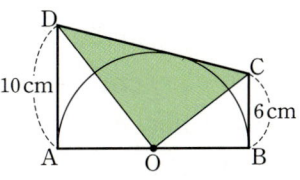

10

오른쪽 그림에서 □ABCD는 한 변의 길이가 12인 정사각형이다. $\overline{AE}$가 $\overline{BC}$를 지름으로 하는 반원 O의 접선일 때, $\overline{AE}$의 길이는?

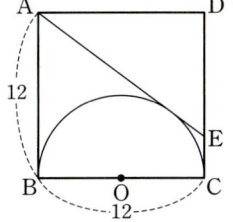

① 14 ② 15
③ 16 ④ 17
⑤ 18

11

오른쪽 그림과 같이 점 O를 중심으로 하는 두 원에서 작은 원의 접선이 큰 원과 만나는 두 점을 각각 A, B라고 하자. $\overline{AB}=8$ cm일 때, 색칠한 부분의 넓이는?

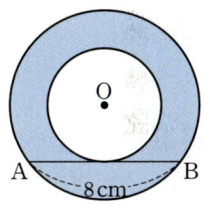

① 9π cm² ② 12π cm² ③ 16π cm²
④ 18π cm² ⑤ 25π cm²

12

오른쪽 그림에서 원 O는 $\triangle ABC$의 내접원이고 $\overline{PQ}$는 원 O의 접선이다. $\overline{AB}=15$, $\overline{BC}=13$, $\overline{CA}=12$일 때, $\triangle PQC$의 둘레의 길이를 구하시오.

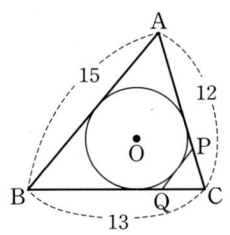

06 원의 접선

13

오른쪽 그림에서 원 O는
∠C=90°인 직각삼각형
ABC의 내접원이고
$\overline{AC}=5\,$cm, $\overline{BC}=12\,$cm일
때, 색칠한 부분의 넓이는?

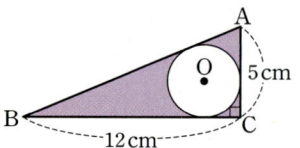

① $(25-4\pi)\,$cm²   ② $(25-6\pi)\,$cm²

③ $(30-4\pi)\,$cm²   ④ $(30-9\pi)\,$cm²

⑤ $(60-16\pi)\,$cm²

14 도로 전체의 길이 구하기   창의 융합

다음 그림과 같이 반지름의 길이가 300 m인 원 모양의 호수
에 세 직선 도로 AB, BC, CA가 각각 세 지점 P, Q, R에서
접하고 있다. 동이는 자전거를 타고 P 지점에서 출발하여
B 지점을 지나 C 지점까지, 은영이는 걸어서 R 지점에서 출
발하여 C 지점까지 갔는데, 두 사람은 동시에 출발하여 동시
에 도착하였다. 동이의 자전거의 속력과 은영이의 걷는 속력
의 비가 29 : 5일 때, 도로 전체의 길이는 몇 km인지 구하시
오. (단, 자전거의 속력과 걷는 속력은 일정하고 도로의 폭
은 생각하지 않는다.)

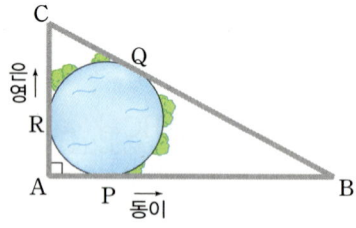

15   발전 문제

오른쪽 그림에서 원 O는 직각삼각
형 ABC의 외접원이고, 원 O′은
내접원이다. 세 점 D, E, F가 접
점이고 두 원 O, O′의 반지름의 길
이가 각각 4 cm, 1 cm일 때,
△ABC의 넓이를 구하시오. (단, $\overline{AB}>\overline{BC}$)

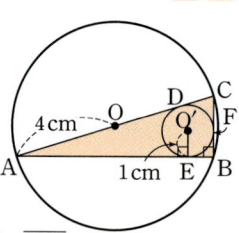

16

오른쪽 그림과 같이 두 원 O_1,
O_2가 각각 □ABCF,
□CDEF에 내접하고 $\overline{AF}=9$,
$\overline{BC}=7$, $\overline{EF}=5$, $\overline{CD}=13$일
때, $c-a$의 값을 구하시오.

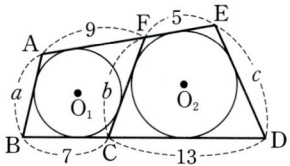

17

오른쪽 그림과 같이 □ABCD는 반지
름의 길이가 5 cm인 원 O에 외접한
다. $\overline{AD}=10\,$cm, $\overline{BC}=12\,$cm일 때,
색칠한 부분의 넓이는?

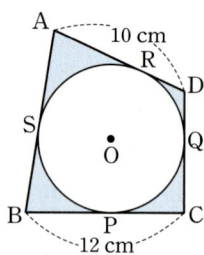

① $(20+5\pi)\,$cm²

② $(40+10\pi)\,$cm²

③ $(90-25\pi)\,$cm²

④ $(110-25\pi)\,$cm²

⑤ $(110-30\pi)\,$cm²

18

오른쪽 그림에서 원 O는 직사각형 ABCD의 세 변과 접하고 $\overline{AE}$는 원 O의 접선이다. $\overline{AB}=8$ cm, $\overline{AD}=10$ cm일 때, $\overline{AE}$의 길이는?

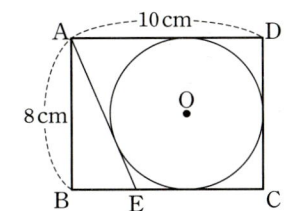

① 8 cm
② $\dfrac{26}{3}$ cm
③ 9 cm

④ $\dfrac{28}{3}$ cm
⑤ 10 cm

19

오른쪽 그림과 같이 반원 O의 내부에서 반원 P와 원 Q가 서로 외접하고 있다. 원 Q의 지름의 길이가 10 cm일 때, 반원 P의 반지름의 길이는?

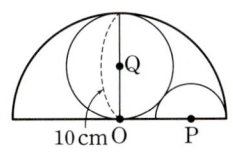

① 2 cm
② $\dfrac{8}{3}$ cm
③ 3 cm

④ $\dfrac{10}{3}$ cm
⑤ 4 cm

20

오른쪽 그림과 같이 직사각형 ABCD의 세 변에 접하는 원 O와 두 변에 접하는 원 O′이 서로 외접하고 있다. $\overline{AB}=6$ cm, $\overline{BC}=8$ cm일 때, 원 O′의 반지름의 길이를 구하시오.

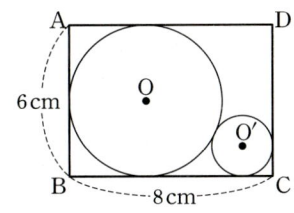

21

오른쪽 그림에서 $\overline{PA}$, $\overline{PB}$는 원 O의 접선이고 두 점 A, B는 각각 그 접점이다. $\overline{PA}=6$ cm, $\angle P=60°$일 때, 다음 물음에 답하시오.

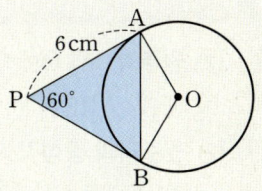

(1) △APB의 넓이를 구하시오.

(2) 원 O의 반지름의 길이를 구하시오.

22

오른쪽 그림에서 $\overline{AB}$는 반원 O의 지름이고 $\overline{AD}$, $\overline{BC}$, $\overline{CD}$는 접선이다. $\overline{AD}=4$, $\overline{BC}=6$일 때, 다음 물음에 답하시오.

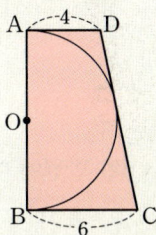

(1) $\overline{CD}$의 길이를 구하시오.

(2) □ABCD의 넓이를 구하시오.

23

오른쪽 그림과 같이 원 O는 직사각형 ABCD의 세 변과 접하고 $\overline{BE}$는 원 O의 접선이다. 네 점 F, G, H, I는 접점이고 $\overline{AB}=4$, $\overline{BC}=6$일 때, $\overline{EI}$의 길이를 구하시오.

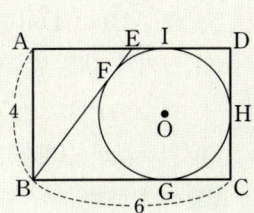

07 원주각의 성질

① 원주각과 중심각의 크기

(1) 원주각 원 O에서 호 AB 위에 있지 않은 한 점을 P라고 할 때, ∠APB를 호 AB에 대한 <mark>원주각</mark>이라고 한다.

(2) 원주각과 중심각 사이의 관계

한 원에서 한 호에 대한 원주각의 크기는 그 호에 대한 중심각의 크기의 $\frac{1}{2}$이다. ➡ ∠APB$=\frac{1}{2}$∠AOB

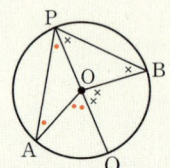

[설명] $\overline{PO}$의 연장선이 원 O와 만나는 점을 Q라고 하면
△OPA, △OPB는 이등변삼각형이므로
∠AOB=∠AOQ+∠BOQ=2∠APQ+2∠BPQ
　　　=2(∠APQ+∠BPQ)=2∠APB
∴ ∠APB$=\frac{1}{2}$∠AOB

개념 Plus

● 원 O의 두 반지름과 두 현으로 이루어진 □AOBP에서

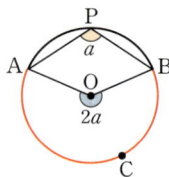

∠APB$=\frac{1}{2}$×(360°−∠AOB)
　　　　　↳ $\overparen{ACB}$에 대한 중심각의 크기

② 원주각의 성질

(1) 한 원에서 한 호에 대한 원주각의 크기는 모두 같다.

➡ ∠APB=∠AQB=∠ARB$=\frac{1}{2}$∠AOB

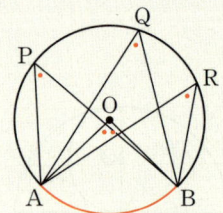

(2) 반원에 대한 원주각의 크기는 90°이다.

➡ $\overline{AB}$가 원 O의 지름이면

∠APB=∠AQB=∠ARB=90°

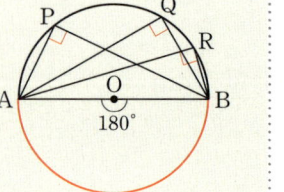

[설명] $\overline{AB}$가 원 O의 지름이면 ∠AOB=180°이므로
∠APB$=\frac{1}{2}$∠AOB$=\frac{1}{2}$×180°=90°
마찬가지로 ∠AQB=∠ARB=90°이다.

● 한 호에 대한 원주각의 크기는 모두 같다.

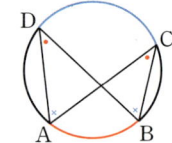

(1) ($\overparen{AB}$에 대한 원주각)=∠ADB
　　　　　　　　　　　　　=∠ACB
(2) ($\overparen{CD}$에 대한 원주각)=∠DAC
　　　　　　　　　　　　　=∠DBC

● **원주각과 삼각비**

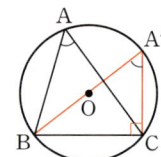

△ABC가 원 O에 내접할 때, $\overline{BO}$의 연장선이 원 O와 만나는 점을 A′이라고 하면
(1) $\overline{BA'}$은 원 O의 지름이므로
　　∠BCA′=90°, ∠BAC=∠BA′C
(2) $\sin A=\sin A'=\dfrac{\overline{BC}}{\overline{A'B}}$
　　$\cos A=\cos A'=\dfrac{\overline{A'C}}{\overline{A'B}}$
　　$\tan A=\tan A'=\dfrac{\overline{BC}}{\overline{A'C}}$

③ 원주각의 크기와 호의 길이

한 원 또는 합동인 두 원에서

(1) 길이가 같은 호에 대한 원주각의 크기는 서로 같다.

➡ $\overparen{AB}=\overparen{CD}$이면 ∠APB=∠CQD

(2) 크기가 같은 원주각에 대한 호의 길이는 서로 같다.

➡ ∠APB=∠CQD이면 $\overparen{AB}=\overparen{CD}$

(3) 원주각의 크기와 호의 길이는 서로 정비례한다.

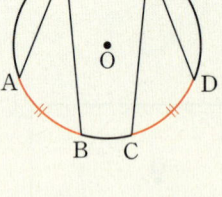

참고 (1) 원 O에서
① $\overparen{AB}$의 길이가 원주의 $\frac{1}{n}$이면 ∠C$=\frac{1}{n}$×180°
② $\overparen{AB}:\overparen{BC}:\overparen{CA}=a:b:c$이면 ∠C:∠A:∠B$=a:b:c$이므로
∠C=180°×$\dfrac{a}{a+b+c}$, ∠A=180°×$\dfrac{b}{a+b+c}$, ∠B=180°×$\dfrac{c}{a+b+c}$

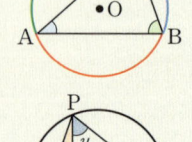

(2) 한 원 또는 합동인 두 원에서 원주각의 크기와 호의 길이는 서로 정비례한다.
➡ $\overparen{AB}:\overparen{BC}=\angle x:\angle y$

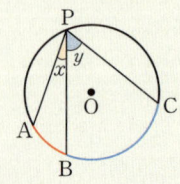

● 한 원에서 모든 호에 대한 원주각의 크기의 합은 180°이다.

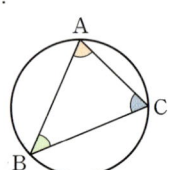

➡ ∠ABC+∠BCA+∠CAB=180°

정답과 풀이 → 020

1 원주각과 중심각의 크기

01

오른쪽 그림에서 ∠x+∠y의 크기는?

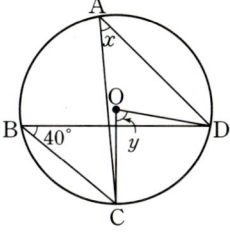

① 100° ② 110°
③ 120° ④ 130°
⑤ 140°

02

오른쪽 그림에서 $\overline{PA}$, $\overline{PB}$는 원 O의 접선이고 두 점 A, B는 각각 그 접점이다. ∠C=72°일 때, ∠P의 크기를 구하시오.

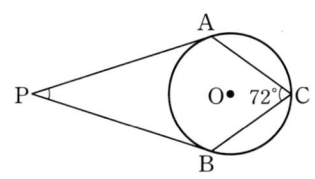

2 원주각의 성질

03

오른쪽 그림에서 ∠ABD=50°, ∠BDC=49°일 때, ∠APD의 크기는?

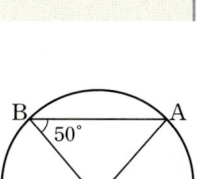

① 95° ② 96°
③ 99° ④ 101°
⑤ 104°

04

오른쪽 그림에서 $\overline{AB}$는 원 O의 지름이고 ∠DCB=68°일 때, ∠DBA의 크기는?

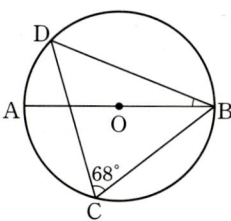

① 26° ② 25°
③ 24° ④ 23°
⑤ 22°

3 원주각의 크기와 호의 길이

05

오른쪽 그림에서 $\overparen{AB}$=$\overparen{CD}$이고 ∠CBD=30°일 때, ∠x의 크기는?

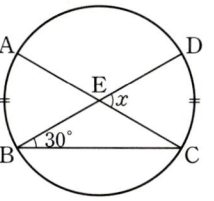

① 50° ② 60°
③ 70° ④ 80°
⑤ 90°

06

오른쪽 그림에서 원 O는 △ABC의 외접원이다. $\overparen{AB}$: $\overparen{BC}$: $\overparen{CA}$=5 : 3 : 4일 때, ∠B의 크기를 구하시오.

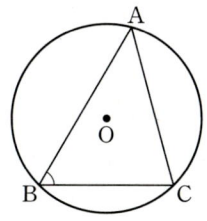

01

오른쪽 그림에서 ∠ADE=20°,
∠ECB=30°일 때, ∠x의 크기는?

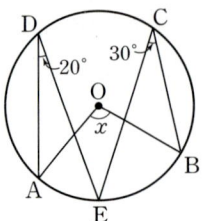

① 80°   ② 90°

③ 100°   ④ 110°

⑤ 120°

02

오른쪽 그림과 같이 반지름의 길이가
6 cm인 원 O에서 ∠BAC=40°일 때,
색칠한 부분의 넓이를 구하시오.

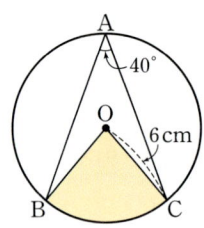

03

오른쪽 그림과 같은 원 O에서
∠OAD=50°, ∠AEB=80°일 때,
∠x+∠y의 크기는?

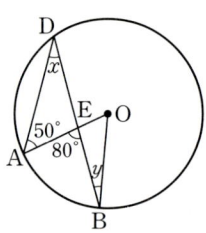

① 45°   ② 50°

③ 55°   ④ 60°

⑤ 65°

04 ⭐

오른쪽 그림의 원 O에서
∠APB=120°일 때, ∠x의 크기는?

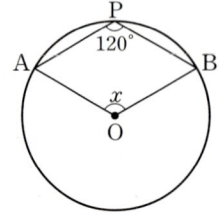

① 120°   ② 140°

③ 150°   ④ 160°

⑤ 170°

05

오른쪽 그림에서 점 P는 원 O의
두 현 AB, CD의 연장선의 교점
이다. ∠AOC=70°,
∠BOD=22°일 때, ∠P의 크기
를 구하시오.

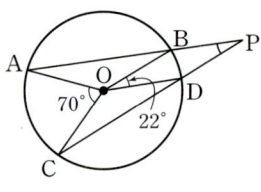

06 ⭐

오른쪽 그림에서 $\overline{PA}$, $\overline{PB}$는 원 O
의 접선이고 두 점 A, B는 각각 그
접점이다. ∠P=58°일 때, ∠x의
크기를 구하시오.

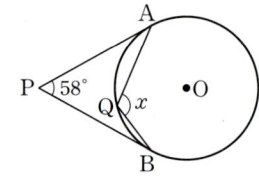

07

오른쪽 그림에서 ∠BDC=43°,
∠BEC=95°일 때, ∠y-∠x의 크기
는?

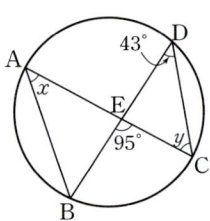

① 3°   ② 6°

③ 9°   ④ 12°

⑤ 15°

08 ⭐

오른쪽 그림에서 ∠AQC=82°,
∠BRC=25°일 때, ∠x의 크기는?

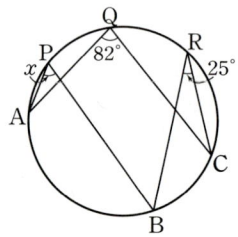

① 53°   ② 57°

③ 61°   ④ 65°

⑤ 69°

09

오른쪽 그림과 같이 두 현 AD, BC의 교점을 E라 하고, 두 현 AB, CD의 연장선의 교점을 P라고 하자. ∠BED=70°, ∠P=30°일 때, ∠x의 크기를 구하시오.

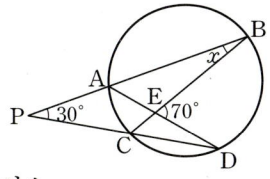

10 ⭐

오른쪽 그림에서 $\overline{BD}$는 원 O의 지름이고 ∠BAC=56°일 때, ∠CED의 크기를 구하시오.

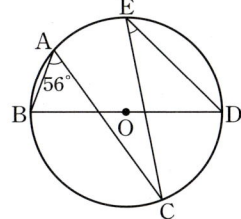

11

오른쪽 그림에서 $\overline{BD}$는 원 O의 지름이고 ∠CAD=40°, ∠ADB=60°일 때, ∠y−∠x의 크기는?

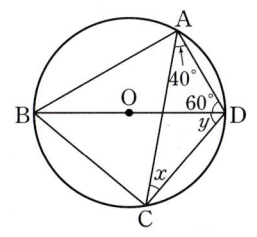

① 20°   ② 25°
③ 30°   ④ 35°
⑤ 40°

12 ⭐

오른쪽 그림과 같이 $\overline{AB}$를 지름으로 하는 반원 O에서 $\overline{AC}$의 연장선과 $\overline{BD}$의 연장선의 교점을 P라고 하자. ∠COD=72°일 때, ∠P의 크기를 구하시오.

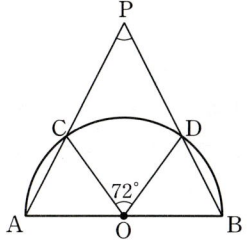

13

오른쪽 그림과 같이 원 O에 내접하는 △ABC에서 ∠A=60°이고 $\overline{BC}$=6일 때, 원 O의 반지름의 길이는?

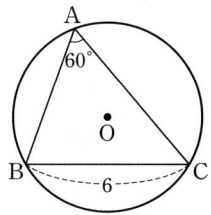

① $2\sqrt{2}$ ② 3
③ $\sqrt{10}$ ④ $2\sqrt{3}$
⑤ $4\sqrt{3}$

14   발전 문제

오른쪽 그림과 같이 무대 길이가 20 m인 원 모양의 공연장이 있다. 공연장의 경계 위의 한 지점 C에서 무대의 양 끝 A, B를 바라본 각의 크기가 45°일 때, 이 공연장의 지름의 길이는?

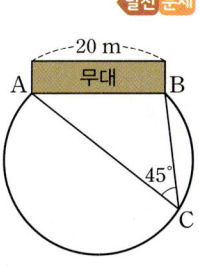

① 20 m   ② 25 m
③ $20\sqrt{2}$ m   ④ $20\sqrt{3}$ m
⑤ $25\sqrt{2}$ m

07 원주각의 성질

15 ⭐

오른쪽 그림과 같이 $\overline{AB}$를 지름으로 하는 반원 O에서 $\overset{\frown}{AC}$의 중점을 D라고 하자. ∠CAB=40°일 때, ∠ACD의 크기는?

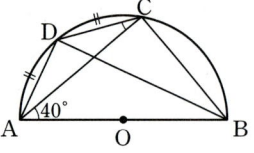

① 15°　　　　② 20°　　　　③ 25°

④ 30°　　　　⑤ 40°

16

오른쪽 그림과 같이 원 O에서 $\overset{\frown}{AB}=\overset{\frown}{BC}=\overset{\frown}{CD}$이고 ∠AOE=100°, ∠ECD=28°일 때, ∠BDC의 크기는?

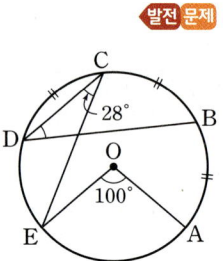

① 24°　　　　② 28°

③ 32°　　　　④ 34°

⑤ 40°

17

오른쪽 그림과 같이 두 현 AB, CD의 연장선의 교점을 E라고 하자. $\overset{\frown}{AC}:\overset{\frown}{BD}=2:1$이고 ∠E=35°일 때, ∠ABC의 크기를 구하시오.

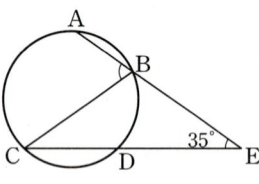

18 ⭐

오른쪽 그림과 같이 두 현 AB, CD의 연장선의 교점을 P라 하고, 두 현 AD, BC의 교점을 Q라고 하자. $\overset{\frown}{AC}:\overset{\frown}{BD}=1:3$, ∠P=40°일 때, ∠BQD의 크기를 구하시오.

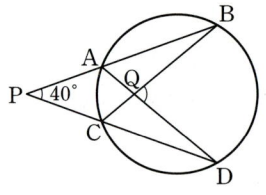

19

 발전 문제

오른쪽 그림의 원 O에서 $\overset{\frown}{PA}:\overset{\frown}{PB}=1:2$일 때, ∠PAB의 크기는?

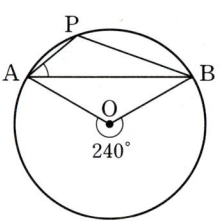

① 30°　　　　② 35°

③ 40°　　　　④ 45°

⑤ 50°

20 ⭐

오른쪽 그림과 같이 두 현 AB, CD가 점 P에서 만나고 ∠ACD=15°, ∠CPB=60°, $\overset{\frown}{BC}=6$ cm일 때, 이 원의 둘레의 길이는?

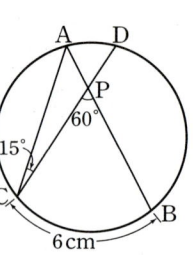

① 22 cm　　　② 24 cm

③ 26 cm　　　④ 28 cm

⑤ 30 cm

21

오른쪽 그림에서 $\widehat{AC}$, $\widehat{BD}$의 길이가 각각 원주의 $\frac{1}{8}$, $\frac{1}{10}$일 때, $\angle x$의 크기는?

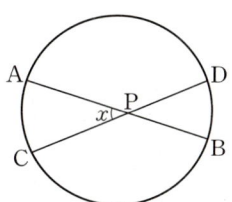

① 40.5° ② 42°
③ 44.5° ④ 46°
⑤ 48°

22

오른쪽 그림과 같이 반지름의 길이가 9 cm인 원 O의 두 현 AB, CD가 점 P에서 만나고 $\angle BPD=50°$일 때, $\widehat{AC}+\widehat{BD}$의 길이를 구하시오.

발전 문제

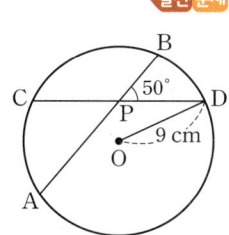

23 대관람차와 원주각

영준이네 가족은 휴일을 맞아 놀이공원에 갔다. 아빠, 엄마, 영준이, 여동생은 오른쪽 그림과 같이 15개의 칸이 일정한 간격으로 놓여 있는 대관람차를 탔는데, 각자 다른 칸에 타게 되었다. 네 사람이 타고 있는 칸들에 대하여 오른쪽 그림과 같이 $\angle x$와 $\angle y$를 정할 때, $\angle x$와 $\angle y$의 크기를 각각 구하시오.

창의 융합

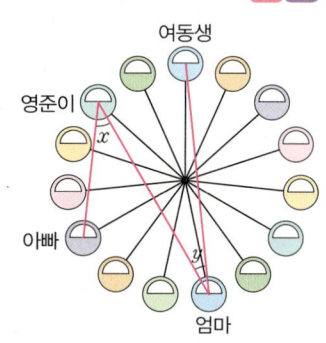

24

오른쪽 그림과 같은 원 O에서 $\overline{DE}$는 $\angle ADB$의 이등분선이고 $\angle ACB=50°$, $\angle DFB=70°$일 때, $\angle x$의 크기를 구하시오.

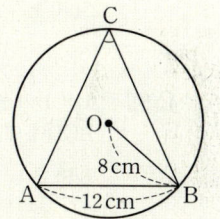

25

오른쪽 그림과 같이 반지름의 길이가 8 cm인 원 O에 내접하는 △ABC에서 $\overline{AB}=12$ cm일 때, 다음 물음에 답하시오.

(1) $\cos C$의 값을 구하시오.

(2) $\tan C$의 값을 구하시오.

26

오른쪽 그림에서 원 O의 두 현 AB, CD의 교점을 P라고 하자. 원 O의 반지름의 길이가 12 cm이고 $\widehat{AC}+\widehat{BD}=4\pi$ cm일 때, $\angle BPD$의 크기를 구하시오.

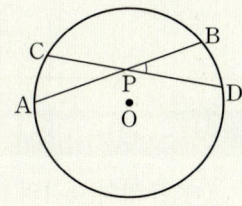

08 원에 내접하는 사각형

1 네 점이 한 원 위에 있을 조건

선분 AB에 대하여 두 점 C, D가 같은 쪽에 있을 때,

∠ACB=∠ADB이면 네 점 A, B, C, D는 한 원 위에 있다.

참고 (1) 네 점 A, B, C, D가 한 원 위에 있을 때, ∠ACB=∠ADB이다.
(2) 네 점 A, B, C, D가 한 원 위에 있다.
　➡ □ABCD는 원에 내접하는 사각형이다.

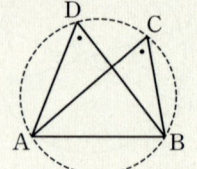

2 원에 내접하는 사각형의 성질

원에 내접하는 사각형 ABCD에서

(1) 한 쌍의 대각의 크기의 합은 180°이다.

　➡ **∠A+∠C=180°, ∠B+∠D=180°**

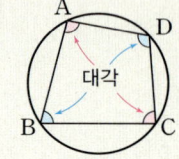

(2) 한 외각의 크기는 그 외각에 이웃한 내각에 대한 대각의 크기
와 같다.

　➡ **∠DCE=∠A**

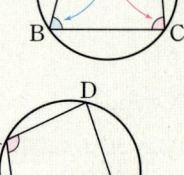

[설명] □ABCD가 원 O에 내접할 때
(1) $\overarc{BCD}$에 대한 중심각의 크기를 $\angle x$, $\overarc{BAD}$에 대한 중심각의 크기를 $\angle y$라고

하면 $\angle A=\frac{1}{2}\angle x$, $\angle DCB=\frac{1}{2}\angle y$

$\angle A+\angle DCB=\frac{1}{2}(\angle x+\angle y)=\frac{1}{2}\times360°=180°$

마찬가지 방법으로 $\angle B+\angle D=180°$
(2) (1)에 의하여 $\angle A+\angle DCB=180°$
이때 $\angle DCE+\angle DCB=180°$이므로 $\angle A=\angle DCE$

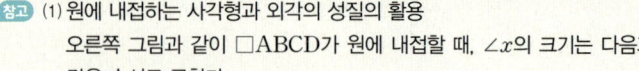

참고 (1) 원에 내접하는 사각형과 외각의 성질의 활용
오른쪽 그림과 같이 □ABCD가 원에 내접할 때, $\angle x$의 크기는 다음과
같은 순서로 구한다.
❶ □ABCD가 원에 내접하므로 $\angle CDQ=\angle x$
❷ △PBC에서 $\angle DCQ=\angle a+\angle x$
❸ △DCQ에서 $\angle x+(\angle a+\angle x)+\angle b=180°$

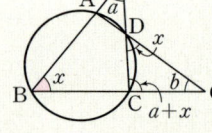

(2) 원에 내접하는 다각형
원에 내접하는 다각형에서 각의 크기를 구할 때에는 오른쪽 그림과 같이 보조선
을 그어 원에 내접하는 사각형을 만든다.
　➡ $\angle ABD+\angle AED=180°$, $\angle COD=2\angle CBD$

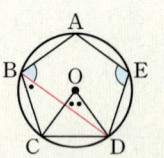

3 사각형이 원에 내접하기 위한 조건

(1) 한 쌍의 대각의 크기의 합이 180°인 사각형은 원에 내접한다.

　➡ $\angle A+\angle C=180°$ 또는 $\angle B+\angle D=180°$이면
　　□ABCD는 원에 내접한다.

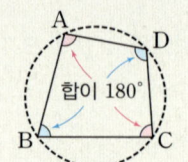

(2) 한 외각의 크기가 그 외각에 이웃한 내각에 대한 대각의 크기
와 같은 사각형은 원에 내접한다.

　➡ $\angle DCE=\angle A$이면 □ABCD는 원에 내접한다.

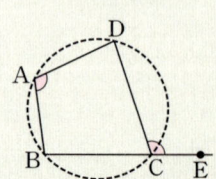

● 원에 접하는 사각형의 비교

(1) 원에 외접하는 사각형

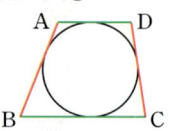

➡ $\overline{AB}+\overline{CD}=\overline{AD}+\overline{BC}$

(2) 원에 내접하는 사각형

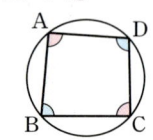

➡ $\angle A+\angle C=\angle B+\angle D=180°$

● 두 원에서 원에 내접하는 사각형의 성질의 활용

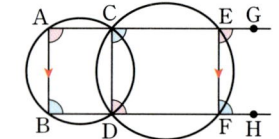

□ABDC와 □CDFE가 각각 원에 내접할 때
$\underbrace{\angle BAC=\angle CDF=\angle FEG}_{\text{동위각}}$,
$\underbrace{\angle ABD=\angle DCE=\angle EFH}_{\text{동위각}}$
➡ 동위각의 크기가 같으므로
　$\overline{AB}/\!/\overline{EF}$

● $\angle BAC=\angle BDC$이면 □ABCD는 원에 내접한다.

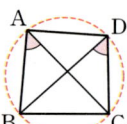

● 정사각형, 직사각형, 등변사다리꼴은 한 쌍의 대각의 크기의 합이 180°이므로 항상 원에 내접한다.

1 네 점이 한 원 위에 있을 조건

01

다음 중 네 점 A, B, C, D가 한 원 위에 있는 것을 모두 고르면? (정답 2개)

①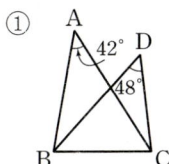

②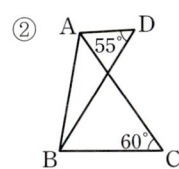

③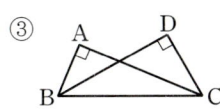

④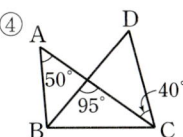

⑤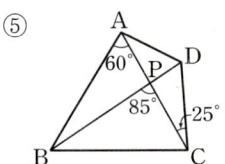

2 원에 내접하는 사각형의 성질

02

오른쪽 그림과 같이 원에 내접하는 □ABCD에서 ∠ABC=80°, ∠BCD=105°일 때, ∠x의 크기는?

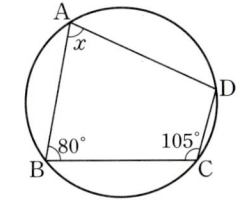

① 75°　　　② 80°
③ 85°　　　④ 90°
⑤ 100°

03

오른쪽 그림과 같이 원 O에 내접하는 □ABCD에서 $\overline{AD}$는 원 O의 지름이다. ∠ADB=30°, ∠ABE=55°일 때, ∠y-∠x의 크기를 구하시오.

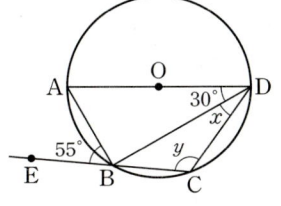

04

오른쪽 그림과 같이 원에 내접하는 □ABCD에서 $\overline{AD}$, $\overline{BC}$의 연장선의 교점을 P라 하고, $\overline{AB}$, $\overline{CD}$의 연장선의 교점을 Q라고 하자. ∠P=33°, ∠Q=21°일 때, ∠x의 크기를 구하시오.

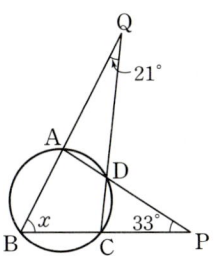

05

오른쪽 그림과 같이 원 O에 내접하는 오각형 ABCDE에서 ∠A=95°, ∠D=140°일 때, ∠BOC의 크기는?

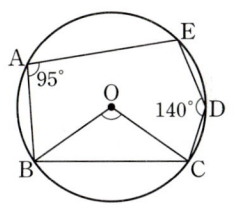

① 95°　　　② 100°
③ 110°　　　④ 105°
⑤ 140°

3 사각형이 원에 내접하기 위한 조건

06

오른쪽 그림에서 □ABCD가 원에 내접할 때, ∠x-∠y의 크기는?

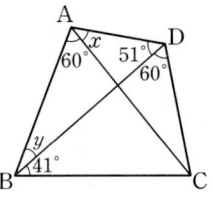

① 5°　　　② 8°
③ 10°　　　④ 11°
⑤ 13°

01

다음 중 네 점 A, B, C, D가 한 원 위에 있는 것은?

①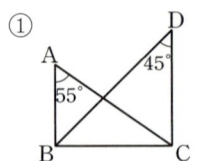

②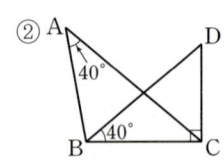

③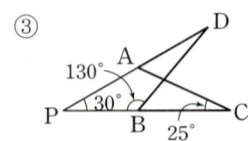

④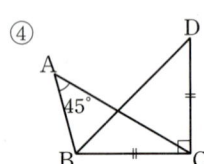

⑤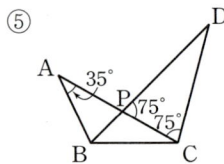

02

오른쪽 그림에서 네 점 A, B, C, D 가 한 원 위에 있도록 하는 $\angle x$의 크 기는?

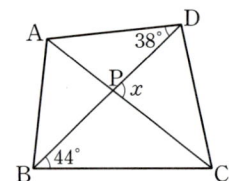

① 73° ② 76°

③ 79° ④ 82°

⑤ 85°

03

오른쪽 그림에서 네 점 A, B, C, D가 한 원 위에 있을 때, $\angle x$의 크기를 구하시오.

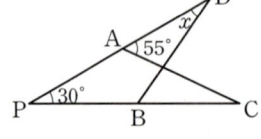

04

오른쪽 그림과 같이 원에 내접하는 □ABCD에서 $\angle ACB=55°$, $\angle BDC=45°$일 때, $\angle ABC$의 크기 는?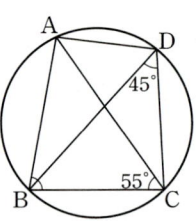

① 78° ② 80°

③ 82° ④ 84°

⑤ 86°

05

오른쪽 그림과 같이 □ABCD는 원 O에 내접하고 $\angle BAO=65°$, $\angle BCO=10°$일 때, $\angle ADC$의 크기 는?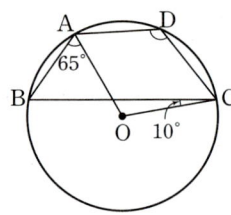

① 120° ② 125°

③ 130° ④ 135°

⑤ 140°

06 발전 문제

오른쪽 그림과 같이 점 P는 두 현 AB, CD의 연장선의 교점 이다. $\overgroup{AB}=\overgroup{AD}=\overgroup{CD}$이고 $\angle P=24°$일 때, $\angle x$의 크기를 구하시오.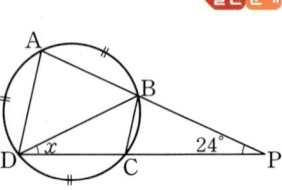

07

오른쪽 그림과 같이 □ABCD는 원 O에 내접하고 $\overline{AB}=\overline{AD}$, ∠BCD=80°이다. □ABCD의 외부에 $\overline{AD}=\overline{AE}$가 되도록 하는 점 E를 잡고 $\overline{BE}$와 $\overline{AD}$가 만나는 점을 F라고 하자. ∠ABF=30°일 때, ∠BAD+∠FED 의 크기를 구하시오.

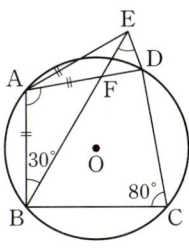

08

오른쪽 그림과 같이 □ABCD는 원 O에 내접하고 $\overparen{AE}=\overparen{ED}$, ∠EBC=70°일 때, ∠CFD의 크기 는?

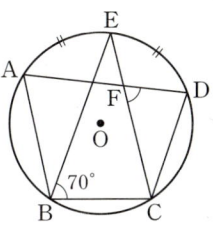

① 68° ② 70°
③ 72° ④ 74°
⑤ 76°

09

발전 문제

오른쪽 그림과 같이 원에 내접하는 □ABCD에서 ∠ABC=108°, ∠DAC=62°이고 $\overparen{AB}:\overparen{BC}=1:2$일 때, ∠DCE의 크기는?

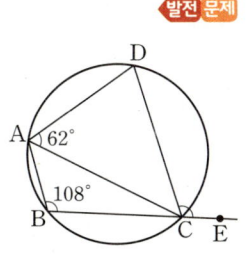

① 108° ② 109° ③ 110°
④ 111° ⑤ 112°

10

오른쪽 그림에서 $\overparen{BAD}$의 길이는 원주의 $\frac{4}{5}$이고 $\overparen{CDA}$의 길이는 원주의 $\frac{2}{3}$일 때, ∠x+∠y의 크기를 구하시오.

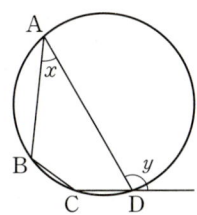

11

오른쪽 그림과 같이 원에 내접하는 □ABCD에서 $\overline{AB}$, $\overline{CD}$의 연장선 의 교점을 P라 하고 $\overline{AD}$, $\overline{BC}$의 연 장선의 교점을 Q라고 하자. ∠Q=38°, ∠ADC=125°일 때, ∠x의 크기를 구하시오.

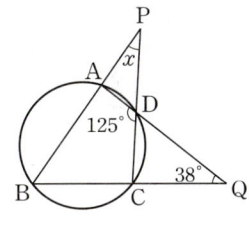

12

오른쪽 그림과 같이 원 O에 내접하는 오각형 ABCDE에서 ∠AOE=68° 일 때, ∠B+∠D의 크기는?

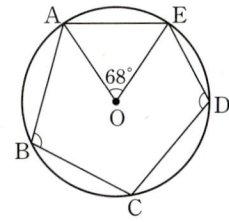

① 180° ② 192°
③ 200° ④ 208°
⑤ 214°

08

원에 내접하는 사각형

13

오른쪽 그림과 같이 오각형 ABCDE 는 원 O에 내접하고 $\overline{BE}$는 원 O의 지름이다. $\overline{BA}$, $\overline{DE}$의 연장선이 만나는 점을 F라 하고, $\angle ABE = \angle DBE$, $\angle BCD = 110°$일 때, $\angle x$의 크기는?

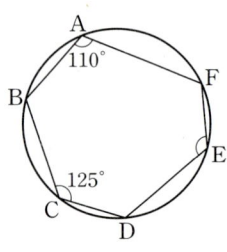

① 50° ② 55°
③ 60° ④ 65°
⑤ 70°

14

오른쪽 그림과 같이 육각형 ABCDEF가 원에 내접하고 $\angle BAF = 110°$, $\angle BCD = 125°$일 때, $\angle E$의 크기는?

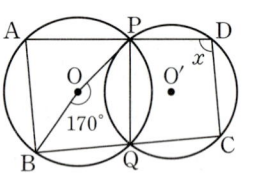

① 110° ② 115°
③ 120° ④ 125°
⑤ 130°

15

오른쪽 그림과 같이 두 원 O, O'이 두 점 P, Q에서 만나고 점 P를 지나는 직선이 두 원과 만나는 점을 각각 A, D, 점 Q를 지나는 직선이 두 원과 만나는 점을 각각 B, C라고 하자. $\angle BOP = 170°$일 때, $\angle x$의 크기는?

① 80° ② 85° ③ 90°
④ 95° ⑤ 100°

16

오른쪽 그림과 같이 두 원이 두 점 P, Q에서 만나고 점 P를 지나는 직선이 두 원과 만나는 점을 각각 C, D, 점 Q를 지나는 직선이 두 원과 만나는 점을 각각 A, B라고 하자. $\angle DBQ = 64°$일 때, $\angle x$의 크기를 구하시오.

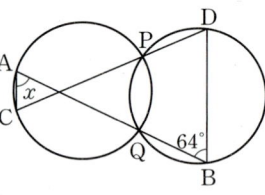

17

오른쪽 그림에서 $\angle ABD = 24°$, $\angle ADB = 40°$일 때, □ABCD가 원에 내접하도록 하는 $\angle C$의 크기는?

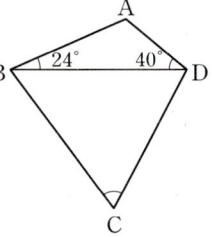

① 62° ② 64°
③ 66° ④ 68°
⑤ 70°

18 합동인 삼각형의 성질을 이용하여 각의 크기 구하기 창의융합

오른쪽 그림에서 △ABC와 △ADE가 서로 합동이고 $\angle BAD = 70°$이다. 네 점 A, B, D, E가 한 원 위에 있을 때, $\angle AED$의 크기를 구하시오.

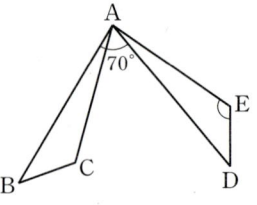

19

오른쪽 그림에서 점 H는 △ABC의
세 꼭짓점에서 각각의 대변에 내린
수선의 교점이다. 이때 점 A, B, C,
D, E, F, H 중 네 점을 선택하여
만들 수 있는 원에 내접하는 사각형
은 모두 몇 개인지 구하시오.

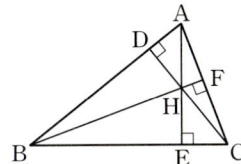

20 ⭐

오른쪽 그림과 같이 △ABC의 꼭
짓점 A, B에서 대변에 내린 수선
의 발을 각각 P, Q라 하고 $\overline{AB}$의
중점을 M이라고 하자. ∠C=68°
일 때, ∠PMQ의 크기를 구하시
오.

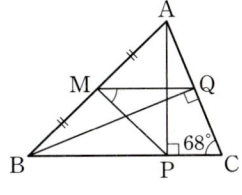

21

발전 문제

오른쪽 그림과 같이 $\overline{BC}$를 지름으
로 하는 반원 O 위에 두 점 A, D
가 있고, 점 E는 $\overline{BC}$ 위에 있다.
∠OAE=∠ODE=15°,
∠AOB=50°일 때, ∠DOE의 크기를 구하시오.

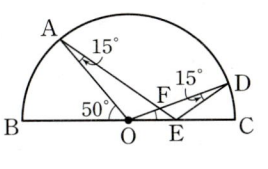

서술형 문제

22

오른쪽 그림과 같이 오각형 ABCDE가
원에 내접하고 ∠BCD=80°,
$\overline{AB}=\overline{AD}$일 때, ∠AED의 크기를 구
하시오.

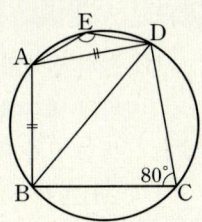

23

오른쪽 그림과 같이 원 O에 내접하
는 오각형 ABCDE에서
∠A=104°, ∠D=108°일 때,
∠BEC의 크기를 구하시오.

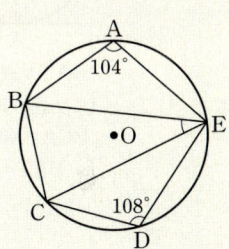

24

오른쪽 그림과 같이 두 원이 두 점
P, Q에서 만나고 점 P를 지나는
직선이 두 원과 만나는 점을 각각
A, D, 점 Q를 지나는 직선이 두
원과 만나는 점을 각각 B, C라고
하자. ∠BAP=110°, ∠ABQ=93°일 때, 다음 물음에 답
하시오.

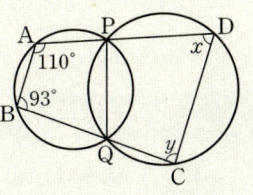

(1) ∠x의 크기를 구하시오.

(2) ∠y의 크기를 구하시오.

(3) ∠y − ∠x의 크기를 구하시오.

09 접선과 현이 이루는 각

개념 Plus

① 접선과 현이 이루는 각

(1) 원의 접선과 그 접점을 지나는 현이 이루는 각의 크기는 그 각의 내부에 있는 호에 대한 원주각의 크기와 같다.

즉 $\overrightarrow{AT}$가 원 O의 접선이고 점 A가 접점이면

∠BAT=∠BCA

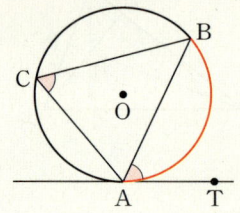

(2) 원 O에서 ∠BAT=∠BCA이면 $\overrightarrow{AT}$는 원 O의 접선이다.

[설명] 접선과 현이 이루는 각

(1) ∠BAT가 직각인 경우	(2) ∠BAT가 예각인 경우	(3) ∠BAT가 둔각인 경우
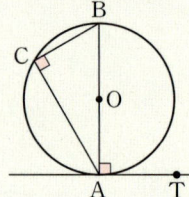	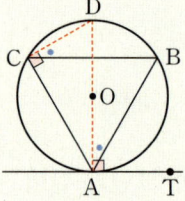	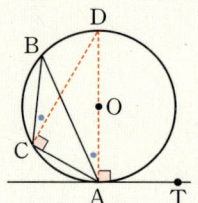
∠BAT=90°이면 $\overline{AB}$는 원 O의 지름이므로 ∠BCA=90° ∴ ∠BAT=∠BCA	원 O의 지름 AD를 그으면 ∠DAT=∠DCA=90° ∠DAB=∠DCB ($\overset{\frown}{DB}$에 대한 원주각) ∴ ∠BAT =90°−∠DAB =90°−∠DCB =∠BCA	원 O의 지름 AD를 그으면 ∠DAT=∠DCA=90° ∠BAD=∠BCD ($\overset{\frown}{BD}$에 대한 원주각) ∴ ∠BAT =90°+∠BAD =90°+∠BCD =∠BCA

● 직선 TT′은 원의 접선이고 점 P는 접점일 때

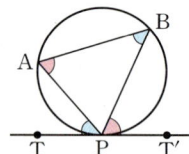

➡ ∠APT=∠ABP
　∠BPT′=∠BAP

● 접선과 현이 이루는 각의 활용(1)

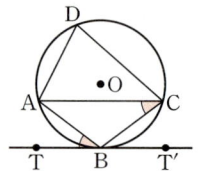

□ABCD는 원 O에 내접하고 직선 TT′은 점 B에서 원 O에 접하는 접선일 때

(1) ∠ADC+∠ABC=180°
　∠DAB+∠DCB=180°
(2) ∠ACB=∠ABT

● 접선과 현이 이루는 각의 활용(2)

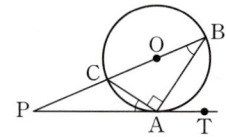

원의 중심 O를 지나는 할선과 접선으로 이루어진 △BPA에서 보조선 AC를 그으면

(1) ∠CAB=90° → 반원에 대한 원주각
(2) ∠CAP=∠CBA → 접선과 현이 이루는 각

● 접선과 현이 이루는 각의 활용(3)

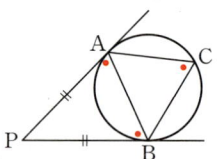

$\overrightarrow{PA}$, $\overrightarrow{PB}$가 원의 접선일 때

(1) $\overline{PA}=\overline{PB}$이므로 △PBA는 이등변삼각형이다.
(2) ∠PAB=∠PBA → 접선과 현이
　=∠ACB 　　이루는 각

② 두 원에서 접선과 현이 이루는 각

$\overrightarrow{PQ}$가 두 원 O, O′의 공통인 접선이고 점 T가 접점일 때

(1) 원 O에서 ∠ABT=∠ATP,
원 O′에서 ∠CDT=∠CTQ
이때 ∠ATP=∠CTQ(맞꼭지각)이므로
∠ABT=∠CDT
따라서 엇각의 크기가 같으므로 $\overline{AB} /\!/ \overline{CD}$

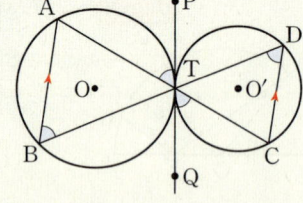

(2) 원 O에서 ∠BAT=∠BTQ,
원 O′에서 ∠CDT=∠CTQ
이므로 ∠BAT=∠CDT
따라서 동위각의 크기가 같으므로 $\overline{AB} /\!/ \overline{CD}$

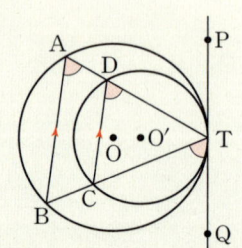

대표문제 확인하기

1 접선과 현이 이루는 각

01

오른쪽 그림에서 $\overleftrightarrow{CT}$는 원의 접선이
고 점 C는 그 접점이다.
$\overparen{AB}=\overparen{BC}$이고 $\angle BCT=40°$일 때,
$\angle ABC$의 크기는?

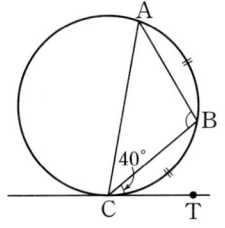

① 80°　　　② 90°
③ 100°　　④ 110°
⑤ 120°

02

오른쪽 그림에서 $\overleftrightarrow{AT}$는 원의 접선이
고 점 A는 그 접점이다.
$\angle DAT=42°$, $\angle BDA=37°$일 때,
$\angle x$의 크기를 구하시오.

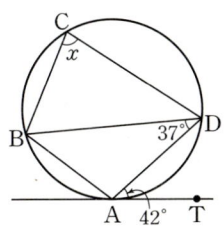

03

오른쪽 그림에서 $\overleftrightarrow{PC}$는 원 O의 접
선이고 점 T는 그 접점이다. $\overline{AB}$
가 이 원의 지름이고
$\angle BTC=62°$일 때, $\angle x$의 크기
는?

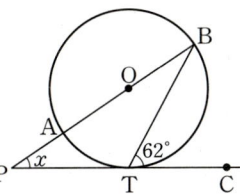

① 28°　　　② 30°　　　③ 32°
④ 34°　　　⑤ 36°

04

오른쪽 그림에서 원 O는 △ABC
의 내접원이면서 △DEF의 외
접원이고, 세 점 D, E, F는 접
점이다. $\angle DBE=46°$,
$\angle DEF=50°$일 때, $\angle EDF$의
크기를 구하시오.

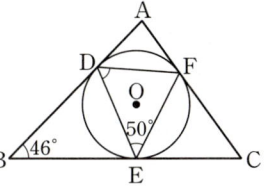

2 두 원에서 접선과 현이 이루는 각

05

오른쪽 그림에서 $\overleftrightarrow{ST}$는 점 P에서
외접하는 두 원의 공통인 접선이
다. $\angle CAB=75°$, $\angle BDC=55°$
일 때, $\angle x$의 크기는?

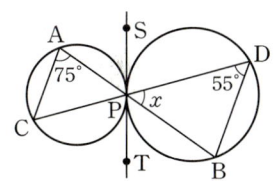

① 48°　　　② 50°
③ 52°　　　④ 54°
⑤ 56°

06

오른쪽 그림에서 $\overleftrightarrow{PQ}$는 두 원의 공통
인 접선이고 점 T는 그 접점일 때, 다
음 중 옳지 <u>않은</u> 것은?

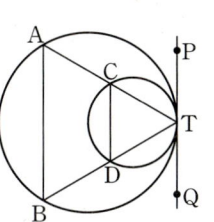

① $\angle ABT=\angle CTP$
② $\angle CDT=\angle CTP$
③ $\overline{AB}/\!/\overline{CD}$
④ $\overline{CD}/\!/\overline{PQ}$
⑤ $\angle BAT=\angle DCT$

01

오른쪽 그림에서 $\overleftrightarrow{AT}$는 반지름의 길이가 4 cm인 원 O의 접선이고 점 A는 그 접점이다. ∠BAT=60°일 때, △OAB의 넓이를 구하시오.

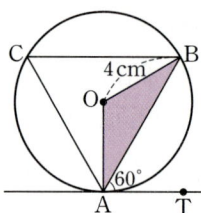

02

오른쪽 그림에서 $\overleftrightarrow{AD}$는 원의 접선이고 점 A는 그 접점이다. ∠ADE=∠BDE, ∠BAC=50°일 때, ∠x의 크기는?

① 50°　　　② 55°　　　③ 60°
④ 65°　　　⑤ 70°

03

오른쪽 그림에서 $\overleftrightarrow{CE}$는 원의 접선이고 점 C는 그 접점이다. ∠BDC=40°, ∠BAD=100°일 때, ∠DCE의 크기는?

① 30°　　　② 40°
③ 50°　　　④ 60°
⑤ 70°

04

오른쪽 그림에서 $\overleftrightarrow{CT}$는 원의 접선이고 점 C는 그 접점이다. $\overline{BC}=\overline{CD}$이고 ∠BAD=60°일 때, ∠$x$의 크기는?

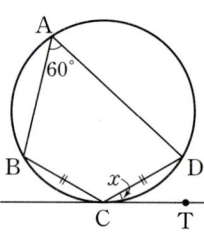

① 20°　　　② 25°
③ 30°　　　④ 40°
⑤ 45°

05

오른쪽 그림에서 $\overleftrightarrow{PT}$는 원의 접선이고 점 T는 그 접점이다. $\overline{AB}=\overline{BT}$이고 ∠BPT=30°일 때, ∠$x$의 크기를 구하시오.

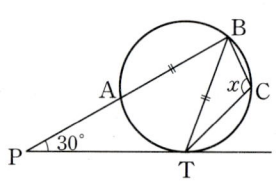

06

오른쪽 그림에서 $\overleftrightarrow{BT}$는 원 O의 접선이고 점 B는 그 접점이다. $\overline{AC}$는 원 O의 지름이고 $\overline{AD}\,/\!/\,\overline{BT}$, ∠CBT=20°일 때, ∠APD의 크기를 구하시오.

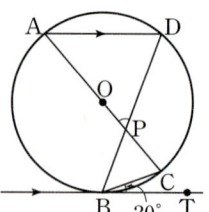

발전 문제

07

오른쪽 그림에서 $\overleftrightarrow{PQ}$는 원 O의 접선이고 점 T는 그 접점이다. $\overline{AB}$는 원 O의 지름이고 ∠BTQ=75°일 때, ∠APT의 크기는?

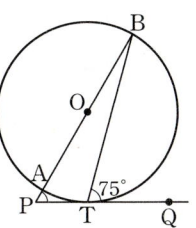

① 25°   ② 35°
③ 45°   ④ 55°
⑤ 60°

08

오른쪽 그림에서 $\overleftrightarrow{DC}$는 원 O의 접선이고 점 C는 그 접점이다. $\overline{AB}$는 원 O의 지름이고 ∠CAB=30°, $\overline{AB}$=10 cm일 때, 다음 중 옳지 <u>않은</u> 것은?

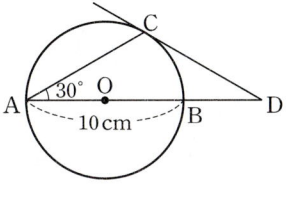

① ∠CBD=120°   ② ∠CAD=∠CDA
③ $\overline{BC}$=5 cm   ④ $\overline{CD}$=5√3 cm
⑤ $\overline{AB}$=√3 $\overline{BD}$

09

오른쪽 그림에서 $\overleftrightarrow{PQ}$는 원 O의 접선이고 점 T는 그 접점이다. $\overline{AB}$는 원 O의 지름이고 ∠APT=26°일 때, ∠ABT의 크기를 구하시오.

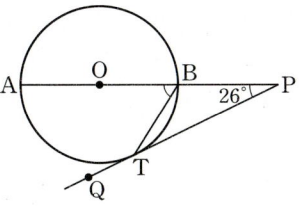

10

오른쪽 그림에서 $\overleftrightarrow{PQ}$는 원 O의 접선이고 점 B는 그 접점이다. 원 O의 둘레의 길이가 12π cm이고 $\overline{AB}$=4√3 cm일 때, tan x의 값은?

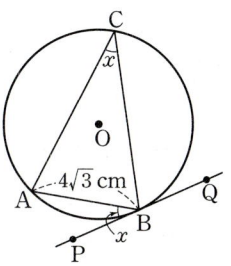

① $\dfrac{1}{2}$ ② $\dfrac{\sqrt{2}}{2}$

③ $\dfrac{\sqrt{3}}{2}$ ④ $\sqrt{3}$

⑤ 2

11   발전 문제

오른쪽 그림에서 $\overleftrightarrow{CD}$는 $\overline{AB}$가 지름인 원 O의 접선이고 점 C는 그 접점이다. $\overline{AD}\perp\overline{CD}$이고 $\overline{AD}$가 원 O와 만나는 점을 E라고 하자. $\overline{AD}$=4, $\overline{AO}$=3일 때, $\overline{DE}$의 길이를 구하시오.

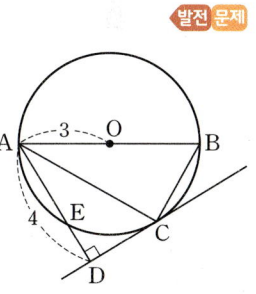

12

오른쪽 그림에서 $\overleftrightarrow{PD}$, $\overleftrightarrow{PE}$는 원의 접선이고 두 점 A, B는 각각 그 접점이다. ∠APB=54°, ∠CAD=75°일 때, ∠CBE의 크기를 구하시오.

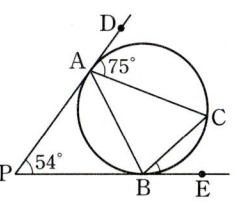

필수문제 확인하기

13 접선과 현이 이루는 각을 이용하여 각도 구하기 [창의·융합]

오른쪽 그림은 조선 시대에 사용된 무기인 신기전을 얹어 발사 각도를 조절하는 화차의 바퀴 부분을 원과 접선으로 나타낸 것이다. 두 점 B, C는 원 O의 접점이고 ∠BDC=64°일 때, ∠BAC의 크기를 구하시오.

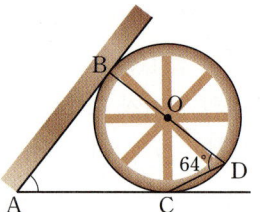

14

오른쪽 그림에서 $\overleftrightarrow{ST}$는 점 P에서 외접하는 두 원의 공통인 접선이다. ∠ACD=71°, ∠DBA=64°일 때, ∠x의 크기는?

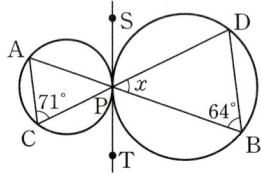

① 36°　　② 39°
③ 42°　　④ 45°
⑤ 48°

15

오른쪽 그림에서 $\overleftrightarrow{PQ}$는 점 A를 접점으로 하는 두 원의 공통인 접선이고 $\overline{BC}$는 점 D를 접점으로 하는 작은 원의 접선이다. ∠ABC=35°, ∠BCA=65°일 때, ∠x의 크기를 구하시오.

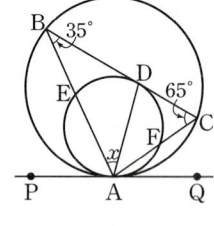

16

오른쪽 그림에서 $\overleftrightarrow{CT}$는 원의 접선이고 점 C는 그 접점이다. $\overarc{AB}:\overarc{BC}:\overarc{CA}=10:5:3$일 때, ∠BCT의 크기를 구하시오.

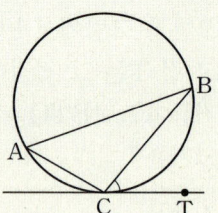

17

오른쪽 그림에서 $\overleftrightarrow{PC}$는 반지름의 길이가 3 cm인 원 O의 접선이고 점 T는 그 접점이다. $\overline{AB}$는 원 O의 지름이고 ∠ATP=30°일 때, △ATB의 넓이를 구하시오.

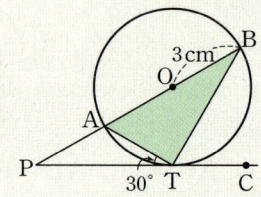

18

오른쪽 그림과 같이 $\overline{AB}$, $\overline{BD}$를 각각 지름으로 하는 두 반원에서 $\overline{AC}$는 작은 반원의 접선이고 점 P는 그 접점이다. ∠CAB=22°, $\overline{PH}\perp\overline{AB}$일 때, ∠CHB의 크기를 구하시오.

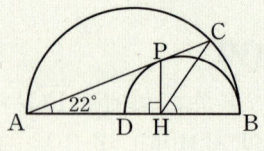

통계

학습 계획표	학습일
10 대푯값과 산포도	
대표문제 확인하기	월 일
필수문제 확인하기	월 일
11 산점도와 상관관계	
대표문제 확인하기	월 일
필수문제 확인하기	월 일

10 대푯값과 산포도

1 대푯값

(1) **대푯값** 자료 전체의 중심적인 경향이나 특징을 대표적으로 나타내는 값

참고 대푯값의 종류에는 평균, 중앙값, 최빈값 등이 있다.

(2) **평균** 전체 변량의 총합을 변량의 개수로 나눈 값

→ $(평균) = \dfrac{(변량의\ 총합)}{(변량의\ 개수)}$

예 학생 3명의 수학 점수가 72점, 84점, 96점일 때, 평균은 $\dfrac{72+84+96}{3}=84(점)$이다.

참고 여러 가지 대푯값 중 평균을 가장 많이 사용한다.

(3) **중앙값** 자료의 변량을 작은 값부터 크기순으로 나열할 때, 한가운데 놓이는 값

① 변량의 개수가 홀수일 때, 한가운데 놓이는 값

② 변량의 개수가 짝수일 때, 한가운데 놓이는 두 자료의 값의 평균

예 (1) 자료 1, 3, 5, 6, 8의 중앙값은 5이다.

(2) 자료 2, 3, 5, 7, 8, 9의 중앙값은 $\dfrac{5+7}{2}=6$이다.

(4) **최빈값** 자료의 변량 중에서 가장 많이 나타나는 값

참고 자료의 값 중에서 도수가 가장 큰 값이 한 개 이상 있으면 그 값이 모두 최빈값이다.

예 (1) 자료 2, 2, 3, 3, 4, 5, 6, 6, 6의 최빈값은 6이다.

(2) 자료 사과, 귤, 귤, 배, 배, 포도의 최빈값은 귤과 배이다.

- **변량** 자료를 수량으로 나타낸 것

- n개의 변량을 작은 값부터 크기순으로 나열할 때, 중앙값은
  (1) n이 홀수인 경우
    → $\dfrac{n+1}{2}$번째 값
  (2) n이 짝수인 경우
    → $\dfrac{n}{2}$번째와 $\left(\dfrac{n}{2}+1\right)$번째 값의 평균

- **평균과 중앙값**
  일반적으로 대푯값으로 가장 많이 사용되는 것은 평균이지만 극단적인 값이 있는 경우에는 중앙값이 자료의 중심 경향을 더 잘 나타낸다.

- 최빈값은 자료에 따라 두 개 이상일 수도 있다.

2 분산과 표준편차

(1) **산포도** 자료의 변량들이 흩어져 있는 정도를 하나의 수로 나타낸 값

(2) **편차** 어떤 자료의 각 변량에서 그 자료의 평균을 뺀 값

→ $(편차) = (변량) - (평균)$

(3) **편차의 성질**

① 편차의 총합은 항상 0이다.

② 평균보다 큰 변량의 편차는 양수이고, 평균보다 작은 변량의 편차는 음수이다.

③ 편차의 절댓값이 클수록 그 변량은 평균에서 멀리 떨어져 있고, 편차의 절댓값이 작을수록 그 변량은 평균에 가까이 있다.

(4) **분산** 각 편차의 제곱의 총합을 변량의 개수로 나눈 값, 즉 편차의 제곱의 평균

→ $(분산) = \dfrac{\{(편차)^2의\ 총합\}}{(변량의\ 개수)}$

(5) **표준편차** 분산의 음이 아닌 제곱근

→ $(표준편차) = \sqrt{(분산)}$

참고 표준편차를 구하는 순서

❶ 평균 → ❷ 편차 → ❸ $(편차)^2$의 총합 → ❹ 분산 → ❺ 표준편차

- 분산과 표준편차는 평균을 중심으로 변량이 흩어져 있는 정도를 나타내는 산포도이다.

- 평균, 편차, 표준편차는 주어진 변량과 단위가 같지만, 분산은 편차의 제곱의 평균이므로 단위를 표기하지 않는다.

- **분산과 표준편차를 이용한 자료의 분석**
  (1) 분산과 표준편차가 작다.
    → 변량들이 평균을 중심으로 가까이 모여 있다.
    → 자료의 분포가 고르다.
  (2) 분산과 표준편차가 크다.
    → 변량들이 평균을 중심으로 넓게 흩어져 있다.
    → 자료의 분포가 고르지 않다.

1 대푯값

01

다음 표는 영은이의 과목별 기말고사 성적을 조사하여 나타낸 것이다. 이 자료의 평균이 87점일 때, x의 값은?

과목	국어	영어	수학	과학	사회
성적(점)	80	87	x	93	85

① 85   ② 87   ③ 89

④ 90   ⑤ 92

02

다음은 현우네 학교 3학년 9개 학급에서 안경을 낀 학생의 수를 조사하여 나타낸 것이다. 이 자료의 중앙값과 최빈값을 차례대로 나열한 것은?

(단위 : 명)

> 10,   15,   13,   14,   15,   12,   15,   14,   13

① 12명, 13명   ② 13명, 14명   ③ 14명, 14명

④ 14명, 15명   ⑤ 15명, 15명

03

오른쪽 줄기와 잎 그림은 학생 10명이 줄넘기를 한 횟수를 조사하여 나타낸 것이다. 이 자료의 중앙값과 최빈값을 차례대로 나열한 것은?

(1|5는 15회)

줄기	잎
1	5 9
2	2 7 8
3	2 6 6
4	1 5

① 5회, 6회   ② 28회, 22회

③ 28회, 36회   ④ 30회, 32회

⑤ 30회, 36회

2 분산과 표준편차

04

7개의 수에 대하여 그 편차가 각각 -2, -3, x, 1, 0, y, 2일 때, $x+y$의 값은?

① -2 ② -1 ③ 0

④ 1   ⑤ 2

05

다음 표는 학생 5명의 키의 편차를 조사하여 나타낸 것이다. 이 자료의 분산은?

학생	A	B	C	D	E
편차(cm)	-3	-1	3	x	1

① 2   ② 3   ③ 4

④ 5   ⑤ 6

06

다음은 윤우가 일주일 동안 친구와 통화를 한 횟수를 조사하여 나타낸 것이다. 이 자료의 표준편차는?

(단위 : 회)

> 7,   4,   6,   4,   8,   6,   7

① $\sqrt{2}$회   ② $\sqrt{3}$회   ③ 2회

④ $\sqrt{5}$회   ⑤ 3회

07

다음 표는 4개 학급의 수학 성적의 평균과 표준편차를 나타낸 것이다. 이때 수학 성적이 가장 고른 반은?

반	A	B	C	D
평균(점)	60	62	65	62
표준편차(점)	7	3	5	4

① A반   ② B반   ③ C반

④ D반   ⑤ B반과 D반

01

다음 표는 A, B, C 세 반의 학생 수와 국어 성적의 평균을 각각 나타낸 것이다. 이 세 반 전체의 국어 성적의 평균은?

반	A	B	C
학생 수(명)	30	25	35
평균(점)	75	64	70

① 68점 ② 69점 ③ 70점
④ 71점 ⑤ 72점

02

3개의 수 a, b, 5의 평균이 7이고 3개의 수 c, d, 9의 평균이 15일 때, 4개의 수 a, b, c, d의 평균을 구하시오.

03

다음 자료의 평균, 중앙값, 최빈값을 각각 A, B, C라고 할 때, A, B, C의 대소 관계는?

$$15, \quad 5, \quad 10, \quad 5, \quad 5, \quad 10, \quad 5, \quad 25$$

① $A=B=C$ ② $B<A<C$ ③ $C=B<A$
④ $C<B=A$ ⑤ $C<B<A$

04

다음 자료의 평균이 1이고 최빈값이 2일 때, 이 자료의 중앙값은? (단, $a<b$)

$$2, \quad -3, \quad b, \quad 5, \quad 6, \quad -4, \quad a$$

① -3 ② -2 ③ -1
④ 1 ⑤ 2

05

인성이의 4회에 걸친 과학 성적은 각각 100점, 80점, 60점, x점이고, 최빈값은 80점이다. 그런데 5회의 과학 성적이 향상되어 5회까지의 평균이 4회까지의 평균보다 2점이 더 높아졌다고 할 때, 5회의 과학 성적은 몇 점인지 구하시오.

06

다음 표는 학생 6명의 키의 편차를 조사하여 나타낸 것이다. 학생 A와 학생 B의 키의 차는?

학생	A	B	C	D	E	F
편차(cm)		7	-6	1	-8	9

① 6 cm ② 7 cm ③ 8 cm
④ 9 cm ⑤ 10 cm

07

다음 보기 중 옳은 것은 모두 몇 개인가?

┤ 보기 ├

ㄱ. 편차의 총합은 항상 0이다.
ㄴ. 분산의 제곱근을 표준편차라고 한다.
ㄷ. 편차의 제곱의 평균을 분산이라고 한다.
ㄹ. 자료의 값 중에서 극단적인 값이 있는 경우에는 평균보다 중앙값이 자료의 중심 경향을 더 잘 나타내어 준다.

① 0개 　　② 1개 　　③ 2개
④ 3개 　　⑤ 4개

08

아래 표는 학생 6명의 국어 점수의 편차를 조사하여 나타낸 것이다. 다음 중 옳지 <u>않은</u> 것은?

학생	A	B	C	D	E	F
편차(점)	-5	0	4	x	1	-3

① x의 값은 3이다.
② 학생 A의 점수가 가장 낮다.
③ 학생 B의 점수는 평균과 같다.
④ 학생 C와 학생 F의 점수의 차는 7점이다.
⑤ 평균보다 점수가 높은 학생은 2명이다.

09

다음 표는 어느 반 학생 21명의 수학 성적의 편차와 도수를 조사하여 나타낸 것이다. 이때 $x+5y$의 값은?

편차(점)	-20	-10	0	10	20	30
도수(명)	6	2	3	x	2	y

① 12 　　② 14 　　③ 16
④ 18 　　⑤ 20

10 ⭐

다음 표는 학생 5명의 100 m 달리기 기록의 편차를 조사하여 나타낸 것이다. 이 자료의 표준편차는?

학생	A	B	C	D	E
편차(초)	-2	-3	1	x	4

① $\sqrt{5}$초 　　② $\sqrt{6}$초 　　③ $\sqrt{7}$초
④ $2\sqrt{2}$초 　　⑤ 3초

11

발전 문제

다음 표는 수영이가 지난주에 각 요일별로 공부한 시간을 조사하여 나타낸 것이다. 이 자료의 평균이 3시간, 분산이 $\frac{20}{7}$일 때, ab의 값을 구하시오. (단, a, b는 자연수)

요일	월	화	수	목	금	토	일
공부 시간(시간)	3	2	a	4	1	b	6

12

어느 반 학생 6명의 수학 점수의 평균은 50점이고 분산은 20이라고 한다. 6명 중 점수가 50점인 학생 한 명을 제외한 나머지 학생 5명의 수학 점수의 표준편차는?

① 4점 　　② $2\sqrt{5}$점 　　③ $2\sqrt{6}$점
④ $2\sqrt{7}$점 　　⑤ $4\sqrt{2}$점

13

어떤 4개의 수에 대하여 평균과 분산을 구하였더니 각각 3, 6이었다. 그런데 두 수 8, 2를 각각 3, 7로 잘못 보고 계산하였다고 할 때, 4개의 수의 실제 분산은?

① 7   ② 7.5   ③ 8
④ 8.5   ⑤ 9

14

3개의 수 a, b, c의 평균이 8이고 분산이 6일 때, 3개의 수 a^2, b^2, c^2의 평균을 구하시오.

15

4개의 수 a, b, c, d의 평균이 4이고 분산이 10이다.
$2a+1$, $2b+1$, $2c+1$, $2d+1$의 평균을 x, 분산을 y라고 할 때, $x+y$의 값은?

① 21   ② 28   ③ 35
④ 42   ⑤ 49

16

어느 반의 수학 쪽지 시험 점수의 평균은 28점, 분산은 6이다. 수학 수행 평가 점수는 각 쪽지 시험 점수를 2배한 후 5점을 더해서 주기로 할 때, 이 반의 수학 수행 평가 점수의 평균과 분산을 차례대로 나열한 것은?

① 28점, 6   ② 56점, 6   ③ 56점, 17
④ 61점, 17   ⑤ 61점, 24

17

오른쪽 표는 A, B 두 분단의 하루 수면 시간의 평균과 표준편차를 나타낸 것이다. 두 분단 전체의 하루 수면 시간의 분산은?

분단	A	B
학생 수(명)	14	16
평균(시간)	7	7
표준편차(시간)	$\sqrt{6}$	3

① 7.2   ② 7.6   ③ 7.8
④ 8.2   ⑤ 9.1

18 다섯 장의 넓이의 표준편차를 가장 작게 만들기

오른쪽 그림과 같이 넓이가 각각 5, 5, 8, 12인 네 장의 종이 A, B, C, D가 있다. 이 중에서 넓이가 12인 종이 D를 두 조각으로 나눌 때, 이 다섯 장의 종이 넓이의 표준편차를 가장 작게 하려면 종이 D를 어떻게 나누면 되는가?

A	B	C	D
5	5	8	12

① 넓이가 2, 10인 두 조각으로 나눈다.
② 넓이가 3, 9인 두 조각으로 나눈다.
③ 넓이가 4, 8인 두 조각으로 나눈다.
④ 넓이가 5, 7인 두 조각으로 나눈다.
⑤ 넓이가 6, 6인 두 조각으로 나눈다.

19

오른쪽 그림은 점수가 표시된 과녁에 화살을 10번 쏘아서 얻은 결과이다. 이때 사격 점수의 표준편차는?

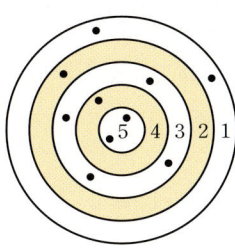

① $\sqrt{1.8}$점
② $\sqrt{2.4}$점
③ $\sqrt{3}$점
④ $\sqrt{3.6}$점
⑤ $\sqrt{4.2}$점

20

다음 그래프는 A, B, C 세 조의 쪽지 시험 점수를 조사하여 나타낸 것이다. 이 세 그래프에 대한 보기의 설명 중 옳은 것을 모두 고른 것은?

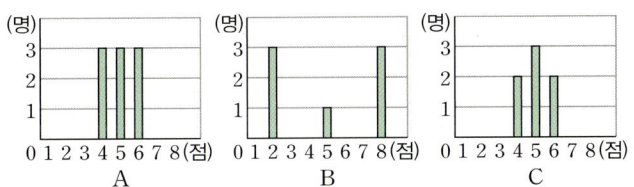

┤ 보기 ├
ㄱ. 세 조 A, B, C의 평균은 모두 같다.
ㄴ. 세 조 A, B, C의 도수는 모두 같다.
ㄷ. A조의 표준편차가 가장 작다.
ㄹ. B조의 분산이 가장 크다.

① ㄱ, ㄷ
② ㄱ, ㄹ
③ ㄴ, ㄷ
④ ㄱ, ㄷ, ㄹ
⑤ ㄴ, ㄷ, ㄹ

서술형 문제

21

다음 조건을 모두 만족하는 자연수 a의 값을 구하시오.

┤ 조건 ├
(가) 5개의 수 2.4, 1.8, 3.8, 3, a의 중앙값은 3이다.
(나) 6개의 수 3.2, 4.3, a, 3.5, 5, 3.9의 중앙값은 3.7이다.

22

다음 표는 원이네 모둠의 일원인 학생 5명 각각의 영어 단어 시험 점수에서 원이의 영어 단어 시험 점수를 뺀 값을 나타낸 것이다. 이 자료의 표준편차를 구하시오.

학생 {(학생의 점수) −(원이의 점수)} (점)	진우	나리	원이	현수	희주
	−5	−3	0	1	2

23

5개의 수 a, −1, 5, b, −3의 평균이 1, 분산이 8일 때, $a-b$의 값을 구하시오. (단, a, b는 $a>b$인 자연수이다.)

11 산점도와 상관관계

❶ 산점도

(1) 산점도 두 변량 사이의 관계를 알기 위해 두 변량 x, y의 순서쌍 (x, y)를 좌표평면 위에 점으로 나타낸 그림

예 주어진 영어 점수와 수학 점수에 대한 산점도는 다음 그림과 같다.

[자료]

학생	영어(점)	수학(점)
A	70	80
B	50	40
C	90	100
D	60	80
E	80	70

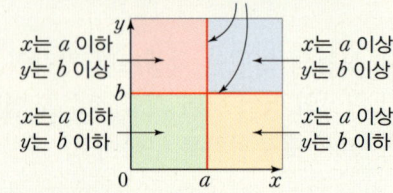

두 변량 x, y를 정하여 순서쌍 (x, y)로 나타낸다.
영어 점수 : x점
수학 점수 : y점

(x, y)
$(70, 80)$
$(50, 40)$
$(90, 100)$
$(60, 80)$
$(80, 70)$

점 (x, y)를 좌표평면 위에 나타낸다.

[산점도]

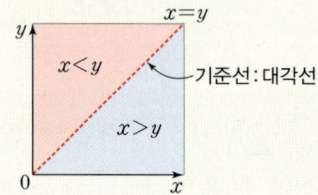

(2) 산점도 해석하기

① 이상, 이하의 조건이 주어지면
→ 가로선, 세로선을 긋는다.
기준선 : 가로축 또는 세로축에 평행한 직선

x는 a 이하
y는 b 이상
x는 a 이상
y는 b 이상
x는 a 이하
y는 b 이하
x는 a 이상
y는 b 이하

② '같은', '높은', '낮은'과 같이 두 변량을 비교하는 말이 나오면
→ 대각선을 긋는다.

$x = y$
$x < y$
기준선 : 대각선
$x > y$

③ 두 변량의 합 또는 차가 주어질 때

• 두 변량의 합이 $2a$ 이상인 경우
$x + y \geq 2a$
$x + y = 2a$
$x + y \leq 2a$

• 두 변량의 차가 a 이상인 경우
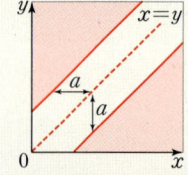
$x = y$

❷ 상관관계

(1) 상관관계 두 변량 x와 y 사이에 어떤 관계가 있을 때, 이 관계를 상관관계라 하고, 두 변량 x와 y 사이에 상관관계가 있다고 한다.

(2) 상관관계의 종류 두 변량 x, y에 대하여

① 양의 상관관계 : x의 값이 증가함에 따라 y의 값도 대체로 증가하는 관계
예 발의 크기와 신발의 크기, 도시 인구수와 교통량

〈강한 경우〉 〈약한 경우〉

② 음의 상관관계 : x의 값이 증가함에 따라 y의 값이 대체로 감소하는 관계
예 운동량과 비만도, 산의 높이와 기온

〈강한 경우〉 〈약한 경우〉

③ 상관관계가 없다. : x의 값이 증가함에 따라 y의 값이 증가하는지 감소하는지 분명하지 않은 관계
예 눈의 크기와 시력

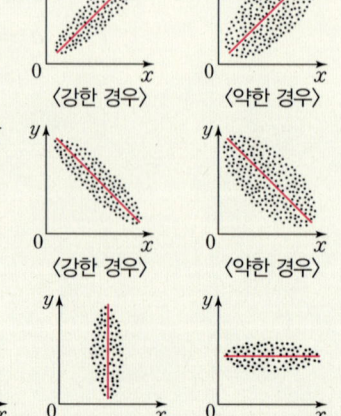

● 산점도를 그려서 두 변량 x, y 사이에 x의 값이 커짐에 따라 y의 값이 커지는지 또는 작아지는지 알아보면 두 변량 사이의 관계를 파악할 수 있다.

● 산점도 해석하기 − 미만, 초과의 조건이 주어질 때

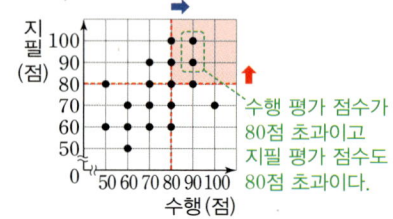

수행 평가 점수가 80점 초과이고 지필 평가 점수도 80점 초과이다.

참고 이상, 이하이면 기준선에 속하는 점도 포함되고 초과, 미만이면 기준선에 속하는 점은 포함되지 않는다.

● 산점도 해석하기 − 두 변량 비교하기

지필 평가 점수가 수행 평가 점수보다 높다.
기준

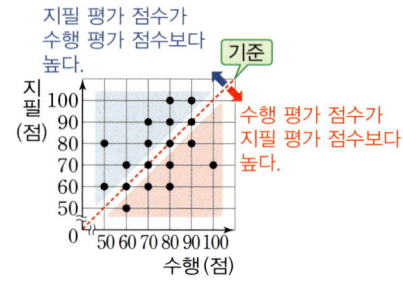

수행 평가 점수가 지필 평가 점수보다 높다.

● 산점도에서 점들이 x축 또는 y축에 평행하지 않는 직선을 중심으로 가까이 몰려 있을수록 상관관계가 강하다라고 하고, 흩어져 있을수록 상관관계가 약하다라고 한다.

● 오른쪽 위로 향하는 대각선을 기준선이라고 하면

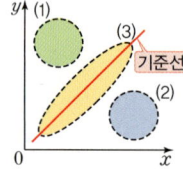

(1) 기준선 위쪽은 x축의 변량의 값에 비해 y축의 변량의 값이 더 크다.
(2) 기준선 아래쪽은 y축의 변량의 값에 비해 x축의 변량의 값이 더 크다.
(3) 기준선 또는 기준선 근처는 x, y축의 변량의 값이 같거나 비슷하다.

정답과 풀이 ➡ 030

1 산점도

01

다음 표는 학생 6명이 수학과 영어 시험에서 맞은 문항 수를 나타낸 것이다. 이것을 산점도로 바르게 나타낸 것은?

학생	은광	민혁	창섭	현식	일훈	성재
수학(개)	3	4	3	2	5	4
영어(개)	4	4	3	2	5	5

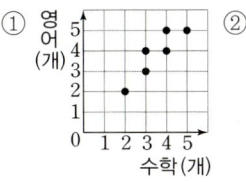 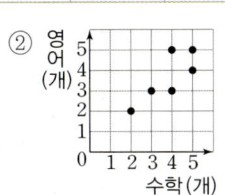 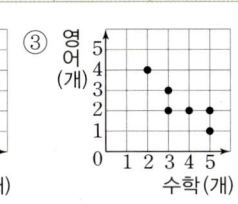

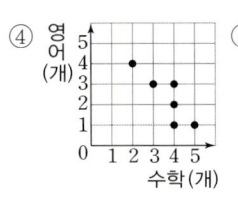 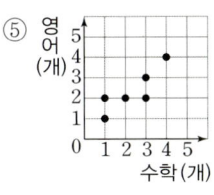

02

오른쪽 그림은 오디션 참가자 8명의 1차, 2차 점수에 대한 산점도이다. 다음 물음에 답하시오.

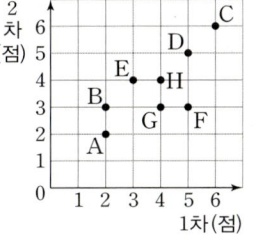

(1) 참가자 F의 1차 점수와 2차 점수의 차를 구하시오.

(2) 2차 점수가 두 번째로 높은 참가자의 1차 점수를 구하시오.

(3) 1차 점수가 4점 이상인 참가자 수를 구하시오.

03

오른쪽 그림은 동근이네 반 학생 16명의 1학기 중간고사 영어 점수와 수학 점수에 대한 산점도이다. 다음 물음에 답하시오.

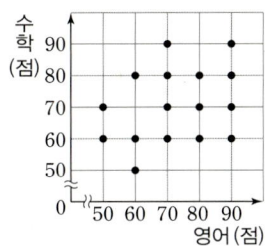

(1) 수학 점수가 영어 점수보다 좋은 학생 수는 몇 명인가?

① 2명   ② 3명   ③ 4명
④ 5명   ⑤ 6명

(2) 영어 점수와 수학 점수가 같은 학생은 전체의 몇 %인지 구하시오.

2 상관관계

04

다음 산점도 중에서 여름철 기온과 냉방비의 상관관계를 알맞게 나타낸 것은?

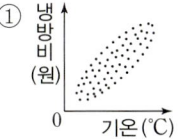 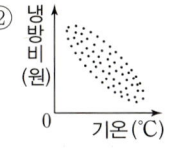 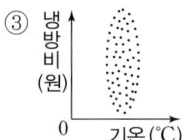

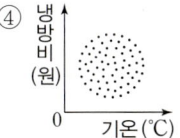 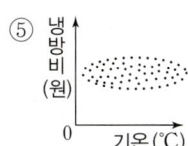

05

다음 중 두 변량 사이에 대체로 양의 상관관계가 있는 것을 모두 고르면? (정답 2개)

① 몸무게와 수학 성적
② 자동차의 속력과 제동 거리
③ 물건의 가격과 판매량
④ 운동량과 심박수
⑤ 낮의 길이와 밤의 길이

06

오른쪽 그림은 윤호네 반 학생들의 키와 몸무게에 대한 산점도이다. 다음 물음에 답하시오.

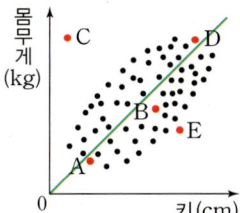

(1) 키와 몸무게 사이의 상관관계를 말하시오.

(2) 다섯 명의 학생 A, B, C, D, E 중에서 키에 비해 몸무게가 가장 많이 나가는 학생을 구하시오.

01

오른쪽 그림은 우성이네 반 학생 23명의 2학기 중간고사와 기말고사 국어 성적에 대한 산점도이다. 중간고사 국어 성적이 80점 초과인 학생들의 기말고사 국어 성적의 평균은 몇 점인가?

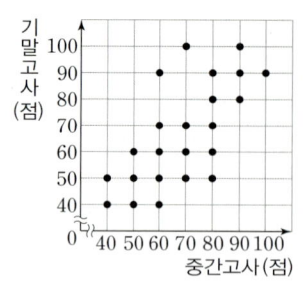

① 75점　　　② 80점　　　③ 85점
④ 90점　　　⑤ 95점

02

오른쪽 그림은 사격 선수 20명의 두 번에 걸친 사격 점수에 대한 산점도이다. 2회의 사격 점수가 6점 초과 9점 미만인 선수들의 1회 사격 점수의 총합은 몇 점인가?

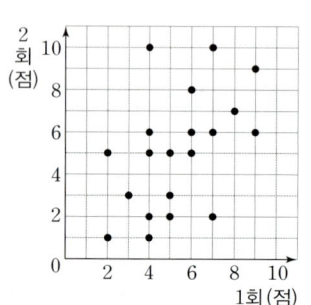

① 14점　　② 18점
③ 22점　　④ 33점
⑤ 48점

03

오른쪽 그림은 진우네 반 학생 25명의 키와 앉은키에 대한 산점도이다. 키가 160 cm 이상이고 앉은키가 85 cm 이상인 학생은 전체의 몇 % 인지 구하시오.

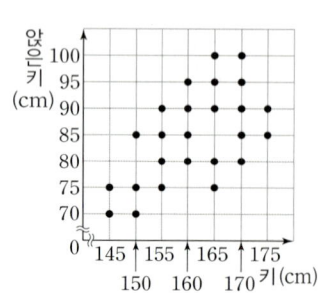

04

오른쪽 그림은 하영이네 반 학생 22명의 국어 성적과 영어 성적에 대한 산점도이다. 다음 중 옳지 않은 것은?

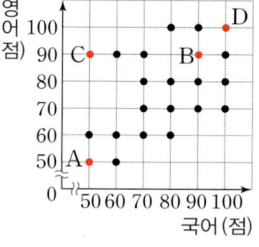

① 국어 성적과 영어 성적이 같은 학생은 A, B, D이다.
② 학생 C는 국어 성적보다 영어 성적이 높다.
③ 두 과목 성적이 모두 80점 이상인 학생 수는 4명이다.
④ 두 과목 성적의 평균이 가장 높은 학생은 D이다.
⑤ 하영이네 반 학생들은 영어 성적보다 국어 성적이 높은 학생이 더 많다.

05

오른쪽 그림은 수현이네 반 학생 15명의 국어 성적과 수학 성적에 대한 산점도이다. 수학 성적이 국어 성적보다 낮은 학생은 전체의 몇 %인지 구하시오.

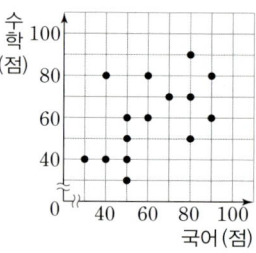

06

오른쪽 그림은 야구 선수 16명이 작년과 올해 친 홈런의 개수에 대한 산점도이다. 다음 물음에 답하시오.

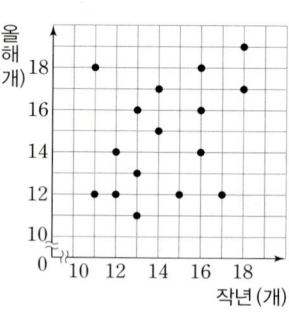

(1) 작년보다 올해 홈런을 친 횟수가 더 많은 야구 선수의 수는 전체의 몇 %인지 구하시오.

(2) 작년보다 올해 홈런을 친 횟수가 줄어든 야구 선수의 수를 구하시오.

(3) 작년과 올해 홈런을 친 횟수가 같은 야구 선수의 수를 구하시오.

07

오른쪽 그림은 나은이네 반 학생 15명의 과학 성적과 사회 성적에 대한 산점도이다. 과학 성적보다 사회 성적이 낮은 학생은 전체의 $a\,\%$, 과학 성적과 사회 성적이 같은 학생은 전체의 $b\,\%$라고 할 때, $a-b$의 값을 구하시오.

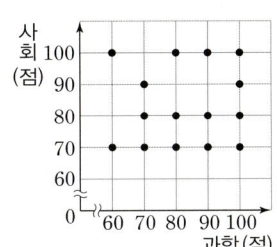

08

오른쪽 그림은 건후네 반 학생 20명의 미술 수행 평가 점수와 실기 점수에 대한 산점도이다. 다음 중 옳지 않은 것은?

① 수행 평가 점수와 실기 점수가 같은 학생 수는 4명이다.

② 수행 평가 점수와 실기 점수가 모두 가장 높은 학생은 B이다.

③ 실기 점수보다 수행 평가 점수가 더 높은 학생은 9명이다.

④ 학생 A의 수행 평가 점수와 실기 점수의 차는 2점이다.

⑤ 수행 평가 점수보다 실기 점수가 더 높은 학생은 전체의 45 %이다.

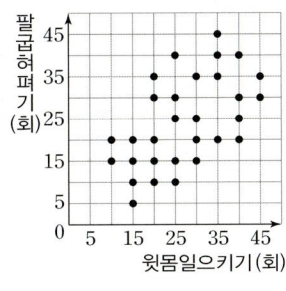

09 ⭐

오른쪽 그림은 태오네 반 30명의 윗몸일으키기 기록과 팔굽혀펴기 기록에 대한 산점도이다. 윗몸일으키기 기록과 팔굽혀펴기 기록의 합이 40회 미만인 학생은 전체의 몇 %인지 구하시오.

10 조건을 만족하는 선수의 수 구하기 〔창의·융합〕

오른쪽 그림은 양궁 선수 25명의 두 번에 걸친 시합 점수에 대한 산점도이다. 다음 조건을 모두 만족하는 선수의 수를 구하시오.

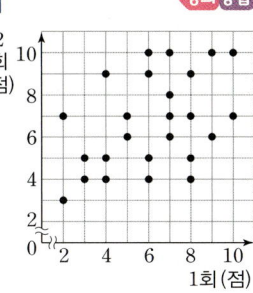

┤ 조건 ├

㈎ 1회보다 2회의 점수가 높아졌다.

㈏ 1회와 2회의 점수의 차가 2점 이상이다.

㈐ 1회와 2회의 점수의 합이 12점 이상이다.

11 〔발전 문제〕

오른쪽 그림은 연우네 반 학생 25명의 국어 성적과 사회 성적에 대한 산점도이다. 두 과목 점수의 합이 상위 12 % 이내에 드는 학생들에게 상을 주려고 할 때, 상을 받는 학생들의 사회 성적의 평균을 구하시오.

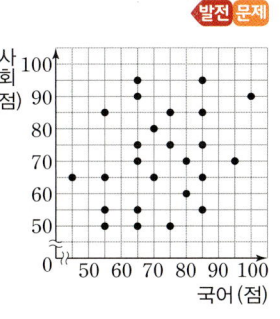

12 ⭐

다음 중 두 변량의 산점도를 그린 것이 오른쪽 그림과 같이 나타나는 것을 모두 고르면? (정답 2개)

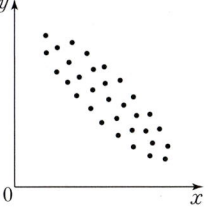

① 책의 두께와 무게

② 수학 성적과 노래 실력

③ 밀 생산량과 밀의 판매 가격

④ 통학 거리와 통학 시간

⑤ 나이와 기초대사량

11 산점도와 상관관계

13

오른쪽 그림은 창민이네 반 학생들의 통학 거리와 통학 시간에 대한 산점도이다. 다음 중 옳지 <u>않은</u> 것은?

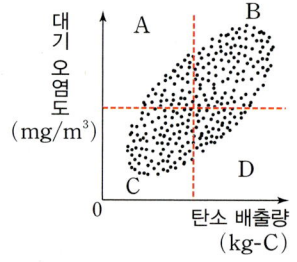

① 통학 거리가 먼 학생은 통학 시간도 대체로 오래 걸린다.

② 학생 A는 통학 거리에 비해 통학 시간이 오래 걸리는 편이다.

③ 학생 D는 학생 B보다 통학 거리가 길다.

④ 두 학생 C와 E 중 통학 거리에 비해 통학 시간이 적게 걸리는 학생은 E이다.

⑤ 통학 거리와 통학 시간 사이의 상관관계는 예금액과 이자 사이의 상관관계와 같다.

14

오른쪽 그림은 세계 여러 주요 도시의 탄소 배출량과 대기 오염도에 대한 산점도이다. 이 산점도를 A, B, C, D 네 집단으로 나눌 때, 다음 중 옳지 <u>않은</u> 것은?

① A 집단은 탄소 배출량에 비해 대기 오염도가 높은 편이다.

② B 집단은 탄소 배출량과 대기 오염도가 모두 높은 편이다.

③ C 집단은 탄소 배출량과 대기 오염도가 모두 낮은 편이다.

④ D 집단은 탄소 배출량은 높지만 대기 오염도는 낮은 편이다.

⑤ 전체적으로 탄소 배출량이 낮은 도시는 대기 오염도가 높은 편이다.

15

오른쪽 그림은 재은이네 반 학생 25명의 영어 말하기 대회의 1차, 2차 성적에 대한 산점도이다. 다음 물음에 답하시오.

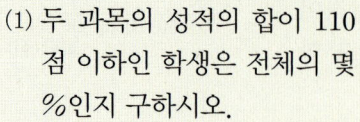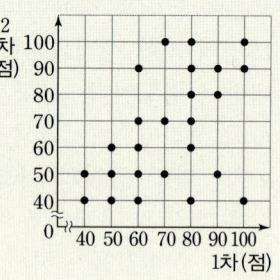

(1) 두 과목의 성적의 합이 110점 이하인 학생은 전체의 몇 %인지 구하시오.

(2) 1차, 2차 성적의 차가 가장 큰 학생의 성적의 차는 몇 점인지 구하시오.

(3) 1차, 2차 성적의 차가 30점 이상인 학생 수를 구하시오.

16

오른쪽 그림은 어느 반 학생 20명의 1차, 2차에서 얻은 음악 수행 평가 점수에 대한 산점도이다. 다음 물음에 답하시오.

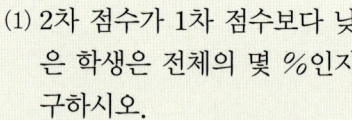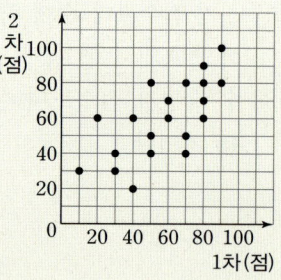

(1) 2차 점수가 1차 점수보다 낮은 학생은 전체의 몇 %인지 구하시오.

(2) 1차 점수가 상위 30 % 이내에 들었던 학생 중에서 1, 2차 점수의 합이 상위 30 % 이내에 들지 못하는 학생은 몇 명인지 구하시오.

대단원 마무리하기

I. 삼각비

01 삼각비
02 삼각비의 값
03 삼각형의 변의 길이
04 삼각형의 높이와 넓이

II. 원의 성질

05 현의 성질
06 원의 접선
07 원주각의 성질
08 원에 내접하는 사각형
09 접선과 현이 이루는 각

III. 통계

10 대푯값과 산포도
11 산점도와 상관관계

01

오른쪽 그림과 같이 ∠C=90°인 직각삼 각형 ABC에서 $\cos B \times \tan A$의 값 은?

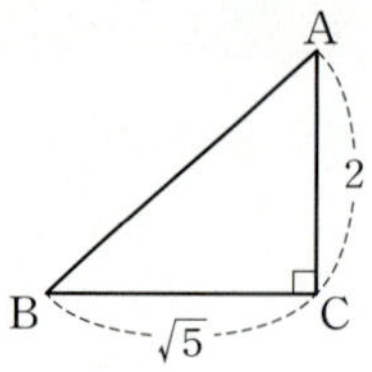

① $\dfrac{1}{3}$　　　② $\dfrac{2}{3}$

③ $\dfrac{5}{6}$　　　④ $\dfrac{3}{2}$

⑤ $\sqrt{5}$

02

오른쪽 그림과 같이 ∠C=90°인 직각삼각형 ABC에서 $\overline{AC}=4$, $\cos A = \dfrac{2}{5}$일 때, △ABC의 넓이 는?

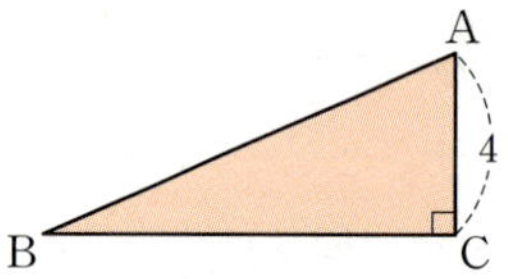

① $2\sqrt{3}$　　　② $2\sqrt{5}$　　　③ $\sqrt{21}$

④ $2\sqrt{21}$　　　⑤ $4\sqrt{21}$

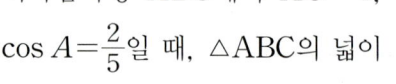

03

오른쪽 그림과 같이 ∠A=90°인 직각삼각형 ABC에서 $\overline{AH}\perp\overline{BC}$ 일 때, $\cos x + \cos y$의 값은?

① $\dfrac{7}{5}$　　　② $\dfrac{8}{5}$

③ $\dfrac{14}{15}$　　　④ $\dfrac{17}{15}$

⑤ $\dfrac{23}{15}$

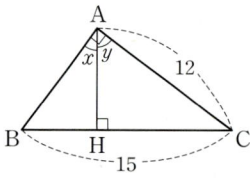

04

오른쪽 그림에서 ∠C=∠E=90°, $\overline{BC}=\overline{BD}=3$이고 $\sin x = \dfrac{1}{3}$일 때, $\tan y$ 의 값은?

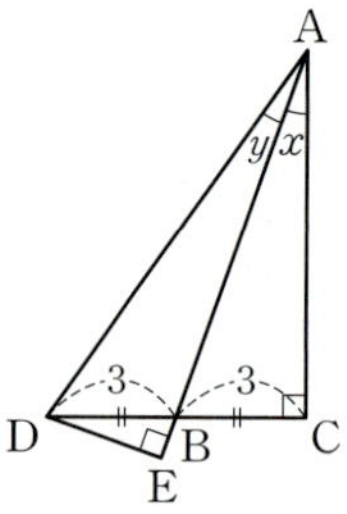

① $\dfrac{\sqrt{3}}{3}$　　　② $\dfrac{\sqrt{2}}{5}$

③ $\dfrac{\sqrt{3}}{6}$　　　④ $\dfrac{\sqrt{3}}{9}$

⑤ $\dfrac{\sqrt{6}}{9}$

05

오른쪽 그림과 같이 일차방정식 $12x-5y+60=0$의 그래프와 x축의 양의 방향과 이루는 각의 크기를 α라 고 할 때, $\sin \alpha - \cos \alpha$의 값을 구하 시오.

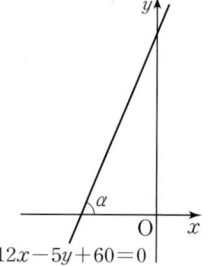

06

다음 보기 중 옳은 것은 모두 몇 개인가?

┤ 보기 ├

ㄱ. $\sin 45° \times \cos 45° + 2\sin 60° \times \tan 30° = \dfrac{3}{2}$

ㄴ. $2\tan 45° \times \cos 60° \times \sin 90° = 1$

ㄷ. $\dfrac{\sin 60°}{\cos 30°} - \dfrac{\tan 60°}{\sin 30°} = 1-2\sqrt{3}$

ㄹ. $\cos 0° \div \sin 30° - \tan 60° \times \cos 30° = \dfrac{3}{2}$

① 0개　　　② 1개　　　③ 2개

④ 3개　　　⑤ 4개

07

오른쪽 그림과 같이 ∠B=90°인 직 각삼각형 ABC에서 $\overline{AC}\perp\overline{BD}$, $\overline{AB}\perp\overline{DE}$이고 $\overline{AC}$=20 cm, ∠A=30°일 때, $\overline{DE}$의 길이는?

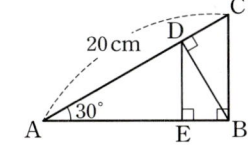

① $\dfrac{15}{2}$ cm ② $\dfrac{15\sqrt{3}}{2}$ cm ③ 10 cm

④ $15\sqrt{2}$ cm ⑤ $15\sqrt{3}$ cm

08

오른쪽 그림과 같이 ∠C=90°인 직각삼각형 ABC에서 ∠ADC=30°, $\overline{AD}=\overline{BD}$=6 cm일 때, △ABC의 넓이는?

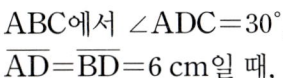

① $9\sqrt{3}$ cm² ② $\dfrac{18+3\sqrt{3}}{2}$ cm²

③ $(9+3\sqrt{3})$ cm² ④ $\dfrac{18+9\sqrt{3}}{2}$ cm²

⑤ $(9+6\sqrt{3})$ cm²

09

오른쪽 그림과 같이 ∠B=90°인 직 각삼각형 ABC에서 다음 삼각비의 표를 이용하여 $x+y$의 값을 구하시 오.

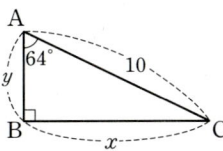

각도	sin	cos	tan
63°	0.8910	0.4540	1.9626
64°	0.8988	0.4384	2.0503
65°	0.9063	0.4226	2.1445
66°	0.9135	0.4067	2.2460

10

오른쪽 그림과 같이 30 m 떨어진 두 건물 ㈎, ㈏가 있다. ㈎ 건물의 옥상 A 지점에서 ㈏ 건물을 올려다 본 각의 크기는 45°이고 내려다본 각의 크기는 30°일 때, ㈏ 건물의 높이를 구하시오.

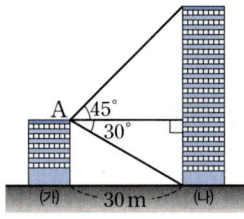

11

오른쪽 그림과 같은 △ABC에서 $\overline{AH}\perp\overline{BC}$이고 ∠B=45°, ∠C=30°, $\overline{BC}$=24일 때, h의 값 은?

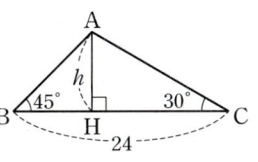

① 8 ② 16 ③ $12(\sqrt{3}-1)$

④ $12(\sqrt{2}+1)$ ⑤ $12(\sqrt{3}+1)$

12

오른쪽 그림과 같은 △ABC에서 ∠A=75°, ∠B=60°이고 $\overline{AB}$=4 일 때, △ABC의 넓이를 구하시오.

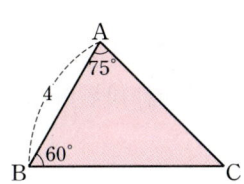

13

오른쪽 그림과 같은 평행사변형 ABCD에서 $\overline{AB}=2\sqrt{2}$ cm, $\overline{BC}=4$ cm이고 ∠B=45°일 때, $\overline{BD}$의 길이를 구하시오.

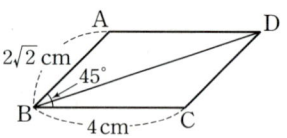
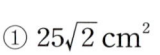
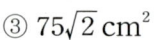

14

오른쪽 그림과 같은 △ABC에서 ∠B=105°, ∠C=30°이고 $\overline{BC}=50$일 때, $\overline{AB}$의 길이는?

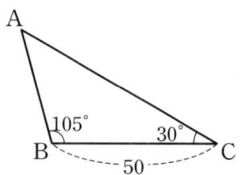

① $25\sqrt{2}$　　② $25\sqrt{3}$
③ $25+25\sqrt{2}$　④ $25+25\sqrt{3}$
⑤ $50\sqrt{2}$

15

오른쪽 그림과 같이 20 m 떨어진 두 지점 B, C에서 타워의 꼭대기 A 지점을 올려다본 각의 크기가 각각 45°, 60°일 때, 타워의 높이를 구하시오.

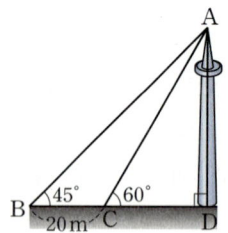

16

오른쪽 그림과 같이 반지름의 길이가 10 cm인 원에 내접하는 정팔각형의 넓이는?

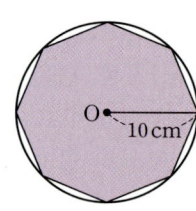

① $25\sqrt{2}$ cm²　　② $50\sqrt{2}$ cm²
③ $75\sqrt{2}$ cm²　　④ $100\sqrt{2}$ cm²
⑤ $200\sqrt{2}$ cm²

17

오른쪽 그림과 같은 평행사변형 ABCD에서 점 M은 $\overline{BC}$의 중점이고 $\overline{AB}=3$ cm, $\overline{AD}=8$ cm, ∠ADC=60°일 때, △AMC의 넓이를 구하시오.

18

오른쪽 그림과 같은 □ABCD에서 두 대각선이 이루는 각의 크기가 135°이고 $\overline{AC}=\overline{BD}=8$ cm일 때, □ABCD의 넓이는?

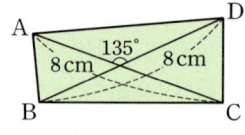

① $8\sqrt{2}$ cm²　　② $8\sqrt{3}$ cm²　　③ $16\sqrt{2}$ cm²
④ $16\sqrt{3}$ cm²　　⑤ $16\sqrt{6}$ cm²

서술형 문제

19번부터 24번은 서술형 문제입니다. 풀이 과정을 쓰고 답을 구하세요.

19

∠B=90°인 직각삼각형 ABC에서
$\sin A : \cos A = 1 : 4$일 때, $\cos C$의 값을 구하시오.

20

오른쪽 그림과 같이 한 모서리의 길이가 3인 정육면체에서 ∠AGE=x일 때, 다음 물음에 답하시오.

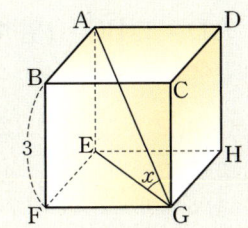

(1) $\sin x$, $\tan x$의 값을 각각 구하시오.

(2) $\sin x \times \tan x$의 값을 구하시오.

21

$\sqrt{(\cos x - \sin x)^2} - \sqrt{(\cos x + \sin x)^2} = -\dfrac{5}{4}$일 때,
$\sin x \times \tan x$의 값을 구하시오. (단, $45° < x < 90°$)

22

오른쪽 그림과 같은 △ABC에서
$\overline{AB}=6$ cm, $\overline{BC}=8$ cm,
∠B=60°일 때, $\overline{AC}$의 길이를 구하시오.

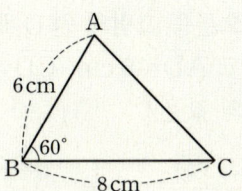

23

오른쪽 그림에서 $\overline{AE} /\!/ \overline{DC}$이고
∠B=60°, $\overline{AB}=8$ cm,
$\overline{BC}=10$ cm일 때, □ABED의 넓이를 구하시오.

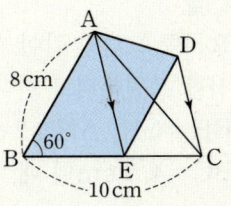

24

오른쪽 그림과 같은 □ABCD의 넓이를 구하시오.

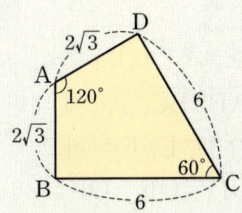

01

오른쪽 그림의 원 O에서 $\overline{AB} \perp \overline{OC}$이고 $\overline{AD}=6$ cm, $\overline{CD}=4$ cm일 때, x의 값은?

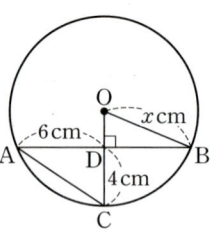

① 6.5   ② 7

③ 7.5   ④ 8

⑤ 8.5

02

오른쪽 그림과 같이 깨진 원 모양의 접시를 복원하려고 한다. $\overline{AH} \perp \overline{BC}$이고 $\overline{BH}=\overline{CH}$, $\overline{AH}=2$ cm, $\overline{BC}=4\sqrt{7}$ cm일 때, 원래 접시의 반지름의 길이는?

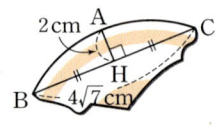

① 4 cm   ② 8 cm   ③ 10 cm

④ 13 cm   ⑤ 16 cm

03

오른쪽 그림과 같이 원 O의 중심에서 $\overline{AB}$, $\overline{BC}$, $\overline{AC}$에 내린 수선의 발을 각각 D, E, F라 하고 $\overline{OD}=\overline{OE}=\overline{OF}=2$일 때, △ABC의 넓이를 구하시오.

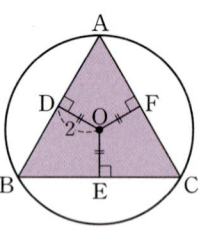

04

오른쪽 그림에서 $\overrightarrow{AT}$, $\overrightarrow{AT'}$, $\overline{BC}$는 원 O의 접선이고 세 점 T, T′, P는 각각 그 접점이다. $\overline{OT'}=2$ cm, $\overline{OA}=7$ cm일 때, △ABC의 둘레의 길이를 구하시오.

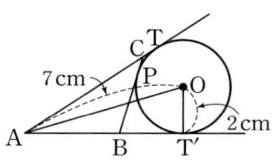

05

오른쪽 그림에서 $\overline{AB}$는 반원 O의 지름이고 $\overline{AD}$, $\overline{BC}$, $\overline{CD}$는 접선이다. $\overline{AD}=2$, $\overline{BC}=7$일 때, $\overline{AB}$의 길이는?

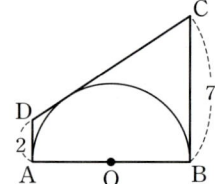
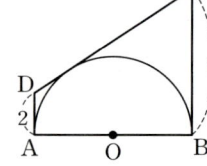

① $4\sqrt{2}$ ② $3\sqrt{5}$

③ $5\sqrt{2}$ ④ $2\sqrt{14}$

⑤ 8

06

오른쪽 그림과 같이 점 O를 중심으로 하는 두 원에서 작은 원의 접선이 큰 원과 만나는 두 점을 각각 A, B라고 하자. $\overline{AB}=12$일 때, 색칠한 부분의 넓이는?

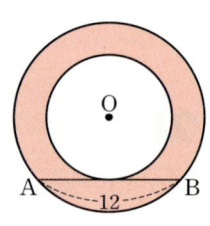

① 25π ② 36π ③ 64π

④ 100π ⑤ 144π

07

오른쪽 그림과 같이 원 O가 직사각형 ABCD의 세 변과 $\overline{DI}$에 접하고 있다. 네 점 E, F, G, H는 접점이고 $\overline{AB}=6$ cm, $\overline{AD}=8$ cm, $\overline{BG}=3$ cm일 때, $\overline{GI}$의 길이를 구하시오.

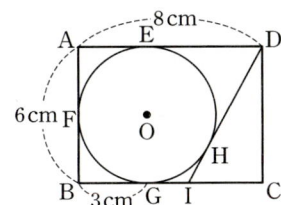

08

오른쪽 그림의 원 O에서 $\angle AOB=60°$, $\angle ACE=70°$일 때, $\angle BDE$의 크기는?

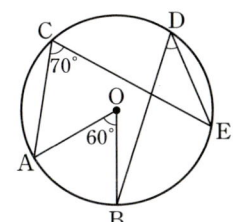

① 30°   ② 35°

③ 40°   ④ 45°

⑤ 50°

09

오른쪽 그림과 같이 $\overline{AB}$를 지름으로 하는 반원 O에서 두 현 AC, BD의 연장선의 교점을 P라고 하자. $\angle COD=42°$일 때, $\angle P$의 크기를 구하시오.

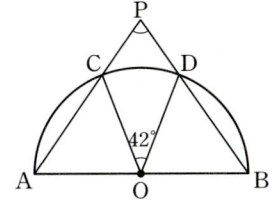

10

오른쪽 그림과 같이 반지름의 길이가 4인 원 O에 내접하는 △ABC에서 $\overline{BC}=6$일 때, $\tan A$의 값은?

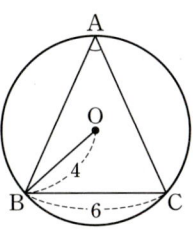

① $\dfrac{2\sqrt{7}}{7}$ ② $\dfrac{3\sqrt{7}}{7}$

③ $\dfrac{4\sqrt{7}}{7}$ ④ $\dfrac{5\sqrt{7}}{7}$

⑤ $\dfrac{6\sqrt{7}}{7}$

11

오른쪽 그림과 같은 원 O에서 $\overset{\frown}{PA} : \overset{\frown}{PB}=1:2$일 때, $\angle PBA$의 크기를 구하시오.

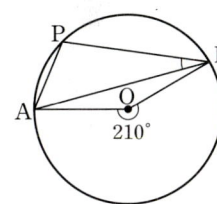

12

오른쪽 그림에서 원 O는 △ABC의 외접원이다. $\overset{\frown}{AB} : \overset{\frown}{BC} : \overset{\frown}{CA}=3:4:2$일 때, $\angle A$의 크기는?

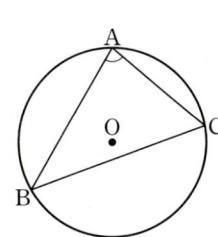

① 80°   ② 90°

③ 100°   ④ 120°

⑤ 140°

Ⅱ 원의 성질

13

오른쪽 그림과 같이 원에 내접하는
□ABCD에서 ∠BCD=80°,
∠DBC=52°일 때, ∠BAC의 크기
는?

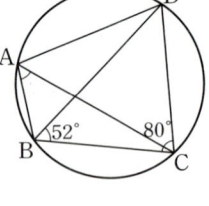

① 42°　　　② 44°
③ 46°　　　④ 48°
⑤ 50°

14

오른쪽 그림과 같이 원에 내접하는
□ABCD에서 $\overline{AB}$, $\overline{DC}$의 연장선의
교점을 E라 하고, $\overline{AD}$, $\overline{BC}$의 연장
선의 교점을 F라고 하자. ∠E=32°,
∠F=20°일 때, ∠A의 크기는?

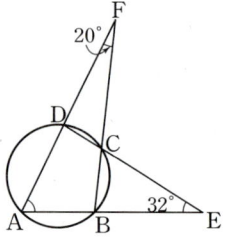

① 60°　　　② 62°
③ 64°　　　④ 66°
⑤ 68°

15

오른쪽 그림과 같이 원 O에 내접하는
오각형 ABCDE에서 ∠AOE=50°
일 때, ∠x+∠y의 크기는?

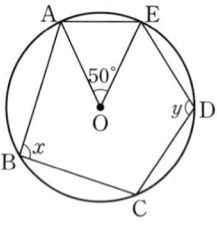

① 200°　　　② 205°
③ 210°　　　④ 215°
⑤ 220°

16

오른쪽 그림과 같이 두 원 O, O′
이 두 점 P, Q에서 만나고
∠PDC=98°일 때, ∠x의 크기
를 구하시오.

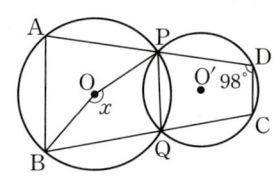

17

오른쪽 그림에서 $\overrightarrow{CT}$는 원의 접선이고
점 C는 그 접점이다.
∠BAD=95°, ∠DCT=70°일 때,
∠x의 크기를 구하시오.

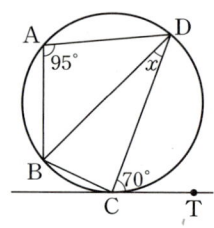

18

오른쪽 그림에서 $\overrightarrow{PT}$는 원 O
의 접선이고 점 T는 그 접점
이다. $\overline{AB}$가 이 원의 지름이
고 ∠ABT=35°일 때,
∠x+∠y의 크기는?

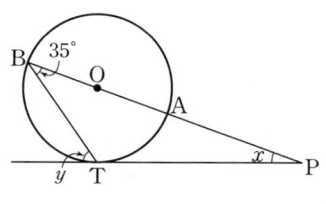

① 65°　　　② 70°　　　③ 75°
④ 80°　　　⑤ 85°

19

오른쪽 그림에서 $\overleftrightarrow{PQ}$는 점 T에서
외접하는 두 원의 공통인 접선이
다. ∠BAC=58°, ∠CDB=60°
일 때, ∠x의 크기를 구하시오.

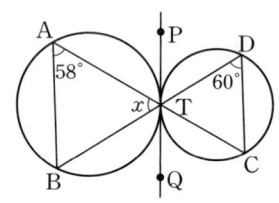

서술형 문제

20번부터 25번은 서술형 문제입니다. 풀이 과정을 쓰고 답을 구하세요.

20

오른쪽 그림과 같이 반지름의 길이가 12 cm인 원 O를 원 위의 한 점이 원의 중심에 오도록 접었을 때, $\overline{AB}$의 길이를 구하시오.

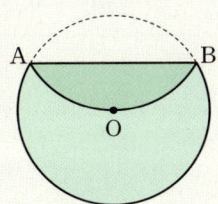

21

오른쪽 그림에서 $\overrightarrow{AT}$, $\overrightarrow{AT'}$, $\overrightarrow{BC}$는 원 O의 접선이고 세 점 T, T′, D는 각각 그 접점이다.
$\overline{OT}=6$ cm, $\angle BAC=60°$일 때, △ACB의 둘레의 길이를 구하시오.

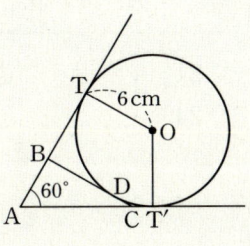

22

오른쪽 그림과 같이 이웃한 원과 서로 외접하는 4개의 원 O_1, O_2, O_3, O_4가 각각 삼각형 PAB, PBC, PCD, PDE에 내접하고 있을 때, $\overline{PE}$의 길이를 구하시오.

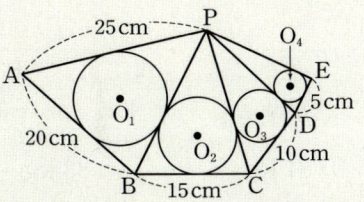

23

오른쪽 그림과 같이 반지름의 길이가 4 cm인 원 O에 내접하는 △ABC에서 $\angle BAC=30°$일 때, 색칠한 부분의 넓이를 구하시오.

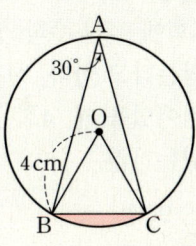

24

오른쪽 그림과 같은 원에서 $\overline{AB}$, $\overline{CD}$의 교점을 P라고 하자.
$\overarc{AC}:\overarc{BD}=5:2$이고 $\overarc{AC}$의 길이는 원주의 $\frac{1}{6}$일 때, $\angle APC$의 크기를 구하시오.

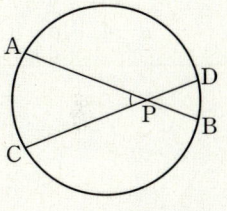

25

오른쪽 그림에서 $\overrightarrow{DC}$는 원 O의 접선이고 점 C는 그 접점이다.
$\overline{AB}$는 원 O의 지름이고 $\overline{AB}=8$ cm, $\angle CAD=30°$일 때, 다음 물음에 답하시오.

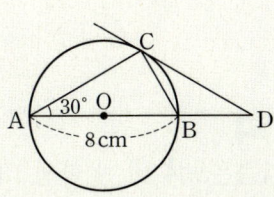

(1) $\overline{CD}$의 길이를 구하시오.

(2) △BCD의 둘레의 길이를 구하시오.

01

4회에 걸친 수학 성적의 평균이 90점 이상일 때, 평점 A를 받는다고 한다. 현진이의 3회까지의 수학 성적의 평균이 89점이었을 때, 4회에 최소 몇 점을 받아야 평점 A를 받을 수 있는가?

① 90점   ② 91점   ③ 92점

④ 93점   ⑤ 94점

02

6개의 수 a, b, c, d, e, f의 평균이 5일 때, 다음 6개의 수의 평균을 구하시오.

$$a-4, \quad b-5, \quad c+3, \quad d-6, \quad e+2, \quad f-2$$

03

오른쪽 표는 A, B 두 자전거 동호회의 회원 수와 회원들의 나이의 평균을 나타낸 것이다. 이 두 동호회 전체 회원의 나이의 평균을 구하시오.

동호회	A	B
회원 수(명)	10	6
평균(세)	42	50

04

다음은 범수네 반 학생 10명의 신발 사이즈이다. 이 자료의 중앙값을 a mm, 최빈값을 b mm라고 할 때, $a-b$의 값은?

(단위 : mm)

$$230, 245, 250, 240, 245, 255, 235, 245, 230, 240$$

① -2.5 ② 0 ③ 2.5

④ 5 ⑤ 7.5

05

다음 자료의 평균이 0이고 $a-b=3$일 때, 이 자료의 중앙값과 최빈값의 차를 구하시오.

$$a, \quad 0, \quad -2, \quad b, \quad -3, \quad -1, \quad 5$$

06

다음 자료의 평균이 3이고 최빈값이 4일 때, $3a+b$의 값은?

(단, $a>b$)

$$4, \quad -6, \quad a, \quad 0, \quad 10, \quad 2, \quad b$$

① 21   ② 22   ③ 23

④ 24   ⑤ 25

07

다음 표는 야구 선수 4명의 몸무게의 편차를 조사하여 나타낸 것이다. 이 자료의 평균이 73 kg일 때, 선수 D의 몸무게는?

선수	A	B	C	D
편차(kg)	-4	-5	-1	

① 81 kg   ② 83 kg   ③ 85 kg

④ 87 kg   ⑤ 89 kg

08

다음 표는 지현이네 모둠 학생 5명 각각의 음악 실기 시험 점수에서 지현이의 시험 점수를 뺀 값을 나타낸 것이다. 이 자료의 표준편차는?

학생	민우	지영	지현	현식	상철
{(학생의 점수) −(지현이의 점수)} (점)	−6	−4	0	2	3

① $2\sqrt{3}$점   ② $\sqrt{15}$점   ③ $3\sqrt{2}$점
④ $2\sqrt{5}$점   ⑤ 12점

09

어떤 5개의 수에 대하여 평균과 분산을 구하였더니 각각 10, 20이었다. 그런데 두 수 12, 8을 각각 7, 13으로 잘못 보고 계산하였다고 할 때, 5개의 수의 실제 분산을 구하시오.

10

오른쪽 그림과 같이 밑면의 가로와 세로의 길이가 각각 a, 3이고 높이가 b인 직육면체에서 12개의 모서리의 길이의 평균이 3, 분산이 $\frac{2}{3}$이다. 이 직육면체의 겉넓이를 구하시오.

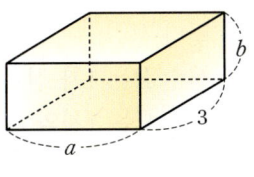

(단, a, b는 $a>b$인 자연수이다.)

11

5개의 수 a, b, c, d, e의 평균이 10이고 분산이 4이다. $2a-5$, $2b-5$, $2c-5$, $2d-5$, $2e-5$의 평균을 x, 분산을 y라고 할 때, $x+y$의 값은?

① 30   ② 31   ③ 32
④ 33   ⑤ 34

12

오른쪽 표는 어느 반 남학생과 여학생의 음악 성적의 평균과 표준편차를 나타낸 것이다. 전체 학생 40명의 음악 성적의 표준편차가 4점일 때, x의 값은?

구분	남학생	여학생
학생 수(명)	25	15
평균(점)	75	75
표준편차(점)	2	x

① 5   ② $3\sqrt{3}$ ③ 6
④ $2\sqrt{10}$ ⑤ $4\sqrt{3}$

13

다음 표는 A, B 두 학생의 5회에 걸친 윗몸일으키기 기록을 조사하여 나타낸 것이다. 두 학생 중 어느 학생의 기록이 더 고른지 말하시오.

회	1회	2회	3회	4회	5회
A(개)	13	15	14	16	17
B(개)	15	11	13	17	19

Ⅲ
통계

14

오른쪽 그림은 20회의 농구 경기에서 전체 득점과 1경기당 3점 슛의 골인 수에 대한 산점도이다. 다음 물음에 답하시오.

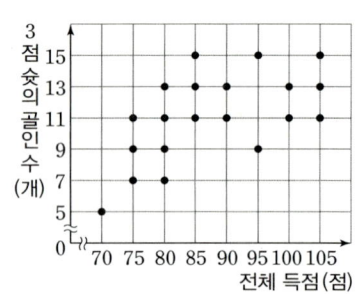

(1) 3점 슛으로 얻은 점수가 38점 이상인 경기는 모두 몇 회인지 구하시오.

(2) 전체 득점이 95점인 경기에서 2점 슛의 골인 수는 최대 몇 개까지 나올 수 있는지 구하시오.

15

오른쪽 그림은 현이네 반 학생 16명의 하루 동안의 공부 시간과 게임 시간에 대한 산점도이다. 다음 중 옳지 <u>않은</u> 것을 모두 고르면? (정답 2개)

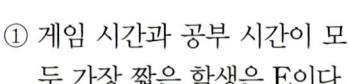

① 게임 시간과 공부 시간이 모두 가장 짧은 학생은 E이다.
② 공부 시간보다 게임 시간이 더 짧은 학생은 5명이다.
③ 게임을 하지 않은 학생 수는 2명이다.
④ 공부 시간보다 게임 시간이 더 긴 학생은 7명이다.
⑤ 게임 시간과 공부 시간이 같은 학생은 전체의 25 %이다.

16

오른쪽 그림은 정빈이네 반 학생 20명의 1학기 중간고사와 기말고사 영어 성적에 대한 산점도이다. 다음 중 옳지 <u>않은</u> 것을 모두 고르면? (정답 2개)

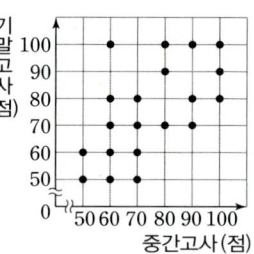

① 중간고사 성적이 좋은 학생은 대체로 기말고사 성적도 좋다고 할 수 있다.
② 중간고사 성적보다 기말고사 성적이 떨어진 학생 수는 8명이다.
③ 중간고사 성적보다 기말고사 성적이 10점 이상 향상된 학생은 전체의 40 %이다.
④ 기말고사 성적이 중간고사 성적에 비해 가장 많이 향상된 학생은 30점이 향상되었다.
⑤ 중간고사 성적과 기말고사 성적의 합이 170점 이상인 학생 수는 전체의 40 %이다.

17

오른쪽 그림은 사격 선수들의 1차, 2차 시합 점수에 대한 산점도이다. 다음 중 옳지 <u>않은</u> 것은?

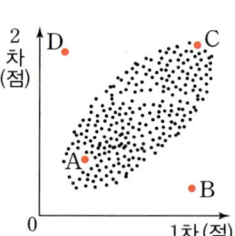

① 선수 A는 1차와 2차 점수 모두 낮다.
② 선수 B는 1차 점수에 비해 2차 점수는 낮다.
③ 선수 C는 1차와 2차 점수가 모두 높다.
④ 선수 D는 2차 점수에 비해 1차 점수가 높다.
⑤ 두 시합의 점수 사이에는 양의 상관관계가 있다.

서술형 문제

18번부터 23번은 서술형 문제입니다. 풀이 과정을 쓰고 답을 구하세요.

18

다음 자료의 평균과 최빈값이 모두 2일 때, $a-b$의 값을 구하시오. (단, $a<b$)

| 1, | a, | 8, | 6, | 2, | -3, | b |

19

다음 표는 학생 7명의 수학 성적의 편차를 조사하여 나타낸 것이다. 이 자료의 평균이 75점일 때, 학생 C의 수학 성적을 구하시오.

학생	A	B	C	D	E	F	G
편차(점)	-1	-2		3	-5	4	-2

20

학생 6명의 몸무게에 대하여 평균과 분산을 구하였더니 각각 50 kg, 4이었다. 그런데 두 학생의 몸무게 51 kg, 47 kg을 각각 48 kg, 50 kg으로 잘못 보고 계산하였다고 할 때, 다음 물음에 답하시오.

(1) 실제 평균을 구하시오.

(2) 실제 분산을 구하시오.

21

5개의 수 a, b, c, d, e의 평균을 M, 표준편차를 S라고 할 때, 다음 물음에 답하시오.

(1) $3a+1$, $3b+1$, $3c+1$, $3d+1$, $3e+1$의 평균을 구하시오.

(2) $3a+1$, $3b+1$, $3c+1$, $3d+1$, $3e+1$의 분산을 구하시오.

22

오른쪽 그림은 축구 선수 25명의 작년과 올해 득점한 골의 수에 대한 산점도이다. 다음 세 조건을 만족하는 선수의 수를 구하시오.

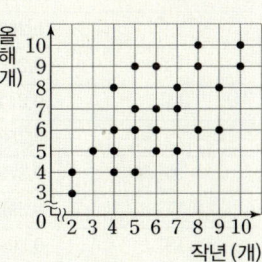

┤ 조건 ├
(개) 작년보다 올해 득점이 더 높아졌다.
(내) 작년과 올해 득점의 차는 2점 이상이다.
(대) 작년과 올해 득점의 평균이 5점 이상이다.

23

오른쪽 그림은 서현이네 반 학생 25명의 영어 성적과 수학 성적에 대한 산점도이다. 두 과목 성적의 합이 상위 20 % 이내에 드는 학생들에게 상을 주려고 한다. 상을 받는 학생들의 영어 점수의 평균을 구하시오.

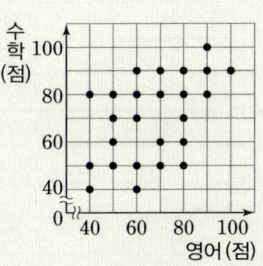

Ⅲ

통계

 삼각비의 표

각도	사인(sin)	코사인(cos)	탄젠트(tan)
0°	0.0000	1.0000	0.0000
1°	0.0175	0.9998	0.0175
2°	0.0349	0.9994	0.0349
3°	0.0523	0.9986	0.0524
4°	0.0698	0.9976	0.0699
5°	0.0872	0.9962	0.0875
6°	0.1045	0.9945	0.1051
7°	0.1219	0.9925	0.1228
8°	0.1392	0.9903	0.1405
9°	0.1564	0.9877	0.1584
10°	0.1736	0.9848	0.1763
11°	0.1908	0.9816	0.1944
12°	0.2079	0.9781	0.2126
13°	0.2250	0.9744	0.2309
14°	0.2419	0.9703	0.2493
15°	0.2588	0.9659	0.2679
16°	0.2756	0.9613	0.2867
17°	0.2924	0.9563	0.3057
18°	0.3090	0.9511	0.3249
19°	0.3256	0.9455	0.3443
20°	0.3420	0.9397	0.3640
21°	0.3584	0.9336	0.3839
22°	0.3746	0.9272	0.4040
23°	0.3907	0.9205	0.4245
24°	0.4067	0.9135	0.4452
25°	0.4226	0.9063	0.4663
26°	0.4384	0.8988	0.4877
27°	0.4540	0.8910	0.5095
28°	0.4695	0.8829	0.5317
29°	0.4848	0.8746	0.5543
30°	0.5000	0.8660	0.5774
31°	0.5150	0.8572	0.6009
32°	0.5299	0.8480	0.6249
33°	0.5446	0.8387	0.6494
34°	0.5592	0.8290	0.6745
35°	0.5736	0.8192	0.7002
36°	0.5878	0.8090	0.7265
37°	0.6018	0.7986	0.7536
38°	0.6157	0.7880	0.7813
39°	0.6293	0.7771	0.8098
40°	0.6428	0.7660	0.8391
41°	0.6561	0.7547	0.8693
42°	0.6691	0.7431	0.9004
43°	0.6820	0.7314	0.9325
44°	0.6947	0.7193	0.9657
45°	0.7071	0.7071	1.0000

각도	사인(sin)	코사인(cos)	탄젠트(tan)
45°	0.7071	0.7071	1.0000
46°	0.7193	0.6947	1.0355
47°	0.7314	0.6820	1.0724
48°	0.7431	0.6691	1.1106
49°	0.7547	0.6561	1.1504
50°	0.7660	0.6428	1.1918
51°	0.7771	0.6293	1.2349
52°	0.7880	0.6157	1.2799
53°	0.7986	0.6018	1.3270
54°	0.8090	0.5878	1.3764
55°	0.8192	0.5736	1.4281
56°	0.8290	0.5592	1.4826
57°	0.8387	0.5446	1.5399
58°	0.8480	0.5299	1.6003
59°	0.8572	0.5150	1.6643
60°	0.8660	0.5000	1.7321
61°	0.8746	0.4848	1.8040
62°	0.8829	0.4695	1.8807
63°	0.8910	0.4540	1.9626
64°	0.8988	0.4384	2.0503
65°	0.9063	0.4226	2.1445
66°	0.9135	0.4067	2.2460
67°	0.9205	0.3907	2.3559
68°	0.9272	0.3746	2.4751
69°	0.9336	0.3584	2.6051
70°	0.9397	0.3420	2.7475
71°	0.9455	0.3256	2.9042
72°	0.9511	0.3090	3.0777
73°	0.9563	0.2924	3.2709
74°	0.9613	0.2756	3.4874
75°	0.9659	0.2588	3.7321
76°	0.9703	0.2419	4.0108
77°	0.9744	0.2250	4.3315
78°	0.9781	0.2079	4.7046
79°	0.9816	0.1908	5.1446
80°	0.9848	0.1736	5.6713
81°	0.9877	0.1564	6.3138
82°	0.9903	0.1392	7.1154
83°	0.9925	0.1219	8.1443
84°	0.9945	0.1045	9.5144
85°	0.9962	0.0872	11.4301
86°	0.9976	0.0698	14.3007
87°	0.9986	0.0523	19.0811
88°	0.9994	0.0349	28.6363
89°	0.9998	0.0175	57.2900
90°	1.0000	0.0000	

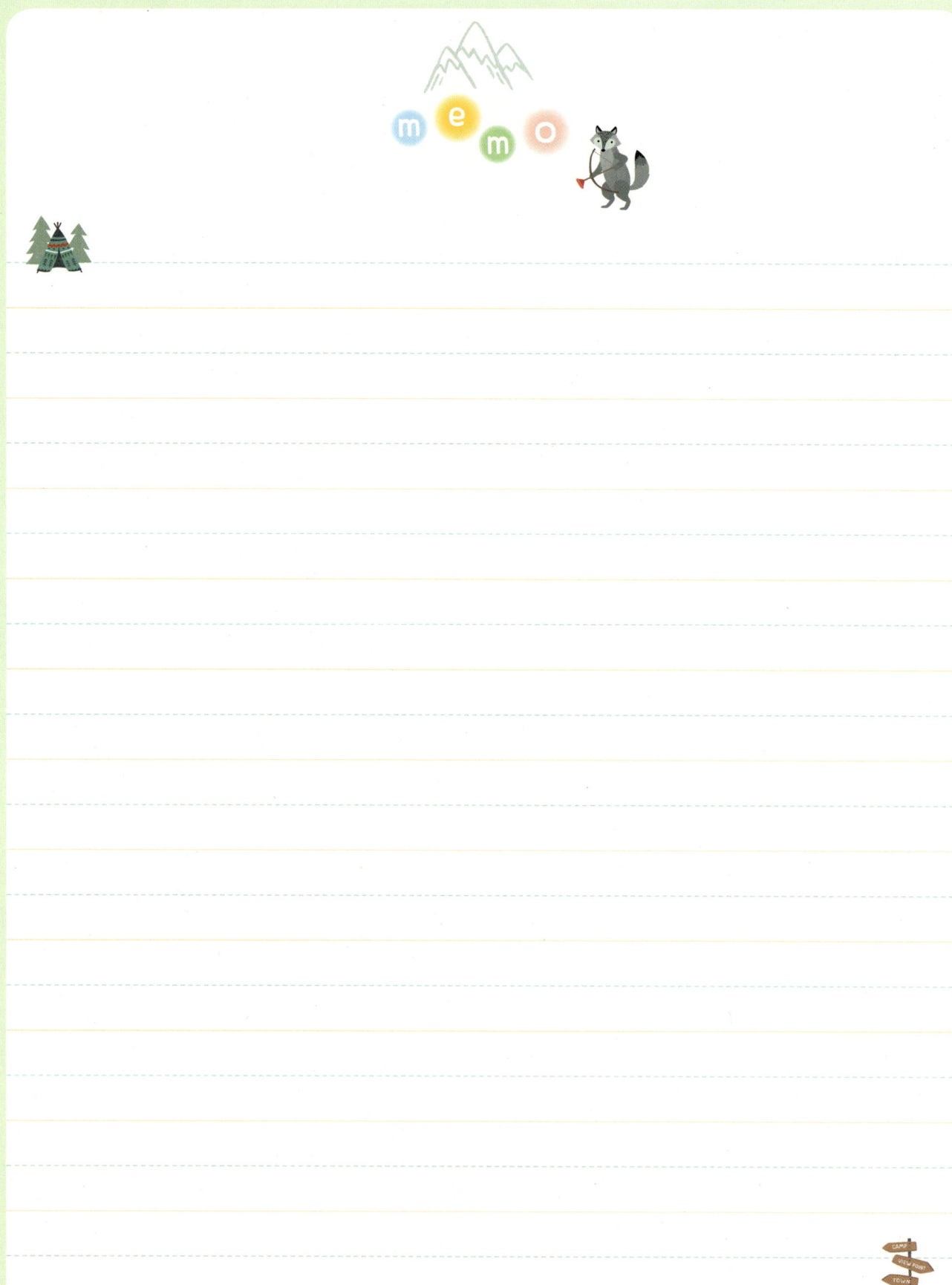

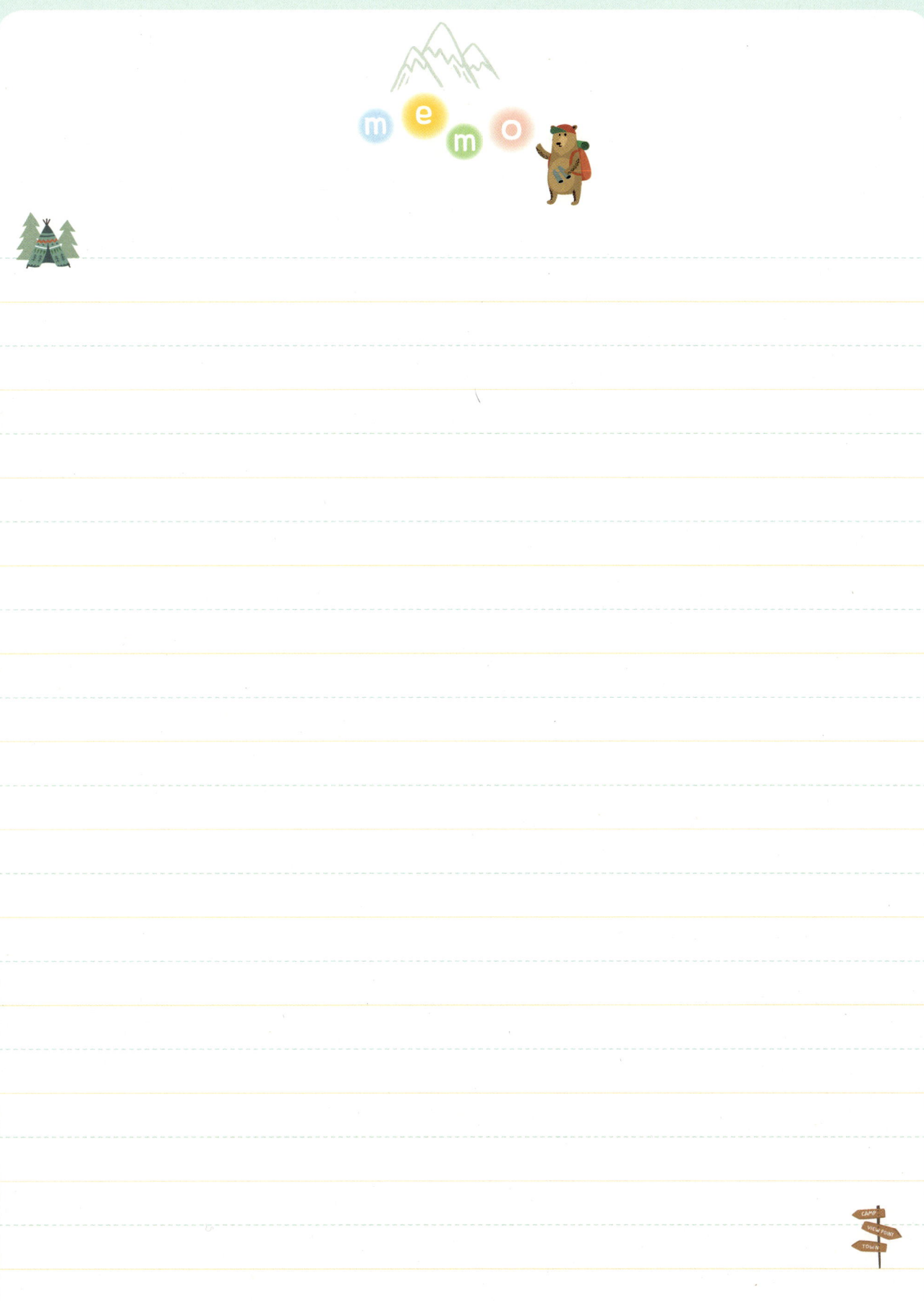

핵심, 필수 문제를 빠르게 마스터 하는
중학 수학 내신 대비서

新 수학의
바이블
내신 특강

新 수학의 바이블 내신 특강은
실전에서 꼭 필요한 개념과 필수 문제들을 학습하고
워크북으로 학습 성취도를 점검할 수 있는 완벽한 학습이 가능한 교재입니다.

바이블 Point 1 **족보닷컴의 전국 기출 문제를 분석하여 반영한 단기 학습 교재**
- 빈출도가 높은 기출 문제와 서술형 문제까지 한 번에 학습 할 수 있도록 구성
- 대표문제 확인하기 : 각 개념마다 자주 출제되는 핵심 문제만을 모아 구성
- 필수문제 확인하기 : 중단원별로 출제율이 높은 필수 기출 문제로 구성
- 대단원 마무리하기 : 대단원별로 필수 문제들을 실제 시험과 유사한 형태로 구성

바이블 Point 2 **학습 성취도를 평가할 수 있는 워크북**
- 중단원별, 대단원별 학습 후 학습 성취도를 체크할 수 있도록 구성
- 각 학기의 학습 성취도를 한 번에 평가할 수 있는 학업 성취도 Test 구성

바이블 Point 3 **중학 수학 과정을 완벽하게 마스터 할 수 있는 바이블만의 커리큘럼**
- 연산 문제의 반복 학습을 통해 기초를 다지는 '바이블 **연산**'
- 쉽고 빠르게 개념을 완벽하게 마스터할 수 있는 '바이블 **개념**'
- 확실한 적중 문제로 단기간에 학습할 수 있는 '바이블 **내신 특강**'
- 필수 유형만 선정하여 체계적으로 학습할 수 있는 '바이블 **유형**'

新 수학의

바이블

핵심을 쉽게! 이해를 빠르게! 점수를 우월하게!

내신 **특강**

중학 **3-2**

워크북

이투스북

新 수학의
바이블

Work Book

중단원 Test

중단원 Test **01** 삼각비   002

중단원 Test **02** 삼각비의 값   004

중단원 Test **03** 삼각형의 변의 길이   006

중단원 Test **04** 삼각형의 높이와 넓이   008

중단원 Test **05** 현의 성질   010

중단원 Test **06** 원의 접선   012

중단원 Test **07** 원주각의 성질   014

중단원 Test **08** 원에 내접하는 사각형   016

중단원 Test **09** 접선과 현이 이루는 각   018

중단원 Test **10** 대푯값과 산포도   020

중단원 Test **11** 산점도와 상관관계   022

대단원 Test

대단원 Test Ⅰ. 삼각비   024

대단원 Test Ⅱ. 원의 성질   028

대단원 Test Ⅲ. 통계   032

학업 성취도 Test

학업 성취도 Test   036

01

오른쪽 그림과 같이 ∠C=90°인 직각삼각형 ABC에서 sin A의 값은?

① $\dfrac{1}{2}$ ② $\dfrac{\sqrt{2}}{2}$

③ $\dfrac{\sqrt{5}}{2}$ ④ $\dfrac{\sqrt{5}}{5}$

⑤ $\dfrac{2\sqrt{5}}{5}$

02

오른쪽 그림과 같은 등변사다리꼴 ABCD에서 tan B × tan C의 값을 구하시오.

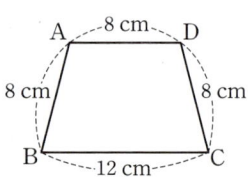

03

오른쪽 그림과 같이 직사각형 ABCD를 $\overline{AE}$를 접는 선으로 하여 점 D가 $\overline{BC}$ 위의 점 D′에 오도록 접었다. $\overline{AB}=3$ cm, $\overline{AD}=5$ cm, ∠EAD′=a일 때, sin a의 값을 구하시오.

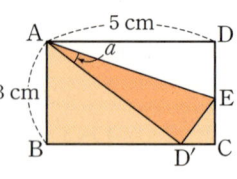

04

∠B=90°인 직각삼각형 ABC에서 tan A=2일 때, $\dfrac{\sin A - \cos A}{\sin A + \cos A}$의 값은?

① -3 ② $-\dfrac{1}{3}$ ③ 0

④ $\dfrac{1}{3}$ ⑤ 3

05

오른쪽 그림과 같은 직각삼각형 ABC에서 $\overline{DE}\perp\overline{BC}$이고 $\overline{AC}=6$, $\overline{BC}=9$일 때, cos x의 값은?

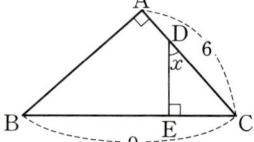

① $\dfrac{1}{2}$ ② $\dfrac{\sqrt{3}}{2}$

③ $\dfrac{2}{3}$ ④ $\dfrac{\sqrt{5}}{3}$

⑤ $\dfrac{2\sqrt{5}}{5}$

06

오른쪽 그림과 같이 ∠B=90° 인 직각삼각형 ABC에서 $\overline{BC}$의 중점을 D라 하고, 점 C에서 $\overline{AD}$의 연장선에 내린 수선의 발을 E라 하자. $\overline{AB}=1$ cm, $\overline{AC}=3$ cm이고 ∠CAE=x일 때, sin x의 값을 구하시오.

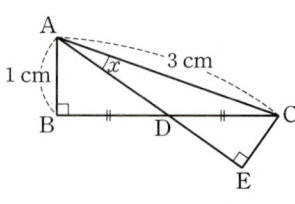

07

오른쪽 그림과 같이 직사각형 ABCD의 점 B에서 $\overline{AC}$에 내린 수선의 발을 E라고 하자. $\overline{AB}=3$, $\overline{BC}=6$이고, $\angle EBC=x$일 때, $\tan x \times (\sin x + \cos x)$의 값은?

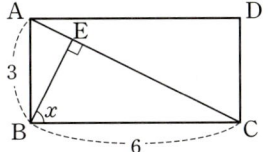

① $\dfrac{2\sqrt{5}}{5}$ ② $\dfrac{6\sqrt{5}}{5}$ ③ $\dfrac{\sqrt{3}}{6}$

④ $\dfrac{5\sqrt{3}}{6}$ ⑤ $\dfrac{4\sqrt{5}}{7}$

08

오른쪽 그림과 같은 직각삼각형 ABC에서 $\overline{EF} \perp \overline{AB}$, $\overline{DE} \perp \overline{AC}$일 때, 다음 중 $\sin A$를 나타내는 것이 아닌 것은?

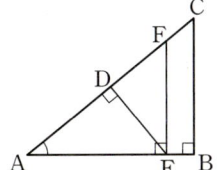

① $\dfrac{\overline{DF}}{\overline{EF}}$ ② $\dfrac{\overline{AD}}{\overline{AE}}$

③ $\dfrac{\overline{BC}}{\overline{AC}}$ ④ $\dfrac{\overline{EF}}{\overline{AF}}$

⑤ $\dfrac{\overline{DE}}{\overline{AE}}$

09

일차방정식 $2x-3y+7=0$의 그래프가 x축의 양의 방향과 이루는 각의 크기를 a라고 할 때, $\sin a$의 값은?

① $\dfrac{2}{5}$ ② $\dfrac{3}{5}$ ③ $\dfrac{4}{5}$

④ $\dfrac{2\sqrt{13}}{13}$ ⑤ $\dfrac{3\sqrt{13}}{13}$

10

오른쪽 그림과 같이 한 모서리의 길이가 5인 정육면체에서 $\angle AGE=x$일 때, $\cos x$의 값은?

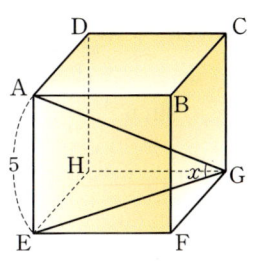

① $\dfrac{\sqrt{2}}{2}$ ② $\dfrac{\sqrt{3}}{3}$

③ $\dfrac{\sqrt{6}}{3}$ ④ $\dfrac{\sqrt{7}}{3}$

⑤ $\dfrac{2\sqrt{2}}{3}$

11

오른쪽 그림과 같이 가로, 세로의 길이, 높이가 각각 4, 3, 5인 직육면체에서 $\angle BHF=x$일 때, $\sin x \times \cos x + 2\tan x$의 값은?

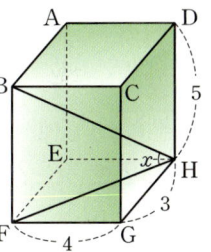

① 1 ② $\dfrac{3}{2}$

③ 2 ④ $\dfrac{5}{2}$

⑤ 3

12

오른쪽 그림과 같이 한 모서리의 길이가 2인 정사면체에서 $\overline{BC}$의 중점을 E라고 하자. $\angle AED=x$일 때, $\sin x$의 값은?

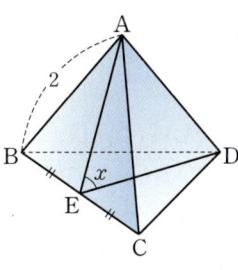

① $\dfrac{1}{3}$ ② $\dfrac{\sqrt{2}}{3}$

③ $\dfrac{\sqrt{3}}{3}$ ④ $\dfrac{\sqrt{6}}{3}$

⑤ $\dfrac{2\sqrt{2}}{3}$

01

다음 보기 중 옳은 것을 모두 고른 것은?

┤ 보기 ├
- ㄱ. $\dfrac{\sin 60°}{\cos 60°}=\sqrt{3}$
- ㄴ. $\tan 45° \times \cos 0°=0$
- ㄷ. $\sin 60° + \cos 90°=\sqrt{3}$
- ㄹ. $\cos 45° - \sin 45°=\dfrac{\sqrt{2}-1}{2}$
- ㅁ. $\cos 30° \times \tan 45° + \sin 60°=\sqrt{3}$

① ㄱ, ㄷ 　　 ② ㄱ, ㅁ 　　 ③ ㄴ, ㄷ
④ ㄴ, ㄹ 　　 ⑤ ㄷ, ㅁ

02

오른쪽 그림에서 x, y의 값을 차례대로 나열한 것은?

① 5, $\dfrac{5\sqrt{2}}{2}$ 　　 ② 5, $\dfrac{5\sqrt{6}}{2}$

③ 5, $5\sqrt{3}$ 　　 ④ $5\sqrt{3}$, $\dfrac{5\sqrt{2}}{2}$

⑤ $5\sqrt{3}$, $\dfrac{5\sqrt{6}}{2}$

03

오른쪽 그림과 같은 직각삼각형 ABC에서 $\overline{AD}\perp\overline{BC}$, $\overline{AC}\perp\overline{DE}$ 이고 $\overline{AC}=6\sqrt{3}$, $\angle B=30°$일 때, $\overline{DE}$의 길이는?

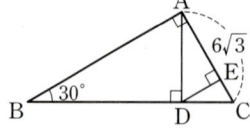

① 3 　　 ② $3\sqrt{2}$ 　　 ③ $\dfrac{9}{2}$

④ $\dfrac{16}{3}$ 　　 ⑤ $\dfrac{7\sqrt{3}}{2}$

04

오른쪽 그림과 같이 두 직각삼각형 ABC와 ACD에서 $\angle CAB=45°$, $\angle DAC=30°$, $\overline{CD}=\sqrt{2}$이다. 점 D에서 $\overline{AB}$에 내린 수선의 발을 H라 할 때, $\overline{DH}$ 의 길이를 구하시오.

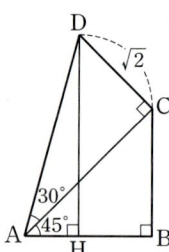

05

오른쪽 그림과 같은 직각삼각형 ABC에서 $\overline{AD}=\overline{CD}$일 때, $\tan A$의 값을 구하시오.

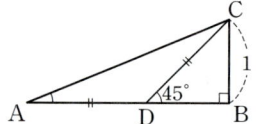

06

두 직선 $4x-3y+3=0$, $12x-5y+10=0$이 x축의 양의 방향과 이루는 각의 크기를 각각 α, β라 할 때, $\cos \alpha + \sin \beta$의 값은?

① $\dfrac{56}{65}$ 　　 ② $\dfrac{64}{65}$ 　　 ③ $\dfrac{77}{65}$

④ $\dfrac{99}{65}$ 　　 ⑤ $\dfrac{112}{65}$

07

오른쪽 그림은 반지름의 길이가 1인 사분원을 좌표평면 위에 나타낸 것이다. 다음 중 옳지 <u>않은</u> 것은?

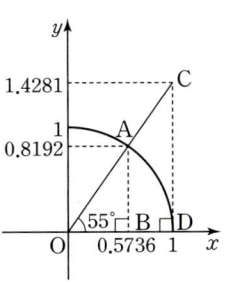

① $\sin 55° = 0.8192$
② $\cos 55° = 0.5736$
③ $\tan 55° = 1.4281$
④ $\sin 35° = 0.5736$
⑤ $\tan 35° = 0.8192$

08

$0° \le A \le 90°$일 때, 다음 보기 중 옳은 것을 모두 고른 것은?

보기

ㄱ. A의 크기가 커지면 $\sin A$의 값은 커진다.
ㄴ. A의 크기가 커지면 $\cos A$의 값은 작아진다.
ㄷ. A의 크기가 커지면 $\tan A$의 값은 작아진다.
ㄹ. $\sin A = \cos A$이면 $\tan A$의 값은 1이다.
ㅁ. $\tan A$의 값 중 가장 작은 값은 0, 가장 큰 값은 1이다.

① ㄱ, ㄴ, ㄷ   ② ㄱ, ㄴ, ㄹ   ③ ㄱ, ㄴ, ㅁ
④ ㄱ, ㄷ, ㄹ   ⑤ ㄱ, ㄷ, ㅁ

09

다음 삼각비의 값을 큰 것부터 차례대로 나열할 때, 세 번째에 오는 값은?

① $\sin 0°$ ② $\cos 0°$ ③ $\sin 50°$
④ $\cos 50°$ ⑤ $\tan 50°$

10

$0° < x < 45°$이고
$\sqrt{(\cos x + \sin x)^2} - \sqrt{(\sin x - \cos x)^2} = 1$일 때, $\tan x$의 값을 구하시오.

11

$\sin x = 0.4695$, $\tan y = 0.5095$일 때, 다음 삼각비의 표를 이용하여 $x + y$의 크기를 구하면?

각도	sin	cos	tan
26°	0.4384	0.8988	0.4877
27°	0.4540	0.8910	0.5095
28°	0.4695	0.8829	0.5317

① 51°   ② 52°   ③ 53°
④ 54°   ⑤ 55°

12

오른쪽 그림과 같이 밑면의 둘레의 길이가 200π이고 높이가 107인 원뿔이 있다. 모선과 밑면이 이루는 각의 크기를 x라고 할 때, 다음 삼각비의 표를 이용하여 x의 크기는 약 몇 도인지 구하면?

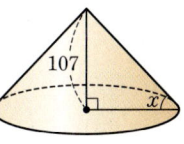

각도	sin	cos	tan
44°	0.6947	0.7193	0.9657
45°	0.7071	0.7071	1.0000
46°	0.7193	0.6947	1.0355
47°	0.7314	0.6820	1.0724
48°	0.7431	0.6691	1.1106

① 약 44°   ② 약 45°   ③ 약 46°
④ 약 47°   ⑤ 약 48°

01

오른쪽 그림과 같은 직각삼각형 ABC에서 $\overline{AB}=20$이고 $\angle A=57°$ 일 때, $x+y$의 값은? (단, $\sin 57°=0.8387$, $\cos 57°=0.5446$으로 계산한다.)

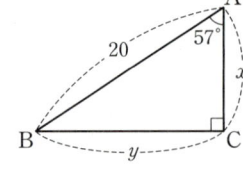

① 23.166　　② 24.119　　③ 25.843
④ 26.751　　⑤ 27.666

02

오른쪽 그림과 같은 직육면체에서 $\angle CFG=45°$, $\angle DGH=60°$, $\overline{GH}=6$이고 $\angle AFC=x$라 할 때, $\tan x$의 값을 구하시오.

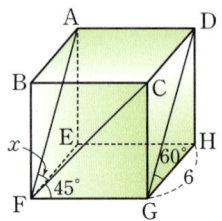

03

오른쪽 그림과 같이 나무로부터 10 m 떨어진 A 지점에서 나무의 꼭대기 C 지점을 올려다본 각의 크기가 34°이었다. 이때 나무의 높이를 구하시오. (단, $\tan 34°=0.67$ 로 계산한다.)

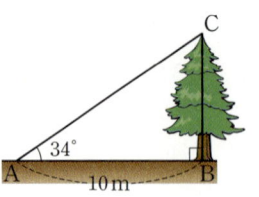

04

오른쪽 그림과 같이 100 m 떨어진 두 건물 A, B가 있다. A 건물의 옥상에서 B 건물을 올려다본 각의 크기는 30°, 내려다본 각의 크기는 45°일 때, B 건물의 높이는?

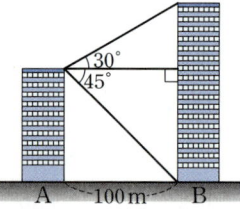

① 100 m　　　　② 75 m
③ $\dfrac{100(3+\sqrt{3})}{3}$ m　　④ $100(\sqrt{2}+1)$ m
⑤ $100(\sqrt{3}+1)$ m

05

오른쪽 그림과 같은 △ABC에서 $\overline{AB}=4$, $\overline{BC}=6\sqrt{2}$이고 $\angle B=45°$일 때, $\overline{AC}$의 길이는?

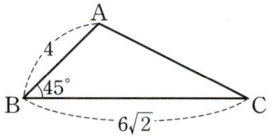

① $4\sqrt{2}$　　② 6
③ $2\sqrt{10}$　　④ $2\sqrt{11}$
⑤ $4\sqrt{3}$

06

오른쪽 그림과 같은 평행사변형 ABCD에서 $\overline{AB}=2$, $\overline{BC}=3$이고 $\angle B=60°$일 때, 대각선 BD의 길이는?

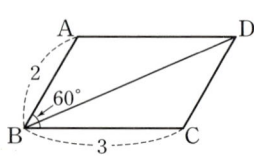

① $\sqrt{13}$　　　② $\sqrt{15}$　　　③ $\sqrt{17}$
④ $\sqrt{19}$　　　⑤ $\sqrt{21}$

07

연못의 가장자리의 두 지점 A, C 사이의 거리를 구하기 위해 오른쪽 그림과 같이 측량하였다. 이때 두 지점 A, C 사이의 거리는?

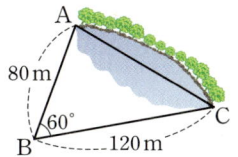

① $40\sqrt{5}$ m ② $40\sqrt{7}$ m ③ $80\sqrt{3}$ m
④ $80\sqrt{5}$ m ⑤ $80\sqrt{7}$ m

08

저수지 가장자리의 두 지점 A, B 사이의 거리를 구하기 위해 오른쪽 그림과 같이 측량하였다. 이때 두 지점 A, B 사이의 거리는?

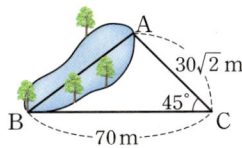

① $20\sqrt{6}$ m ② 50 m ③ $20\sqrt{7}$ m
④ $40\sqrt{2}$ m ⑤ 60 m

09

오른쪽 그림과 같은 △ABC에서 ∠B=60°, ∠C=75°이고 $\overline{BC}$=16 cm일 때, $\overline{AB}$의 길이는?

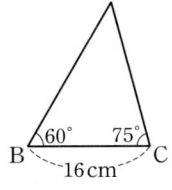

① 8 cm ② $8\sqrt{2}$ cm
③ $8\sqrt{3}$ cm ④ $8\sqrt{6}$ cm
⑤ $8(\sqrt{3}+1)$ cm

10

오른쪽 그림과 같은 △ABC에서 ∠B=105°, ∠C=45°이고 $\overline{BC}$=10일 때, $\overline{AB}$의 길이는?

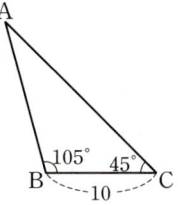

① $5\sqrt{3}$ ② 10
③ $10\sqrt{2}$ ④ $10\sqrt{3}$
⑤ 20

11

오른쪽 그림과 같이 90 m 떨어진 지면 위의 두 지점 A, B에서 하늘에 떠 있는 광고 풍선 C를 올려다본 각의 크기가 각각 75°, 45°이었다. A 지점에서 광고 풍선 C까지의 거리를 구하시오.

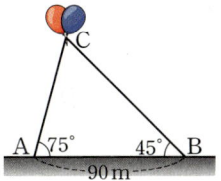

12

연못의 가장자리의 두 지점 A, B 사이의 거리를 구하기 위해 오른쪽 그림과 같이 측량하였다. 이때 두 지점 A, B 사이의 거리는?

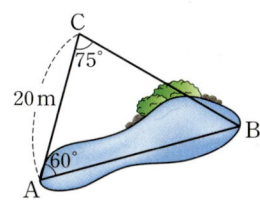

① $10(\sqrt{3}-1)$ m
② $10(\sqrt{3}+1)$ m
③ $10(\sqrt{3}+2)$ m
④ $20(\sqrt{3}-1)$ m
⑤ $20(\sqrt{3}+1)$ m

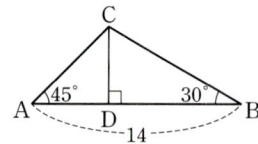

01

오른쪽 그림과 같은 △ABC에서 $\overline{AB} \perp \overline{CD}$이고 ∠CAB=45°, ∠CBA=30°, $\overline{AB}$=14일 때, $\overline{CD}$의 길이를 구하시오.

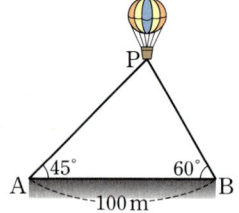

02

오른쪽 그림과 같이 100 m 떨어진 두 지점 A, B에서 하늘에 떠 있는 열기구를 올려다본 각의 크기가 각각 45°, 60°일 때, 지면으로부터 열기구의 높이는?

① $50(\sqrt{3}-1)$ m   ② $50(\sqrt{3}+1)$ m
③ $50(3-\sqrt{3})$ m   ④ $50(3+\sqrt{3})$ m
⑤ $50(2\sqrt{3}-1)$ m

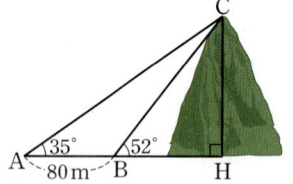

03

오른쪽 그림과 같이 80 m 떨어진 두 지점 A, B에서 산꼭대기 C지점을 올려다본 각의 크기가 각각 35°, 52°일 때, 다음 중 산의 높이를 구하는 식으로 옳은 것은?

① $\dfrac{80}{\tan 52° - \tan 35°}$ m   ② $\dfrac{80}{\tan 52° + \tan 35°}$ m
③ $\dfrac{80}{\tan 55° - \tan 38°}$ m   ④ $\dfrac{80}{\tan 55° - \tan 35°}$ m
⑤ $\dfrac{80}{\tan 52° + \tan 38°}$ m

04

다음 그림과 같이 20 m 떨어진 두 지점 B, C에서 건물 꼭대기 A지점을 올려다본 각의 크기가 각각 30°, 45°일 때, 건물의 높이를 구하시오.

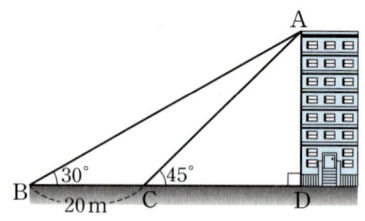

05

오른쪽 그림과 같이 ∠B가 예각인 △ABC의 넓이가 $10\sqrt{2}$일 때, ∠B의 크기는?

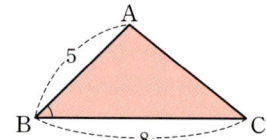

① 30°   ② 35°
③ 40°   ④ 45°
⑤ 60°

06

오른쪽 그림과 같이 지름의 길이가 16 cm인 원 O에서 색칠한 부분의 넓이를 구하시오.

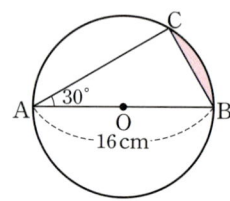

07

오른쪽 그림과 같은 □ABCD의 넓이는?

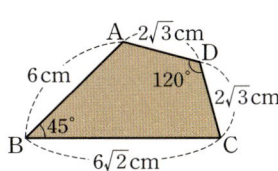

① $(3+9\sqrt{2})$ cm²
② $(6+18\sqrt{2})$ cm²
③ $(18+3\sqrt{3})$ cm²
④ $(18+4\sqrt{3})$ cm²
⑤ $(18\sqrt{2}+3\sqrt{3})$ cm²

08

오른쪽 그림에서 $\overline{AC} /\!/ \overline{DE}$이고
$\angle B=60°$, $\overline{AB}=5$ cm,
$\overline{BC}=8$ cm, $\overline{CE}=4$ cm일 때,
□ABCD의 넓이는?

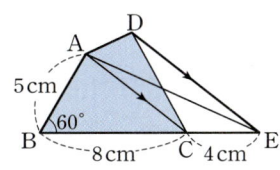

① $11\sqrt{3}$ cm²   ② $12\sqrt{3}$ cm²   ③ $13\sqrt{3}$ cm²
④ $14\sqrt{3}$ cm²   ⑤ $15\sqrt{3}$ cm²

09

오른쪽 그림과 같이 반지름의 길이가 3인 원 O에 내접하는 정육각형의 넓이는?

① $12\sqrt{3}$
② $\dfrac{25\sqrt{3}}{2}$
③ $13\sqrt{3}$
④ $\dfrac{27\sqrt{3}}{2}$
⑤ $14\sqrt{3}$

10

오른쪽 그림은 $\overline{AB}$ 위에 $\overline{AC}=4$, $\overline{BC}=6$이 되도록 점 C를 잡고, $\overline{AC}$, $\overline{BC}$를 각각 한 변으로 하는 두 정삼각형 DAC, ECB를 그린 것이다. 다음 물음에 답하시오.

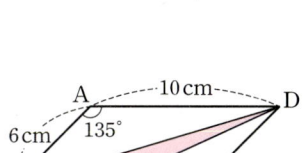

(1) $\overline{DE}$의 길이를 구하시오.

(2) □ACED의 넓이를 구하시오.

11

오른쪽 그림과 같은 평행사변형 ABCD에서 점 E는 $\overline{BC}$의 중점이고 $\angle A=135°$, $\overline{AB}=6$ cm, $\overline{AD}=10$ cm일 때, △BED의 넓이를 구하시오.

12

오른쪽 그림과 같이 $\overline{AD} /\!/ \overline{BC}$인 등변사다리꼴 ABCD의 넓이가 $16\sqrt{2}$ cm²이고 두 대각선이 이루는 각의 크기가 45°일 때, $\overline{BD}$의 길이를 구하시오.

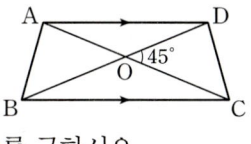

01

오른쪽 그림의 원 O에서 $\overline{AB}\perp\overline{OM}$이
고 $\overline{OA}=4$ cm, $\overline{OM}=2$ cm일 때,
$\overline{AB}$의 길이는?

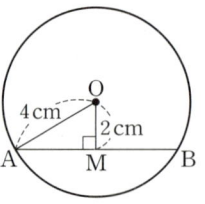

① 3 cm   ② $2\sqrt{3}$ cm
③ 4 cm   ④ $3\sqrt{2}$ cm
⑤ $4\sqrt{3}$ cm

02

오른쪽 그림의 원 O에서 $\overline{AB}\perp\overline{OC}$이고
$\overline{OA}=9$, $\overline{CM}=3$일 때, $\overline{BM}$의 길이
는?

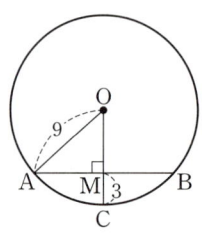

① $3\sqrt{2}$ ② $2\sqrt{7}$
③ 6   ④ $3\sqrt{5}$
⑤ 7

03

오른쪽 그림의 원 O에서 $\overline{AB}\perp\overline{OC}$
이고 $\overline{AM}=8$ cm, $\overline{CM}=6$ cm일
때, x의 값을 구하시오.

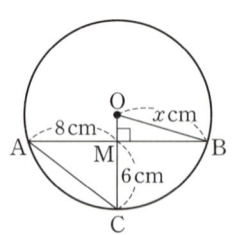

04

오른쪽 그림에서 원 O의 지름의 길이
는 12 cm이고 $\overline{AB}=4$ cm일 때,
△OAB의 넓이는?

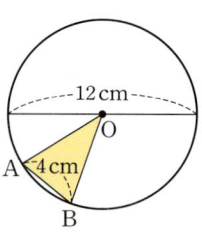

① $4\sqrt{2}$ cm^2 ② $4\sqrt{3}$ cm^2
③ $8\sqrt{2}$ cm^2 ④ $8\sqrt{3}$ cm^2
⑤ $12\sqrt{2}$ cm^2

05

오른쪽 그림에서 $\overarc{AB}$는 반지름
의 길이가 15인 원의 일부분이
다. $\overline{AB}\perp\overline{PH}$이고 $\overline{AH}=\overline{BH}$,
$\overline{PH}=3$일 때, △PAB의 넓이는?

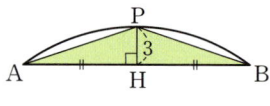

① 15   ② 18   ③ 21
④ 24   ⑤ 27

06

오른쪽 그림과 같이 깨어진 원 모양
의 접시를 복원하려고 한다.
$\overline{AB}\perp\overline{CM}$이고 $\overline{AM}=\overline{BM}$,
$\overline{AB}=16$ cm, $\overline{CM}=2$ cm일 때,
원래 접시의 반지름의 길이는?

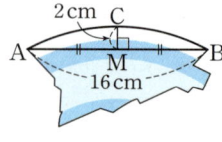

① 17 cm   ② 18 cm   ③ 19 cm
④ 20 cm   ⑤ 21 cm

07

오른쪽 그림과 같이 반지름의 길이가 5인 원 O 위의 한 점이 원의 중심에 오도록 접었을 때, $\overline{AB}$의 길이는?

① $5\sqrt{3}$ ② $7\sqrt{3}$

③ $9\sqrt{3}$ ④ $10\sqrt{3}$

⑤ $12\sqrt{3}$

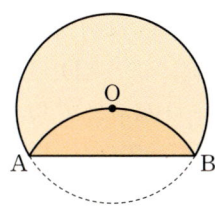

08

오른쪽 그림과 같이 원 O를 현 AB를 접는 선으로 하여 접었더니 $\overparen{AB}$가 원의 중심을 지났다. $\overline{AB}=6\sqrt{3}$일 때, 원 O의 넓이는?

① 24π ② 28π

③ 32π ④ $30\sqrt{2}\pi$

⑤ 36π

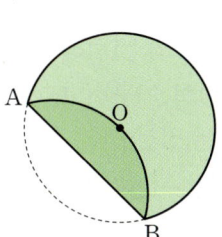

09

오른쪽 그림의 원 O에서 $\overline{OM}\perp\overline{AB}$, $\overline{ON}\perp\overline{CD}$이고 $\overline{OM}=\overline{ON}=4$, $\overline{AB}=12$일 때, 원 O의 둘레의 길이를 구하시오.

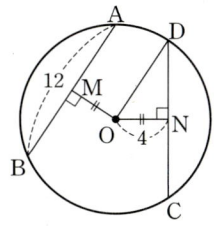

10

오른쪽 그림과 같이 지름의 길이가 20인 원 O에서 $\overline{AB}=\overline{CD}=8$, $\overline{AB}/\!\!/\overline{CD}$일 때, 두 현 AB, CD 사이의 거리는?

① 8   ② $2\sqrt{21}$

③ 10   ④ 12

⑤ $4\sqrt{21}$

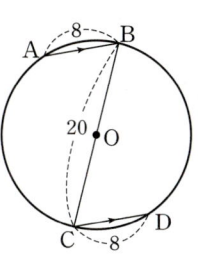

11

오른쪽 그림의 원 O에서 $\overline{OM}\perp\overline{AB}$, $\overline{ON}\perp\overline{AC}$이고 $\overline{OM}=\overline{ON}$이다. ∠A=70°일 때, ∠B의 크기를 구하시오.

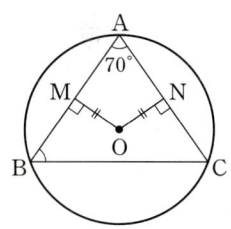

12

오른쪽 그림의 원 O에서 $\overline{OD}=\overline{OE}=\overline{OF}=1$ cm일 때, 원 O의 넓이는?

① 2π cm²   ② 3π cm²

③ 4π cm²   ④ 5π cm²

⑤ 6π cm²

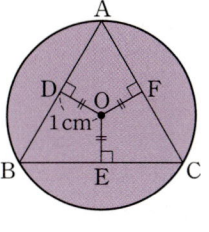

01

오른쪽 그림에서 $\overline{PA}$, $\overline{PB}$는 원 O의 접선이고 두 점 A, B는 각각 그 접점이다. ∠P=68°일 때, ∠AOB의 크기는?

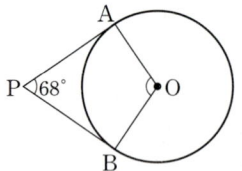

① 109°　　② 110°
③ 111°　　④ 112°
⑤ 113°

02

오른쪽 그림에서 $\overrightarrow{AD}$, $\overrightarrow{AE}$, $\overline{BC}$는 원 O의 접선이고 세 점 D, E, F는 각각 그 접점일 때, 다음 중 옳지 않은 것은?

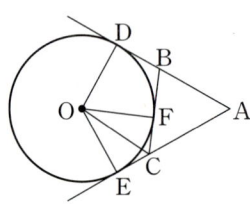

① $\overline{AD}=\overline{AE}$
② $\overline{BD}=\overline{BF}$
③ $\overline{BF}=\overline{CF}$
④ ∠OCF=∠OCE
⑤ ∠ODB=∠OEC=∠OFC

03

오른쪽 그림에서 $\overrightarrow{AB}$, $\overrightarrow{AC}$, $\overline{EF}$는 원 O의 접선이고 세 점 B, C, D는 각각 그 접점일 때, $\overline{BE}$의 길이를 구하시오.

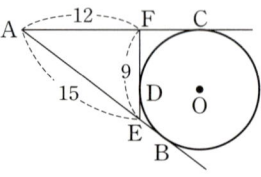

04

오른쪽 그림에서 $\overline{AB}$는 반원 O의 지름이고 $\overline{AD}$, $\overline{BC}$, $\overline{CD}$는 접선이다. $\overline{BC}=3$, $\overline{CD}=10$일 때, $\overline{AB}$의 길이는?

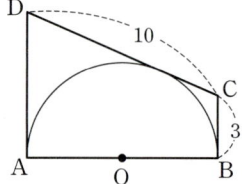

① $4\sqrt{2}$　　② 6
③ $4\sqrt{5}$　　④ $2\sqrt{21}$
⑤ $4\sqrt{7}$

05

오른쪽 그림에서 $\overline{AB}$는 반원 O의 지름이고 $\overline{AD}$, $\overline{BE}$, $\overline{DE}$는 접선이다. 점 C는 반원 O와 $\overline{DE}$의 접점이고 $\overline{AD}=4$ cm, $\overline{BE}=9$ cm일 때, $\overline{CF}$의 길이를 구하시오.

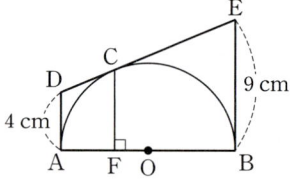

06

오른쪽 그림과 같이 점 O를 중심으로 하는 두 원에서 큰 원의 현 AB는 작은 원의 접선이고 점 M은 그 접점이다. 큰 원의 반지름의 길이가 12 cm이고 $\overline{OM}=\overline{MC}$일 때, $\overline{AB}$의 길이는?

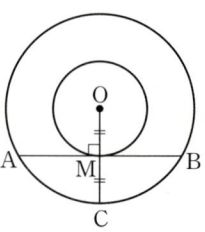

① $6\sqrt{3}$ cm　　② $8\sqrt{3}$ cm
③ $12\sqrt{3}$ cm　　④ $16\sqrt{3}$ cm
⑤ $20\sqrt{3}$ cm

07

오른쪽 그림에서 원 O는 △ABC의 내접원이고 세 점 D, E, F는 그 접점이다. $\overline{AB}=11$, $\overline{AC}=19$, $\overline{AD}=4$일 때, $\overline{BC}$의 길이를 구하시오.

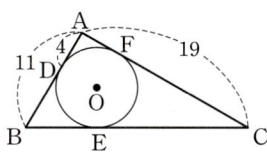

08

오른쪽 그림에서 원 O는 ∠C=90°인 직각삼각형 ABC의 내접원이고 세 점 D, E, F는 그 접점이다. $\overline{AD}=6$, $\overline{BD}=9$일 때, 원 O의 반지름의 길이는?

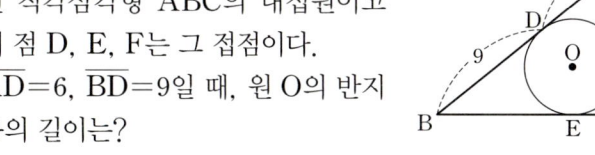

① 1   ② 2   ③ 3
④ 4   ⑤ 5

09

오른쪽 그림과 같이 반원 O는 ∠A=90°인 직각삼각형 ABC의 빗변 BC 위에 중심이 있고, $\overline{AB}$, $\overline{AC}$는 반원 O의 접선이고 두 점 D, E는 각각 그 접점이다. $\overline{BC}=15$ cm, $\overline{AC}=9$ cm일 때, 반원 O의 반지름의 길이를 구하시오.

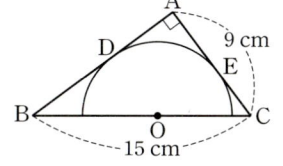

10

오른쪽 그림에서 □ABCD가 원 O에 외접하고 $\overline{AB}=7$ cm, $\overline{BC}=10$ cm, $\overline{AD}=5$ cm일 때, $\overline{CD}$의 길이는?

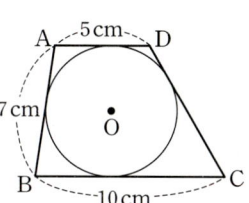

① 6 cm   ② 7 cm
③ 8 cm   ④ 9 cm
⑤ 10 cm

11

오른쪽 그림에서 원 O는 직사각형 ABCD의 세 변과 접하고 $\overline{BE}$는 원 O의 접선이다. $\overline{AB}=10$cm, $\overline{BC}=15$cm일 때, $\overline{BE}$의 길이를 구하시오.

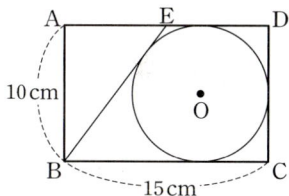

12

오른쪽 그림과 같이 직사각형 ABCD의 두 변에 접하는 원 O와 세 변에 접하는 원 O'이 $\overline{AE}$에 접하고 있다. $\overline{AB}=4$ cm, $\overline{AD}=6$ cm일 때, 원 O의 반지름의 길이는?

(단, 점 F, G, H, I, J, K, L은 접점이다.)

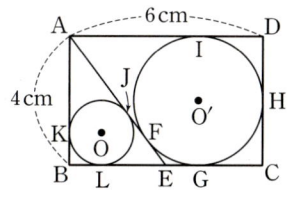

① $\frac{1}{2}$ cm   ② $\frac{2}{3}$ cm   ③ $\frac{4}{5}$ cm
④ 1 cm   ⑤ $\frac{3}{2}$ cm

01

오른쪽 그림의 원 O에서 ∠BCD=130°
일 때, ∠x−∠y의 크기는?

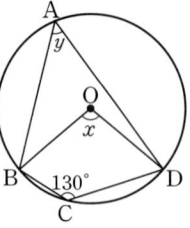

① 50°　　　② 52°

③ 55°　　　④ 60°

⑤ 80°

02

오른쪽 그림에서 점 P는 원 O의 두
현 AB, CD의 연장선의 교점이다.
∠AOC=76°, ∠BOD=28°일
때, ∠P의 크기는?

① 23°　　　② 24°　　　③ 25°

④ 26°　　　⑤ 27°

03

오른쪽 그림에서 $\overline{PA}$, $\overline{PB}$는
원 O의 접선이고 두 점 A, B
는 각각 그 접점이다.
∠C=70°일 때, ∠P의 크기를
구하시오.

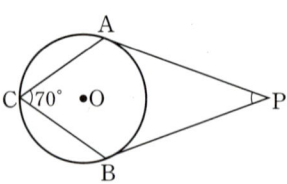

04

오른쪽 그림의 원 O에서
∠BOC=84°, ∠AQC=66°일 때,
∠x의 크기는?

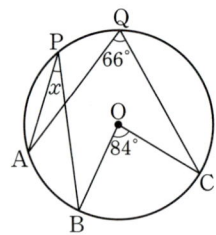

① 20°　　　② 22°

③ 24°　　　④ 26°

⑤ 28°

05

오른쪽 그림과 같이 두 현 AD,
BC의 교점을 E라 하고, 두 현
AB, CD의 연장선의 교점을 P라
고 하자. ∠BED=56°,
∠P=30°일 때, ∠ABC의 크기
를 구하시오.

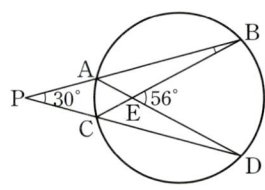
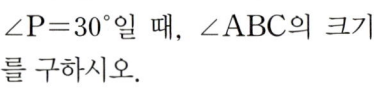

06

오른쪽 그림에서 $\overline{AD}$는 원 O의 지름
이고 ∠BAC=28°일 때, ∠x+∠y
의 크기는?

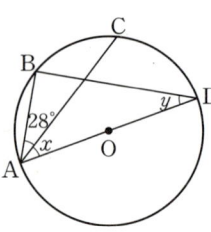

① 54°　　　② 56°

③ 58°　　　④ 60°

⑤ 62°

07

오른쪽 그림에서 $\overline{AC}$는 원 O의 지름이고 ∠ADB=26°, ∠DBC=14°일 때, ∠x−∠y의 크기는?

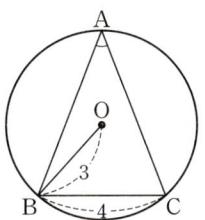

① 8°　　　② 9°
③ 10°　　④ 11°
⑤ 12°

10

오른쪽 그림에서 $\overline{PB}$는 원 O의 지름이고 $\overparen{PA}$=9 cm, $\overparen{BC}$=3 cm, ∠APB=24°일 때, ∠x의 크기를 구하시오.

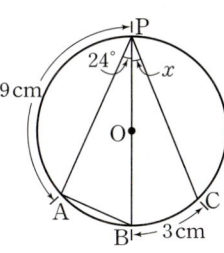

08

오른쪽 그림과 같이 반지름의 길이가 3인 원 O에 내접하는 △ABC에서 $\overline{BC}$=4일 때, $\sin A+\cos A\times\tan A$의 값을 구하시오.

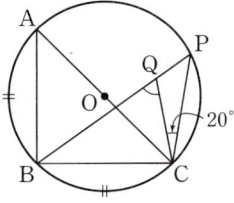

11

오른쪽 그림에서 $\overline{AB}$는 원 O의 지름이고 $\overparen{BC}$=5 cm, ∠CAB=15°일 때, $\overparen{AC}$의 길이는?

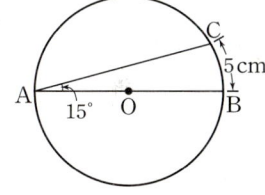

① 20 cm　　② 22 cm
③ 25 cm　　④ 30 cm
⑤ 32 cm

09

오른쪽 그림에서 $\overline{AC}$는 원 O의 지름이고 $\overparen{AB}$=$\overparen{BC}$, ∠PCQ=20°일 때, ∠BQC의 크기를 구하시오.

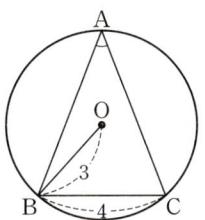

12

오른쪽 그림에서 $\overparen{AB}$, $\overparen{CD}$의 길이가 각각 원주의 $\frac{1}{6}$, $\frac{1}{4}$일 때, ∠x의 크기는?

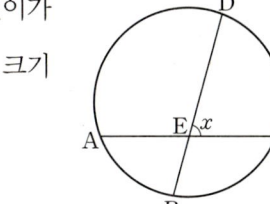

① 60°　　② 65°
③ 70°　　④ 75°
⑤ 80°

01

다음 중 네 점 A, B, C, D가 한 원 위에 있는 것을 모두 고르면? (정답 2개)

①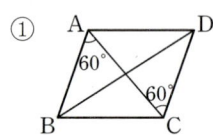

②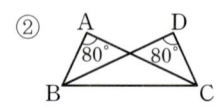

③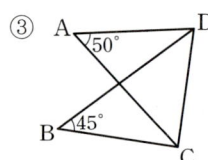

④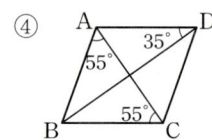

⑤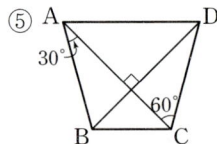

02

오른쪽 그림에서 네 점 A, B, C, D가 한 원 위에 있도록 하는 ∠ACD의 크기는?

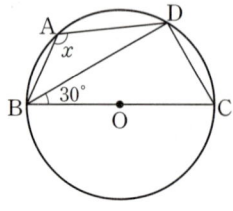

① 38°   ② 40°

③ 42°   ④ 44°

⑤ 46°

03

오른쪽 그림과 같이 원 O에 내접하는 □ABCD에서 $\overline{BC}$가 원 O의 지름이고 ∠DBC=30°일 때, ∠x의 크기를 구하시오.

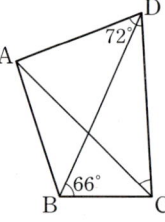

04

오른쪽 그림과 같이 원에 내접하는 두 사각형 ABCD, ABCE에서 ∠BAD=80°, ∠ECD=45°일 때, ∠x, ∠y의 크기를 각각 구하시오.

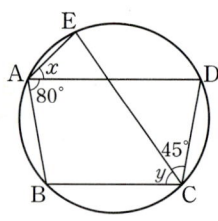

05

오른쪽 그림과 같이 원에 내접하는 □ABCD에서 $\overline{AB}$, $\overline{CD}$의 연장선의 교점을 P라 하고, $\overline{AD}$, $\overline{BC}$의 연장선의 교점을 Q라고 하자. ∠P=36°, ∠B=56°일 때, ∠x의 크기는?

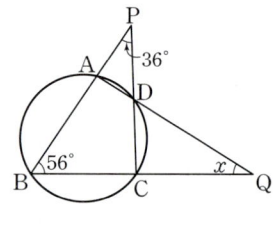

① 28°   ② 30°   ③ 32°

④ 34°   ⑤ 36°

06

오른쪽 그림과 같이 원 O에 내접하는 오각형 ABCDE에서 ∠DOE=60°일 때, ∠A＋∠C의 크기를 구하시오.

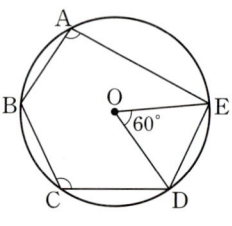

정답과 풀이 ➔ 050

07

오른쪽 그림과 같이 원에 내접하는 오각형 ABCDE에서 $\overline{AD}$, $\overline{CE}$의 교점을 F라 하자. ∠DCE=24°, ∠AFC=100°일 때, ∠x의 크기는?

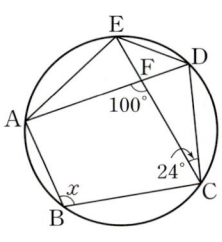

① 92° ② 96°
③ 100° ④ 104°
⑤ 108°

08

오른쪽 그림과 같이 육각형 ABCDEF가 원에 내접하고 ∠AFE=120°, ∠CDE=105°일 때, ∠B의 크기는?

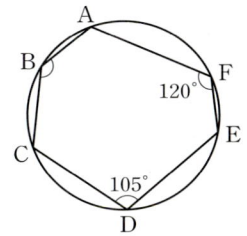

① 120° ② 125°
③ 130° ④ 135°
⑤ 140°

09

오른쪽 그림과 같이 두 원 O, O′이 두 점 P, Q에서 만나고 점 P를 지나는 직선이 두 원과 만나는 점을 각각 A, D, 점 Q를 지나는 직선이 두 원과 만나는 점을 각각 B, C라고 하자. ∠PDC=115°일 때, ∠BOP의 크기는?

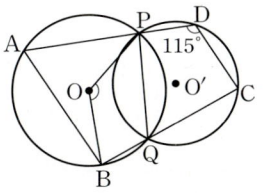

① 110° ② 115°
③ 120° ④ 125°
⑤ 130°

10

오른쪽 그림과 같이 두 원이 두 점 P, Q에서 만나고 점 P를 지나는 직선이 두 원과 만나는 점을 각각 C, D, 점 Q를 지나는 직선이 두 원과 만나는 점을 각각 A, B라고 하자. ∠PDB=72°일 때, ∠ACP의 크기를 구하시오.

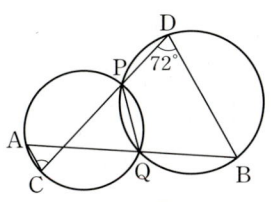

11

다음 보기에서 항상 원에 내접하는 사각형을 모두 고르시오.

┤ 보기 ├
ㄱ. 평행사변형 ㄴ. 등변사다리꼴
ㄷ. 사다리꼴 ㄹ. 마름모
ㅁ. 정사각형 ㅂ. 직사각형

12

오른쪽 그림의 □ABCD에서 ∠ABD=∠ACD=65°, ∠BDC=30°, ∠BAD=60°일 때, ∠x-∠y의 크기를 구하시오.

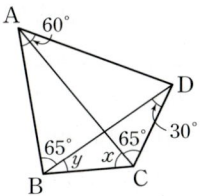

01

오른쪽 그림에서 $\overleftrightarrow{AT}$는 원의 접선이고 점 A는 그 접점이다.
∠CAB=45°, ∠CBA=50°일 때, ∠x의 크기는?

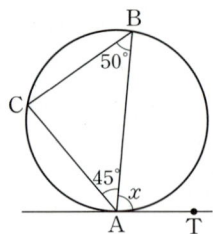

① 70° ② 75°
③ 80° ④ 85°
⑤ 90°

02

오른쪽 그림에서 $\overleftrightarrow{AT}$는 원 O의 접선이고 점 A는 그 접점이다.
∠AOC=100°일 때, ∠x의 크기를 구하시오.

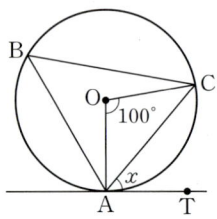

03

오른쪽 그림에서 $\overrightarrow{PA}$는 원의 접선이고 점 A는 그 접점이다.
$\overparen{AB}=\overparen{BC}$이고 ∠CPA=35°, ∠CAB=33°일 때, ∠ACP의 크기를 구하시오.

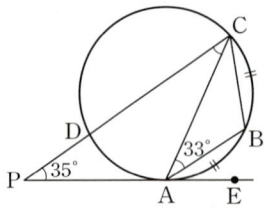

04

오른쪽 그림에서 $\overleftrightarrow{PQ}$는 원 O의 접선이고 점 A는 그 접점이다.
$\overparen{AB}:\overparen{BC}:\overparen{CA}=2:3:4$일 때, ∠$x$의 크기를 구하시오.

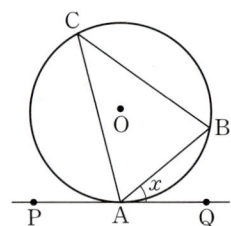

05

오른쪽 그림에서 $\overleftrightarrow{CT}$는 원의 접선이고 점 C는 그 접점이다. ∠BAD=95°, ∠DCT=70°일 때, ∠x의 크기를 구하시오.

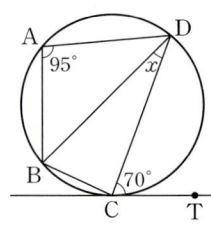

06

오른쪽 그림에서 $\overleftrightarrow{TT'}$은 원의 접선이고 점 C는 그 접점이다.
$\overparen{AB}=\overparen{BC}=\overparen{CD}$이고 ∠ACD=75°일 때, ∠DCT′의 크기를 구하시오.

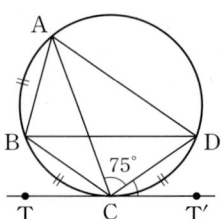

07

오른쪽 그림에서 $\overrightarrow{PT}$는 원 O의 접
선이고 점 A는 그 접점이다. $\overline{BC}$
가 원 O의 지름이고
$\overline{PA}=\overline{AB}$일 때, $\angle x$의 크기는?

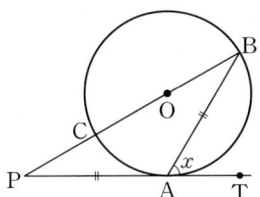

① 60°　　　② 65°

③ 70°　　　④ 75°

⑤ 80°

08

오른쪽 그림에서 $\overleftrightarrow{CD}$는 원 O의 접선
이고 점 C는 그 접점이다. $\overline{AB}$는 원
O의 지름이고 $\overline{AB}=12$, $\overline{BD}=4$,
$\overline{CD}\perp\overline{BD}$일 때, $\overline{BC}$의 길이를 구하
시오.

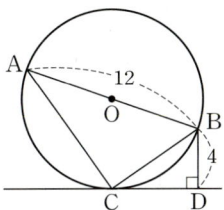

09

오른쪽 그림에서 $\overrightarrow{PA}$, $\overrightarrow{PB}$는 원의
접선이고 두 점 A, B는 각각 그
접점이다. $\overarc{AC}:\overarc{CB}=3:2$이고
$\angle P=50°$일 때, $\angle CBA$의 크기
를 구하시오.

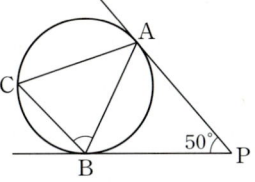

10

오른쪽 그림에서 원 O는
△ABC의 내접원이면서
△DEF의 외접원이고, 세 점
D, E, F는 접점이다.
$\angle DEF=46°$, $\angle ECF=52°$일 때, $\angle x$의 크기는?

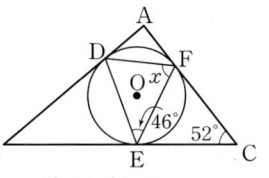

① 64°　　　② 70°　　　③ 76°

④ 82°　　　⑤ 88°

11

오른쪽 그림에서 $\overrightarrow{PQ}$는 점 T에
서 외접하는 두 원의 공통인 접
선이고 점 T를 지나는 두 직선이
두 원과 만나는 점을 각각 A, B,
C, D라 하자. $\angle BAT=60°$,
$\angle ATP=70°$일 때, $\angle x+\angle y$의 크기를 구하시오.

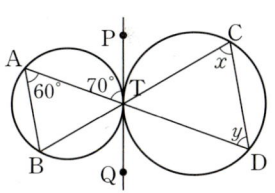

12

오른쪽 그림에서 $\overleftrightarrow{TT'}$은 두 원의 공
통인 접선이고 점 P는 그 접점이다.
$\angle BAP=80°$, $\angle DCP=60°$일 때,
$\angle DPC$의 크기는?

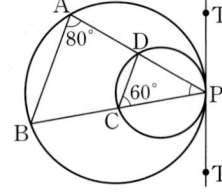

① 40°　　　② 44°

③ 48°　　　④ 52°

⑤ 56°

01

현지네 반 여학생 25명의 수학 성적의 평균은 33점이고 이 반 전체 40명의 수학 성적의 평균은 30점이다. 이때 남학생 15명의 수학 성적의 평균은?

① 15점   ② 20점   ③ 25점
④ 30점   ⑤ 35점

02

다음 줄기와 잎 그림은 25일 동안 도서관에서 하루에 대출되는 책의 수를 조사하여 나타낸 것이다. 이 자료의 중앙값과 최빈값을 차례대로 나열한 것은?

(0|3는 3권)

줄기	잎
0	3 5 6
1	6
2	0 1 1 4 5 8 9 9
3	0 0 2 6 6 7
4	2 5 5 7 8 8 8

① 0권, 8권   ② 2권, 8권   ③ 2권, 9권
④ 29권, 29권   ⑤ 30권, 48권

03

다음 자료의 평균과 최빈값이 모두 2일 때, $a-b$의 값은? (단, $a>b$)

$$1, \quad a, \quad 9, \quad 5, \quad 2, \quad b, \quad -2$$

① 3   ② 4   ③ 5
④ 6   ⑤ 7

04

다음 설명 중 옳은 것은?

① 중앙값은 극단적인 변량의 값에 영향을 가장 많이 받는다.
② 평균만으로 전체 변량의 분포 상태를 정확히 알 수 있다.
③ 자료 전체의 특징을 대표적으로 나타내는 값을 표준편차라고 한다.
④ 편차는 어떤 자료의 각 변량에서 그 자료의 중앙값을 뺀 값이다.
⑤ 중앙값은 자료를 작은 값부터 크기순으로 나열했을 때, 한가운데 놓이는 값이다.

05

다음 조건을 모두 만족하는 자연수 x의 개수는?

┤ 조건 ├
㈎ 5개의 수 15, 20, 25, 30, x의 중앙값은 20이다.
㈏ 4개의 수 4, 6, 10, x의 중앙값은 8이다.

① 7개   ② 8개   ③ 9개
④ 10개   ⑤ 11개

06

다음 표는 학생 5명의 몸무게의 편차를 조사하여 나타낸 것이다. 이 자료의 평균이 52 kg일 때, 학생 C의 몸무게를 구하시오.

학생	A	B	C	D	E
편차(kg)	-3	7		2	-1

07

다음 표는 학생 5명의 턱걸이 기록의 편차를 조사하여 나타낸 것이다. 이 자료의 표준편차를 구하시오.

학생	A	B	C	D	E
편차(개)	-1	0	2	-2	1

08

4개의 수 a, b, c, d의 평균이 10, 표준편차가 2일 때, $(a-10)^2+(b-10)^2+(c-10)^2+(d-10)^2$의 값을 구하시오.

09

다음 표는 5명의 야구 선수가 지난 경기에서 안타를 친 횟수의 편차를 조사하여 나타낸 것이다. 이 자료의 표준편차가 $\sqrt{5.2}$회일 때, xy의 값을 구하시오.

선수	A	B	C	D	E
편차(회)	-2	x	2	y	-1

10

5개의 수 a_1, a_2, a_3, a_4, a_5의 평균이 25이고 표준편차가 10일 때, a_1+5, a_2+5, a_3+5, a_4+5, a_5+5의 평균과 표준편차를 차례대로 구하시오.

11

다음 두 자료 A, B에 대한 보기의 설명 중 옳은 것을 모두 고른 것은?

> A : 1, 3, 5, 7, 9   B : 3, 5, 7, 9, 11

┤ 보기 ├
ㄱ. 자료 B의 평균은 자료 A의 평균에 2를 더한 것이다.
ㄴ. 자료 B의 중앙값은 자료 A의 중앙값에 2를 더한 것이다.
ㄷ. 자료 B의 분산은 자료 A의 분산에 2를 더한 것이다.

① ㄱ   ② ㄴ   ③ ㄱ, ㄴ
④ ㄴ, ㄷ   ⑤ ㄱ, ㄴ, ㄷ

12

오른쪽 표는 어느 반 남학생과 여학생의 수학 수행 평가 성적의 평균과 분산을 나타낸 것이다. 전체 학생 20명의 수학 수행 평가 성적의 표준편차는?

구분	남학생	여학생
학생 수(명)	10	10
평균(점)	15	15
분산	6	4

① $\sqrt{5}$점   ② $\sqrt{10}$점   ③ 5점
④ 10점   ⑤ 15점

13

다음 표는 학생 5명의 수면 시간의 평균과 표준편차를 나타낸 것이다. 수면 시간 분포가 가장 고른 학생은?

학생	A	B	C	D	E
평균(시간)	6	7	5	9	8
표준편차(시간)	1.4	0.5	1	1.8	0.9

① A   ② B   ③ C
④ D   ⑤ E

01

오른쪽 그림은 유리네 반 학생 15명의 수학 성적과 과학 성적에 대한 산점도이다. 과학 성적이 80점 이하인 학생 수를 a명, 수학 성적이 90점 이상인 학생 수를 b명이라고 할 때, $a+b$의 값은?

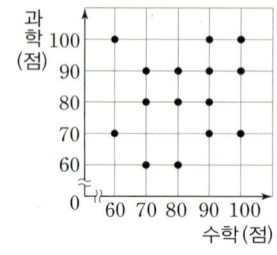

① 13   ② 15   ③ 17
④ 18   ⑤ 19

02

오른쪽 그림은 태용이네 반 학생 25명의 1학기 중간고사 수학 성적과 국어 성적에 대한 산점도이다. 수학 성적이 70점 초과이고 국어 성적이 90점 이상인 학생 수는?

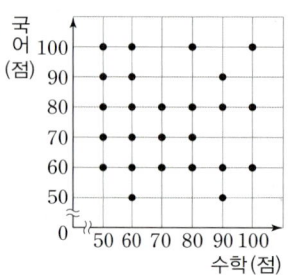

① 1명   ② 2명
③ 3명   ④ 4명
⑤ 5명

03

오른쪽 그림은 준수네 반 학생 20명의 과학 성적과 영어 성적에 대한 산점도이다. 다음 물음에 답하시오.

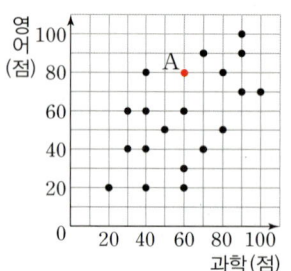

(1) 과학 성적과 영어 성적이 같은 학생 수를 구하시오.

(2) 과학 성적이 80점인 학생의 영어 성적을 모두 구하시오.

(3) 학생 A의 과학 성적과 영어 성적의 평균을 구하시오.

04

오른쪽 그림은 태민이네 반 학생 20명의 1학기 중간고사와 기말고사 국어 성적에 대한 산점도이다. 다음 물음에 답하시오.

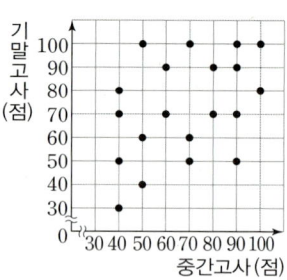

(1) 중간고사 국어 성적이 기말고사 국어 성적보다 높은 학생 수를 구하시오.

(2) 중간고사 국어 성적과 기말고사 국어 성적이 같은 학생은 전체의 몇 %인지 구하시오.

05

오른쪽 그림은 승아네 반 학생 27명의 1학기 중간고사와 기말고사 영어 성적에 대한 산점도이다. 중간고사와 기말고사 영어 점수의 차가 20점 이상인 학생 수는?

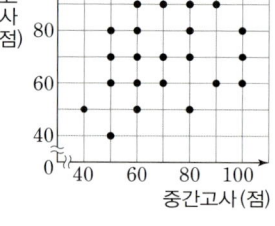

① 12명   ② 13명
③ 14명   ④ 15명
⑤ 16명

06

오른쪽 그림은 윤경이네 반 학생 25명의 1학기 기말고사 사회 성적과 과학 성적에 대한 산점도이다. 이 두 과목의 성적의 차가 30점 이상인 학생은 전체의 a%이고, 두 과목의 성적의 합이 160점 이상인 학생은 b명일 때, $a+b$의 값은?

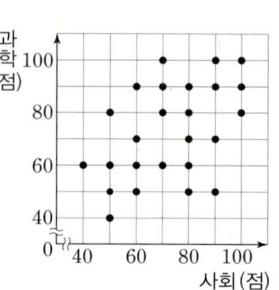

① 25   ② 27   ③ 30
④ 33   ⑤ 35

07

오른쪽 그림은 연아네 반 학생 22명의 미술 실기 점수와 수행 평가 점수에 대한 산점도이다. 실기 점수와 수행 평가 점수의 평균이 80점 초과인 학생의 실기 점수의 평균을 구하시오.

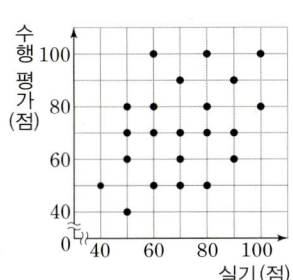

08

오른쪽 그림은 영어 말하기 대회에 참가한 중학생들의 예선 1, 2차의 점수에 대한 산점도이다. 다음 중 옳은 것은?

(단, 중복되는 점은 없다.)

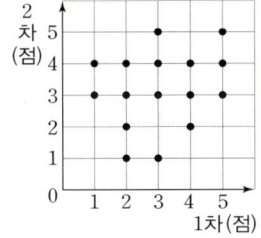

① 1차와 2차에서 같은 점수를 얻은 학생 수는 3명이다.
② 1, 2차 점수의 합이 두 번째로 높은 학생의 1, 2차 점수의 합은 10점이다.
③ 1차와 2차 중 적어도 한 번의 점수가 3점 이상인 학생은 13명이다.
④ 조사 대상자인 중학생들의 총 인원수는 알 수 없다.
⑤ 2차 점수가 1차 점수보다 높은 학생은 6명이다.

09

자동차가 움직인 거리를 x km, 남은 연료의 양을 y L라고 할 때, 다음 중 x, y 사이의 상관관계를 나타낸 산점도로 알맞은 것은?

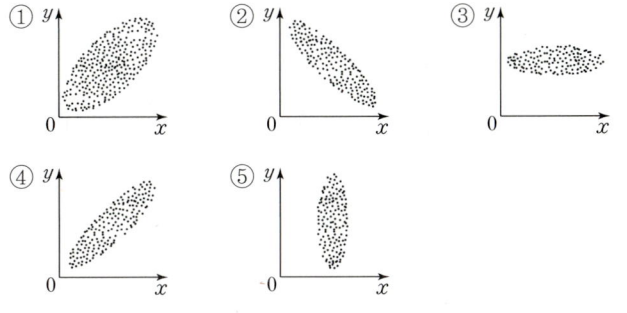

10

다음 중 두 변량 사이에 상관관계가 <u>없는</u> 것을 모두 고르면? (정답 2개)

① 자동차의 속력과 목적지까지 걸리는 시간
② 충치의 개수와 몸무게
③ 산의 높이와 산소의 농도
④ 머리 둘레와 지능 지수
⑤ 흡연량과 폐암 발병률

11

오른쪽 그림은 나래네 반 학생들의 SNS 접속 시간과 수면 시간에 대한 산점도이다. 다음 중 옳지 <u>않은</u> 것은?

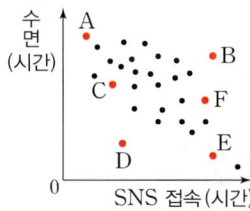

① 학생 A는 SNS 접속 시간이 짧은 것에 비해 수면 시간은 길다.
② 학생 B는 SNS 접속 시간과 수면 시간이 모두 길다.
③ SNS 접속 시간이 짧은 학생은 대체로 수면 시간이 길다.
④ 학생 C는 학생 E에 비해 SNS 접속 시간이 길다.
⑤ SNS 접속 시간과 수면 시간 사이의 상관관계는 운동량과 비만도 사이의 상관관계와 같다.

12

오른쪽 그림은 어느 중학교 3학년 학생들의 2학기 수학 성적과 국어 성적에 대한 산점도이다. 이 산점도를 A, B, C, D 네 집단으로 나눌 때, 다음 중 옳은 것은?

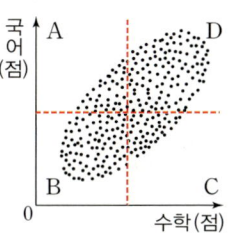

① A 집단은 수학에 비해 국어를 못하는 편이다.
② B 집단은 수학과 국어를 모두 못하는 편이다.
③ C 집단은 수학과 국어를 모두 잘하는 편이다.
④ D 집단은 수학보다 국어를 못하는 편이다.
⑤ 대체로 수학을 잘하는 학생은 국어를 못한다.

01

오른쪽 그림과 같이 ∠C=90°인 직각삼각형 ABC에서 $\sin A + \cos B - \tan B$의 값을 구하시오.

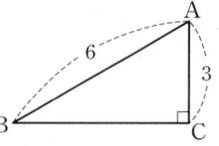

02

오른쪽 그림과 같이 ∠B=90°인 직각삼각형 ABC에서 $\overline{BC}=6\,\text{cm}$이고 $\cos C = \dfrac{2}{3}$일 때, $\overline{AB}$의 길이는?

① $2\sqrt{3}$ cm   ② 4 cm
③ $3\sqrt{2}$ cm   ④ $2\sqrt{5}$ cm
⑤ $3\sqrt{5}$ cm

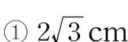
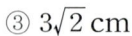

03

∠C=90°인 직각삼각형 ABC에서 $\sin A = \dfrac{11}{13}$일 때, $\cos B \times \tan B$의 값은?

① $\dfrac{4\sqrt{3}}{13}$ ② $\dfrac{11}{13}$ ③ 1
④ $\dfrac{13}{11}$ ⑤ $\dfrac{13\sqrt{3}}{12}$

04

오른쪽 그림과 같이 ∠A=90°인 직각삼각형 ABC에서 $\overline{DE}\perp\overline{BC}$일 때, $\sin x + \cos x$의 값을 구하시오.

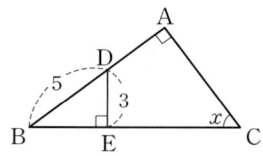

05

오른쪽 그림과 같이 ∠A=90°인 직각삼각형 ABC에서 $\overline{AH}\perp\overline{BC}$일 때, $\sin x + \cos y$의 값은?

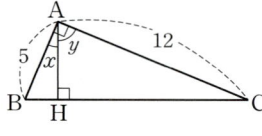

① $\dfrac{5}{12}$ ② $\dfrac{5}{6}$ ③ $\dfrac{5}{13}$
④ $\dfrac{10}{13}$ ⑤ $\dfrac{12}{13}$

06

$15° \le x \le 60°$일 때, $\sin(2x-30°)=\dfrac{1}{2}$을 만족하는 x의 크기를 구하시오.

07

오른쪽 그림과 같이 x절편이 -2이고 x축의 양의 방향과 이루는 각의 크기가 $60°$인 직선의 방정식을 구하시오.

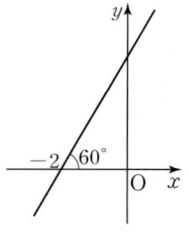

08

$\sqrt{2}(\sin 45° + \cos 0°) - \tan 30° \times \sin 60°$의 값은?

① $\dfrac{1}{2}$ ② $\sqrt{2}$ ③ $1+\sqrt{2}$

④ $\dfrac{\sqrt{2}-1}{2}$ ⑤ $\dfrac{1+2\sqrt{2}}{2}$

09

다음 삼각비의 값을 작은 것부터 차례대로 나열할 때, 두 번째에 오는 값은?

① $\tan 70°$ ② $\cos 65°$ ③ $\sin 60°$

④ $\tan 45°$ ⑤ $\sin 0°$

10

$45° < A < 90°$일 때,
$\sqrt{(\sin A + \sin 45°)^2} + \sqrt{(\cos 45° - \sin A)^2}$을 간단히 하면?

① -1 ② 0 ③ $\sqrt{2}$

④ $\sin A$ ⑤ $2\sin A$

11

$\sin x = 0.8090$, $\tan y = 1.4281$일 때, 다음 삼각비의 표를 이용하여 $x+y$의 크기를 구하면?

각도	sin	cos	tan
53°	0.7986	0.6018	1.3270
54°	0.8090	0.5878	1.3764
55°	0.8192	0.5736	1.4281

① $106°$ ② $107°$ ③ $108°$

④ $109°$ ⑤ $110°$

12

오른쪽 그림과 같이 ∠A=90°인 직각삼각형 ABC에서 $\overline{AB}$의 길이를 구하는 식으로 옳은 것을 모두 고르면? (정답 2개)

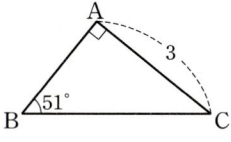

① $3\tan 39°$ ② $3\tan 51°$ ③ $3\sin 51°$

④ $\dfrac{3}{\tan 51°}$ ⑤ $\dfrac{3}{\tan 39°}$

13

지면에 수직으로 서 있던 나무가 오른쪽 그림과 같이 부러졌다. 부러진 나무와 지면이 이루는 각의 크기가 67°일 때, 부러지기 전의 나무의 높이는?
(단, $\sin 67° = 0.92$, $\cos 67° = 0.39$로 계산한다.)

① $26.2\,\mathrm{m}$ ② $26.4\,\mathrm{m}$ ③ $27.2\,\mathrm{m}$

④ $28.2\,\mathrm{m}$ ⑤ $28.4\,\mathrm{m}$

14

오른쪽 그림과 같은 △ABC에서 $\overline{AB}=3\sqrt{2}$, $\overline{BC}=5$이고 ∠B=45°일 때, $\overline{AC}$의 길이는?

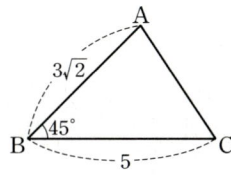

① $\dfrac{5}{2}$ ② $2\sqrt{2}$

③ 3 ④ $\sqrt{13}$

⑤ 4

15

오른쪽 그림과 같은 △ABC에서
∠B=45°, ∠C=105°이고 $\overline{BC}$=12일
때, $\overline{AC}$의 길이는?

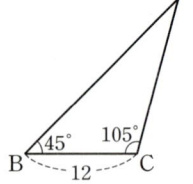

① $6\sqrt{2}$ ② 12

③ 13   ④ $12\sqrt{2}$

⑤ $12\sqrt{3}$

16

오른쪽 그림과 같이 100 m 떨
어진 두 지점 B, C에서 나무
의 꼭대기 A 지점을 올려다본
각의 크기가 각각 60°, 30°일
때, 이 나무의 높이를 구하시
오.

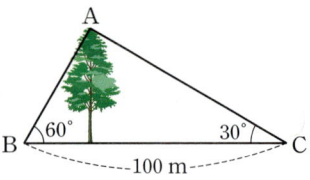

17

호수의 가장자리의 두 지점 A, B 사
이의 거리를 구하기 위해 오른쪽 그
림과 같이 측량하였다. 이때 두 지점
A, B 사이의 거리를 구하시오.

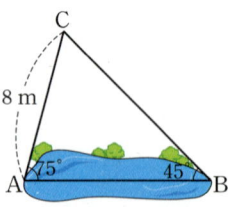

18

오른쪽 그림과 같은 △ABC에서
∠B=45°, ∠C=120°이고
$\overline{BC}$=10 cm일 때, $\overline{AH}$의 길이를 구하
시오.

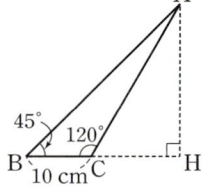

19

오른쪽 그림과 같이 8 m 떨어
진 두 지점 B, C에서 건물 꼭대
기 A 지점을 올려다본 각의 크
기가 각각 30°, 45°일 때, 건물
의 높이는?

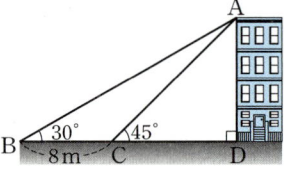

① $2(\sqrt{2}+1)$ m   ② $2(\sqrt{3}+1)$ m   ③ $3(\sqrt{2}+1)$ m

④ $4(\sqrt{2}+1)$ m   ⑤ $4(\sqrt{3}+1)$ m

20

오른쪽 그림과 같이 지름의 길이
가 8 cm인 반원 O에서 색칠한 부
분의 넓이를 구하시오.

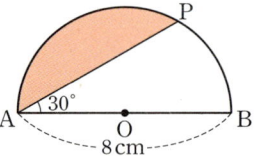

21

오른쪽 그림과 같은 □ABCD에서
두 대각선이 이루는 각의 크기가
60°이고 $\overline{AC}$=8 cm, $\overline{BD}$=12 cm
일 때, □ABCD의 넓이는?

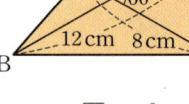

① 12 cm²   ② 24 cm²   ③ $24\sqrt{3}$ cm²

④ 48 cm²   ⑤ $48\sqrt{3}$ cm²

서술형 문제

22번부터 **26번**은 서술형 문제입니다. 풀이 과정을 쓰고 답을 구하세요.

22

오른쪽 그림과 같이 $\angle B=90°$, $\overline{AB}=1$ cm, $\overline{AC}=5$ cm인 $\triangle ABC$에서 $\overline{BC}$의 중점을 D, 점 C에서 $\overline{AD}$의 연장선에 내린 수선의 발을 E, $\angle CAE=x$라 할 때, $\cos x$의 값을 구하시오.

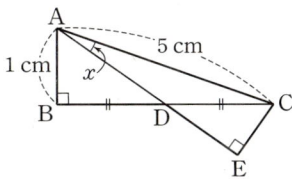

23

오른쪽 그림과 같이 일차방정식 $2x-y-4=0$의 그래프가 x축의 양의 방향과 이루는 각의 크기를 a라고 할 때, $\cos a+\sin a$의 값을 구하시오.

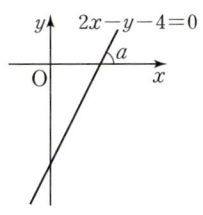

24

오른쪽 그림과 같이 $\angle A=90°$인 직각삼각형 ABC에서 다음 삼각비의 표를 이용하여 x의 값을 구하시오.

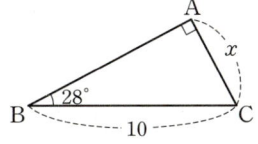

각도	sin	cos	tan
61°	0.8746	0.4848	1.8040
62°	0.8829	0.4695	1.8807
63°	0.8910	0.4540	1.9626

25

오른쪽 그림과 같이 20 m 떨어진 두 건물 A, B가 있다. A 건물의 C 지점에서 B 건물을 올려다본 각의 크기는 45°이고 내려다본 각의 크기는 30°일 때, 다음을 구하시오.

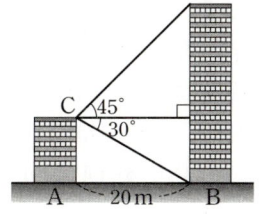

(1) A 건물의 높이

(2) B 건물의 높이

26

다음 그림과 같이 $\overline{AB}=\overline{AC}$, $\overline{BC}=12$ cm, $\angle B=30°$인 $\triangle ABC$에 내접하는 원의 반지름의 길이를 구하시오.

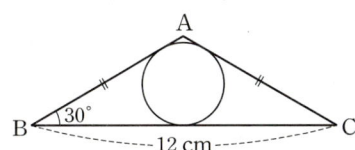

01

오른쪽 그림에서 $\overline{AB}$는 원 O의 지름이고 $\overline{AB}=16$ cm, $\overline{CD}=6$ cm 이다. 점 O에서 $\overline{CD}$에 내린 수선의 발을 P라 할 때, x의 값은?

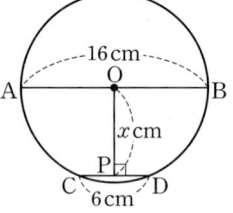

① 4　　　　② $3\sqrt{3}$

③ 6　　　　④ $2\sqrt{11}$

⑤ $\sqrt{55}$

02

오른쪽 그림과 같이 고분에서 출토된 원 모양의 접시를 복원하려고 한다. $\overline{AB}\perp\overline{CM}$이고 $\overline{AM}=\overline{BM}$, $\overline{AB}=24$ cm, $\overline{CM}=8$ cm일 때, 원래 접시의 반지름의 길이를 구하시오.

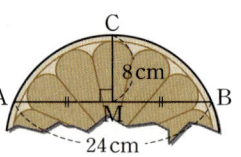

03

오른쪽 그림의 원 O에서 $\overline{OM}\perp\overline{AB}$, $\overline{ON}\perp\overline{AC}$이고 $\overline{OM}=\overline{ON}$이다. $\angle A=50°$일 때, $\angle B$의 크기는?

① 60°　　　　② 65°

③ 70°　　　　④ 75°

⑤ 80°

04

오른쪽 그림과 같이 원 O에 $\overline{AB}=\overline{BC}$인 이등변삼각형 ABC가 내접하고 있다. $\overline{OM}\perp\overline{AB}$이고 $\overline{AB}=8$ cm, $\overline{OM}=3$ cm일 때, △OBC의 넓이를 구하시오.

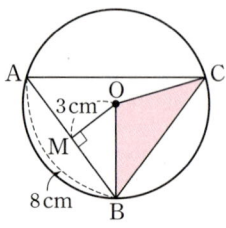

05

오른쪽 그림에서 $\overrightarrow{PT}$, $\overrightarrow{PT'}$, $\overleftrightarrow{AB}$는 원 O의 접선이고 세 점 T, T', Q는 각각 그 접점일 때, $\overline{AT}$의 길이는?

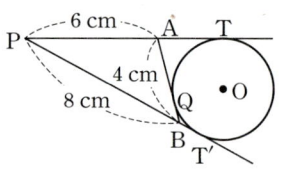

① 3 cm　　　② 3.5 cm　　　③ 4 cm

④ 5 cm　　　⑤ 6 cm

06

오른쪽 그림에서 $\overline{AB}$는 반원 O의 지름이고 $\overline{AD}$, $\overline{BC}$, $\overline{CD}$는 접선이다. $\overline{BC}=3$, $\overline{CD}=5$일 때, 반원 O의 넓이를 구하시오.

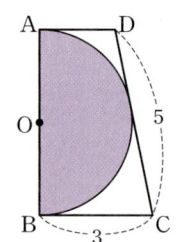

07

오른쪽 그림과 같이 점 O를 중심으로 하는 두 원에서 작은 원의 접선이 큰 원과 만나는 두 점을 각각 A, B라고 하자. 두 원의 반지름의 길이가 각각 5 cm, $5\sqrt{3}$ cm일 때, $\overline{AB}$의 길이는?

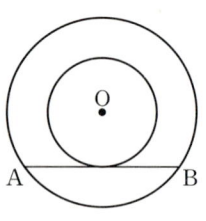

① $5\sqrt{2}$ cm　　　② 10 cm　　　③ $5\sqrt{5}$ cm

④ $10\sqrt{2}$ cm　　　⑤ 20 cm

서술형 문제

21번부터 26번은 서술형 문제입니다. 풀이 과정을 쓰고 답을 구하세요.

21

오른쪽 그림에서 $\overline{AB}$는 반지름의 길이가 10 cm인 원의 일부분이다. $\overline{AB} \perp \overline{CD}$이고 $\overline{AD} = \overline{BD}$, $\overline{AB} = 12$ cm일 때, $\overline{CD}$의 길이를 구하시오.

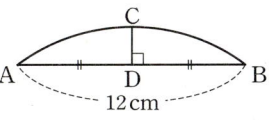

22

오른쪽 그림과 같이 반지름의 길이가 6 cm인 사분원에 원 O′이 내접할 때, 색칠한 부분의 넓이를 구하시오.

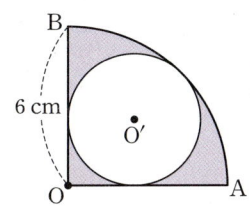

23

오른쪽 그림에서 원 O는 △ABC의 내접원이고 세 점 D, E, F는 접점이다. $\overleftrightarrow{PQ}$는 원 O의 접선이고 $\overline{AB} = 12$ cm, $\overline{BC} = 10$ cm, $\overline{CA} = 8$ cm일 때, △PQC의 둘레의 길이를 구하시오.

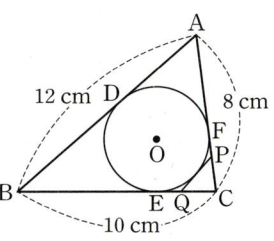

24

오른쪽 그림과 같이 $\overline{BC}$를 지름으로 하는 반원 O에서 $\angle OAE = \angle ODE = 12°$, $\angle AOB = 40°$일 때, $\angle DOE$의 크기를 구하시오.

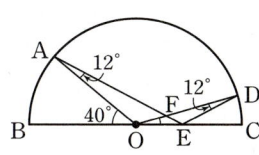

25

오른쪽 그림에서 $\overrightarrow{PT}$는 점 T를 접점으로 하는 원 O의 접선이고 $\overline{AB}$는 원 O의 지름이다. $\overline{PQ}$가 $\angle TPB$의 이등분선일 때, $\angle TQP$의 크기를 구하시오.

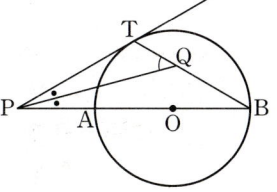

26

오른쪽 그림과 같이 $\overline{AB}$, $\overline{QB}$를 각각 지름으로 하는 두 반원이 있다. 점 P는 $\overline{AC}$와 작은 반원의 접점이고, 점 P에서 $\overline{AB}$에 내린 수선의 발을 H라 하자. $\angle CAB = 30°$일 때 $\angle CHB$의 크기를 구하시오.

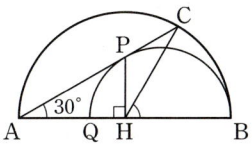

01

길이의 평균이 20 cm인 5개의 끈이 있다. 각 끈의 길이를 한 변으로 하는 5개의 정사각형을 만들 때, 이 정사각형 5개의 둘레의 길이의 평균은?

① 70 cm　　　② 80 cm　　　③ 90 cm
④ 100 cm　　　⑤ 110 cm

02

천수네 반 여학생 25명의 수행 평가 성적의 평균은 68점이고 전체 40명의 수행 평가 성적의 평균은 65점이다. 이때 남학생 15명의 수행 평가 성적의 평균은?

① 50점　　　② 55점　　　③ 60점
④ 65점　　　⑤ 70점

03

다음은 어느 학교 남학생 10명의 턱걸이 기록을 조사하여 나타낸 것이다. 이 자료의 중앙값은 a개, 최빈값은 b개라고 할 때, $a-b$의 값을 구하시오.

(단위 : 개)

2, 11, 5, 4, 6, 5, 4, 4, 6, 3

04

다음 자료의 평균과 최빈값이 모두 11일 때, $a-b$의 값은?
(단, $a>b$)

14, 12, 11, a, 15, 9, 11, 9, b, 10

① 2　　　② 3　　　③ 4
④ 5　　　⑤ 6

05

다음 표는 영미의 5회에 걸친 영어 성적의 편차를 조사하여 나타낸 것이다. 이때 x의 값은?

회	1	2	3	4	5
편차(점)	4	0	x	2	-4

① -2　　　② -1　　　③ 0
④ 1　　　⑤ 2

06

다음 표는 학생 5명의 쪽지 시험 성적의 편차를 조사하여 나타낸 것이다. 이 자료의 평균이 75점일 때, 보기의 설명 중 옳은 것을 모두 고른 것은?

학생	A	B	C	D	E
편차(점)	1	-2	-1		3

| 보기 |

ㄱ. 학생 C의 성적은 평균보다 낮다.

ㄴ. 학생 A의 쪽지 시험 점수는 76점이다.

ㄷ. 학생 5명의 쪽지 시험의 표준편차는 2점이다.

ㄹ. 평균보다 높은 점수를 받은 학생은 A, D, E이다.

① ㄱ, ㄴ　　　② ㄱ, ㄷ　　　③ ㄷ, ㄹ
④ ㄱ, ㄴ, ㄹ　　　⑤ ㄴ, ㄷ, ㄹ

07

다음은 6개의 수의 편차이다. 이 자료의 표준편차가 $2\sqrt{2}$일 때, xy의 값은?

$$-2, \quad -3, \quad x, \quad 1, \quad 4, \quad y$$

① -12 ② -9 ③ 3
④ 5   ⑤ 8

08

3개의 수 A, B, C의 평균이 5이고 분산이 2일 때, 3개의 수 A^2, B^2, C^2의 평균을 구하시오.

09

3개의 수 a, b, c의 평균을 m, 표준편차를 s라고 할 때, $a+3$, $b+3$, $c+3$의 평균과 분산을 차례대로 나열한 것은?

① m, s ② m, $s+3$ ③ m, s^2
④ $m+3$, $s+3$ ⑤ $m+3$, s^2

10

오른쪽 표는 A, B 두 모둠의 수학 성적의 평균과 분산을 나타낸 것이다. 두 모둠 전체의 수학 성적의 표준편차는?

모둠	A	B
학생 수(명)	8	10
평균(점)	68	68
분산	4	13

① $\sqrt{2}$점   ② $\sqrt{3}$점   ③ $\sqrt{5}$점
④ 3점   ⑤ $\sqrt{10}$점

11

오른쪽 표는 A, B 두 반의 수학 성적의 평균과 표준편차를 나타낸 것이다. 다음 중 옳은 것은?

반	A	B
평균(점)	65	65
표준편차(점)	4.2	6.3

① A반의 성적이 B반의 성적보다 우수하다.
② B반의 성적이 A반의 성적보다 우수하다.
③ A반이 B반보다 성적이 고르게 분포되어 있다.
④ B반이 A반보다 성적이 고르게 분포되어 있다.
⑤ A, B 두 반의 성적의 분포는 비교할 수 없다.

12

다음 그림은 A, B 두 선수의 10발의 사격 기록이다. 이 두 그림에 대한 보기의 설명 중 옳은 것을 모두 고른 것은?

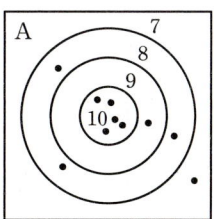 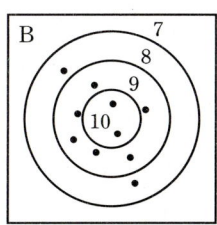

┤ 보기 ├
ㄱ. A의 점수의 평균이 B의 점수의 평균보다 더 높다.
ㄴ. B는 A에 비해 사격 점수가 고르다.
ㄷ. A의 점수의 표준편차가 B의 점수의 표준편차보다 크다.

① ㄱ   ② ㄴ   ③ ㄷ
④ ㄱ, ㄴ   ⑤ ㄴ, ㄷ

13

오른쪽 그림은 윤아네 반 학생 16명의 글쓰기 점수와 말하기 점수에 대한 산점도이다. 글쓰기 점수와 말하기 점수가 같은 학생은 모두 몇 명인가?

① 3명　　　　② 4명
③ 5명　　　　④ 6명
⑤ 7명

14

오른쪽 그림은 수지네 반 20명의 2학기 기말고사 영어 성적과 수학 성적에 대한 산점도이다. 영어 성적과 수학 성적 중 적어도 한 과목의 성적이 80점 이상인 학생은 전체의 몇 %인가?

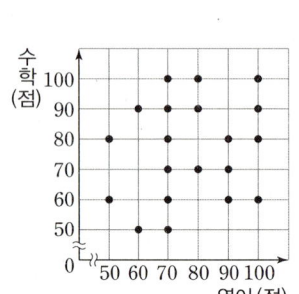

① 60 %　　　　② 65 %　　　　③ 70 %
④ 75 %　　　　⑤ 80 %

15

오른쪽 그림은 시원이네 반 학생 26명의 2학기 중간고사 수학 성적과 국어 성적에 대한 산점도이다. 수학 성적과 국어 성적의 합이 130점 이상인 학생 수를 a명, 수학 성적과 국어 성적의 차가 20점 미만인 학생 수를 b명이라고 할 때, $a+b$의 값은?

① 20　　　　② 22　　　　③ 25
④ 27　　　　⑤ 29

16

오른쪽 그림은 정국이네 반 25명의 스마트폰 사용 시간과 가족 사이의 대화 시간에 대한 산점도이다. 다음 중 옳은 것을 모두 고르면? (정답 2개)

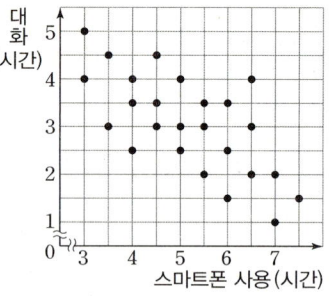

① 스마트폰 사용 시간이 5시간 미만인 학생 수는 13명이다.
② 대화 시간이 3시간 30분 이상인 학생은 전체의 40 %이다.
③ 대화 시간이 1시간 30분 이하인 학생의 스마트폰 사용 시간의 합은 20시간 30분이다.
④ 스마트폰 사용 시간이 7시간 이상인 학생의 가족 사이의 대화 시간의 평균은 90분이다.
⑤ 스마트폰 사용 시간이 긴 학생은 대체로 가족 사이의 대화 시간이 길다.

17

오른쪽 그림은 어느 회사 사원들의 급여액과 한 달 신용카드 사용액에 대한 산점도이다. 다음 중 옳은 것은?

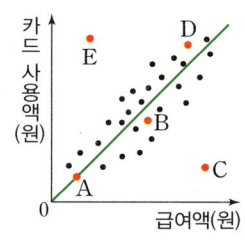

① 급여액이 높으면 대체로 카드 사용액이 적은 편이다.
② A는 D에 비해 급여는 많지만 카드 사용액은 적다.
③ E는 급여에 비해 카드를 많이 사용하는 편이다.
④ A, B, C, D, E 중 카드 사용액이 가장 적은 사원은 C이다.
⑤ A, B, C, D, E 중 급여액과 카드 사용액이 가장 많은 사원은 E이다.

서술형 문제

18번부터 23번은 서술형 문제입니다. 풀이 과정을 쓰고 답을 구하세요.

18

다음 표는 A, B, C, D, E 5명의 수학 성적에 대한 편차를 조사하여 나타낸 것이다. 5명의 수학 성적의 평균이 72점일 때, 학생 C와 E의 수학 성적의 평균을 구하시오.

학생	A	B	C	D	E
편차(점)	2	-4	x	-2	$1-2x$

19

5개의 수 1, 3, a, b, c의 중앙값과 최빈값이 5이고 평균이 4일 때, 분산을 구하시오.

20

반지름의 길이가 a, b, c인 세 원이 있다. 이 세 원의 반지름의 길이의 평균이 4이고 표준편차가 $\sqrt{3}$일 때, 세 원의 넓이의 평균을 구하시오.

21

어느 4개의 변량의 평균과 분산을 구하였더니 각각 7, 2이었다. 그런데 2개의 변량 4, 8을 각각 5, 7로 잘못 보고 계산하였다고 할 때, 4개의 변량의 실제 분산을 구하시오.

22

오른쪽 그림은 동욱이네 반 학생 20명이 두 번에 걸쳐 실시한 모의고사 수학 성적에 대한 산점도이다. 다음 조건을 모두 만족하는 학생 수를 구하시오.

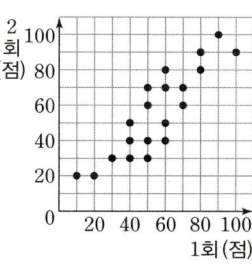

┤ 조건 ├
(가) 2회보다 1회의 수학 성적이 높다.
(나) 1회와 2회의 수학 성적 차가 20점 이상이다.

23

오른쪽 그림은 어느 학급 학생 20명의 중간고사와 기말고사 성적에 대한 산점도이다. 두 시험의 성적의 합으로 등수를 정할 때, 상위 30 % 이내에 들려면 두 시험의 평균이 몇 점 이상이어야 하는지 구하시오.

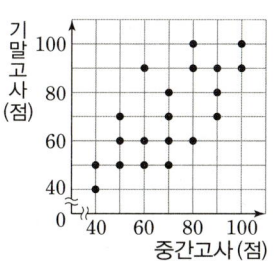

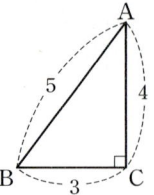

01

오른쪽 그림과 같이 ∠C=90°인 직각삼각형 ABC에서 다음 중 옳은 것은?

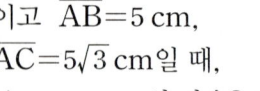

① $\sin A=\dfrac{5}{3}$ ② $\cos A=\dfrac{4}{5}$

③ $\tan A=\dfrac{4}{3}$ ④ $\sin B=\dfrac{5}{4}$

⑤ $\cos B=\dfrac{5}{3}$

02

오른쪽 그림에서
∠ADC=∠BAC=90°,
∠ABC=60°, ∠ACD=30°이고
$\overline{AB}=12$일 때, $\overline{CD}$의 길이를 구하시오.

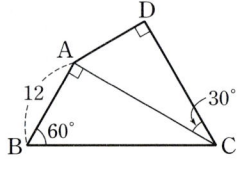

03

다음 삼각비의 표를 이용하여 $\sin 39°+\cos 40°-\tan 38°$의 값을 구하시오.

각도	sin	cos	tan
38°	0.6157	0.7880	0.7813
39°	0.6293	0.7771	0.8098
40°	0.6428	0.7660	0.8391
41°	0.6561	0.7547	0.8693

04

오른쪽 그림과 같이 ∠A=90°인 직각삼각형 ABC에서 $\overline{AD}\perp\overline{BC}$이고 $\overline{AB}=5$ cm, $\overline{AC}=5\sqrt{3}$ cm일 때, $\sin x-\cos y$의 값은?

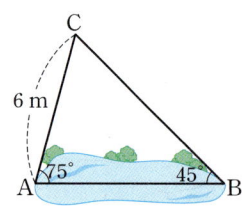

① -2 ② -1 ③ 0

④ 1   ⑤ 2

05

호수의 가장자리의 두 지점 A, B 사이의 거리를 구하기 위해 오른쪽 그림과 같이 측량하였다. 이때 두 지점 A, B 사이의 거리를 구하시오.

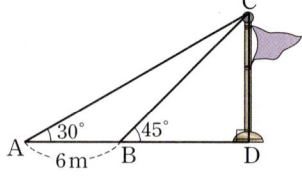

06

오른쪽 그림과 같이 6 m 떨어진 두 지점 A, B에서 깃발의 꼭대기 C지점을 올려다본 각의 크기가 각각 30°, 45°일 때, 깃발의 높이는?

① $(\sqrt{3}+1)$ m   ② $2(\sqrt{3}+1)$ m

③ $3(\sqrt{3}+1)$ m   ④ $4(\sqrt{3}+1)$ m

⑤ $5(\sqrt{3}+1)$ m

07

오른쪽 그림과 같이 50 m 떨어진 두 지점 B, C에서 나무의 꼭대기 A 지점을 올려다본 각의 크기가 각각 45°, 30°일 때, 나무의 높이를 구하시오.

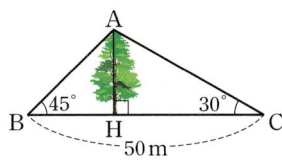

08

오른쪽 그림과 같은 □ABCD의 넓이는?

① $5\sqrt{3}\ \text{cm}^2$　　② $\dfrac{23\sqrt{3}}{4}\ \text{cm}^2$

③ $6\ \text{cm}^2$　　④ $\dfrac{13\sqrt{3}}{4}\ \text{cm}^2$

⑤ $\dfrac{27\sqrt{3}}{4}\ \text{cm}^2$

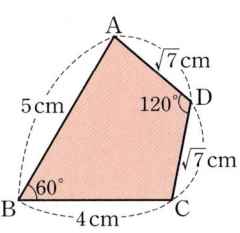

09

오른쪽 그림의 원 O에서 $\overline{AB} \perp \overline{OC}$ 이고 $\overline{AM}=10\ \text{cm}$, $\overline{CM}=8\ \text{cm}$일 때, 원 O의 반지름의 길이는?

① $9\ \text{cm}$　　② $\dfrac{37}{4}\ \text{cm}$

③ $10\ \text{cm}$　　④ $\dfrac{41}{4}\ \text{cm}$

⑤ $11\ \text{cm}$

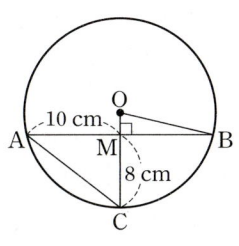

10

오른쪽 그림과 같이 반지름의 길이가 4 cm인 원 O 위의 한 점이 원의 중심에 오도록 접었을 때, $\overline{AB}$의 길이는?

① $2\sqrt{3}\ \text{cm}$　　② $2\sqrt{5}\ \text{cm}$

③ $4\sqrt{3}\ \text{cm}$　　④ $4\sqrt{5}\ \text{cm}$

⑤ $4\sqrt{7}\ \text{cm}$

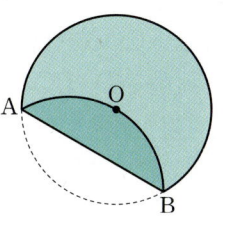

11

오른쪽 그림과 같이 점 O를 중심으로 하는 두 원에서 작은 원의 접선이 큰 원과 만나는 두 점을 각각 A, B라고 하자. 색칠한 부분의 넓이가 $75\pi\ \text{cm}^2$일 때, $\overline{AB}$의 길이를 구하시오.

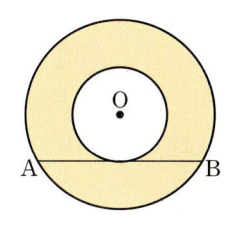

12

오른쪽 그림과 같이 반지름의 길이가 5인 원 O에 내접하는 △ABC에서 $\overline{BC}=6$일 때, $\cos A$의 값은?

① $\dfrac{3}{5}$　　② $\dfrac{4}{5}$

③ $\dfrac{3}{4}$　　④ $\dfrac{5}{4}$

⑤ $\dfrac{4}{3}$

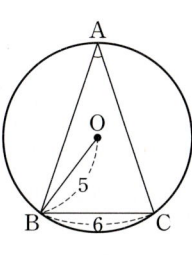

13

오른쪽 그림의 원에서 두 현 AB, CD의 연장선의 교점을 P, 두 현 AD, BC의 교점을 Q라고 하자. ∠P=36°, ∠BQD=80° 일 때, ∠ABC의 크기는?

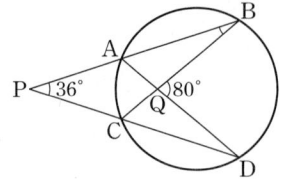

① 20°　　　② 22°　　　③ 25°

④ 27°　　　⑤ 30°

14

오른쪽 그림과 같이 두 원이 두 점 P, Q에서 만나고 ∠BAP=110°, ∠ABQ=93°일 때, ∠y−∠x의 크기를 구하시오.

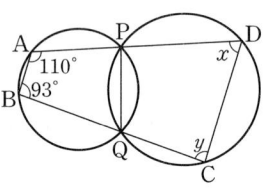

15

오른쪽 그림에서 $\overleftrightarrow{CT}$는 원의 접선이고 점 C는 그 접점이다. ∠BAD=100°, ∠DCT=65°일 때, ∠x의 크기는?

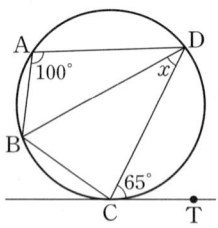

① 20°　　　② 23°

③ 25°　　　④ 33°

⑤ 35°

16

오른쪽 그림에서 $\overleftrightarrow{DC}$는 원 O의 접선이고 점 C는 그 접점이다. $\overline{AB}$가 원 O의 지름이고 $\overline{AB}$=12 cm, ∠BAC=30°일 때, $\overline{BD}$의 길이를 구하시오.

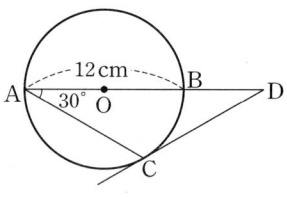

17

오른쪽 그림에서 $\overleftrightarrow{ST}$는 점 P에서 외접하는 두 원의 공통인 접선이다. ∠BAC=74°, ∠CDB=38°일 때, ∠x의 크기는?

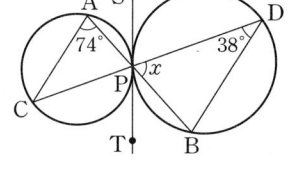

① 60°　　　② 63°　　　③ 65°

④ 68°　　　⑤ 70°

18

오른쪽 줄기와 잎 그림은 학생 11명의 줄넘기를 한 횟수를 조사하여 나타낸 것이다. 이 자료의 평균을 a회, 중앙값을 b회, 최빈값을 c회라고 할 때, $a+b+c$의 값은?

① 35　　　② 48

③ 56　　　④ 60

⑤ 72

(0|3는 3회)

줄기	잎		
0	3	4	9
1	1	3	6
2	2	2	9
3	0	9	

19

다음은 10일 동안의 세희의 수면 시간을 조사하여 나타낸 것이다. 이 자료의 평균, 중앙값, 최빈값을 각각 A시간, B시간, C시간이라고 할 때, A, B, C의 대소 관계는?

(단위 : 시간)

9, 7, 8, 7, 8, 8, 6, 6, 7, 8

① $A<B<C$ ② $A<C<B$ ③ $B<A<C$
④ $C<A<B$ ⑤ $C<B<A$

20

아래 표는 학생 4명의 수학 성적의 편차를 조사하여 나타낸 것이다. 다음 설명 중 옳은 것을 모두 고르면? (정답 2개)

학생	A	B	C	D
편차(점)	−1	x	3	−2

① 학생 C의 성적이 가장 낮다.
② 중앙값은 B, C 두 학생의 성적의 평균이다.
③ 이 자료에서 평균은 학생 B의 성적과 같다.
④ 분산은 4이다.
⑤ 학생 A와 학생 C의 점수의 차는 4점이다.

21

다음 표는 학생 5명의 수행 평가 성적의 편차를 조사하여 나타낸 것이다. 이 자료의 표준편차를 구하시오.

학생	A	B	C	D	E
편차(점)	−1	−2	x	3	1

22

다음 표는 학생 5명의 턱걸이 기록의 평균과 표준편차를 나타낸 것이다. 이때 턱걸이 기록이 가장 고른 학생은?

학생	A	B	C	D	E
평균(회)	23	18	45	71	56
표준편차(회)	1.4	2.1	3.1	1.2	1.9

① A   ② B   ③ C
④ D   ⑤ E

23

5개의 수 5, x, 6, y, 10의 평균이 6이고 분산이 12일 때, x^2+y^2의 값은?

① 65   ② 69   ③ 72
④ 75   ⑤ 79

24

오른쪽 그림은 양궁 선수 20명이 1차, 2차의 시합에서 화살을 쏘아 얻은 점수에 대한 산점도이다. 두 번의 경기에서 모두 7점 이상을 얻은 선수를 a명, 1차 경기에 비해 2차 경기에서 얻은 점수가 가장 많

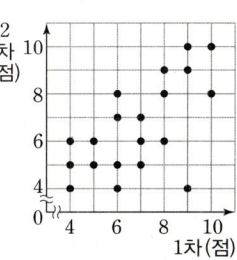

이 떨어진 선수의 두 점수의 차를 b점, 두 번의 경기에서 얻은 점수의 합이 높은 순으로 등수를 정할 때, 6등인 선수의 1, 2차 점수의 평균을 c점이라고 할 때, $a+b-c$의 값을 구하시오.

서술형 문제

25번부터 30번은 서술형 문제입니다. 풀이 과정을 쓰고 답을 구하세요.

25

오른쪽 그림과 같이 일차방정식 $2x-y-4=0$의 그래프가 x축의 양의 방향과 이루는 각의 크기를 a라고 할 때, $\cos a + \sin a$의 값을 구하시오.

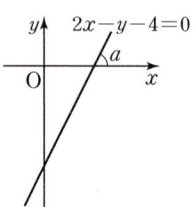

26

다음 그림과 같이 20 m 떨어진 두 지점 B, C에서 건물 꼭대기 A지점을 올려다본 각의 크기가 각각 45°, 60°일 때, 건물의 높이를 구하시오.

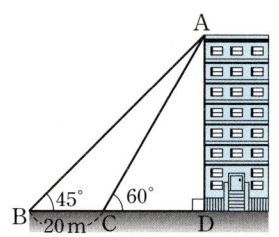

27

오른쪽 그림에서 $\overline{AD}$, $\overline{BC}$, $\overline{CD}$는 반원 O의 접선이고 세 점 A, B, E는 각각 그 접점이다. $\overline{AD}=4$ cm, $\overline{BC}=10$ cm일 때, □ABCD의 넓이를 구하시오.

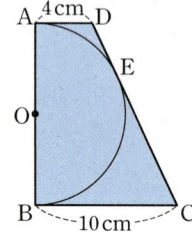

28

오른쪽 그림과 같이 $\overline{AB}$를 지름으로 하는 반원 O에서 두 현 AD, BC의 연장선의 교점을 P라고 하자. ∠P=70°일 때, ∠COD의 크기를 구하시오.

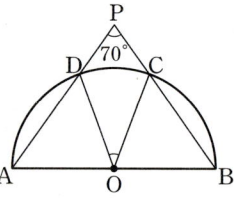

29

오른쪽 그림에서 $\overleftrightarrow{BP}$는 원 O의 접선이고 점 B는 그 접점이다. $\overline{AB}=9$ cm, ∠ABP=60°일 때, 원 O의 넓이를 구하시오.

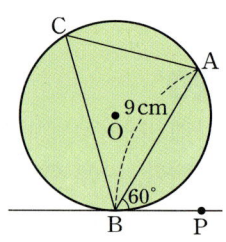

30

어느 중학교에서 학교 대표로 턱걸이 대회에 출전할 학생을 선발하려고 한다. 다음 표는 정엽이와 민혁이가 5회의 연습 경기에서 얻은 기록을 조사하여 나타낸 것이다. 두 학생 중 기록이 더 고른 학생을 대표로 선발하려고 할 때, 어떤 학생을 선발해야 하는지 말하시오.

(단위 : 개)

회	1	2	3	4	5
정엽	13	11	15	17	19
민혁	14	17	15	16	13

新 수학의 바이블

내신 특강

新 수학의

바이블

핵심을 쉽게! 이해를 빠르게! 점수를 우월하게!

내신 **특강**

중학 **3-2**

정답과 풀이

이투스북

新 수학의
바이블

新 수학의 **바이블**

내신 **특강**

중학 **3-2**

정답과 풀이

정답과 풀이

I. 삼각비

01 삼각비

대표문제 확인하기

본교재 007쪽

01 ①	**02** ③	**03** ①	**04** $\dfrac{5}{13}$
05 ②	**06** ③		

01 $\sin B=\dfrac{\overline{AC}}{\overline{AB}}=\dfrac{9}{15}=\dfrac{3}{5}$　　답 ①

02 $\cos B=\dfrac{\overline{BC}}{\overline{AB}}=\dfrac{2\sqrt{3}}{\overline{AB}}=\dfrac{\sqrt{3}}{2}$이므로 $\overline{AB}=4$　　답 ③

03 $\cos B=\dfrac{\overline{BC}}{\overline{AB}}=\dfrac{\overline{BC}}{6}=\dfrac{1}{3}$이므로 $\overline{BC}=2$
$\overline{AC}=\sqrt{6^2-2^2}=4\sqrt{2}$이므로
$\tan A=\dfrac{\overline{BC}}{\overline{AC}}=\dfrac{2}{4\sqrt{2}}=\dfrac{\sqrt{2}}{4}$　　답 ①

04 △ABC와 △EBD에서 ∠B는 공통, ∠BAC=∠BED=90°
즉 △ABC∽△EBD (AA 닮음)이므로
x=∠EDB=∠ACB
△ABC에서 $\overline{BC}=\sqrt{12^2+5^2}=13$이므로
$\cos x=\cos C=\dfrac{\overline{AC}}{\overline{BC}}=\dfrac{5}{13}$　　답 $\dfrac{5}{13}$

05 △ABC와 △DBA에서 ∠B는 공통, ∠BAC=∠BDA=90°
즉 △ABC∽△DBA (AA 닮음)이므로
x=∠DAB=∠ACB
또 △ABC와 △DAC에서 ∠C는 공통,
∠BAC=∠ADC=90°
즉 △ABC∽△DAC (AA 닮음)이므로
y=∠DAC=∠ABC
△ABC에서 $\overline{BC}=\sqrt{3^2+9^2}=3\sqrt{10}$이므로
$\sin x=\dfrac{\overline{AB}}{\overline{BC}}=\dfrac{3}{3\sqrt{10}}=\dfrac{\sqrt{10}}{10}$, $\cos y=\dfrac{\overline{AB}}{\overline{BC}}=\dfrac{3}{3\sqrt{10}}=\dfrac{\sqrt{10}}{10}$
$\therefore \sin x+\cos y=\dfrac{\sqrt{10}}{10}+\dfrac{\sqrt{10}}{10}=\dfrac{\sqrt{10}}{5}$　　답 ②

06 $\overline{EG}=\sqrt{7^2+7^2}=7\sqrt{2}$, $\overline{CE}=\sqrt{7^2+7^2+7^2}=7\sqrt{3}$이고
∠CGE=90°이므로
△CEG에서 $\cos x=\dfrac{\overline{EG}}{\overline{CE}}=\dfrac{7\sqrt{2}}{7\sqrt{3}}=\dfrac{\sqrt{6}}{3}$　　답 ③

필수문제 확인하기

본교재 008 ~ 011쪽

01 ①	**02** $\sqrt{3}$	**03** $\dfrac{\sqrt{42}}{7}$	**04** ①
05 ③	**06** $\dfrac{3}{5}$	**07** ⑤	**08** $6\sqrt{7}\ \text{cm}^2$
09 $(600+200\sqrt{5})\ \text{m}$		**10** ④	**11** ⑤
12 $\dfrac{\sqrt{5}}{6}$	**13** $6-2\sqrt{5}$	**14** ⑤	**15** $\dfrac{\sqrt{21}}{14}$
16 ④	**17** ④	**18** $\dfrac{\sqrt{5}}{2}$	**19** $\dfrac{\sqrt{34}}{17}$
20 $\dfrac{\sqrt{5}}{5}$	**21** ③	**22** $\sqrt{2}$	**23** $\dfrac{2\sqrt{5}}{5}$
24 $\dfrac{15}{4}$	**25** $\dfrac{1}{3}$		

01 $\overline{BC}=\sqrt{6^2-4^2}=2\sqrt{5}$
ㄱ. $\sin A=\dfrac{\overline{BC}}{\overline{AB}}=\dfrac{2\sqrt{5}}{6}=\dfrac{\sqrt{5}}{3}$
ㄴ. $\cos B=\dfrac{\overline{BC}}{\overline{AB}}=\dfrac{2\sqrt{5}}{6}=\dfrac{\sqrt{5}}{3}$
ㄷ. $\tan A=\dfrac{\overline{BC}}{\overline{AC}}=\dfrac{2\sqrt{5}}{4}=\dfrac{\sqrt{5}}{2}$
ㄹ. $\tan B=\dfrac{\overline{AC}}{\overline{BC}}=\dfrac{4}{2\sqrt{5}}=\dfrac{2\sqrt{5}}{5}$
따라서 옳은 것은 ㄱ, ㄴ이다.　　답 ①

02 $\overline{AC}=\sqrt{(2\sqrt{3})^2-3^2}=\sqrt{3}$이므로
$\sin A=\dfrac{\overline{BC}}{\overline{AB}}=\dfrac{3}{2\sqrt{3}}=\dfrac{\sqrt{3}}{2}$, $\cos A=\dfrac{\overline{AC}}{\overline{AB}}=\dfrac{\sqrt{3}}{2\sqrt{3}}=\dfrac{1}{2}$,
$\tan A=\dfrac{\overline{BC}}{\overline{AC}}=\dfrac{3}{\sqrt{3}}=\sqrt{3}$
$\therefore \cos A\times\tan A+\sin A=\dfrac{1}{2}\times\sqrt{3}+\dfrac{\sqrt{3}}{2}=\sqrt{3}$　　답 $\sqrt{3}$

03 $\overline{AB}:\overline{BC}=1:\sqrt{7}$이므로
$\overline{AB}=k$, $\overline{BC}=\sqrt{7}k\ (k>0)$라고 하면
$\overline{AC}=\sqrt{(\sqrt{7}k)^2-k^2}=\sqrt{6}k$
$\therefore \sin B=\dfrac{\overline{AC}}{\overline{BC}}=\dfrac{\sqrt{6}k}{\sqrt{7}k}=\dfrac{\sqrt{42}}{7}$　　답 $\dfrac{\sqrt{42}}{7}$

04 ∠BQR=∠DRQ=∠BRQ=x
이므로
$\overline{BQ}=\overline{BR}=\overline{RD}=6\ \text{cm}$
$\overline{BP}=\overline{DC}=4\ \text{cm}$
∠BPQ=90°이므로
△BPQ에서
$\overline{PQ}=\sqrt{6^2-4^2}=2\sqrt{5}\,(\text{cm})$
점 Q에서 $\overline{BR}$에 내린 수선의 발을 H라고 하면 $\overline{QH}=4\ \text{cm}$,
$\overline{RH}=\overline{BR}-\overline{BH}=\overline{BR}-\overline{PQ}=6-2\sqrt{5}\,(\text{cm})$
따라서 △RHQ에서
$\tan x=\dfrac{\overline{QH}}{\overline{RH}}=\dfrac{4}{6-2\sqrt{5}}=\dfrac{3+\sqrt{5}}{2}$　　답 ①

05 점 A에서 $\overline{BC}$에 내린 수선의 발을 D라
하고 $\overline{BD}=x$ cm라고 하면
$\overline{DC}=(7-x)$ cm이므로
△ABD에서 $\overline{AD}^2=5^2-x^2$
△ADC에서
$\overline{AD}^2=(4\sqrt{2})^2-(7-x)^2=-17+14x-x^2$
즉 $5^2-x^2=-17+14x-x^2$이므로
$14x=42$ ∴ $x=3$
따라서 $\overline{BD}=3$ cm, $\overline{DC}=7-3=4$(cm),
$\overline{AD}=\sqrt{5^2-3^2}=4$(cm)이므로

$\dfrac{\sin C\times\cos C}{\sin B\times\cos B}=\dfrac{\frac{4}{4\sqrt{2}}\times\frac{4}{4\sqrt{2}}}{\frac{4}{5}\times\frac{3}{5}}=\dfrac{\frac{1}{2}}{\frac{12}{25}}=\dfrac{25}{24}$ **답 ③**

06 $\overline{DM}=\overline{DN}=\sqrt{8^2+4^2}=4\sqrt{5}$(cm), $\overline{MN}=\sqrt{4^2+4^2}=4\sqrt{2}$(cm)
오른쪽 그림과 같이 점 N에서 $\overline{DM}$에 내
린 수선의 발을 H라 하고 $\overline{MH}=t$ cm
라고 하면 $\overline{DH}=4\sqrt{5}-t$(cm)이므로
△MNH에서
$\overline{NH}^2=(4\sqrt{2})^2-t^2=32-t^2$
△DNH에서 $\overline{NH}^2=(4\sqrt{5})^2-(4\sqrt{5}-t)^2=8\sqrt{5}t-t^2$
즉 $32-t^2=8\sqrt{5}t-t^2$이므로 $t=\dfrac{4}{\sqrt{5}}=\dfrac{4\sqrt{5}}{5}$
∴ $\overline{NH}=\sqrt{(4\sqrt{2})^2-\left(\dfrac{4\sqrt{5}}{5}\right)^2}=\sqrt{\dfrac{144}{5}}=\dfrac{12\sqrt{5}}{5}$
따라서 △DNH에서
$\sin x=\dfrac{\overline{NH}}{\overline{DN}}=\dfrac{12\sqrt{5}}{5}\div4\sqrt{5}=\dfrac{12\sqrt{5}}{5}\times\dfrac{1}{4\sqrt{5}}=\dfrac{3}{5}$ **답 $\dfrac{3}{5}$**

07 $\sin B=\dfrac{\overline{AC}}{10}=\dfrac{1}{5}$이므로 $\overline{AC}=2$(cm)
∴ $\overline{BC}=\sqrt{10^2-2^2}=4\sqrt{6}$(cm) **답 ⑤**

08 $\cos C=\dfrac{6}{\overline{AC}}=\dfrac{3}{4}$이므로 $\overline{AC}=8$(cm)
$\overline{AB}=\sqrt{8^2-6^2}=2\sqrt{7}$(cm)이므로
△ABC$=\dfrac{1}{2}\times6\times2\sqrt{7}=6\sqrt{7}$(cm²) **답 $6\sqrt{7}$ cm²**

09 경사도가 50 %이면 $\tan A=\dfrac{50}{100}=\dfrac{1}{2}$
오른쪽 그림과 같이 $\overline{AB}=2k$,
$\overline{BC}=k\,(k>0)$인 직각삼각형 ABC를 그리
면 $\overline{AC}=1$ km일 때, 즉 자동차가 도로를
1 km 달렸을 때의 높이는 $\overline{BC}$의 길이이다.
이때 $\overline{AC}=\sqrt{(2k)^2+k^2}=\sqrt{5}k=1$이므로 $k=\dfrac{1}{\sqrt{5}}=\dfrac{\sqrt{5}}{5}$

∴ $\overline{BC}=\dfrac{\sqrt{5}}{5}(km)=200\sqrt{5}$(m)
따라서 자동차의 현재 위치는 해발 $(600+200\sqrt{5})$ m이다.
답 $(600+200\sqrt{5})$ m

10 $\sin A=\dfrac{\overline{BC}}{9}=\dfrac{2}{3}$이므로 $\overline{BC}=6$
$\overline{AB}=\sqrt{9^2-6^2}=3\sqrt{5}$이므로
$\cos A=\dfrac{\overline{AB}}{\overline{AC}}=\dfrac{3\sqrt{5}}{9}=\dfrac{\sqrt{5}}{3}$ **답 ④**

11 ∠B=90°이고 $\cos A=\dfrac{1}{3}$이므로 오른쪽 그림과 같
이 $\overline{AB}=k$, $\overline{AC}=3k\,(k>0)$인 직각삼각형 ABC를
그리면
$\overline{BC}=\sqrt{(3k)^2-k^2}=2\sqrt{2}k$
∴ $\sin A=\dfrac{\overline{BC}}{\overline{AC}}=\dfrac{2\sqrt{2}k}{3k}=\dfrac{2\sqrt{2}}{3}$ **답 ⑤**

12 ∠B=90°이고 $\tan A=\sqrt{5}$이므로 오른쪽 그림과
같이 $\overline{AB}=k$, $\overline{BC}=\sqrt{5}k\,(k>0)$인 직각삼각형
ABC를 그리면
$\overline{AC}=\sqrt{k^2+(\sqrt{5}k)^2}=\sqrt{6}k$
$\sin A=\dfrac{\overline{BC}}{\overline{AC}}=\dfrac{\sqrt{5}k}{\sqrt{6}k}=\dfrac{\sqrt{30}}{6}$,
$\cos A=\dfrac{\overline{AB}}{\overline{AC}}=\dfrac{k}{\sqrt{6}k}=\dfrac{\sqrt{6}}{6}$이므로
$\sin A\times\cos A=\dfrac{\sqrt{30}}{6}\times\dfrac{\sqrt{6}}{6}=\dfrac{\sqrt{5}}{6}$ **답 $\dfrac{\sqrt{5}}{6}$**

13 △ACB에서 $\tan B=\dfrac{\overline{AC}}{3}=2$ ∴ $\overline{AC}=6$
△AED와 △ACB에서 ∠A는 공통,
∠AED=∠ACB=90°
즉 △AED∽△ACB (AA 닮음)이므로
$\overline{DE}:\overline{BC}=\overline{AE}:\overline{AC}$, $\sqrt{5}:3=\overline{AE}:6$ ∴ $\overline{AE}=2\sqrt{5}$
∴ $\overline{EC}=\overline{AC}-\overline{AE}=6-2\sqrt{5}$ **답 $6-2\sqrt{5}$**

14 △ABC와 △AED에서 ∠A는 공통, ∠ACB=∠ADE
즉 △ABC∽△AED (AA 닮음)이므로 ∠ABC=∠AED
△AED에서 $\overline{AD}=\sqrt{7^2-3^2}=2\sqrt{10}$이므로
$\cos B=\cos(\angle AED)=\dfrac{\overline{AE}}{\overline{DE}}=\dfrac{3}{7}$,
$\cos C=\cos(\angle ADE)=\dfrac{\overline{AD}}{\overline{DE}}=\dfrac{2\sqrt{10}}{7}$
∴ $\cos B+\cos C=\dfrac{3}{7}+\dfrac{2\sqrt{10}}{7}=\dfrac{3+2\sqrt{10}}{7}$ **답 ⑤**

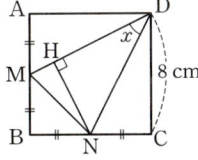

15 $\triangle ABC$에서 $\sin x = \dfrac{3}{\overline{AB}} = \dfrac{1}{2}$이므로 $\overline{AB} = 6$

$\overline{AC} = \sqrt{6^2 - 3^2} = 3\sqrt{3}$

$\triangle ABC$와 $\triangle DBE$에서

$\angle C = \angle E = 90°$, $\angle ABC = \angle DBE$ (맞꼭지각)

즉 $\triangle ABC \backsim \triangle DBE$ (AA 닮음)이므로

$\overline{AB} : \overline{DB} = \overline{BC} : \overline{BE}$, $6 : 3 = 3 : \overline{BE}$ $\quad \therefore \overline{BE} = \dfrac{3}{2}$

$\triangle DBE$에서 $\overline{DE} = \sqrt{3^2 - \left(\dfrac{3}{2}\right)^2} = \dfrac{3\sqrt{3}}{2}$

$\triangle ADC$에서 $\overline{AD} = \sqrt{(3\sqrt{3})^2 + 6^2} = 3\sqrt{7}$

따라서 $\triangle ADE$에서

$\sin y = \dfrac{\overline{DE}}{\overline{AD}} = \dfrac{3\sqrt{3}}{2} \div 3\sqrt{7} = \dfrac{3\sqrt{3}}{2} \times \dfrac{1}{3\sqrt{7}} = \dfrac{\sqrt{21}}{14}$ 답 $\dfrac{\sqrt{21}}{14}$

16 $\triangle ABC$와 $\triangle ACD$에서

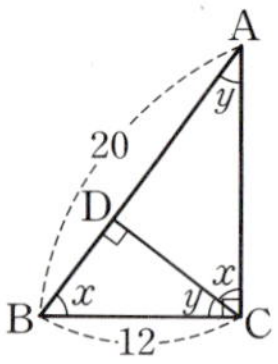

$\angle A$는 공통, $\angle ACB = \angle ADC = 90°$

즉 $\triangle ABC \backsim \triangle ACD$ (AA 닮음)이므로

$x = \angle ACD = \angle ABC$

또 $\triangle ABC$와 $\triangle CBD$에서

$\angle B$는 공통, $\angle ACB = \angle CDB = 90°$

즉 $\triangle ABC \backsim \triangle CBD$ (AA 닮음)이므로

$y = \angle BCD = \angle BAC$

$\triangle ABC$에서 $\overline{AC} = \sqrt{20^2 - 12^2} = 16$이므로

$\cos x = \dfrac{\overline{BC}}{\overline{AB}} = \dfrac{12}{20} = \dfrac{3}{5}$, $\tan y = \dfrac{\overline{BC}}{\overline{AC}} = \dfrac{12}{16} = \dfrac{3}{4}$

$\therefore \cos x \times \tan y = \dfrac{3}{5} \times \dfrac{3}{4} = \dfrac{9}{20}$ 답 ④

17 $\triangle ABC \backsim \triangle ADE \backsim \triangle AEF \backsim \triangle EDF$ (AA 닮음)이므로

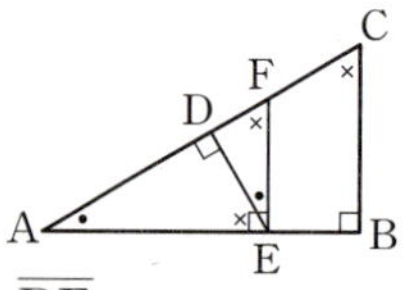

① $\triangle ABC$에서 $\cos A = \dfrac{\overline{AB}}{\overline{AC}}$

② $\triangle ADE$에서 $\cos A = \dfrac{\overline{AD}}{\overline{AE}}$

③ $\triangle EDF$에서 $\cos A = \cos(\angle DEF) = \dfrac{\overline{DE}}{\overline{EF}}$

④ $\triangle EDF$에서 $\sin A = \sin(\angle DEF) = \dfrac{\overline{DF}}{\overline{EF}}$

⑤ $\triangle AEF$에서 $\cos A = \dfrac{\overline{AE}}{\overline{AF}}$

따라서 $\cos A$의 값이 아닌 것은 ④이다. 답 ④

18 $\triangle ABD$에서 $\angle DAB = x$이므로 $\angle ABD = 90° - x$

$\triangle CAD$에서 $\angle CAD = 90° - x$이므로 $\angle ACD = x$

즉 $\triangle ABD \backsim \triangle CAD$ (AA 닮음)이므로

$\overline{BD} : \overline{AD} = \overline{AD} : \overline{CD}$, $5 : \overline{AD} = \overline{AD} : 4$

$\overline{AD}^2 = 20$ $\quad \therefore \overline{AD} = 2\sqrt{5}$ ($\because \overline{AD} > 0$)

따라서 $\triangle ABD$에서

$\tan x = \dfrac{\overline{BD}}{\overline{AD}} = \dfrac{5}{2\sqrt{5}} = \dfrac{\sqrt{5}}{2}$ 답 $\dfrac{\sqrt{5}}{2}$

19 오른쪽 그림과 같이 직선

$3x - 5y - 15 = 0$이 x축, y축과 만나는

점을 각각 A, B라고 하면

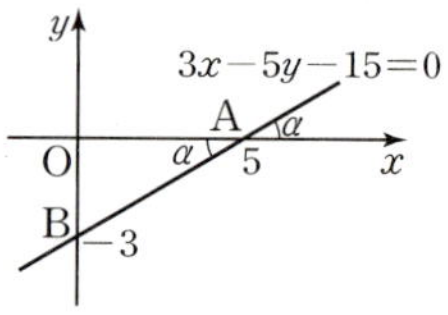

A$(5, 0)$, B$(0, -3)$

$\triangle AOB$에서 $\overline{AB} = \sqrt{5^2 + 3^2} = \sqrt{34}$

$\alpha = \angle OAB$(맞꼭지각)이므로

$\sin \alpha = \dfrac{\overline{BO}}{\overline{AB}} = \dfrac{3}{\sqrt{34}} = \dfrac{3\sqrt{34}}{34}$,

$\cos \alpha = \dfrac{\overline{AO}}{\overline{AB}} = \dfrac{5}{\sqrt{34}} = \dfrac{5\sqrt{34}}{34}$

$\therefore \cos \alpha - \sin \alpha = \dfrac{5\sqrt{34}}{34} - \dfrac{3\sqrt{34}}{34} = \dfrac{\sqrt{34}}{17}$ 답 $\dfrac{\sqrt{34}}{17}$

20 $\overline{AF} = \sqrt{6^2 + 8^2} = 10$, $\overline{AG} = \sqrt{5^2 + 6^2 + 8^2} = 5\sqrt{5}$이므로

$\triangle AFG$에서 $\sin x = \dfrac{\overline{FG}}{\overline{AG}} = \dfrac{5}{5\sqrt{5}} = \dfrac{\sqrt{5}}{5}$ 답 $\dfrac{\sqrt{5}}{5}$

21 $\overline{VM}$, $\overline{VN}$은 각각 정삼각형 VAB, VCD의 높이이므로

$\overline{VM} = \overline{VN} = \sqrt{2^2 - 1^2} = \sqrt{3}$

오른쪽 그림과 같이 점 V에서 $\overline{MN}$에 내린

수선의 발을 H라고 하면

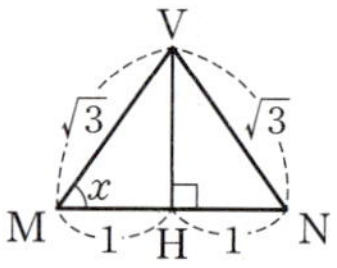

$\overline{VH} = \sqrt{(\sqrt{3})^2 - 1^2} = \sqrt{2}$

$\therefore \sin x = \dfrac{\overline{VH}}{\overline{VM}} = \dfrac{\sqrt{2}}{\sqrt{3}} = \dfrac{\sqrt{6}}{3}$ 답 ③

22 $\overline{CM} = \dfrac{1}{2} \overline{CD} = 3$ (cm)이므로

$\triangle BCM$에서 $\overline{BM} = \sqrt{6^2 - 3^2} = 3\sqrt{3}$ (cm)

오른쪽 그림과 같이 점 A에서 밑면에

내린 수선의 발을 H라고 하면 점 H는

$\triangle BCD$의 무게중심이므로

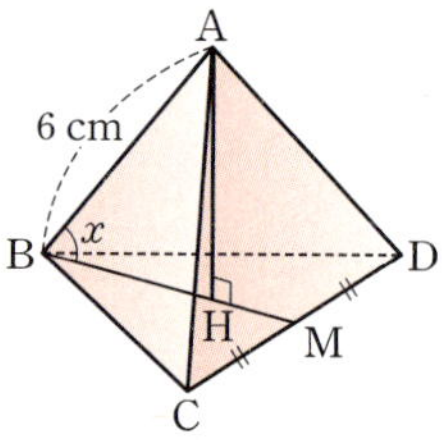

$\overline{BH} = \dfrac{2}{3} \overline{BM} = 2\sqrt{3}$ (cm)

$\triangle ABH$에서

$\overline{AH} = \sqrt{6^2 - (2\sqrt{3})^2} = 2\sqrt{6}$ (cm)

$\therefore \tan x = \dfrac{\overline{AH}}{\overline{BH}} = \dfrac{2\sqrt{6}}{2\sqrt{3}} = \sqrt{2}$ 답 $\sqrt{2}$

23 $\triangle ABC$에서 $\overline{AD} : \overline{BD} = 4 : 1$이므로

$\overline{AD} = 4a$, $\overline{BD} = a$ ($a > 0$)라고 하자.

$\triangle ADC$에서 $\angle ACD = y$라고 하면 $y = 90° - x$

$\triangle CDB$에서 $\angle CBD = 90° - x$이므로 $\angle CBD = y$

즉 $\triangle ADC \backsim \triangle CDB$ (AA 닮음)이므로

$\overline{AD} : \overline{CD} = \overline{CD} : \overline{BD}$, $4a : \overline{CD} = \overline{CD} : a$

$\overline{CD}^2 = 4a \times a = 4a^2$

$\therefore \overline{CD} = \sqrt{4a^2} = 2a$ ($\because \overline{CD} > 0$) $\quad \cdots\cdots 40\%$

$\triangle BCD$에서

$\overline{BC} = \sqrt{(2a)^2 + a^2} = \sqrt{4a^2 + a^2} = \sqrt{5}a$ $\quad \cdots\cdots 40\%$

$\therefore \cos x = \dfrac{\overline{CD}}{\overline{BC}} = \dfrac{2a}{\sqrt{5}a} = \dfrac{2}{\sqrt{5}} = \dfrac{2\sqrt{5}}{5}$ $\quad \cdots\cdots 20\%$

답 $\dfrac{2\sqrt{5}}{5}$

24 $\angle B=90°$이고 $\tan A=\dfrac{3}{2}$이므로 오른쪽 그림과

같이 $\overline{AB}=2k$, $\overline{BC}=3k$ $(k>0)$인 직각삼각형

ABC를 그리면

$\overline{AC}=\sqrt{(2k)^2+(3k)^2}=\sqrt{13}k$ ····· 30 %

$\cos A=\dfrac{2k}{\sqrt{13}k}=\dfrac{2\sqrt{13}}{13}$,

$\cos C=\dfrac{3k}{\sqrt{13}k}=\dfrac{3\sqrt{13}}{13}$이므로 ····· 30 %

$$\dfrac{\tan A+1}{\cos A}\times\cos C=\left(\dfrac{3}{2}+1\right)\div\dfrac{2\sqrt{13}}{13}\times\dfrac{3\sqrt{13}}{13}$$

$$=\dfrac{5}{2}\times\dfrac{13}{2\sqrt{13}}\times\dfrac{3\sqrt{13}}{13}$$

$$=\dfrac{15}{4}$$ ····· 40 %

🖐 $\dfrac{15}{4}$

25 $\triangle$BCD에서 $\overline{BD}=\sqrt{4^2+4^2}=4\sqrt{2}$ ····· 20 %

$\triangle$BCD와 $\triangle$AED에서

$\angle C=\angle E=90°$, $\angle BDC=\angle ADE$(맞꼭지각)

즉 $\triangle$BCD∽$\triangle$AED(AA 닮음)이므로

$\overline{CD}:\overline{ED}=\overline{BD}:\overline{AD}$에서

$4:\overline{ED}=4\sqrt{2}:4$ ∴ $\overline{ED}=2\sqrt{2}$ ····· 40 %

$\overline{BC}:\overline{AE}=\overline{BD}:\overline{AD}$에서

$4:\overline{AE}=4\sqrt{2}:4$ ∴ $\overline{AE}=2\sqrt{2}$ ····· 20 %

따라서 $\triangle$ABE에서

$\tan x=\dfrac{\overline{AE}}{\overline{BD}+\overline{DE}}=\dfrac{2\sqrt{2}}{4\sqrt{2}+2\sqrt{2}}=\dfrac{1}{3}$ ····· 20 %

🖐 $\dfrac{1}{3}$

02 삼각비의 값

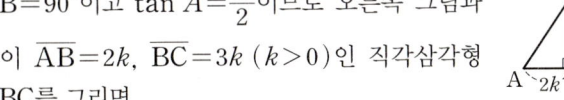

대표문제 확인하기

본교재 013쪽

01 ② **02** ② **03** ③

04 (1) 0.6820 (2) 0.7314 (3) 0.9325 **05** ④

06 ② **07** 1.1738

01 (주어진 식)$=\dfrac{\sqrt{2}}{2}\times\dfrac{\sqrt{2}}{2}-\dfrac{\sqrt{3}}{2}\div\dfrac{\sqrt{3}}{2}$

$$=\dfrac{1}{2}-\dfrac{\sqrt{3}}{2}\times\dfrac{2}{\sqrt{3}}$$

$$=\dfrac{1}{2}-1=-\dfrac{1}{2}$$ 🖐 ②

02 $\tan a=$(직선의 기울기)$=1$ 🖐 ②

03 $\tan x=\dfrac{\overline{CD}}{\overline{OD}}=\dfrac{\overline{CD}}{1}=\overline{CD}$ 🖐 ③

04 (1) $\sin 43°=\dfrac{\overline{AB}}{\overline{OA}}=\dfrac{0.6820}{1}=0.6820$

(2) $\cos 43°=\dfrac{\overline{OB}}{\overline{OA}}=\dfrac{0.7314}{1}=0.7314$

(3) $\tan 43°=\dfrac{\overline{CD}}{\overline{OD}}=\dfrac{0.9325}{1}=0.9325$

🖐 (1) 0.6820 (2) 0.7314 (3) 0.9325

05 ㄱ. $\sin 30°=\dfrac{1}{2}$, $\cos 60°=\dfrac{1}{2}$이므로 $\sin 30°=\cos 60°$

ㄴ. $\tan 30°=\dfrac{\sqrt{3}}{3}$, $\tan 60°=\sqrt{3}$이므로 $\tan 30°=\dfrac{1}{\tan 60°}$

ㄷ. $\sin 90°=\cos 0°=\tan 45°=1$

ㄹ. $\sin 0°\times\tan 45°-\cos 90°\times\tan 0°=0\times1-0\times0=0$

ㅁ. $60°\le x<90°$일 때, $\cos x<\sin x<\tan x$

따라서 옳은 것은 ㄱ, ㄴ, ㄷ, ㅁ의 4개이다. 🖐 ④

06 $45°<A<90°$일 때, $\cos 30°>\cos A$이므로

$\cos 30°-\cos A>0$, $\cos A-\cos 30°<0$

∴ $\sqrt{(\cos 30°-\cos A)^2}-\sqrt{(\cos A-\cos 30°)^2}$

$=(\cos 30°-\cos A)-\{-(\cos A-\cos 30°)\}$

$=\cos 30°-\cos A+\cos A-\cos 30°=0$ 🖐 ②

07 $\sin 12°=0.2079$, $\cos 15°=0.9659$이므로

$\sin 12°+\cos 15°=0.2079+0.9659=1.1738$ 🖐 1.1738

필수문제 확인하기

본교재 014~017쪽

01 ③ **02** $\dfrac{1}{4}$ **03** ③

04 $(9-3\sqrt{3})$ cm **05** ⑤

06 $(48\pi-72\sqrt{3})$ cm² **07** $3\sqrt{3}-3$ **08** $2-\sqrt{3}$

09 $\dfrac{\sqrt{2}+\sqrt{6}}{4}$ **10** ④ **11** 1 **12** ③, ⑤

13 2.3786 **14** 24 **15** ⑤ **16** $2\tan A$

17 ④ **18** ④ **19** ③ **20** ②

21 29 **22** $2-\sqrt{3}$ **23** (1) $\dfrac{2}{3}$ (2) $\dfrac{11\sqrt{5}}{15}$

24 39.07 m

01 ① (좌변)$=\sqrt{2}\times\dfrac{\sqrt{3}}{2}-\sqrt{3}\times\dfrac{\sqrt{2}}{2}=0$

② (좌변)$=1\times\left(2\times\dfrac{\sqrt{2}}{2}-0\right)=\sqrt{2}$

③ (좌변)$=\dfrac{\sqrt{3}}{3}+1\times1=\dfrac{\sqrt{3}+3}{3}$

④ (좌변)$=\left(\sqrt{3}+2\times\dfrac{\sqrt{3}}{2}\right)\times\dfrac{1}{2}=\sqrt{3}$

⑤ (좌변)$=\dfrac{\sqrt{2}}{2}\div\left(1+\dfrac{1}{2}\right)=\dfrac{\sqrt{2}}{2}\div\dfrac{3}{2}=\dfrac{\sqrt{2}}{2}\times\dfrac{2}{3}=\dfrac{\sqrt{2}}{3}$

따라서 옳지 않은 것은 ③이다.   **답** ③

02 삼각형의 세 내각의 크기의 합은 180°이고 ∠A가 가장 작은 각이므로

$\angle A=180°\times\dfrac{1}{1+2+3}=30°$

따라서 $\sin A=\dfrac{1}{2}$, $\cos A=\dfrac{\sqrt{3}}{2}$, $\tan A=\dfrac{\sqrt{3}}{3}$이므로

$\sin A\times\cos A\times\tan A=\dfrac{1}{2}\times\dfrac{\sqrt{3}}{2}\times\dfrac{\sqrt{3}}{3}=\dfrac{1}{4}$ **답** $\dfrac{1}{4}$

03 $\sin 90°+\cos 60°=1+\dfrac{1}{2}=\dfrac{3}{2}$에서

$4x^2+ax+3=0$의 한 근이 $\dfrac{3}{2}$이므로

$4\times\left(\dfrac{3}{2}\right)^2+a\times\dfrac{3}{2}+3=0$, $\dfrac{3}{2}a=-12$ ∴ $a=-8$

즉 주어진 이차방정식은 $4x^2-8x+3=0$이므로

$(2x-1)(2x-3)=0$ ∴ $x=\dfrac{1}{2}$ 또는 $x=\dfrac{3}{2}$

따라서 다른 한 근은 $\dfrac{1}{2}$이다.   **답** ③

04 △ABC에서 $\sin 30°=\dfrac{\overline{AC}}{6\sqrt{3}}=\dfrac{1}{2}$이므로 $\overline{AC}=3\sqrt{3}$(cm)

$\cos 30°=\dfrac{\overline{BC}}{6\sqrt{3}}=\dfrac{\sqrt{3}}{2}$이므로 $\overline{BC}=9$(cm)

△ADC에서 $\tan 45°=\dfrac{3\sqrt{3}}{\overline{DC}}=1$이므로 $\overline{DC}=3\sqrt{3}$(cm)

∴ $\overline{BD}=\overline{BC}-\overline{DC}=9-3\sqrt{3}$(cm)   **답** $(9-3\sqrt{3})$ cm

05 ① △AHC에서 $\tan 45°=\dfrac{\overline{AH}}{4\sqrt{3}}=1$이므로 $\overline{AH}=4\sqrt{3}$

② △ABH에서 $\tan 60°=\dfrac{4\sqrt{3}}{\overline{BH}}=\sqrt{3}$이므로 $\overline{BH}=4$

③ △ABH에서 $\cos 60°=\dfrac{4}{\overline{AB}}=\dfrac{1}{2}$이므로 $\overline{AB}=8$

④ △AHC에서 $\cos 45°=\dfrac{4\sqrt{3}}{\overline{AC}}=\dfrac{\sqrt{2}}{2}$이므로 $\overline{AC}=4\sqrt{6}$

⑤ $\overline{BH}=4$, $\overline{AH}=4\sqrt{3}$이므로

$△ABC=\dfrac{1}{2}\times(4+4\sqrt{3})\times4\sqrt{3}=8\sqrt{3}+24$

따라서 옳지 않은 것은 ⑤이다.   **답** ⑤

06 부채꼴의 반지름의 길이를 r cm라고 하면

$2\pi r\times\dfrac{30}{360}=4\pi$ ∴ $r=24$

$\sin 30°=\dfrac{\overline{AH}}{24}=\dfrac{1}{2}$이므로 $\overline{AH}=12$(cm)

$\cos 30°=\dfrac{\overline{OH}}{24}=\dfrac{\sqrt{3}}{2}$이므로 $\overline{OH}=12\sqrt{3}$(cm)

∴ (색칠한 부분의 넓이)=(부채꼴 OAB의 넓이)$-△AOH$

$=\pi\times24^2\times\dfrac{30}{360}-\dfrac{1}{2}\times12\sqrt{3}\times12$

$=48\pi-72\sqrt{3}$(cm²)

   답 $(48\pi-72\sqrt{3})$ cm²

07 △DBC에서 $\sin 45°=\dfrac{\sqrt{6}}{\overline{BC}}=\dfrac{\sqrt{2}}{2}$ ∴ $\overline{BC}=2\sqrt{3}$

△EBF에서 $\overline{EF}=x$라고 하면 $\tan 45°=\dfrac{x}{\overline{BF}}=1$

∴ $\overline{BF}=\overline{EF}=x$

△ABC에서 $\angle ACB=180°-(60°+90°)=30°$이므로

△CEF에서 $\tan 30°=\dfrac{x}{\overline{FC}}=\dfrac{\sqrt{3}}{3}$ ∴ $\overline{FC}=\sqrt{3}x$

$\overline{BC}=\overline{BF}+\overline{FC}$에서 $2\sqrt{3}=x+\sqrt{3}x$이므로

$x=\dfrac{2\sqrt{3}}{\sqrt{3}+1}=3-\sqrt{3}$

∴ $△EBC=\dfrac{1}{2}\times2\sqrt{3}\times(3-\sqrt{3})=3\sqrt{3}-3$ **답** $3\sqrt{3}-3$

08 △ADC에서

$\sin 30°=\dfrac{2}{\overline{AD}}=\dfrac{1}{2}$ ∴ $\overline{AD}=4$

$\tan 30°=\dfrac{2}{\overline{DC}}=\dfrac{\sqrt{3}}{3}$ ∴ $\overline{DC}=2\sqrt{3}$

△ABD에서

$15°+\angle BAD=30°$이므로

$\angle BAD=15°$

∴ $\overline{BD}=\overline{AD}=4$

∴ $\tan 15°=\dfrac{\overline{AC}}{\overline{BC}}=\dfrac{2}{4+2\sqrt{3}}=2-\sqrt{3}$ **답** $2-\sqrt{3}$

09 △BFE에서 $\angle EFB=180°-(90°+45°)=45°$,

$\angle DFC=180°-(90°+45°)=45°$이므로

△CDF에서 $\angle CDF=180°-(90°+45°)=45°$

즉 △BFE와 △CDF는 모두 직각이등변삼각형이다.

△CDF에서 $\sin 45°=\dfrac{\overline{CD}}{\sqrt{6}}=\dfrac{\sqrt{2}}{2}$ ∴ $\overline{CD}=\overline{CF}=\sqrt{3}$

△DEF에서 $\cos 30°=\dfrac{\sqrt{6}}{\overline{DE}}=\dfrac{\sqrt{3}}{2}$ ∴ $\overline{DE}=2\sqrt{2}$

$\tan 30°=\dfrac{\overline{EF}}{\sqrt{6}}=\dfrac{\sqrt{3}}{3}$ ∴ $\overline{EF}=\sqrt{2}$

△BFE에서 $\cos 45°=\dfrac{\overline{BE}}{\sqrt{2}}=\dfrac{\sqrt{2}}{2}$ ∴ $\overline{BE}=\overline{BF}=1$

$$\therefore \overline{AD}=\overline{BC}=\overline{BF}+\overline{CF}=1+\sqrt{3}$$

$\triangle AED$에서

$\angle ADE=90°-(30°+45°)=15°$

이므로

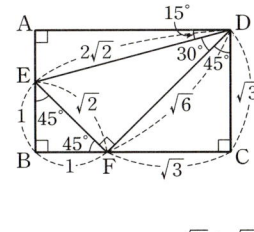

$$\cos 15°=\frac{\overline{AD}}{\overline{DE}}=\frac{1+\sqrt{3}}{2\sqrt{2}}$$
$$=\frac{\sqrt{2}+\sqrt{6}}{4}$$

답 $\dfrac{\sqrt{2}+\sqrt{6}}{4}$

10 구하는 각의 크기를 a라고 하면

$\tan a=$(직선의 기울기)$=\sqrt{3}$ $\therefore a=60°$ 답 ④

11 $a=\tan 30°=\dfrac{\sqrt{3}}{3}$

이때 직선 $y=\dfrac{\sqrt{3}}{3}x+b$가 점 $(-3,\ 0)$을 지나므로

$0=\dfrac{\sqrt{3}}{3}\times(-3)+b$ $\therefore b=\sqrt{3}$

$\therefore ab=\dfrac{\sqrt{3}}{3}\times\sqrt{3}=1$ 답 1

12 ① $\sin x=\dfrac{\overline{AB}}{\overline{OA}}=\dfrac{\overline{AB}}{1}=\overline{AB}$

②, ③ $\cos y=\cos z=\dfrac{\overline{AB}}{\overline{OA}}=\dfrac{\overline{AB}}{1}=\overline{AB}$

④ $\tan x=\dfrac{\overline{CD}}{\overline{OD}}=\dfrac{\overline{CD}}{1}=\overline{CD}$

⑤ $\tan y=\tan z=\dfrac{\overline{OD}}{\overline{CD}}=\dfrac{1}{\overline{CD}}$

$\therefore \tan y+\tan z=\dfrac{1}{\overline{CD}}+\dfrac{1}{\overline{CD}}=\dfrac{2}{\overline{CD}}$

따라서 옳지 않은 것은 ③, ⑤이다.   답 ③, ⑤

13 $\sin 57°=\dfrac{\overline{AB}}{\overline{OA}}=\dfrac{0.8387}{1}=0.8387$

$\tan 57°=\dfrac{\overline{CD}}{\overline{OD}}=\dfrac{1.5399}{1}=1.5399$

$\therefore \sin 57°+\tan 57°=0.8387+1.5399=2.3786$ 답 2.3786

14 $\triangle COD$에서 $\tan a=\dfrac{\overline{CD}}{15}=\dfrac{4}{3}$ $\therefore \overline{CD}=20$

$\overline{CO}=\sqrt{20^2+15^2}=25$

$\cos a=\dfrac{15}{25}=\dfrac{3}{5}$, $\sin a=\dfrac{20}{25}=\dfrac{4}{5}$

$\triangle AOB$에서 $\cos a=\dfrac{\overline{OB}}{15}=\dfrac{3}{5}$ $\therefore \overline{OB}=9$

$\sin a=\dfrac{\overline{AB}}{15}=\dfrac{4}{5}$ $\therefore \overline{AB}=12$

따라서 $\overline{CE}=20-12=8$, $\overline{AE}=15-9=6$이므로

$\triangle AEC=\dfrac{1}{2}\times 6\times 8=24$ 답 24

15 $\cos 45°(=\sin 45°)<\cos 35°<\cos 25°$
$<\cos 0°(=\tan 45°)<\tan 50°$

이므로 가장 큰 것은 $\tan 50°$이다.   답 ⑤

16 $45°<A<90°$일 때, $\tan A>\tan 45°>0$이므로

$\tan A+\tan 45°>0$, $\tan 45°-\tan A<0$

$\therefore$ (주어진 식)$=(\tan A+\tan 45°)-(\tan 45°-\tan A)$
$=\tan A+\tan 45°-\tan 45°+\tan A$
$=2\tan A$ 답 $2\tan A$

17 $0°<A<45°$일 때, $\sin A<\cos A$이므로

$\cos A-\sin A>0$, $\sin A-\cos A<0$

$\therefore$ (주어진 식)$=(\cos A-\sin A)-(\sin A-\cos A)$
$=\cos A-\sin A-\sin A+\cos A$
$=2\cos A-2\sin A$ 답 ④

18 $\sin 50°=0.7660$이므로 $x=50°$

$\tan 47°=1.0724$이므로 $y=47°$

$\therefore x+y=50°+47°=97°$ 답 ④

19 $\cos 52°=0.6157$이므로 $x=52°$

$\therefore \sin x=\sin 52°=0.7880$ 답 ③

20 $\sin 62°=\dfrac{\overline{AC}}{\overline{AB}}=\dfrac{x}{10}=0.8829$ $\therefore x=8.829$

$\cos 62°=\dfrac{\overline{BC}}{\overline{AB}}=\dfrac{y}{10}=0.4695$ $\therefore y=4.695$

$\therefore x+y=8.829+4.695=13.524$ 답 ②

21 다음 그림과 같이 지구, 달, 태양의 중심을 각각 A, B, C라고 하면 $\triangle ABC$에서 $\angle ACB=180°-(90°+88°)=2°$

지구와 태양 사이의 거리는 지구와 달 사이의 거리의 k배이므로

$\overline{AC}=k\overline{AB}$ $\therefore k=\dfrac{\overline{AC}}{\overline{AB}}$

이때 $\sin 2°=\dfrac{\overline{AB}}{\overline{AC}}$이므로 $k=\dfrac{1}{\sin 2°}=\dfrac{1}{0.0349}=28.6\cdots$

따라서 소수점 아래 첫째 자리에서 반올림하면 $k=29$ 답 29

22 $\triangle ADC$에서 $\angle D=180°-(90°+60°)=30°$

$\tan 30°=\dfrac{1}{\overline{DC}}=\dfrac{\sqrt{3}}{3}$ $\therefore \overline{DC}=\sqrt{3}(cm)$ ······ 30 %

$\sin 30°=\dfrac{1}{\overline{AD}}=\dfrac{1}{2}$ $\therefore \overline{AD}=2(cm)$

$\therefore \overline{BD}=\overline{AD}=2\ cm$ ······ 30 %

$\triangle ABC$에서

$\tan B=\dfrac{\overline{AC}}{\overline{BC}}=\dfrac{\overline{AC}}{\overline{BD}+\overline{DC}}=\dfrac{1}{2+\sqrt{3}}=2-\sqrt{3}$ ······ 40 %

답 $2-\sqrt{3}$

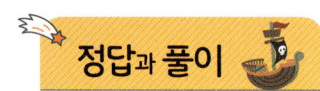

23 (1) $30°<x≤90°$일 때, $\dfrac{1}{2}<\sin x≤1$이므로

$-1≤1-2\sin x<0$, $\dfrac{3}{2}<1+\sin x≤2$

즉 $1-2\sin x<0$, $1+\sin x>0$이므로　　　…… 30 %

(좌변)$=-(1-2\sin x)+(1+\sin x)=3\sin x$

따라서 $3\sin x=2$이므로 $\sin x=\dfrac{2}{3}$　　　…… 20 %

(2) $\sin x=\dfrac{2}{3}$이므로 오른쪽 그림과 같이

$\overline{AC}=3k$, $\overline{BC}=2k$ $(k>0)$인 직각삼각형
ABC를 그리면
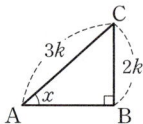

$\overline{AB}=\sqrt{(3k)^2-(2k)^2}=\sqrt{5}k$

$\cos x=\dfrac{\overline{AB}}{\overline{AC}}=\dfrac{\sqrt{5}k}{3k}=\dfrac{\sqrt{5}}{3}$, $\tan x=\dfrac{\overline{BC}}{\overline{AB}}=\dfrac{2k}{\sqrt{5}k}=\dfrac{2\sqrt{5}}{5}$

이므로　　　…… 30 %

$\cos x+\tan x=\dfrac{\sqrt{5}}{3}+\dfrac{2\sqrt{5}}{5}=\dfrac{11\sqrt{5}}{15}$　　　…… 20 %

답 (1) $\dfrac{2}{3}$ (2) $\dfrac{11\sqrt{5}}{15}$

24 오른쪽 그림에서
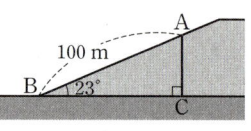

$\sin 23°=\dfrac{\overline{AC}}{\overline{AB}}=\dfrac{\overline{AC}}{100}=0.3907$

　　　…… 50 %

$\therefore \overline{AC}=39.07(m)$

따라서 구하는 높이는 39.07 m이다.　　　…… 50 %

답 39.07 m

03 삼각형의 변의 길이

대표문제 확인하기
본교재 019쪽

01 ③	**02** ②	**03** ①	**04** $50\sqrt{3}$ m
05 ②	**06** ⑤	**07** ④	**08** ③

01 $\sin 25°=\dfrac{\overline{AB}}{10}$이므로

$\overline{AB}=10\sin 25°=10\times0.4226=4.226$　　　답 ③

02 $\cos 28°=\dfrac{\overline{BC}}{50}$이므로 $\overline{BC}=50\cos 28°$　　　답 ②

03 $\tan 25°=\dfrac{\overline{AB}}{2000}$이므로 $\overline{AB}=2000\tan 25°(m)$　　　답 ①

04 $\overline{AB}=100\cos 30°=100\times\dfrac{\sqrt{3}}{2}=50\sqrt{3}(m)$　　　답 $50\sqrt{3}$ m

05 오른쪽 그림과 같이 점 A에서 $\overline{BC}$에 내
린 수선의 발을 H라고 하면
△AHC에서
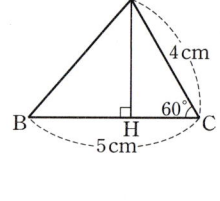
$\overline{AH}=4\sin 60°=2\sqrt{3}(cm)$,
$\overline{CH}=4\cos 60°=2(cm)$
$\therefore \overline{BH}=\overline{BC}-\overline{CH}=5-2=3(cm)$
따라서 △ABH에서 $\overline{AB}=\sqrt{3^2+(2\sqrt{3})^2}=\sqrt{21}(cm)$　　답 ②

06 오른쪽 그림과 같이 점 P에서 $\overline{OQ}$에 내
린 수선의 발을 H라고 하면
△POH에서
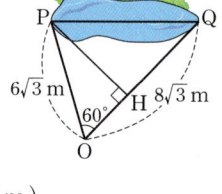
$\overline{PH}=6\sqrt{3}\sin 60°=9(m)$,
$\overline{OH}=6\sqrt{3}\cos 60°=3\sqrt{3}(m)$
$\therefore \overline{HQ}=\overline{OQ}-\overline{OH}=8\sqrt{3}-3\sqrt{3}=5\sqrt{3}(m)$
따라서 △PHQ에서 $\overline{PQ}=\sqrt{9^2+(5\sqrt{3})^2}=2\sqrt{39}(m)$　　답 ⑤

07 오른쪽 그림과 같이 점 A에서 $\overline{BC}$에
내린 수선의 발을 H라고 하면
△ABH에서

$\overline{AH}=6\sin 60°=3\sqrt{3}(cm)$
따라서 △AHC에서
$\overline{AC}=\dfrac{3\sqrt{3}}{\sin 45°}=3\sqrt{6}(cm)$　　　답 ④

08 오른쪽 그림과 같이 점 A에서 $\overline{BC}$에 내
린 수선의 발을 H라고 하면
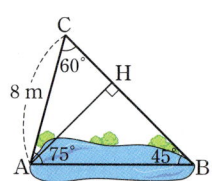
$\angle C=180°-(75°+45°)=60°$이므로
△CAH에서
$\overline{AH}=8\sin 60°=4\sqrt{3}(m)$
따라서 △ABH에서 $\overline{AB}=\dfrac{4\sqrt{3}}{\sin 45°}=4\sqrt{3}\div\dfrac{\sqrt{2}}{2}=4\sqrt{6}(m)$
답 ③

필수문제 확인하기
본교재 020 ~ 023쪽

01 ④	**02** $96\sqrt{3}$ cm³	**03** ②	**04** 4.38 m
05 $12\sqrt{3}$ m	**06** ⑤	**07** $250\sqrt{3}$ m	**08** ②
09 $12\sqrt{3}$ cm²	**10** ①	**11** $\dfrac{2\sqrt{3}}{3}$	**12** ②
13 $2\sqrt{19}$ cm	**14** ④	**15** $2\sqrt{31}$ km	**16** ②
17 ②	**18** ③	**19** ④	**20** ③
21 ④	**22** $(20-10\sqrt{3})$ cm		
23 (1) 6 km	(2) 8 km	(3) $2\sqrt{13}$ km	

01 $y=8 \sin 40°=8 \times 0.64=5.12$

$x=8 \cos 40°=8 \times 0.77=6.16$

$\therefore x+y=6.16+5.12=11.28$ 답 ④

02 △DGH에서

$\overline{DH}=8 \sin 30°=4(cm)$

$\overline{GH}=8 \cos 30°=4\sqrt{3}(cm)$

따라서 구하는 부피는

$6 \times 4\sqrt{3} \times 4=96\sqrt{3}(cm^3)$ 답 $96\sqrt{3}\ cm^3$

03 △ABH에서

$\overline{BH}=6 \cos 60°=3(cm)$

$\overline{AH}=6 \sin 60°=3\sqrt{3}(cm)$

따라서 원뿔의 부피는

$\frac{1}{3} \times (\pi \times 3^2) \times 3\sqrt{3}=9\sqrt{3}\pi(cm^3)$ 답 ②

04 $\overline{BC}=4 \sin 50°=4 \times 0.77=3.08(m)$

따라서 나무의 높이는

$\overline{BD}=\overline{BC}+\overline{CD}=3.08+1.3=4.38(m)$ 답 4.38 m

05 오른쪽 그림에서

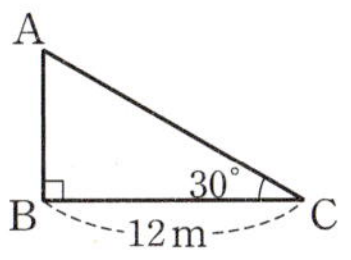

$\overline{AB}=12 \tan 30°=4\sqrt{3}(m)$

$\overline{AC}=\dfrac{12}{\cos 30°}=8\sqrt{3}(m)$

따라서 부러지기 전의 나무의 높이는

$\overline{AB}+\overline{AC}=4\sqrt{3}+8\sqrt{3}=12\sqrt{3}(m)$ 답 $12\sqrt{3}$ m

06 오른쪽 그림의 △CAH에서

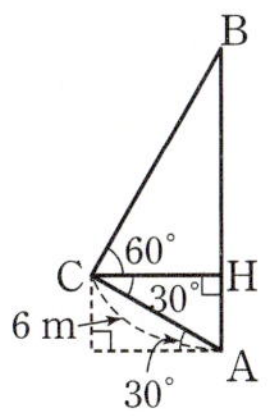

$\overline{CH}=6 \cos 30°=3\sqrt{3}(m)$

$\overline{HA}=6 \sin 30°=3(m)$

△BCH에서

$\overline{BH}=3\sqrt{3} \tan 60°=9(m)$

따라서 건물의 높이는

$\overline{AB}=\overline{BH}+\overline{HA}=9+3=12(m)$ 답 ⑤

07 △ABH에서 $\overline{AH}=500 \cos 30°=250\sqrt{3}(m)$

△CAH에서 $\overline{CH}=250\sqrt{3} \tan 45°=250\sqrt{3}(m)$

따라서 산의 높이는 $250\sqrt{3}$ m이다.   답 $250\sqrt{3}$ m

08 $\overline{AD}=x$ m라 하면 △ABC에서 $\overline{AC}=x+2(m)$

∠BAC=45°이므로 $\overline{BC}=(x+2) \tan 45°=x+2(m)$

△BCD에서 ∠BDC=60°이므로

$\overline{BC}=x+2=2 \tan 60°=2\sqrt{3}(m)$ $\therefore x=2\sqrt{3}-2$

따라서 $\overline{AD}$의 길이는 $(2\sqrt{3}-2)$ m이다.   답 ②

09 오른쪽 그림과 같이 $\overline{AE}$를 그으면

△AB'E와 △ADE에서

$\overline{AB'}=\overline{AD}$, ∠AB'E=∠ADE=90°,

$\overline{AE}$는 공통

즉 △AB'E≡△ADE (RHS 합동)이므

로 ∠B'AE=∠DAE=30°

△AB'E에서 $\overline{B'E}=6 \tan 30°=2\sqrt{3}(cm)$

$\therefore \square AB'ED=2△AB'E$

$=2 \times \left(\frac{1}{2} \times 6 \times 2\sqrt{3}\right)$

$=12\sqrt{3}(cm^2)$ 답 $12\sqrt{3}\ cm^2$

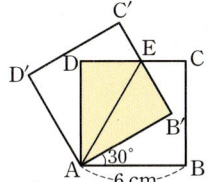

10 △ABC에서 ∠C=30°이므로 △DEC는 이등변삼각형이다.

$\therefore \overline{CE}=\overline{DE}=50$

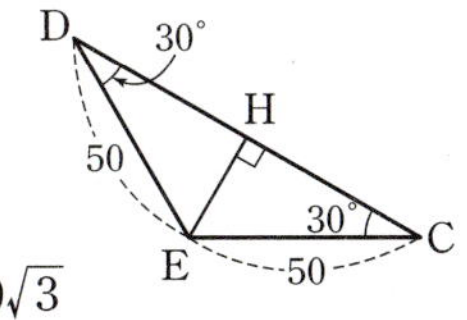

오른쪽 그림과 같이 점 E에서 $\overline{CD}$에 내

린 수선의 발을 H라 하면 △DEH에서

$\overline{DH}=50 \cos 30°=25\sqrt{3}$

$\therefore \overline{CD}=2\overline{DH}=50\sqrt{3}$, $\overline{AC}=100+50\sqrt{3}$

$\overline{BE}=x$라 하면 △ABC에서

$\sin 60°=\dfrac{\overline{BC}}{\overline{AC}}=\dfrac{x+50}{100+50\sqrt{3}}=\dfrac{\sqrt{3}}{2}$

$\sqrt{3}(100+50\sqrt{3})=2(x+50)$, $2x=100\sqrt{3}+50$

$\therefore x=\overline{BE}=50\sqrt{3}+25$ 답 ①

11 $\overline{CD}=x$라 하면 △BCD에서

$\overline{BC}=\dfrac{\overline{CD}}{\tan 30°}=x \div \dfrac{\sqrt{3}}{3}=\sqrt{3}x$ $\therefore \overline{CE}=\sqrt{3}x-2$

△ABC에서 $\overline{AC}=\overline{BC}=\sqrt{3}x$이므로 △AEC에서

$\tan 75°=\dfrac{\overline{AC}}{\overline{EC}}=\dfrac{\sqrt{3}x}{\sqrt{3}x-2}=2+\sqrt{3}$

$(2+\sqrt{3})(\sqrt{3}x-2)=\sqrt{3}x$

$(3+\sqrt{3})x=4+2\sqrt{3}$ $\therefore x=\dfrac{4+2\sqrt{3}}{3+\sqrt{3}}=\dfrac{3+\sqrt{3}}{3}$

$\therefore \overline{AD}=\overline{AC}-\overline{CD}=\sqrt{3}x-x=(\sqrt{3}-1)x$

$=(\sqrt{3}-1) \times \dfrac{3+\sqrt{3}}{3}=\dfrac{2\sqrt{3}}{3}$ 답 $\dfrac{2\sqrt{3}}{3}$

12 오른쪽 그림과 같이 점 A에서 $\overline{BC}$

에 내린 수선의 발을 H라고 하면

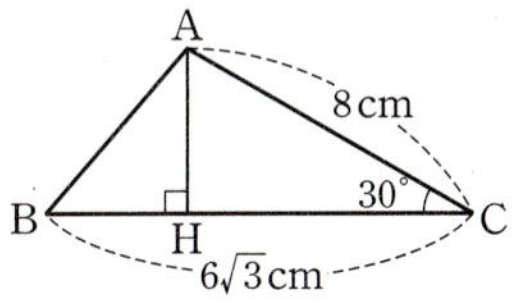

△AHC에서

$\overline{AH}=8 \sin 30°=4(cm)$,

$\overline{CH}=8 \cos 30°=4\sqrt{3}(cm)$

$\therefore \overline{BH}=\overline{BC}-\overline{CH}=6\sqrt{3}-4\sqrt{3}=2\sqrt{3}(cm)$

따라서 △ABH에서 $\overline{AB}=\sqrt{(2\sqrt{3})^2+4^2}=2\sqrt{7}(cm)$ 답 ②

13 오른쪽 그림과 같이 점 A에서 $\overline{BC}$

의 연장선 위에 내린 수선의

발을 H라고 하면

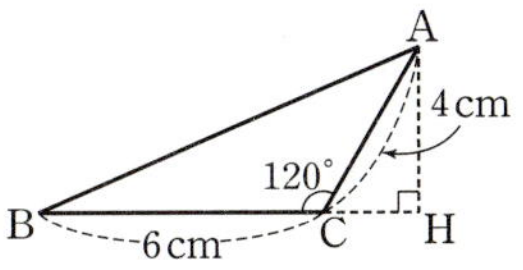

∠ACH=180°-120°=60°

△ACH에서 $\overline{AH}=4 \sin 60°=2\sqrt{3}(cm)$,

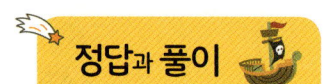

$\overline{CH}=4\cos 60°=2(cm)$
$\therefore \overline{BH}=\overline{BC}+\overline{CH}=6+2=8(cm)$
따라서 △ABH에서 $\overline{AB}=\sqrt{8^2+(2\sqrt{3})^2}=2\sqrt{19}(cm)$

📖 $2\sqrt{19}$ cm

14 오른쪽 그림과 같이 점 A에서 $\overline{BC}$
에 내린 수선의 발을 H라고 하면
△ABH에서

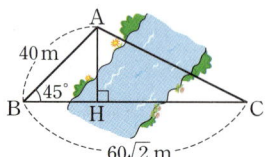

$\overline{AH}=40\sin 45°=20\sqrt{2}(m)$,
$\overline{BH}=40\cos 45°=20\sqrt{2}(m)$
$\therefore \overline{CH}=\overline{BC}-\overline{BH}=60\sqrt{2}-20\sqrt{2}=40\sqrt{2}(m)$
따라서 △AHC에서 $\overline{AC}=\sqrt{(20\sqrt{2})^2+(40\sqrt{2})^2}=20\sqrt{10}(m)$

📖 ④

15 $\overline{OP}=2\times 5=10(km)$, $\overline{OQ}=2\times 6=12(km)$
오른쪽 그림과 같이 점 P에서 $\overline{OQ}$에 내
린 수선의 발을 H라 하면

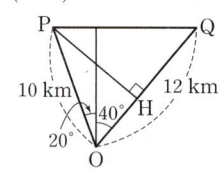

$\overline{PH}=10\sin 60°=5\sqrt{3}(km)$
$\overline{OH}=10\cos 60°=5(km)$
$\therefore \overline{HQ}=\overline{OQ}-\overline{OH}=12-5=7(km)$
따라서 △PHQ에서 $\overline{PQ}=\sqrt{(5\sqrt{3})^2+7^2}=2\sqrt{31}(km)$

📖 $2\sqrt{31}$ km

16 오른쪽 그림과 같이 점 A에서 $\overline{BC}$에
내린 수선의 발을 H라고 하면
△AHC에서

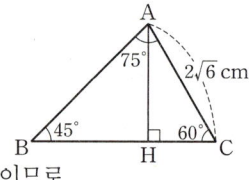

$\overline{AH}=2\sqrt{6}\sin 60°=3\sqrt{2}(cm)$
이때 $\angle B=180°-(75°+60°)=45°$이므로
△ABH에서 $\overline{AB}=\dfrac{3\sqrt{2}}{\sin 45°}=3\sqrt{2}\div\dfrac{\sqrt{2}}{2}=6(cm)$

📖 ②

17 오른쪽 그림과 같이 점 A에서 $\overline{BC}$에
내린 수선의 발을 H라고 하면
△ABH에서

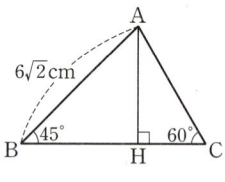

$\overline{AH}=6\sqrt{2}\sin 45°=6(cm)$
따라서 △AHC에서
$\overline{AC}=\dfrac{6}{\sin 60°}=6\div\dfrac{\sqrt{3}}{2}=4\sqrt{3}(cm)$

📖 ②

18 오른쪽 그림과 같이 점 A에서 $\overline{BC}$에
내린 수선의 발을 H라고 하면
$\angle B=180°-(75°+45°)=60°$
이므로 △ABH에서

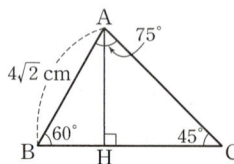

$\overline{AH}=4\sqrt{2}\sin 60°=2\sqrt{6}(cm)$,
$\overline{BH}=4\sqrt{2}\cos 60°=2\sqrt{2}(cm)$
△AHC에서 $\overline{HC}=\dfrac{2\sqrt{6}}{\tan 45°}=2\sqrt{6}\div 1=2\sqrt{6}(cm)$
$\therefore \overline{BC}=\overline{BH}+\overline{HC}=2\sqrt{2}+2\sqrt{6}$
$\qquad\qquad =2(\sqrt{2}+\sqrt{6})(cm)$

📖 ③

19 오른쪽 그림과 같이 점 A에서 $\overline{BC}$에
내린 수선의 발을 H라고 하면
△ABC에서

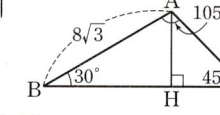

$\angle B=180°-(105°+45°)=30°$이므로
△ABH에서 $\overline{AH}=8\sqrt{3}\sin 30°=4\sqrt{3}$
따라서 △AHC에서 $\overline{AC}=\dfrac{4\sqrt{3}}{\sin 45°}=4\sqrt{6}$

📖 ④

20 △ABC에서 $\angle C=180°-(75°+45°)=60°$
오른쪽 그림과 같이 점 A에서 $\overline{BC}$에 내린
수선의 발을 H라고 하면
△ABH에서

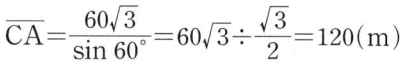

$\overline{AH}=60\sqrt{6}\sin 45°=60\sqrt{3}(m)$
따라서 △CAH에서
$\overline{CA}=\dfrac{60\sqrt{3}}{\sin 60°}=60\sqrt{3}\div\dfrac{\sqrt{3}}{2}=120(m)$

📖 ③

21 △ABC에서 $\angle C=180°-(105°+45°)=30°$
오른쪽 그림과 같이 점 A에서 $\overline{BC}$
에 내린 수선의 발을 H라고 하면
△ABH에서

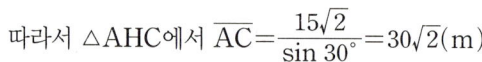

$\overline{AH}=30\sin 45°=15\sqrt{2}(m)$
따라서 △AHC에서 $\overline{AC}=\dfrac{15\sqrt{2}}{\sin 30°}=30\sqrt{2}(m)$

📖 ④

22 오른쪽 그림과 같이 점 B에서 $\overline{OP}$에 내린
수선의 발을 H라고 하면
△OHB에서

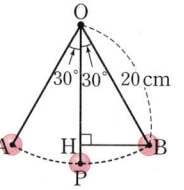

$\overline{OH}=20\cos 30°=10\sqrt{3}(cm)$

······ 50 %

$\therefore \overline{HP}=\overline{OP}-\overline{OH}=20-10\sqrt{3}(cm)$
따라서 B 지점에 있는 구슬은 P 지점에 있는 구슬보다
$(20-10\sqrt{3})$ cm 더 높이 떠 있다.

······ 50 %

📖 $(20-10\sqrt{3})$ cm

23 (1) 배 A가 시속 9 km로 움직이고 있으므로
$\overline{OP}=9\times\dfrac{40}{60}=6(km)$

······ 20 %

(2) 배 B가 시속 12 km로 움직이고 있으므로
$\overline{OQ}=12\times\dfrac{40}{60}=8(km)$

······ 20 %

(3) 오른쪽 그림과 같이 점 P에서 $\overline{OQ}$에 내
린 수선의 발을 H라고 하면
△POH에서

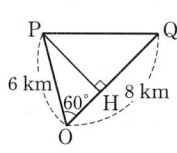

$\overline{PH}=6\sin 60°=3\sqrt{3}(km)$

$\overline{OH} = 6\cos 60° = 3\,(km)$

$\therefore \overline{QH} = \overline{OQ} - \overline{OH} = 8 - 3 = 5\,(km)$ ····· 40 %

따라서 △PHQ에서

$\overline{PQ} = \sqrt{(3\sqrt{3})^2 + 5^2} = 2\sqrt{13}\,(km)$ ····· 20 %

答 (1) 6 km (2) 8 km (3) $2\sqrt{13}$ km

04 삼각형의 높이와 넓이

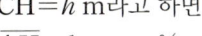

대표문제 확인하기

본교재 025쪽

01 ③ **02** ④ **03** ③ **04** ②

05 $\dfrac{7\sqrt{3}}{2}$ cm² **06** ⑤ **07** ④

01 오른쪽 그림과 같이 점 C에서 $\overline{AB}$에 내린 수선의 발을 H라 하고 $\overline{CH} = h$ m라고 하면

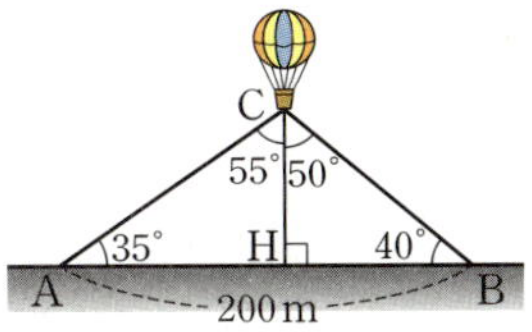

$\overline{AH} = h\tan 55°\,(m)$,

$\overline{BH} = h\tan 50°\,(m)$

$\overline{AH} + \overline{BH} = \overline{AB}$, 즉 $(\tan 55° + \tan 50°)h = 200$이므로

$h = \dfrac{200}{\tan 55° + \tan 50°}$

따라서 열기구의 높이는 $\dfrac{200}{\tan 55° + \tan 50°}$ m이다. 答 ③

02 오른쪽 그림과 같이 점 C에서 $\overline{AB}$에 내린 수선의 발을 H라 하고 $\overline{CH} = h$ m라고 하면 △CAH에서

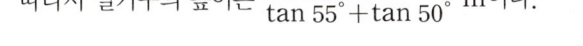

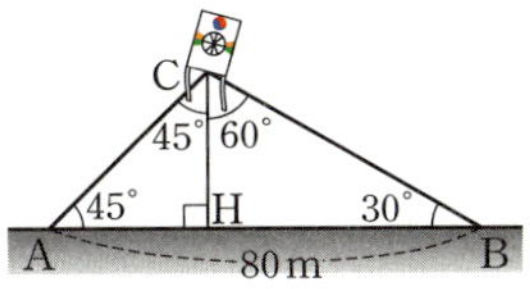

$\overline{AH} = h\tan 45° = h\,(m)$

△CHB에서 $\overline{BH} = h\tan 60° = \sqrt{3}h\,(m)$

$\overline{AH} + \overline{BH} = \overline{AB}$, 즉 $(1+\sqrt{3})h = 80$이므로

$h = \dfrac{80}{\sqrt{3}+1} = 40(\sqrt{3}-1)$

따라서 연의 높이는 $40(\sqrt{3}-1)$ m이다. 答 ④

03 $\overline{AH} = h$라고 하면

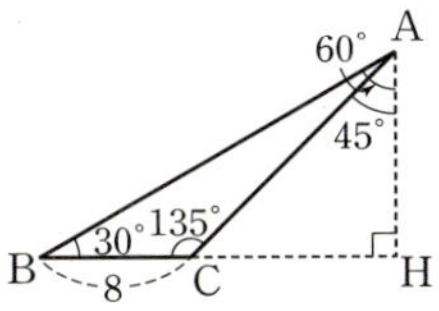

$\overline{BH} = h\tan 60° = \sqrt{3}h$,

$\overline{CH} = h\tan 45° = h$

$\overline{BH} - \overline{CH} = \overline{BC}$, 즉 $(\sqrt{3}-1)h = 8$이므로

$h = \dfrac{8}{\sqrt{3}-1} = 4(\sqrt{3}+1)$ 答 ③

04 $\triangle ABC = \dfrac{1}{2} \times 5 \times 8 \times \sin 45° = 10\sqrt{2}$ 答 ②

05 오른쪽 그림과 같이 $\overline{AC}$를 그으면

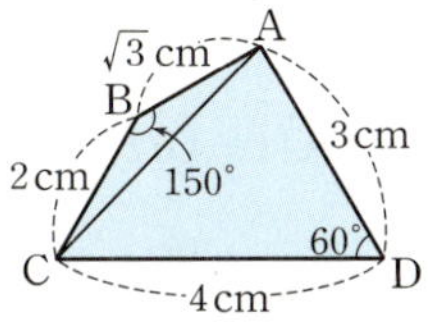

$\square ABCD = \triangle ABC + \triangle ACD$

$= \dfrac{1}{2} \times 2 \times \sqrt{3}$
$\quad \times \sin(180° - 150°)$
$\quad + \dfrac{1}{2} \times 4 \times 3 \times \sin 60°$

$= \dfrac{\sqrt{3}}{2} + 3\sqrt{3} = \dfrac{7\sqrt{3}}{2}\,(cm^2)$ 答 $\dfrac{7\sqrt{3}}{2}$ cm²

06 $\square ABCD = 6 \times 10 \times \sin 60° = 30\sqrt{3}$ 答 ⑤

07 $\square ABCD = \dfrac{1}{2} \times 6 \times 4\sqrt{3} \times \sin 60° = 18\,(cm^2)$ 答 ④

필수문제 확인하기

본교재 026~030쪽

01 ① **02** $9(3-\sqrt{3})$ **03** ③

04 $9(3+\sqrt{3})$ **05** $90(\sqrt{3}+1)$ m **06** ②

07 4 cm **08** ① **09** ③

10 $(12\pi - 9\sqrt{3})$ cm² **11** 49 cm² **12** $\dfrac{15\sqrt{3}}{2}$

13 2:3 **14** $(8+4\sqrt{3})$ cm² **15** ①

16 $36\sqrt{3}$ **17** ② **18** ③ **19** ④

20 $72\sqrt{3}$ cm² **21** $30\sqrt{3}$ cm² **22** ② **23** $\dfrac{15\sqrt{3}}{2}$

24 21 **25** $30(3-\sqrt{3})$ m **26** 10 cm²

27 (1) $\overline{AM} = 5\sqrt{5}$ cm, $\overline{AN} = 5\sqrt{5}$ cm (2) $\dfrac{75}{2}$ cm² (3) $\dfrac{3}{5}$

28 4 cm **29** $\dfrac{25\sqrt{3}}{4}$ cm² **30** 40

01 $\overline{AH} = h$ cm라고 하면

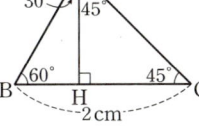

$\overline{BH} = h\tan 30° = \dfrac{\sqrt{3}}{3}h\,(cm)$,

$\overline{CH} = h\tan 45° = h\,(cm)$

$\overline{BH} + \overline{CH} = \overline{BC}$, 즉 $\left(\dfrac{\sqrt{3}}{3}+1\right)h = 2$

이므로

$h = 2 \times \dfrac{3}{3+\sqrt{3}} = 3 - \sqrt{3}$

$\therefore \overline{AH} = (3-\sqrt{3})$ cm 答 ①

02 오른쪽 그림과 같이 점 C에서 $\overline{AB}$에 내린 수선의 발을 H라 하고 $\overline{CH} = h$라고 하면

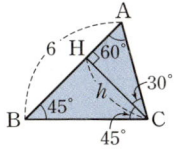

$\angle A = 180° - (45° + 75°) = 60°$이므로

$\overline{AH} = h\tan 30° = \dfrac{\sqrt{3}}{3}h$

I. 삼각비 **011**

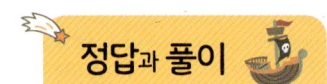
$\overline{\mathrm{BH}}=h\tan 45°=h$

$\overline{\mathrm{AH}}+\overline{\mathrm{BH}}=\overline{\mathrm{AB}}$, 즉 $\left(\dfrac{\sqrt{3}}{3}+1\right)h=6$이므로

$h=\dfrac{18}{3+\sqrt{3}}=3(3-\sqrt{3})$

$\therefore \triangle\mathrm{ABC}=\dfrac{1}{2}\times 6\times 3(3-\sqrt{3})=9(3-\sqrt{3})$ 답 $9(3-\sqrt{3})$

03 오른쪽 그림과 같이 점 A에서 $\overline{\mathrm{BC}}$
에 내린 수선의 발을 H라 하고
$\overline{\mathrm{AH}}=h$ m라고 하면
$\overline{\mathrm{BH}}=h\tan 45°=h\,(\mathrm{m})$
$\overline{\mathrm{CH}}=h\tan 60°=\sqrt{3}h\,(\mathrm{m})$
$\overline{\mathrm{BH}}+\overline{\mathrm{CH}}=\overline{\mathrm{BC}}$, 즉 $(1+\sqrt{3})h=60$이므로
$h=\dfrac{60}{\sqrt{3}+1}=30(\sqrt{3}-1)$
따라서 나무의 높이는 $30(\sqrt{3}-1)$ m이다. 답 ③

04 $\overline{\mathrm{CH}}=h$라고 하면
$\overline{\mathrm{AH}}=h\tan 45°=h$,
$\overline{\mathrm{BH}}=h\tan 30°=\dfrac{\sqrt{3}}{3}h$
$\overline{\mathrm{AH}}-\overline{\mathrm{BH}}=\overline{\mathrm{AB}}$, 즉 $\left(1-\dfrac{\sqrt{3}}{3}\right)h=18$
이므로
$h=18\times\dfrac{3}{3-\sqrt{3}}=9(3+\sqrt{3})$ 답 $9(3+\sqrt{3})$

05 $\overline{\mathrm{CH}}=h$ m라고 하면
$\overline{\mathrm{AH}}=h\tan 60°=\sqrt{3}h\,(\mathrm{m})$, $\overline{\mathrm{BH}}=h\tan 45°=h\,(\mathrm{m})$
$\overline{\mathrm{AH}}-\overline{\mathrm{BH}}=\overline{\mathrm{AB}}$, 즉 $(\sqrt{3}-1)h=180$이므로
$h=\dfrac{180}{\sqrt{3}-1}=90(\sqrt{3}+1)$
따라서 산의 높이는 $90(\sqrt{3}+1)$ m이다. 답 $90(\sqrt{3}+1)$ m

06 $\triangle\mathrm{DBC}$에서 $\overline{\mathrm{BC}}=12\tan 60°=12\sqrt{3}\,(\mathrm{m})$
$\triangle\mathrm{ABC}$에서 $\overline{\mathrm{AC}}=12\sqrt{3}\tan 45°=12\sqrt{3}\,(\mathrm{m})$
$\therefore \overline{\mathrm{AD}}=\overline{\mathrm{AC}}-\overline{\mathrm{DC}}=12\sqrt{3}-12=12(\sqrt{3}-1)\,(\mathrm{m})$
따라서 조형물의 높이는 $12(\sqrt{3}-1)$ m이다. 답 ②

07 $\overline{\mathrm{AB}}=x$ cm라고 하면 $\overline{\mathrm{AC}}=\overline{\mathrm{AB}}=x$ cm
$\triangle\mathrm{ABC}$의 넓이가 $4\sqrt{3}$ cm²이므로
$\dfrac{1}{2}\times x\times x\times\sin(180°-120°)=4\sqrt{3}$,
$\dfrac{1}{2}\times x\times x\times\dfrac{\sqrt{3}}{2}=4\sqrt{3}$, $x^2=16$
그런데 $x>0$이므로 $x=4$ $\therefore \overline{\mathrm{AB}}=4$ cm 답 4 cm

08 $\overline{\mathrm{A'B}}=1.1\overline{\mathrm{AB}}$, $\overline{\mathrm{BC'}}=0.8\overline{\mathrm{BC}}$이므로
$\triangle\mathrm{A'BC'}=\dfrac{1}{2}\times\overline{\mathrm{A'B}}\times\overline{\mathrm{BC'}}\times\sin B$
$=\dfrac{1}{2}\times 1.1\overline{\mathrm{AB}}\times 0.8\overline{\mathrm{BC}}\times\sin B$
$=\dfrac{1}{2}\times 1.1\times 0.8\times\overline{\mathrm{AB}}\times\overline{\mathrm{BC}}\times\sin B$
$=0.88\times\left(\dfrac{1}{2}\times\overline{\mathrm{AB}}\times\overline{\mathrm{BC}}\times\sin B\right)$
$=0.88\times\triangle\mathrm{ABC}$
따라서 삼각형의 넓이는 12 % 감소한다. 답 ①

09 $\triangle\mathrm{ADE}$에서 $\overline{\mathrm{AD}}=\overline{\mathrm{BC}}=4$이므로 $\overline{\mathrm{AE}}=4\sin 60°=2\sqrt{3}$
$\angle\mathrm{EAB}=30°+90°=120°$이므로
$\triangle\mathrm{ABE}=\dfrac{1}{2}\times 2\sqrt{3}\times 4\times\sin(180°-120°)=6$ 답 ③

10 오른쪽 그림과 같이 $\overline{\mathrm{OC}}$를 그으면
$\triangle\mathrm{AOC}$는 $\overline{\mathrm{OA}}=\overline{\mathrm{OC}}$인 이등변삼각
형이므로
$\angle\mathrm{OCA}=\angle\mathrm{OAC}=30°$
$\therefore \angle\mathrm{AOC}=180°-(30°+30°)=120°$
$\therefore$ (색칠한 부분의 넓이)
$=($부채꼴 AOC의 넓이$)-\triangle\mathrm{AOC}$
$=\pi\times 6^2\times\dfrac{120}{360}-\dfrac{1}{2}\times 6\times 6\times\sin(180°-120°)$
$=12\pi-9\sqrt{3}\,(\mathrm{cm}^2)$ 답 $(12\pi-9\sqrt{3})$ cm²

11 오른쪽 그림의 $\triangle\mathrm{PCD}$에서
$\angle\mathrm{PCD}=90°-30°=60°$
$\overline{\mathrm{CP}}=\dfrac{7}{\cos 60°}=7\div\dfrac{1}{2}=14\,(\mathrm{cm})$
$\angle\mathrm{QPC}=\angle\mathrm{APQ}$(접은 각), $\angle\mathrm{PQC}=\angle\mathrm{APQ}$(엇각)
이므로 $\angle\mathrm{QPC}=\angle\mathrm{PQC}$
$\therefore \overline{\mathrm{CQ}}=\overline{\mathrm{CP}}=14$ cm
$\therefore \triangle\mathrm{PQC}=\dfrac{1}{2}\times 14\times 14\times\sin 30°=49\,(\mathrm{cm}^2)$ 답 49 cm²

12 오른쪽 그림과 같이 $\overline{\mathrm{AC}}$를 그으면
점 E는 $\triangle\mathrm{ABC}$의 무게중심이므로
$\overline{\mathrm{EM}}=2$
또 점 F는 $\triangle\mathrm{ACD}$의 무게중심이
므로 $\overline{\mathrm{FN}}=3$
$\therefore \square\mathrm{EMNF}=\triangle\mathrm{AMN}-\triangle\mathrm{AEF}$
$=\dfrac{1}{2}\times 6\times 9\times\sin 60°-\dfrac{1}{2}\times 4\times 6\times\sin 60°$
$=\dfrac{27\sqrt{3}}{2}-6\sqrt{3}=\dfrac{15\sqrt{3}}{2}$ 답 $\dfrac{15\sqrt{3}}{2}$

13 $\overline{AD}=x$라 하면

$\triangle ABD=\dfrac{1}{2}\times 4\times x\times \sin 45^\circ=\sqrt{2}x$

$\triangle ACD=\dfrac{1}{2}\times x\times 2\sqrt{6}\times \sin 60^\circ=\dfrac{3\sqrt{2}}{2}x$

$\therefore \overline{BD}:\overline{CD}=\triangle ABD:\triangle ACD=\sqrt{2}x:\dfrac{3\sqrt{2}}{2}x=2:3$

답 2 : 3

14 오른쪽 그림과 같이 $\overline{DO}$, $\overline{CO}$를 그으면 $\triangle DOA$와 $\triangle DOC$에서 $\overline{OA}=\overline{OC}$, $\overline{OD}$는 공통, $\overline{AD}=\overline{CD}$이므로 $\triangle DOA\equiv\triangle DOC$(SSS 합동) $\triangle COB$는 $\overline{BO}=\overline{CO}$인 이등변삼각형이 므로

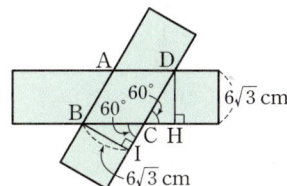

$\angle BCO=\angle CBO=30^\circ$, $\angle COB=180^\circ-(30^\circ+30^\circ)=120^\circ$이고 $\angle COA=60^\circ$

$\therefore \angle DOA=\angle DOC=30^\circ$

$\therefore \square ABCD=2\triangle DOA+\triangle COB$

$=2\times\left(\dfrac{1}{2}\times 4\times 4\times \sin 30^\circ\right)$

$\quad+\dfrac{1}{2}\times 4\times 4\times \sin(180^\circ-120^\circ)$

$=8+4\sqrt{3}(cm^2)$

답 $(8+4\sqrt{3})\,cm^2$

15 $\triangle ABC$에서 $\overline{AC}=10\tan 60^\circ=10\sqrt{3}(cm)$이므로

$\square ABCD=\triangle ABC+\triangle ACD$

$=\dfrac{1}{2}\times 10\times 10\sqrt{3}+\dfrac{1}{2}\times 10\sqrt{3}\times 14\times \sin 30^\circ$

$=50\sqrt{3}+35\sqrt{3}=85\sqrt{3}(cm^2)$

답 ①

16 $\overline{AE}\,/\!/\,\overline{DC}$이므로 $\triangle AED=\triangle AEC$

$\therefore \square ABED=\triangle ABE+\triangle AED$

$=\triangle ABE+\triangle AEC$

$=\triangle ABC$

$=\dfrac{1}{2}\times 9\times 16\times \sin 60^\circ$

$=36\sqrt{3}$

답 $36\sqrt{3}$

17 정팔각형은 오른쪽 그림과 같이 8개의 합동 인 이등변삼각형으로 나누어진다. 이때 이 등변삼각형의 꼭지각의 크기는

$\dfrac{360^\circ}{8}=45^\circ$이므로

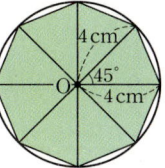

(정팔각형의 넓이)$=8\times\left(\dfrac{1}{2}\times 4\times 4\times \sin 45^\circ\right)$

$=32\sqrt{2}(cm^2)$

답 ②

18 $\square ABCD=4\times 6\times \sin 45^\circ=12\sqrt{2}(cm^2)$

평행사변형의 넓이는 한 대각선에 의해 이등분되므로

$\triangle ABC=\dfrac{1}{2}\square ABCD=\dfrac{1}{2}\times 12\sqrt{2}=6\sqrt{2}(cm^2)$

$\therefore \triangle AMC=\dfrac{1}{2}\triangle ABC=\dfrac{1}{2}\times 6\sqrt{2}=3\sqrt{2}(cm^2)$

답 ③

19 $\triangle AMN=\square ABCD-(\triangle ABM+\triangle ADN+\triangle MCN)$

$=10\times 6\times \sin 60^\circ-\dfrac{1}{2}\times 6\times 5\times \sin 60^\circ$

$\quad-\dfrac{1}{2}\times 10\times 3\times \sin 60^\circ$

$\quad-\dfrac{1}{2}\times 5\times 3\times \sin(180^\circ-120^\circ)$

$=30\sqrt{3}-\dfrac{15\sqrt{3}}{2}-\dfrac{15\sqrt{3}}{2}-\dfrac{15\sqrt{3}}{4}$

$=\dfrac{120\sqrt{3}-30\sqrt{3}-30\sqrt{3}-15\sqrt{3}}{4}$

$=\dfrac{45\sqrt{3}}{4}(cm^2)$

답 ④

20 점 D에서 $\overline{BC}$의 연장선에 내린 수선의 발을 H, 점 B에서 $\overline{DC}$의 연장선에 내린 수선의 발을 I라 고 하면

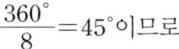

$\overline{CD}=\dfrac{6\sqrt{3}}{\sin 60^\circ}=12(cm)$,

$\overline{BC}=\dfrac{6\sqrt{3}}{\sin 60^\circ}=12(cm)$

이때 $\square ABCD$는 평행사변형이므로 구하는 넓이는

$12\times 12\times \sin(180^\circ-120^\circ)=72\sqrt{3}(cm^2)$

답 $72\sqrt{3}\,cm^2$

21 $\angle BOC=180^\circ-(25^\circ+35^\circ)=120^\circ$이므로

$\square ABCD=\dfrac{1}{2}\times 12\times 10\times \sin(180^\circ-120^\circ)$

$=30\sqrt{3}(cm^2)$

답 $30\sqrt{3}\,cm^2$

22 $\overline{AC}=x\,cm$라고 하면 등변사다리꼴의 두 대각선의 길이는 같 으므로

$\overline{BD}=\overline{AC}=x\,cm$

이때 $\square ABCD$의 넓이가 $8\sqrt{3}\,cm^2$이므로

$\dfrac{1}{2}\times x\times x\times \sin(180^\circ-120^\circ)=8\sqrt{3}$,

$\dfrac{1}{2}\times x\times x\times \dfrac{\sqrt{3}}{2}=8\sqrt{3}$, $x^2=32$

그런데 $x>0$이므로 $x=4\sqrt{2}$ $\therefore \overline{AC}=4\sqrt{2}\,cm$

답 ②

23 $\angle AOD=180^\circ-120^\circ=60^\circ$이므로

$\triangle AOD=\dfrac{1}{2}\times \overline{AO}\times 2\times \sin 60^\circ=2\sqrt{3}$

$\dfrac{\sqrt{3}}{2}\overline{AO}=2\sqrt{3}$ $\therefore \overline{AO}=4$

$\overline{AC}+\overline{BD}=11$이므로 $4+2+2+\overline{BO}=11$　∴ $\overline{BO}=3$

$$\therefore \square ABCD=\frac{1}{2}\times \overline{AC}\times \overline{BD}\times \sin 60°$$

$$=\frac{1}{2}\times 6\times 5\times \frac{\sqrt3}{2}=\frac{15\sqrt3}{2}$$　답 $\dfrac{15\sqrt3}{2}$

24 △ABC에서 두 점 S, R는 각각
$\overline{AC}$, $\overline{BC}$의 중점이므로
$\overline{AB}\,/\!/\,\overline{SR}$,

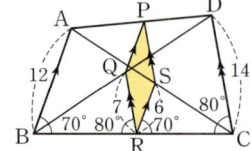

$\overline{SR}=\dfrac{1}{2}\overline{AB}=\dfrac{1}{2}\times 12=6$

같은 방법으로 △ABD에서

$\overline{AB}\,/\!/\,\overline{PQ}$, $\overline{PQ}=\dfrac{1}{2}\overline{AB}=6$

즉, $\overline{SR}\,/\!/\,\overline{PQ}$, $\overline{SR}=\overline{PQ}$이므로 □PQRS는 평행사변형이다.

$\overline{AB}\,/\!/\,\overline{SR}$에서 $\angle SRC=\angle ABC=70°(\because$ 동위각)

△BCD에서 두 점 Q, R는 각각 $\overline{BD}$, $\overline{BC}$의 중점이므로
$\overline{CD}\,/\!/\,\overline{QR}$

$\therefore \angle QRB=\angle DCB=80°(\because$ 동위각)

$\therefore \angle QRS=180°-(\angle SRC+\angle QRB)$

$=180°-(70°+80°)=30°$

한편 $\overline{QR}=\dfrac{1}{2}\overline{CD}=7$

$\therefore \square PQRS=\overline{QR}\times \overline{SR}\times \sin 30°=7\times 6\times \dfrac{1}{2}=21$　답 21

25 $\overline{CD}=h$ m라고 하면

$\overline{AD}=h\tan 30°=\dfrac{\sqrt3}{3}h$(m)　‥‥‥ 30 %

$\overline{BD}=h\tan 45°=h$(m)　‥‥‥ 30 %

$\overline{AD}+\overline{BD}=\overline{AB}$, 즉 $\left(\dfrac{\sqrt3}{3}+1\right)h=60$이므로

$h=60\times \dfrac{3}{3+\sqrt3}=30(3-\sqrt3)$

따라서 두 지점 C, D 사이의 거리는 $30(3-\sqrt3)$ m이다.

‥‥‥ 40 %

답 $30(3-\sqrt3)$ m

26 오른쪽 그림과 같이 점 B에서 $\overline{AC}$에 내린
수선의 발을 H라고 하면
△ABH에서
$\cos A=\dfrac{\overline{AH}}{8}=\dfrac{\sqrt{15}}{4}$

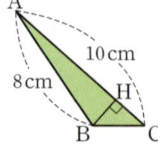

$\therefore \overline{AH}=2\sqrt{15}$(cm)　‥‥‥ 30 %

$\therefore \overline{BH}=\sqrt{8^2-(2\sqrt{15})^2}=2$(cm)　‥‥‥ 30 %

$\therefore \triangle ABC=\dfrac{1}{2}\times \overline{AC}\times \overline{BH}$

$=\dfrac{1}{2}\times 10\times 2=10$(cm²)　‥‥‥ 40 %

답 10 cm²

27 (1) △ABM에서 $\overline{AM}=\sqrt{10^2+5^2}=5\sqrt5$(cm)

△ADN에서 $\overline{AN}=\sqrt{10^2+5^2}=5\sqrt5$(cm)　‥‥‥ 30 %

(2) △AMN$=\square ABCD-\triangle ABM-\triangle ADN-\triangle NMC$

$=10\times 10-2\times \left(\dfrac{1}{2}\times 5\times 10\right)-\dfrac{1}{2}\times 5\times 5$

$=100-50-\dfrac{25}{2}=\dfrac{75}{2}$(cm²)　‥‥‥ 30 %

(3) △AMN의 넓이가 $\dfrac{75}{2}$ cm²이므로

$\dfrac{1}{2}\times 5\sqrt5\times 5\sqrt5\times \sin x=\dfrac{75}{2}$, $\dfrac{125}{2}\sin x=\dfrac{75}{2}$

$\therefore \sin x=\dfrac{3}{5}$　‥‥‥ 40 %

답 (1) $\overline{AM}=5\sqrt5$ cm, $\overline{AN}=5\sqrt5$ cm　(2) $\dfrac{75}{2}$ cm²　(3) $\dfrac{3}{5}$

28 △ABC$=\dfrac{1}{2}\times 6\times 12\times \sin(180°-120°)$

$=18\sqrt3$(cm²)　‥‥‥ 20 %

△ABD$=\dfrac{1}{2}\times 6\times \overline{AD}\times \sin 60°$

$=\dfrac{3\sqrt3}{2}\overline{AD}$(cm²)　‥‥‥ 20 %

△ADC$=\dfrac{1}{2}\times \overline{AD}\times 12\times \sin 60°$

$=3\sqrt3\,\overline{AD}$(cm²)　‥‥‥ 20 %

△ABD+△ADC=△ABC이므로

$\dfrac{3\sqrt3}{2}\overline{AD}+3\sqrt3\,\overline{AD}=18\sqrt3$, $\dfrac{9\sqrt3}{2}\overline{AD}=18\sqrt3$

$\therefore \overline{AD}=4$(cm)　‥‥‥ 40 %

답 4 cm

29 평행사변형에서 이웃한 두 각의 크기의 합은 180°이고
$\angle A:\angle B=2:1$이므로

$\angle B=180°\times \dfrac{1}{2+1}=60°$　‥‥‥ 20 %

$\therefore \square ABCD=10\times 5\times \sin 60°=25\sqrt3$(cm²)　‥‥‥ 20 %

평행사변형의 넓이는 한 대각선에 의해 이등분되므로

$\triangle DBC=\dfrac{1}{2}\square ABCD=\dfrac{1}{2}\times 25\sqrt3$

$=\dfrac{25\sqrt3}{2}$(cm²)　‥‥‥ 30 %

$\therefore \triangle DMC=\dfrac{1}{2}\triangle DBC=\dfrac{1}{2}\times \dfrac{25\sqrt3}{2}$

$=\dfrac{25\sqrt3}{4}$(cm²)　‥‥‥ 30 %

답 $\dfrac{25\sqrt3}{4}$ cm²

30 두 대각선 AC, BD가 이루는 각의 크기를 $x(x\le 90°)$라고 하면

$\square ABCD=\dfrac{1}{2}\times 8\times 10\times \sin x=40\sin x$　‥‥‥ 50 %

이때 $\sin x$의 값 중 가장 큰 값은 1이므로 □ABCD의 최대
넓이는 40이다.

‥‥‥ 50 %

답 40

II. 원의 성질

05 현의 성질

대표문제 확인하기			본교재 033쪽
01 ③	**02** ①	**03** 5	**04** ①
05 ③	**06** ⑤		

01 직각삼각형 OAM에서 $\overline{AM}=\sqrt{10^2-6^2}=8(cm)$
$\therefore \overline{AB}=2\overline{AM}=2\times8=16(cm)$ **답** ③

02 △OAM과 △OBM에서
∠OMA=∠OMB=90°, $\overline{OA}=\overline{OB}$ (반지름), $\overline{OM}$은
공통이므로
△OAM≡△OBM (RHS 합동)
$\therefore \overline{AM}=\overline{BM}$
$\therefore$ ① ∠OMB, ② $\overline{OB}$, ③ $\overline{OM}$, ④ △OBM, ⑤ $\overline{BM}$ **답** ①

03 $\overline{BM}=\frac{1}{2}\overline{AB}=\frac{1}{2}\times8=4(cm)$
$\overline{OP}=\overline{OB}=x$ cm이므로 $\overline{OM}=x-2(cm)$
직각삼각형 OMB에서 $4^2+(x-2)^2=x^2$, $4x=20$
$\therefore x=5$ **답** 5

04 원의 중심을 O라고 하면 $\overline{CD}$의 연장선은 오른쪽 그림과 같이 중심 O를 지난다.
원 O의 반지름의 길이를 r cm라고 하면
직각삼각형 AOD에서
$8^2+(r-4)^2=r^2$, $8r=80$ $\therefore r=10$ **답** ①

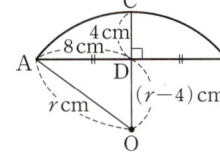

05 직각삼각형 CON에서 $\overline{CN}=\sqrt{7^2-3^2}=2\sqrt{10}(cm)$
$\therefore \overline{CD}=2\overline{CN}=2\times2\sqrt{10}=4\sqrt{10}(cm)$
이때 $\overline{OM}=\overline{ON}$이므로 $\overline{AB}=\overline{CD}=4\sqrt{10}$ cm **답** ③

06 $\overline{OM}=\overline{ON}$에서 △ABC는 $\overline{AB}=\overline{AC}$인 이등변삼각형이므로
$\angle B=\frac{1}{2}\times(180°-36°)=72°$ **답** ⑤

필수문제 확인하기			본교재 034~035쪽
01 ③	**02** ⑤	**03** $\frac{50}{3}\pi$ cm	**04** 15 cm
05 ②	**06** $2\sqrt{39}$ cm	**07** $4\sqrt{3}\pi$ cm	**08** ③
09 ④	**10** $4\sqrt{5}$ cm²	**11** $(12\pi-9\sqrt{3})$ cm²	
12 (1) $4\sqrt{3}$ cm	(2) 8 cm	(3) 64π cm²	

01 $\overline{AO}=\frac{1}{2}\overline{AB}=\frac{1}{2}\times10=5(cm)$
오른쪽 그림과 같이 $\overline{CO}$를 그으면
$\overline{CO}=\overline{AO}=5$ cm이므로 직각삼각형 COM에서
$\overline{CM}=\sqrt{5^2-4^2}=3(cm)$
$\therefore \overline{CD}=2\overline{CM}=2\times3=6(cm)$ **답** ③

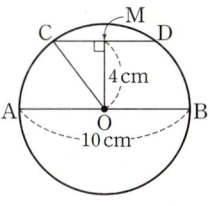

02 $\overline{OD}=\frac{1}{2}\overline{CD}=\frac{1}{2}\times18=9(cm)$이므로
$\overline{OM}=9-2=7(cm)$
오른쪽 그림과 같이 $\overline{OA}$를 그으면
$\overline{OA}=\overline{OD}=9$ cm이므로 직각삼각형 OAM에서
$\overline{AM}=\sqrt{9^2-7^2}=4\sqrt{2}(cm)$
$\therefore \overline{AB}=2\overline{AM}=2\times4\sqrt{2}$
$=8\sqrt{2}(cm)$ **답** ⑤

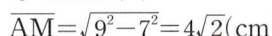
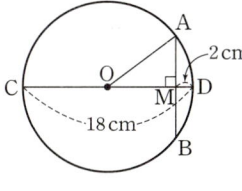

03 오른쪽 그림과 같이 $\overline{AO}$, $\overline{BO}$를 긋고, $\overline{AO}$와 $\overline{BC}$의 교점을 M이라고 하자.
이때 △ABC가 이등변삼각형이므로 $\overline{AO}$는 $\overline{BC}$의 수직이등분선이다.
$\therefore \overline{BM}=\frac{1}{2}\overline{BC}=\frac{1}{2}\times16=8(cm)$
직각삼각형 ABM에서 $\overline{AM}=\sqrt{10^2-8^2}=6(cm)$
원 O의 반지름의 길이를 r cm라고 하면
$\overline{MO}=r-6(cm)$이므로
직각삼각형 BOM에서
$8^2+(r-6)^2=r^2$, $12r=100$ $\therefore r=\frac{25}{3}$
따라서 원 O의 둘레의 길이는
$2\pi\times\frac{25}{3}=\frac{50}{3}\pi(cm)$ **답** $\frac{50}{3}\pi$ cm

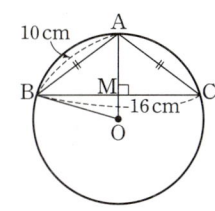

04 오른쪽 그림과 같이 수막새의 중심을 O라고 하면 $\overline{CD}$의 연장선은 중심 O를 지난다.
수막새의 반지름의 길이를 r cm라고 하면
직각삼각형 ADO에서
$6^2+(r-3)^2=r^2$, $6r=45$ $\therefore r=\frac{15}{2}$
따라서 수막새의 지름의 길이는 $2\times\frac{15}{2}=15(cm)$ **답** 15 cm

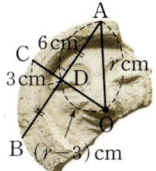

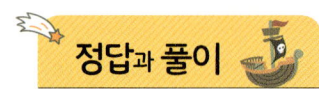
05 오른쪽 그림과 같이 원 O의 중심에서 $\overline{AB}$에 내린 수선의 발을 M이라 하고 원 O의 반지름의 길이를 r cm라고 하면

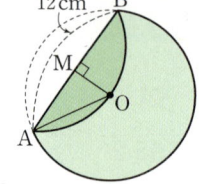

$\overline{OA}=r$ cm, $\overline{OM}=\dfrac{r}{2}$ cm

$\overline{AM}=\dfrac{1}{2}\overline{AB}=\dfrac{1}{2}\times12=6$(cm)이므로

직각삼각형 AOM에서 $6^2+\left(\dfrac{r}{2}\right)^2=r^2$, $r^2=48$

그런데 $r>0$이므로 $r=4\sqrt{3}$

따라서 원 O의 반지름의 길이는 $4\sqrt{3}$ cm이다. ▤ ②

06 오른쪽 그림과 같이 원 O의 중심에서 $\overline{AB}$, $\overline{CD}$에 내린 수선의 발을 각각 M, N이라고 하자.

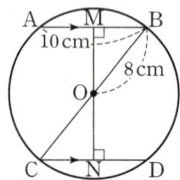

$\overline{BM}=\dfrac{1}{2}\overline{AB}=\dfrac{1}{2}\times10=5$(cm)이므로

직각삼각형 OBM에서

$\overline{OM}=\sqrt{8^2-5^2}=\sqrt{39}$(cm)

이때 $\overline{AB}=\overline{CD}$이므로

$\overline{ON}=\overline{OM}=\sqrt{39}$ cm

따라서 $\overline{AB}/\!/\overline{CD}$이므로 두 현 AB, CD 사이의 거리는

$\overline{OM}+\overline{ON}=\sqrt{39}+\sqrt{39}=2\sqrt{39}$(cm) ▤ $2\sqrt{39}$ cm

07 $\overline{OM}=\overline{ON}$이므로 $\overline{AB}=\overline{CD}=6$ cm

$\therefore \overline{AM}=\dfrac{1}{2}\overline{AB}=\dfrac{1}{2}\times6=3$(cm)

$\triangle OAM$에서 $\overline{AO}=\dfrac{3}{\cos30°}=3\div\dfrac{\sqrt{3}}{2}=2\sqrt{3}$(cm)

따라서 원 O의 둘레의 길이는 $2\pi\times2\sqrt{3}=4\sqrt{3}\pi$(cm)

▤ $4\sqrt{3}\pi$ cm

08 $\overline{OD}=\overline{OE}$에서 $\triangle ABC$는 $\overline{AB}=\overline{AC}$인 이등변삼각형이므로

$\angle A=180°-2\times32°=116°$

따라서 □OEAD에서

$\angle DOE=360°-(90°+116°+90°)=64°$ ▤ ③

09 오른쪽 그림과 같이 $\overline{OC}$를 그으면

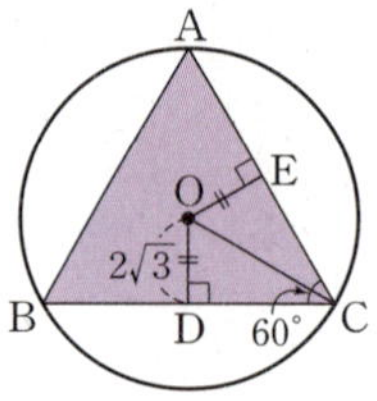

$\triangle OCD$와 $\triangle OCE$에서

$\angle ODC=\angle OEC=90°$, $\overline{OD}=\overline{OE}$,

$\overline{OC}$는 공통이므로

$\triangle OCD\equiv\triangle OCE$ (RHS 합동)

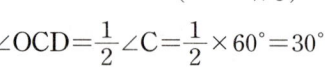
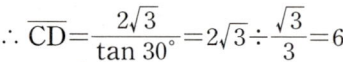

$\angle OCD=\dfrac{1}{2}\angle C=\dfrac{1}{2}\times60°=30°$

$\therefore \overline{CD}=\dfrac{2\sqrt{3}}{\tan30°}=2\sqrt{3}\div\dfrac{\sqrt{3}}{3}=6$

$\therefore \overline{BC}=2\overline{CD}=2\times6=12$

이때 $\triangle ABC$는 $\overline{BC}=\overline{AC}$인 이등변삼각형이므로

$\overline{AC}=\overline{BC}=12$

$\therefore \triangle ABC=\dfrac{1}{2}\times12\times12\times\sin60°=36\sqrt{3}$ ▤ ④

10 오른쪽 그림과 같이 원의 중심을 O라고 하면 $\overline{HP}$의 연장선은 중심 O를 지난다.

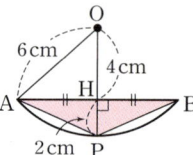

직각삼각형 OAH에서

$\overline{OH}=\overline{OP}-\overline{HP}=6-2=4$(cm)

이므로 $\overline{AH}=\sqrt{6^2-4^2}=2\sqrt{5}$(cm) ······ 40 %

$\therefore \overline{AB}=2\overline{AH}=2\times2\sqrt{5}=4\sqrt{5}$(cm) ······ 40 %

$\therefore \triangle APB=\dfrac{1}{2}\times4\sqrt{5}\times2=4\sqrt{5}$(cm²) ······ 20 %

▤ $4\sqrt{5}$ cm²

11 오른쪽 그림과 같이 원 O의 중심에서 $\overline{AB}$에 내린 수선의 발을 M이라고 하면

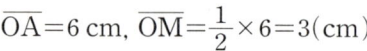

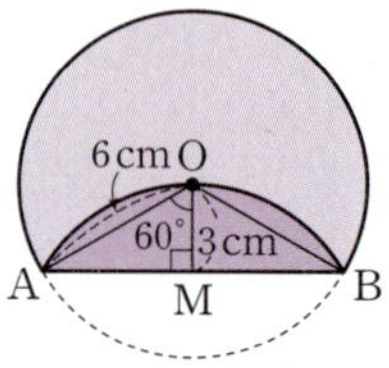

$\overline{OA}=6$ cm, $\overline{OM}=\dfrac{1}{2}\times6=3$(cm)

직각삼각형 OAM에서

$\overline{AM}=\sqrt{6^2-3^2}=3\sqrt{3}$(cm) ······ 30 %

$\therefore \overline{AB}=2\overline{AM}=2\times3\sqrt{3}$

$\qquad=6\sqrt{3}$(cm) ······ 20 %

이때 $\cos(\angle AOM)=\dfrac{\overline{OM}}{\overline{AO}}=\dfrac{3}{6}=\dfrac{1}{2}$이므로 $\angle AOM=60°$

마찬가지 방법으로 $\angle BOM=60°$

$\therefore \angle AOB=2\angle AOM=2\times60°=120°$ ······ 20 %

$\therefore$ (접힌 부분인 활꼴의 넓이)

$=$ (부채꼴 OAB의 넓이)$-\triangle OAB$

$=\pi\times6^2\times\dfrac{120}{360}-\dfrac{1}{2}\times6\sqrt{3}\times3$

$=12\pi-9\sqrt{3}$(cm²) ······ 30 %

▤ $(12\pi-9\sqrt{3})$ cm²

12 (1) $\overline{AD}=\dfrac{1}{2}\overline{AB}=\dfrac{1}{2}\times8\sqrt{3}$

$\qquad\quad=4\sqrt{3}$(cm) ······ 30 %

(2) $\overline{OD}=\overline{OE}=\overline{OF}$이므로

$\overline{AB}=\overline{BC}=\overline{CA}$

즉 $\triangle ABC$는 정삼각형이므로

$\angle A=60°$ ······ 20 %

오른쪽 그림과 같이 $\overline{AO}$를 그으면

$\triangle OAD\equiv\triangle OAF$ (RHS 합동)이

므로

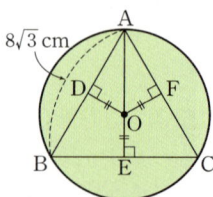

$\angle OAD=\dfrac{1}{2}\angle A=\dfrac{1}{2}\times60°=30°$

직각삼각형 ADO에서

$\overline{AO}=\dfrac{4\sqrt{3}}{\cos30°}=4\sqrt{3}\div\dfrac{\sqrt{3}}{2}=8$(cm)

따라서 원 O의 반지름의 길이는 8 cm이다. ······ 30 %

(3) 원 O의 넓이는 $\pi\times8^2=64\pi$(cm²) ······ 20 %

▤ (1) $4\sqrt{3}$ cm (2) 8 cm (3) 64π cm²

06 원의 접선

대표문제 확인하기

본교재 037쪽

01 ④	**02** $\sqrt{21}$ cm	**03** ①	**04** 2 cm
05 ②	**06** $\dfrac{15}{4}$ cm		

01 $\angle PAO = \angle PBO = 90°$이므로 $\square AOBP$에서
$\angle x = 360° - (90° + 48° + 90°) = 132°$ **답** ④

02 $\overline{CO} = \overline{AO} = 2$ cm이므로 $\overline{PO} = 3 + 2 = 5$(cm)
이때 $\angle PAO = 90°$이므로 직각삼각형 PAO에서
$\overline{PA} = \sqrt{5^2 - 2^2} = \sqrt{21}$(cm)
$\therefore \overline{PB} = \overline{PA} = \sqrt{21}$ cm   **답** $\sqrt{21}$ cm

03 $\overline{BD} = \overline{BE} = 5$ cm이므로 $\overline{AF} = \overline{AD} = 9 - 5 = 4$(cm)
$\overline{CF} = \overline{CE} = 7$ cm이므로 $\overline{AC} = 4 + 7 = 11$(cm)   **답** ①

04 직각삼각형 ABC에서 $\overline{BC} = \sqrt{10^2 - 6^2} = 8$(cm)
오른쪽 그림과 같이 $\overline{OD}$, $\overline{OE}$를 긋고,
원 O의 반지름의 길이를 r cm라고
하면
$\overline{BE} = \overline{BD} = \overline{OE} = r$ cm이므로

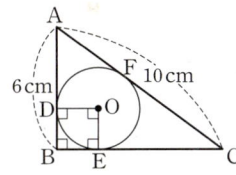

$\overline{AF} = \overline{AD} = 6 - r$(cm),
$\overline{CF} = \overline{CE} = 8 - r$(cm)
이때 $\overline{AF} + \overline{CF} = \overline{AC}$이므로 $(6-r) + (8-r) = 10$
$2r = 4$ $\therefore r = 2$
따라서 원 O의 반지름의 길이는 2 cm이다.   **답** 2 cm
[다른 풀이]
$\triangle ABC$에서 $\overline{BC} = \sqrt{10^2 - 6^2} = 8$(cm)이므로
$\triangle ABC = \dfrac{1}{2} \times 8 \times 6 = 24$(cm²)
원 O의 반지름의 길이를 r cm라고 하면
$\dfrac{1}{2} \times r \times (6 + 8 + 10) = 24$, $12r = 24$ $\therefore r = 2$
따라서 원 O의 반지름의 길이는 2 cm이다.

05 $\overline{AB} + \overline{CD} = \overline{AD} + \overline{BC}$이므로
$11 + 13 = \overline{AD} + 18$ $\therefore \overline{AD} = 6$(cm)   **답** ②

06 오른쪽 그림에서 원 O의 반지름의 길
이를 r cm라고 하면
$\overline{AB} = 2r$ cm이므로
$2r + \overline{CD} = 6 + 10$에서
$\overline{CD} = 16 - 2r$(cm)
이때 점 D에서 $\overline{BC}$에 내린 수선의 발을 H라고 하면
$\overline{HC} = 10 - 6 = 4$(cm)

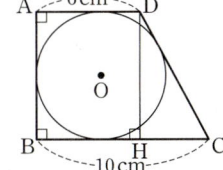

직각삼각형 DHC에서
$4^2 + (2r)^2 = (16 - 2r)^2$, $64r = 240$ $\therefore r = \dfrac{15}{4}$
따라서 원 O의 반지름의 길이는 $\dfrac{15}{4}$ cm이다.   **답** $\dfrac{15}{4}$ cm

필수문제 확인하기

본교재 038~041쪽

01 ②	**02** $3\sqrt{3}$ cm	**03** $5\sqrt{3}$ cm	**04** ③
05 16	**06** 8 cm	**07** $12\sqrt{2}$ cm	**08** ④
09 $16\sqrt{15}$ cm²	**10** ②	**11** ③	**12** 10
13 ③	**14** 4 km	**15** 9 cm²	**16** 2
17 ④	**18** ②	**19** ④	
20 $(11 - 4\sqrt{6})$ cm		**21** (1) $9\sqrt{3}$ cm² (2) $2\sqrt{3}$ cm	
22 (1) 10 (2) $20\sqrt{6}$		**23** 1	

01 $\angle PAO = \angle PBO = 90°$이므로 $\square APBO$에서
$\angle AOB = 360° - (90° + 30° + 90°) = 150°$
따라서 색칠한 부분의 넓이, 즉 부채꼴 AOB의 넓이는
$\pi \times 6^2 \times \dfrac{150}{360} = 15\pi$(cm²)   **답** ②

02 오른쪽 그림과 같이 $\overline{OT}$를 긋고 원
O의 반지름의 길이를 r cm라고 하면
$\overline{OA} = \overline{OT} = r$ cm, $\overline{PO} = 3 + r$(cm)
이때 $\angle PTO = 90°$이므로 직각삼각형
PTO에서

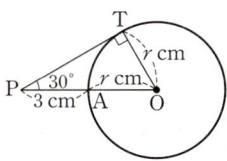

$\sin 30° = \dfrac{r}{3+r} = \dfrac{1}{2}$ $\therefore r = 3$
$\therefore \overline{PT} = \dfrac{3}{\tan 30°} = 3 \div \dfrac{\sqrt{3}}{3} = 3\sqrt{3}$(cm)   **답** $3\sqrt{3}$ cm

03 오른쪽 그림과 같이 $\overline{PO}$를 그으면
$\angle PAO = \angle PBO = 90°$, $\overline{OA} = \overline{OB}$,
$\overline{OP}$는 공통이므로
$\triangle APO \equiv \triangle BPO$ (RHS 합동)

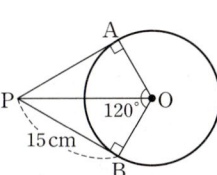

$\therefore \angle POB = \dfrac{1}{2} \times 120° = 60°$
직각삼각형 BPO에서 $\overline{OB} = \dfrac{15}{\tan 60°} = 15 \div \sqrt{3} = 5\sqrt{3}$(cm)
따라서 원 O의 반지름의 길이는 $5\sqrt{3}$ cm이다.   **답** $5\sqrt{3}$ cm

04 오른쪽 그림과 같이 $\overline{PO}$를 그으면
$\angle PAO = \angle PBO = 90°$, $\overline{OA} = \overline{OB}$,
$\overline{OP}$는 공통이므로
$\triangle APO \equiv \triangle BPO$ (RHS 합동)

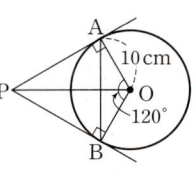

$\therefore \angle AOP = \dfrac{1}{2} \times 120° = 60°$

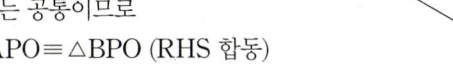

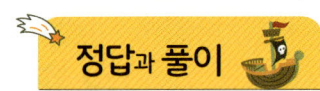

$\therefore \overline{PA}=10\tan 60°=10\sqrt{3}\,(\text{cm})$

$\overline{PA}=\overline{PB}$이고

$\angle APB=360°-(90°+120°+90°)=60°$이므로

$\triangle APB$는 한 변의 길이가 $10\sqrt{3}$ cm인 정삼각형이다.

따라서 $\triangle APB$의 둘레의 길이는 $3\times 10\sqrt{3}=30\sqrt{3}\,(\text{cm})$ 目 ③

05 오른쪽 그림과 같이 원 O_2의 중심에서 $\overline{EF}$에 내린 수선의 발을 M이라 하고 $\overline{EO_2}$, $\overline{TO_3}$을 그으면

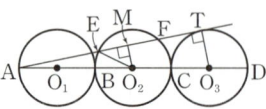

$\triangle AMO_2$와 $\triangle ATO_3$에서

$\angle A$는 공통, $\angle AMO_2=\angle ATO_3=90°$

이므로 $\triangle AMO_2\backsim\triangle ATO_3$ (AA 닮음)

따라서 $\overline{AO_2}:\overline{AO_3}=\overline{MO_2}:\overline{TO_3}$이므로

$30:50=\overline{MO_2}:10,\ 50\overline{MO_2}=300\qquad\therefore \overline{MO_2}=6$

직각삼각형 EO_2M에서 $\overline{EM}=\sqrt{10^2-6^2}=8$

$\therefore \overline{EF}=2\overline{EM}=2\times 8=16$ 目 16

06
$\begin{aligned}\overline{PA}+\overline{AB}+\overline{PB}&=\overline{PA}+(\overline{AC}+\overline{CB})+\overline{PB}\\&=(\overline{PA}+\overline{AX})+(\overline{BY}+\overline{PB})\\&=\overline{PX}+\overline{PY}=2\overline{PX}\end{aligned}$

이므로 $12+\overline{AB}+10=2\times 15\qquad\therefore \overline{AB}=8\,(\text{cm})$ 目 8 cm

[다른 풀이]

$\overline{PY}=\overline{PX}=15$ cm이므로 $\overline{AX}=15-12=3\,(\text{cm})$

$\therefore \overline{AC}=\overline{AX}=3$ cm

$\overline{BY}=15-10=5\,(\text{cm})$이므로 $\overline{BC}=\overline{BY}=5$ cm

$\therefore \overline{AB}=3+5=8\,(\text{cm})$

07 $\angle ADO=90°$이므로 직각삼각형 AOD에서

$\overline{AD}=\sqrt{9^2-3^2}=6\sqrt{2}\,(\text{cm})$

따라서 $\triangle ABC$의 둘레의 길이는

$\begin{aligned}\overline{AB}+\overline{BC}+\overline{CA}&=\overline{AB}+(\overline{BF}+\overline{FC})+\overline{CA}\\&=(\overline{AB}+\overline{BD})+(\overline{CE}+\overline{CA})\\&=\overline{AD}+\overline{AE}=2\overline{AD}=2\times 6\sqrt{2}\\&=12\sqrt{2}\,(\text{cm})\end{aligned}$ 目 $12\sqrt{2}$ cm

08 반원 O와 $\overline{CD}$의 접점을 E라고 하면

$\overline{AD}=\overline{ED},\ \overline{BC}=\overline{CE}$이므로

$\overline{CD}=\overline{AD}+\overline{BC}=2+5=7\,(\text{cm})$

오른쪽 그림과 같이 점 D에서 $\overline{BC}$에 내린 수선의 발을 H라고 하면

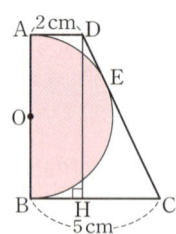

$\overline{BH}=\overline{AD}=2$ cm이므로

$\overline{CH}=5-2=3\,(\text{cm})$

직각삼각형 DHC에서

$\overline{DH}=\sqrt{7^2-3^2}=2\sqrt{10}\,(\text{cm})$

$\therefore \overline{AB}=\overline{DH}=2\sqrt{10}$ cm

따라서 반원 O의 반지름의 길이는

$\frac{1}{2}\overline{AB}=\frac{1}{2}\times 2\sqrt{10}=\sqrt{10}\,(\text{cm})$이므로 반원 O의 넓이는

$\frac{1}{2}\times\pi\times(\sqrt{10})^2=5\pi\,(\text{cm}^2)$ 目 ④

09 $\overline{CD}=10+6=16\,(\text{cm})$

오른쪽 그림과 같이 점 C에서 $\overline{AD}$에 내린 수선의 발을 H라고 하면

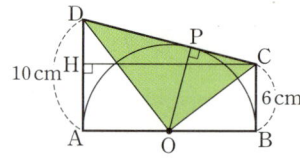

$\overline{DH}=10-6=4\,(\text{cm})$

직각삼각형 DHC에서 $\overline{HC}=\sqrt{16^2-4^2}=4\sqrt{15}\,(\text{cm})$

$\therefore \overline{AB}=\overline{HC}=4\sqrt{15}$ cm

따라서 반원 O의 반지름의 길이는

$\frac{1}{2}\overline{AB}=\frac{1}{2}\times 4\sqrt{15}=2\sqrt{15}\,(\text{cm})$

반원 O와 $\overline{CD}$의 접점을 P라고 하면 $\overline{OP}\perp\overline{CD}$이므로

$\triangle DOC=\frac{1}{2}\times 16\times 2\sqrt{15}=16\sqrt{15}\,(\text{cm}^2)$ 目 $16\sqrt{15}$ cm²

10 오른쪽 그림과 같이 반원 O와 $\overline{AE}$의 접점을 F라 하고 $\overline{EF}=x$라고 하면

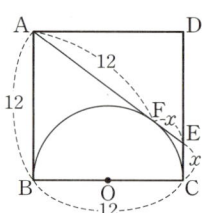

$\overline{CE}=\overline{EF}=x,\ \overline{DE}=12-x,$

$\overline{AE}=12+x$

따라서 직각삼각형 AED에서

$12^2+(12-x)^2=(12+x)^2,\ 48x=144\qquad\therefore x=3$

$\therefore \overline{AE}=12+3=15$ 目 ②

11 오른쪽 그림과 같이 두 원의 중심 O에서 $\overline{AB}$에 내린 수선의 발을 H라고 하면

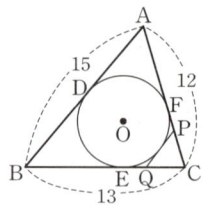

$\overline{AH}=\frac{1}{2}\overline{AB}=\frac{1}{2}\times 8=4\,(\text{cm})$

이때 큰 원의 반지름의 길이를 a cm, 작은 원의 반지름의 길이를 b cm라고 하면

직각삼각형 OAH에서 $4^2+b^2=a^2\qquad\therefore a^2-b^2=16$

$\therefore$ (색칠한 부분의 넓이)$=\pi a^2-\pi b^2=\pi(a^2-b^2)$

$=16\pi\,(\text{cm}^2)$ 目 ③

12 오른쪽 그림과 같이 원 O와 $\triangle ABC$의 접점을 각각 D, E, F라 하고 $\overline{CE}=\overline{CF}=x$라고 하면

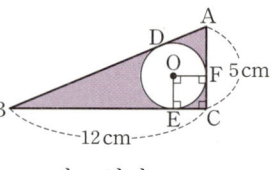

$\overline{AD}=\overline{AF}=12-x,$

$\overline{BD}=\overline{BE}=13-x$

따라서 $15=(12-x)+(13-x)$이므로

$2x=10\qquad\therefore x=5$

$\therefore$ ($\triangle PQC$의 둘레의 길이)$=2x=2\times 5=10$ 目 10

13 직각삼각형 ABC에서

$\overline{AB}=\sqrt{12^2+5^2}=13\,(\text{cm})$

오른쪽 그림과 같이 원 O와 $\triangle ABC$의 접점을 각각 D, E, F라 하고 원 O의 반지름의 길이를 r cm라고 하면

$\overline{CE}=\overline{CF}=\overline{OE}=r$ cm이므로

$\overline{AD}=\overline{AF}=5-r\,(cm)$, $\overline{BD}=\overline{BE}=12-r\,(cm)$
이때 $\overline{AD}+\overline{BD}=\overline{AB}$이므로 $(5-r)+(12-r)=13$
$2r=4$ $\therefore r=2$
$\therefore$ (색칠한 부분의 넓이)$=\triangle ABC-$(원 O의 넓이)
$$=\frac{1}{2}\times12\times5-\pi\times2^2$$
$$=30-4\pi\,(cm^2)$$
$\qquad$ 답 ③

14 오른쪽 그림과 같이 $\overline{OP}$, $\overline{OQ}$, $\overline{OR}$
를 긋고,
$\overline{BP}=\overline{BQ}=x\,m$,
$\overline{CQ}=\overline{CR}=y\,m$라고 하면
$\overline{BC}=x+y\,(m)$
동이의 자전거의 속력을 $29v$, 은영이의 걷는 속력을 $5v$라고 하
면 $\dfrac{\overline{BP}+\overline{BC}}{29v}=\dfrac{\overline{CR}}{5v}$이므로

$\dfrac{2x+y}{29v}=\dfrac{y}{5v}$, $5(2x+y)=29y$

$10x=24y$ $\therefore 5x=12y$
이때 $x=12k$, $y=5k\,(k>0)$로 놓으면
$\overline{AB}=300+12k\,(m)$, $\overline{BC}=12k+5k=17k\,(m)$,
$\overline{CA}=5k+300\,(m)$이므로 직각삼각형 ABC에서
$(300+12k)^2+(5k+300)^2=(17k)^2$, $k^2-85k-1500=0$
$(k+15)(k-100)=0$ $\therefore k=-15$ 또는 $k=100$
그런데 $k>0$이므로 $k=100$
따라서 $\overline{AB}=300+12\times100=1500\,(m)$,
$\overline{BC}=17\times100=1700\,(m)$
$\overline{CA}=5\times100+300=800\,(m)$이므로 도로 전체의 길이는
$1500+1700+800=4000\,(m)=4\,(km)$
$\qquad$ 답 4 km

15 $\overline{AD}=\overline{AE}=x\,cm$라고 하면 $\overline{CF}=\overline{CD}=8-x\,(cm)$,
$\overline{AB}=\overline{AE}+\overline{BE}=x+1\,(cm)$,
$\overline{BC}=\overline{BF}+\overline{CF}=1+(8-x)=9-x\,(cm)$
직각삼각형 ABC에서
$(x+1)^2+(9-x)^2=8^2$, $x^2-8x+9=0$ $\therefore x=4\pm\sqrt7$
이때 $\overline{AD}>\overline{AO}$이므로 $x>4$ $\therefore x=4+\sqrt7$
따라서 $\overline{AB}=5+\sqrt7\,(cm)$, $\overline{BC}=5-\sqrt7\,(cm)$이므로
$\triangle ABC=\dfrac{1}{2}\times\overline{AB}\times\overline{BC}$
$$=\frac{1}{2}\times(5+\sqrt7)\times(5-\sqrt7)=9\,(cm^2)$$
$\qquad$ 답 $9\,cm^2$

16 원 O_1에 외접하는 □ABCF에서
$a+b=9+7=16$ $\qquad$ …… ㉠
원 O_2에 외접하는 □CDEF에서
$b+c=5+13=18$ $\qquad$ …… ㉡
㉡$-$㉠을 하면 $c-a=2$
$\qquad$ 답 2

17 $\overline{AB}=x\,cm$, $\overline{CD}=y\,cm$라 하면
$10+12=x+y$이므로 $x+y=22$
오른쪽 그림과 같이 $\overline{OA}$, $\overline{OB}$,
$\overline{OC}$, $\overline{OD}$를 그으면
□ABCD
$=\triangle OAB+\triangle OBC+\triangle OCD$
$\qquad\qquad +\triangle ODA$
$=\left(\dfrac{1}{2}\times x\times5\right)+\left(\dfrac{1}{2}\times12\times5\right)$
$\quad+\left(\dfrac{1}{2}\times y\times5\right)+\left(\dfrac{1}{2}\times10\times5\right)$
$=55+\dfrac{5}{2}(x+y)=55+\dfrac{5}{2}\times22$
$=110\,(cm^2)$
$\therefore$ (색칠한 부분의 넓이)$=110-\pi\times5^2$
$\qquad\qquad\qquad\qquad =110-25\pi\,(cm^2)$
$\qquad$ 답 ④

18 $\overline{AE}=x\,cm$라고 하면 □AECD는 원 O에 외접하므로
$x+8=10+\overline{EC}$ $\therefore \overline{EC}=x-2\,(cm)$
$\therefore \overline{BE}=10-(x-2)=12-x\,(cm)$
따라서 직각삼각형 ABE에서
$8^2+(12-x)^2=x^2$, $24x=208$ $\therefore x=\dfrac{26}{3}$
$\therefore \overline{AE}=\dfrac{26}{3}\,cm$
$\qquad$ 답 ②

19 오른쪽 그림과 같이 $\overline{QP}$를 긋고 반원 P의
반지름의 길이를 $r\,cm$라고 하면
$\overline{QO}=\dfrac{1}{2}\times10=5\,(cm)$,
$\overline{OP}=10-r\,(cm)$, $\overline{PQ}=5+r\,(cm)$
직각삼각형 OPQ에서
$(10-r)^2+5^2=(5+r)^2$, $30r=100$ $\therefore r=\dfrac{10}{3}$
따라서 반원 P의 반지름의 길이는 $\dfrac{10}{3}\,cm$이다.
$\qquad$ 답 ④

20 오른쪽 그림과 같이 점 O′을 지나고
$\overline{BC}$에 평행한 $\overline{EF}$를 긋고 점 O에서
$\overline{EF}$에 내린 수선의 발을 H라고 하
자.
원 O의 반지름의 길이가
$\dfrac{1}{2}\times6=3\,(cm)$이므로 원 O′의 반지름의 길이를 $r\,cm$라고 하면
$\overline{OH}=3-r\,(cm)$, $\overline{HO'}=8-3-r=5-r\,(cm)$
$\overline{OO'}=3+r\,(cm)$
직각삼각형 OHO′에서
$(5-r)^2+(3-r)^2=(3+r)^2$, $r^2-22r+25=0$
$\therefore r=11\pm4\sqrt6$

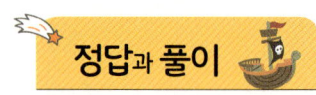
그런데 $0<r<3$이므로 $r=11-4\sqrt{6}$

따라서 원 O'의 반지름의 길이는 $(11-4\sqrt{6})$ cm이다.

답 $(11-4\sqrt{6})$ cm

21 (1) $\overline{\text{PA}}=\overline{\text{PB}}$이고 $\angle\text{P}=60°$이므로 ······ 20 %

$\triangle\text{APB}=\dfrac{1}{2}\times6\times6\times\sin60°=9\sqrt{3}(\text{cm}^2)$ ······ 30 %

(2) $\overline{\text{OP}}$를 그으면 $\triangle$APO와 $\triangle$BPO에서

$\angle\text{PAO}=\angle\text{PBO}=90°$, $\overline{\text{OA}}=\overline{\text{OB}}$, $\overline{\text{OP}}$는 공통이므로

$\triangle\text{APO}\equiv\triangle\text{BPO}$(RHS 합동)

$\therefore \angle\text{APO}=\angle\text{BPO}=\dfrac{1}{2}\times60°=30°$ ······ 20 %

직각삼각형 APO에서

$\overline{\text{AO}}=6\tan30°=6\times\dfrac{\sqrt{3}}{3}=2\sqrt{3}(\text{cm})$

따라서 원 O의 반지름의 길이는 $2\sqrt{3}$ cm이다. ······ 30 %

답 (1) $9\sqrt{3}$ cm² (2) $2\sqrt{3}$ cm

22 (1) 오른쪽 그림과 같이 반원 O와 $\overline{\text{CD}}$의 접점을 E라고 하면

$\overline{\text{CD}}=\overline{\text{DE}}+\overline{\text{CE}}$

$\quad=\overline{\text{AD}}+\overline{\text{BC}}$

$\quad=4+6=10$ ······ 30 %

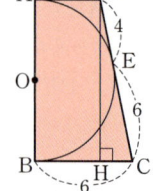

(2) 점 D에서 $\overline{\text{BC}}$에 내린 수선의 발을 H라고 하면

$\overline{\text{CH}}=6-4=2$ ······ 20 %

직각삼각형 DHC에서

$\overline{\text{DH}}=\sqrt{10^2-2^2}=4\sqrt{6}$ ······ 20 %

$\therefore \square\text{ABCD}=\dfrac{1}{2}\times(4+6)\times4\sqrt{6}=20\sqrt{6}$ ······ 30 %

답 (1) 10 (2) $20\sqrt{6}$

23 $\overline{\text{EI}}=\overline{\text{EF}}=x$라고 하면

$\overline{\text{CG}}=\overline{\text{CH}}=\overline{\text{DH}}=\overline{\text{DI}}=2$이고

$\overline{\text{BF}}=\overline{\text{BG}}=\overline{\text{AI}}=6-2=4$이므로 ······ 30 %

$\overline{\text{BE}}=4+x$, $\overline{\text{AE}}=4-x$ ······ 40 %

직각삼각형 ABE에서

$(4-x)^2+4^2=(4+x)^2$, $16x=16$ $\therefore x=1$

$\therefore \overline{\text{EI}}=1$ ······ 30 %

답 1

07 원주각의 성질

대표문제 확인하기 본교재 043쪽

01 ③	**02** 36°	**03** ③	**04** ⑤
05 ②	**06** 60°		

01 $\angle x=\angle\text{CBD}=40°$

$\angle y=2\angle\text{CBD}=2\times40°=80°$

$\therefore \angle x+\angle y=40°+80°=120°$

답 ③

02 오른쪽 그림과 같이 $\overline{\text{OA}}$, $\overline{\text{OB}}$를 그으면

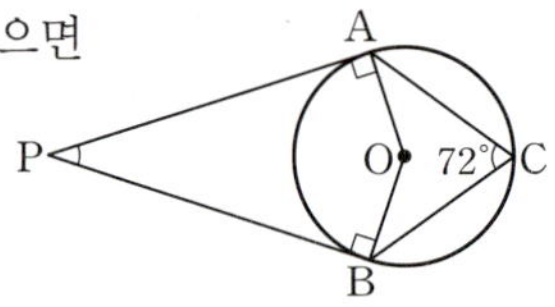

$\angle\text{AOB}=2\angle\text{C}=2\times72°=144°$

$\angle\text{PAO}=\angle\text{PBO}=90°$이므로

$\square$APBO에서

$\angle\text{P}=360°-(90°+144°+90°)$

$\quad=36°$

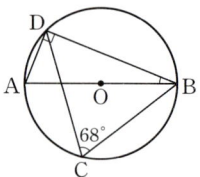

답 36°

03 $\angle\text{ACD}=\angle\text{ABD}=50°$

$\triangle$PCD에서 $\angle\text{APD}=50°+49°=99°$

답 ③

04 오른쪽 그림과 같이 $\overline{\text{AD}}$를 그으면

$\angle\text{ADB}=90°$,

$\angle\text{DAB}=\angle\text{DCB}=68°$이므로

$\triangle$ABD에서

$\angle\text{DBA}=180°-(90°+68°)=22°$

답 ⑤

05 $\overparen{\text{AB}}=\overparen{\text{CD}}$이므로 $\angle\text{ACB}=\angle\text{DBC}=30°$

$\triangle$EBC에서 $\angle x=30°+30°=60°$

답 ②

06 $\overparen{\text{AB}}:\overparen{\text{BC}}:\overparen{\text{CA}}=5:3:4$이므로

$\angle\text{C}:\angle\text{A}:\angle\text{B}=5:3:4$

삼각형의 세 내각의 크기의 합은 180°이므로

$\angle\text{B}=180°\times\dfrac{4}{5+3+4}=60°$

답 60°

필수문제 확인하기 본교재 **044**~**047**쪽

01 ③	**02** 8π cm²	**03** ②	**04** ①
05 24°	**06** 119°	**07** ③	**08** ②
09 20°	**10** 34°	**11** ①	**12** 54°
13 ④	**14** ③	**15** ③	**16** ④
17 70°	**18** 80°	**19** ③	**20** ②
21 ①	**22** 5π cm	**23** $\angle x=36°$, $\angle y=24°$	
24 5°	**25** (1) $\dfrac{\sqrt{7}}{4}$ (2) $\dfrac{3\sqrt{7}}{7}$		**26** 30°

01 오른쪽 그림과 같이 $\overline{\text{OE}}$를 그으면

$\angle\text{AOE}=2\angle\text{ADE}=2\times20°=40°$,

$\angle\text{EOB}=2\angle\text{ECB}=2\times30°=60°$

$\therefore \angle x=\angle\text{AOE}+\angle\text{EOB}$

$\quad=40°+60°$

$\quad=100°$

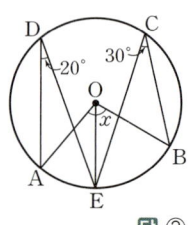

답 ③

02 $\angle BOC = 2\angle BAC = 2 \times 40° = 80°$

$\therefore$ (색칠한 부분의 넓이) $= \pi \times 6^2 \times \dfrac{80}{360}$

$\qquad\qquad\qquad\qquad = 8\pi \,(\mathrm{cm}^2)$

目 $8\pi \,\mathrm{cm}^2$

03 $\triangle ADE$에서 $80° = \angle x + 50°$ $\quad \therefore \angle x = 30°$

$\therefore \angle AOB = 2\angle x = 2 \times 30° = 60°$

$\triangle BOE$에서 $80° = 60° + \angle y$ $\quad \therefore \angle y = 20°$

$\therefore \angle x + \angle y = 30° + 20° = 50°$

目 ②

04 $\angle APB = \dfrac{1}{2} \times (360° - \angle AOB)$이므로

$120° = \dfrac{1}{2} \times (360° - \angle x)$

$\therefore \angle x = 360° - 240° = 120°$

目 ①

05 오른쪽 그림과 같이 $\overline{BC}$를 그으면

$\angle ABC = \dfrac{1}{2}\angle AOC$

$\qquad = \dfrac{1}{2} \times 70° = 35°$,

$\angle BCD = \dfrac{1}{2}\angle BOD = \dfrac{1}{2} \times 22° = 11°$

$\triangle BCP$에서 $35° = 11° + \angle P$ $\quad \therefore \angle P = 24°$

目 $24°$

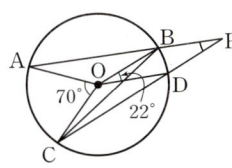

06 오른쪽 그림과 같이 $\overline{OA}$, $\overline{OB}$를 그으면

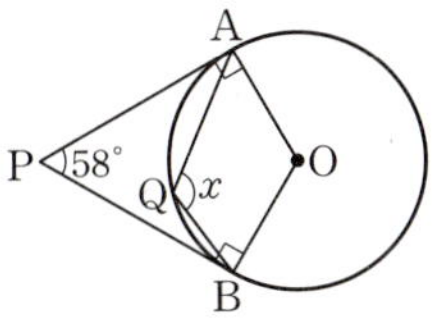

$\angle PAO = \angle PBO = 90°$이므로

$\square APBO$에서

$\angle AOB = 360° - (90° + 58° + 90°)$

$\qquad\quad = 122°$

$\therefore \angle x = \dfrac{1}{2} \times (360° - 122°) = 119°$

目 $119°$

07 $\angle x = \angle BDC = 43°$

$\triangle CDE$에서 $95° = 43° + \angle y$ $\quad \therefore \angle y = 52°$

$\therefore \angle y - \angle x = 52° - 43° = 9°$

目 ③

08 오른쪽 그림과 같이 $\overline{QB}$를 그으면

$\angle AQB = \angle APB = \angle x$,

$\angle BQC = \angle BRC = 25°$이므로

$\angle AQC = \angle AQB + \angle BQC$에서

$82° = \angle x + 25°$ $\quad \therefore \angle x = 57°$

目 ②

09 $\angle ADC = \angle ABC = \angle x$

$\triangle BPC$에서 $\angle BCD = \angle x + 30°$

$\triangle CDE$에서 $70° = \angle x + (\angle x + 30°)$

$2\angle x = 40°$ $\quad \therefore \angle x = 20°$

目 $20°$

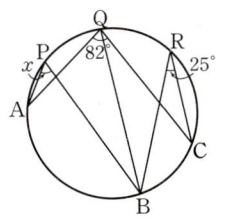

10 오른쪽 그림과 같이 $\overline{BE}$를 그으면

$\angle BED = 90°$,

$\angle BEC = \angle BAC = 56°$

$\therefore \angle CED = 90° - 56° = 34°$

目 $34°$

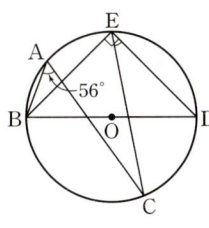

11 $\angle BAD = 90°$, $\angle ABD = \angle ACD = \angle x$이므로

$\triangle ABD$에서 $\angle x = 180° - (90° + 60°) = 30°$

$\angle BAC = \angle BDC = \angle y$이므로

$\angle y + 40° = 90°$ $\quad \therefore \angle y = 50°$

$\therefore \angle y - \angle x = 50° - 30° = 20°$

目 ①

12 오른쪽 그림과 같이 $\overline{AD}$를 그으면

$\angle CAD = \dfrac{1}{2}\angle COD = \dfrac{1}{2} \times 72° = 36°$

$\angle ADB = 90°$이므로 $\triangle ADP$에서

$\angle P = 180° - (90° + 36°) = 54°$

目 $54°$

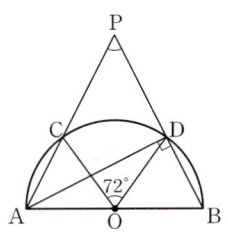

13 오른쪽 그림과 같이 $\overline{BO}$의 연장선이

원 O와 만나는 점을 A'이라고 하면

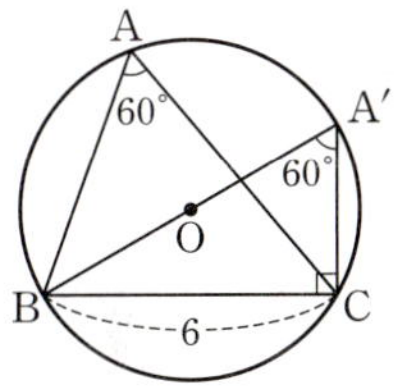

$\angle BA'C = \angle BAC = 60°$,

$\angle A'CB = 90°$

직각삼각형 $A'CB$에서

$\overline{A'B} = \dfrac{6}{\sin 60°} = 6 \div \dfrac{\sqrt{3}}{2} = 4\sqrt{3}$

따라서 원 O의 반지름의 길이는

$\dfrac{1}{2}\overline{A'B} = \dfrac{1}{2} \times 4\sqrt{3} = 2\sqrt{3}$

目 ④

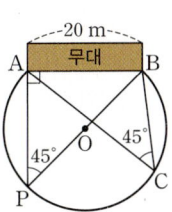

14 오른쪽 그림과 같이 공연장의 중심을 O라

하고 $\overline{BO}$의 연장선이 원 O와 만나는 점을

P라 하면

$\angle PAB = 90°$, $\angle APB = \angle ACB = 45°$

이므로

$\triangle APB$에서 $\overline{PB} = \dfrac{20}{\sin 45°} = 20 \div \dfrac{\sqrt{2}}{2} = 20\sqrt{2}\,(\mathrm{m})$

따라서 공연장의 지름의 길이는 $20\sqrt{2}\,\mathrm{m}$이다.

目 ③

15 $\angle ADB = 90°$, $\angle CDB = \angle CAB = 40°$이므로

$\angle ADC = 90° + 40° = 130°$

$\overset{\frown}{AD} = \overset{\frown}{DC}$이므로 $\angle ACD = \angle DAC$

$\triangle ACD$에서 $\angle ACD = \dfrac{1}{2} \times (180° - 130°) = 25°$

目 ③

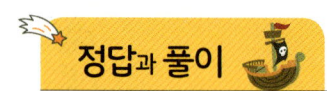
16 오른쪽 그림과 같이 $\overline{OB}$, $\overline{OC}$, $\overline{OD}$를 그으면
$\angle DOE = 2\angle DCE = 2 \times 28° = 56°$
이때 $\overparen{AB} = \overparen{BC} = \overparen{CD}$에서
$\angle AOB = \angle BOC = \angle COD$이므로
$56° + 100° + 3\angle BOC = 360°$
$\therefore \angle BOC = 68°$
$\therefore \angle BDC = \dfrac{1}{2}\angle BOC = \dfrac{1}{2} \times 68° = 34°$ 　　답 ④

17 $\overparen{AC} : \overparen{BD} = 2 : 1$이므로 $\angle ABC : \angle BCD = 2 : 1$
$\therefore \angle BCD = \dfrac{1}{2}\angle ABC$
$\triangle BCE$에서 $\angle ABC = \dfrac{1}{2}\angle ABC + 35°$
$\therefore \angle ABC = 70°$ 　　답 $70°$

18 $\overparen{AC} : \overparen{BD} = 1 : 3$이므로 $\angle ABC : \angle BCD = 1 : 3$
$\therefore \angle ABC = \dfrac{1}{3}\angle BCD$
$\triangle BPC$에서 $\angle BCD = 40° + \dfrac{1}{3}\angle BCD$ 　　$\therefore \angle BCD = 60°$
$\therefore \angle ABC = \dfrac{1}{3}\angle BCD = \dfrac{1}{3} \times 60° = 20°$
따라서 $\triangle ABQ$에서 $\angle BAQ = \angle BCD = 60°$이므로
$\angle BQD = 60° + 20° = 80°$ 　　답 $80°$

19 $\angle APB = \dfrac{1}{2} \times 240° = 120°$
$\overparen{PA} : \overparen{PB} = 1 : 2$이므로 $\angle PBA : \angle PAB = 1 : 2$
$\therefore \angle PBA = \dfrac{1}{2}\angle PAB$
$\triangle PAB$에서
$120° + \angle PAB + \dfrac{1}{2}\angle PAB = 180°$
$\dfrac{3}{2}\angle PAB = 60°$ 　　$\therefore \angle PAB = 40°$ 　　답 ③

20 $\triangle ACP$에서
$60° = \angle CAP + 15°$ 　　$\therefore \angle CAP = 45°$
한 원에서 모든 호에 대한 원주각의 크기의 합은 $180°$이므로
구하는 원의 둘레의 길이를 l cm라고 하면
$45° : 180° = 6 : l$, $45l = 1080$ 　　$\therefore l = 24$
따라서 원의 둘레의 길이는 24 cm이다. 　　답 ②

21 오른쪽 그림과 같이 $\overline{AD}$를 그으면 한 원
에서 모든 호에 대한 원주각의 크기의
합은 $180°$이므로
$\angle ADC = 180° \times \dfrac{1}{8} = 22.5°$,
$\angle DAB = 180° \times \dfrac{1}{10} = 18°$
따라서 $\triangle PAD$에서 $\angle x = 22.5° + 18° = 40.5°$ 　　답 ①

22 $\overline{CB}$를 그으면 $\triangle BCP$에서 $\angle ABC + \angle BCD = 50°$
즉, $\overparen{AC}$와 $\overparen{BD}$에 대한 원주각의 크기의 합은 $50°$이고
한 원에서 모든 호에 대한 원주각의 크기의 합은 $180°$이므로
$\overparen{AC} + \overparen{BD} = 2\pi \times 9 \times \dfrac{50}{180} = 5\pi\,(\text{cm})$ 　　답 5π cm

23 대관람차의 각 칸을 원 위의 점으로 생각하면 15개의 칸이 일
정한 간격으로 놓여 있고 한 원에서 모든 호에 대한 원주각의
크기의 합은 $180°$이므로 각 칸 사이의 호에 대한 원주각의 크
기는 $\dfrac{1}{15} \times 180° = 12°$로 모두 같다.
$\therefore \angle x = 3 \times 12° = 36°$, $\angle y = 2 \times 12° = 24°$
답 $\angle x = 36°$, $\angle y = 24°$

24 $\overline{OB}$를 그으면 $\angle AOB = 2\angle ACB = 2 \times 50° = 100°$
$\triangle OAB$는 $\overline{OA} = \overline{OB}$인 이등변삼각형이므로
$\angle OAB = \angle OBA = \dfrac{1}{2} \times (180° - 100°) = 40°$ 　　…… 30 %
$\angle ADB = \angle ACB = 50°$이므로
$\angle ADE = \dfrac{1}{2}\angle ADB = \dfrac{1}{2} \times 50° = 25°$ 　　…… 30 %
$\triangle DAF$에서 $25° + \angle DAF = 70°$
$\therefore \angle DAF = 45°$ 　　…… 30 %
$\therefore \angle x = \angle DAF - \angle OAB = 45° - 40° = 5°$ 　　…… 10 %
답 $5°$

25 (1) 오른쪽 그림과 같이 $\overline{AO}$의 연장선이
원 O와 만나는 점을 C'이라고 하면
$\overline{AC'} = 2 \times 8 = 16\,(\text{cm})$,
$\angle AC'B = \angle ACB$
이때 $\angle C'BA = 90°$이므로
직각삼각형 $AC'B$에서
$\overline{C'B} = \sqrt{16^2 - 12^2} = 4\sqrt{7}\,(\text{cm})$ 　　…… 40 %
$\therefore \cos C = \cos C' = \dfrac{\overline{C'B}}{\overline{AC'}} = \dfrac{4\sqrt{7}}{16} = \dfrac{\sqrt{7}}{4}$ 　　…… 30 %
(2) $\tan C = \tan C' = \dfrac{\overline{AB}}{\overline{C'B}} = \dfrac{12}{4\sqrt{7}} = \dfrac{3\sqrt{7}}{7}$ 　　…… 30 %
답 (1) $\dfrac{\sqrt{7}}{4}$ 　 (2) $\dfrac{3\sqrt{7}}{7}$

26 오른쪽 그림과 같이 $\overline{BC}$를 긋고
$\angle CBA = \angle x$, $\angle BCD = \angle y$라고 하면
$\triangle PCB$에서
$\angle BPD = \angle x + \angle y$ 　　…… 30 %
이때 한 원에서 모든 호에 대한 원주각
의 크기의 합은 $180°$이고 $\overparen{AC} + \overparen{BD} = 4\pi$ cm이므로
$2\pi \times 12 \times \dfrac{\angle x + \angle y}{180°} = 4\pi$, $12(\angle x + \angle y) = 360°$ 　　…… 40 %
$\therefore \angle x + \angle y = 30°$
$\therefore \angle BPD = 30°$ 　　…… 30 %
답 $30°$

08 원에 내접하는 사각형

대표문제 확인하기

본교재 **049**쪽

01 ③, ⑤	**02** ①	**03** 95°	**04** 63°
05 ③	**06** ⑤		

01 ③ ∠BAC=∠BDC=90°이므로 네 점 A, B, C, D는 한 원 위에 있다.
⑤ △ABP에서 ∠ABP+60°=85°   ∴ ∠ABP=25°
따라서 ∠ABD=∠ACD=25°이므로 네 점 A, B, C, D 는 한 원 위에 있다.   답 ③, ⑤

02 □ABCD가 원에 내접하므로
∠x+105°=180°   ∴ ∠x=75°   답 ①

03 □ABCD가 원 O에 내접하므로
∠x+30°=55°   ∴ ∠x=25°
$\overline{AD}$가 원 O의 지름이므로 ∠ABD=90°
△ABD에서 ∠BAD=180°−(90°+30°)=60°이므로
∠y=180°−60°=120°
∴ ∠y−∠x=120°−25°=95°   답 95°

04 □ABCD가 원에 내접하므로 ∠CDP=∠ABC=∠x
△BCQ에서 ∠QCP=21°+∠x
△DCP에서
∠x+(21°+∠x)+33°=180°, 2∠x=126°
∴ ∠x=63°   답 63°

05 오른쪽 그림과 같이 $\overline{BD}$를 그으면
□ABDE가 원 O에 내접하므로
∠BDE=180°−95°=85°
∴ ∠BDC=140°−85°=55°
∴ ∠BOC=2∠BDC=2×55°
=110°   답 ③

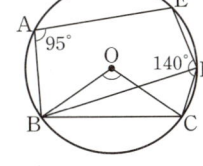

06 □ABCD가 원에 내접하므로 ∠x=∠DBC=41°
(∠y+41°)+(51°+60°)=180°이므로 ∠y=28°
∴ ∠x−∠y=41°−28°=13°   답 ⑤

필수문제 확인하기

본교재 **050**～**053**쪽

01 ④	**02** ④	**03** 25°	**04** ②
05 ②	**06** 27°	**07** 150°	**08** ②
09 ③	**10** 156°	**11** 32°	**12** ⑤
13 ①	**14** ④	**15** ④	**16** 64°
17 ②	**18** 125°	**19** 6개	**20** 44°
21 20°	**22** 140°	**23** 32°	
24 (1) 70°	(2) 87°	(3) 17°	

01 ④ 직각삼각형 BCD에서 $\overline{BC}=\overline{CD}$이므로
∠BDC=$\frac{1}{2}$×(180°−90°)=45°
∠BAC=∠BDC=45°이므로
네 점 A, B, C, D는 한 원 위에 있다.   답 ④

02 네 점 A, B, C, D가 한 원 위에 있으려면
∠ACB=∠ADB=38°이어야 한다.
따라서 △PBC에서 ∠x=44°+38°=82°   답 ④

03 네 점 A, B, C, D가 한 원 위에 있으므로
∠DBC=∠DAC=55°
따라서 △DPB에서 ∠x+30°=55°   ∴ ∠x=25°   답 25°

04 □ABCD가 원에 내접하므로 ∠ADB=∠ACB=55°
∠ADC=55°+45°=100°이므로
∠ABC+100°=180°   ∴ ∠ABC=80°   답 ②
[다른 풀이]
□ABCD가 원에 내접하므로
∠BAC=∠BDC=45°
△ABC에서 ∠B=180°−(45°+55°)=80°

05 오른쪽 그림과 같이 $\overline{OB}$를 그으면
△OAB와 △OBC는 각각 이등변삼각
형이므로
∠OBA=∠OAB=65°,
∠OBC=∠OCB=10°
∴ ∠ABC=65°−10°=55°
□ABCD가 원 O에 내접하므로
∠ADC=180°−55°=125°   답 ②

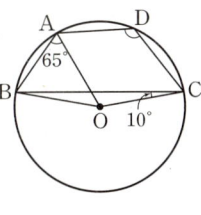

06 △BDP에서 ∠ABD=∠x+24°
$\overset{\frown}{AB}=\overset{\frown}{AD}=\overset{\frown}{CD}$이므로
∠ADB=∠ABD=∠DBC=∠x+24°
□ABCD가 원에 내접하므로
{(∠x+24°)+(∠x+24°)}+{(∠x+24°)+∠x}=180°
4∠x=108°   ∴ ∠x=27°   답 27°

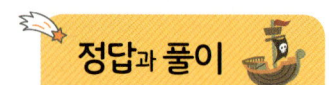
[다른 풀이]

$\triangle$BDP에서 $\angle$ABD$=\angle x+24°$

$\overparen{AB}=\overparen{AD}=\overparen{CD}$이므로

$\angle$ADB$=\angle$ABD$=\angle$DBC$=\angle x+24°$

한 원에서 모든 호에 대한 원주각의 크기의 합은 180°이므로

$3(\angle x+24°)+\angle x=180°$, $4\angle x=108°$

$\therefore \angle x=27°$

07 $\square$ABCD가 원 O에 내접하므로

$\angle$BAD$+80°=180°$ $\therefore \angle$BAD$=100°$

이때 $\triangle$ABE는 $\overline{AB}=\overline{AE}$인 이등변삼각형이므로

$\angle$BAE$=180°-(30°+30°)=120°$

$\therefore \angle$EAD$=120°-100°=20°$

$\triangle$ADE는 $\overline{AD}=\overline{AE}$인 이등변삼각형이므로

$\angle$AED$=\angle$ADE$=\dfrac{1}{2}\times(180°-20°)=80°$

$\angle$FED$=80°-30°=50°$

$\therefore \angle$BAD$+\angle$FED$=100°+50°=150°$ 📖 150°

08 $\angle$ABE$=\angle$DCE$=\angle x$라고 하면 $\square$ABCD가 원 O에 내접하므로

$(\angle x+70°)+\angle$ADC$=180°$

$\therefore \angle$ADC$=110°-\angle x$

따라서 $\triangle$FCD에서

$\angle$CFD$+\angle x+(110°-\angle x)=180°$

$\therefore \angle$CFD$=70°$ 📖 ②

09 $\triangle$ABC에서 $\angle$BAC$+\angle$ACB$=180°-108°=72°$

$\overparen{AB}:\overparen{BC}=1:2$에서 $\angle$ACB$:\angle$BAC$=1:2$이므로

$\angle$BAC$=72°\times\dfrac{2}{1+2}=48°$

$\therefore \angle$DCE$=\angle$BAD$=48°+62°=110°$ 📖 ③

10 $\angle$BCD$=\dfrac{4}{5}\times180°=144°$

$\square$ABCD에서 $\angle x+144°=180°$ $\therefore \angle x=36°$

$\angle$ABC$=\dfrac{2}{3}\times180°=120°$ $\therefore \angle y=\angle$ABC$=120°$

$\therefore \angle x+\angle y=36°+120°=156°$ 📖 156°

11 $\square$ABCD가 원에 내접하므로

$\angle$ABC$=180°-125°=55°$

$\therefore \angle$CDQ$=\angle$ABC$=55°$

$\triangle$PBC에서 $\angle$PCQ$=\angle x+55°$

$\triangle$DCQ에서 $55°+(\angle x+55°)+38°=180°$

$\therefore \angle x=32°$ 📖 32°

12 오른쪽 그림과 같이 $\overline{AD}$를 그으면

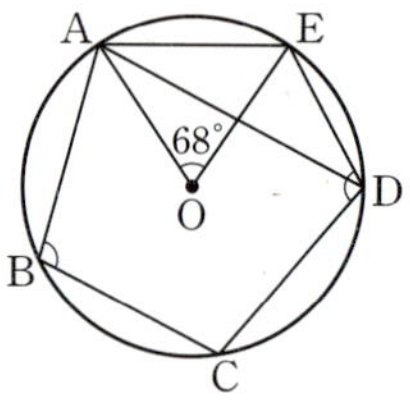

$\angle$ADE$=\dfrac{1}{2}\angle$AOE

$=\dfrac{1}{2}\times68°=34°$

$\square$ABCD는 원 O에 내접하므로

$\angle$B$+\angle$ADC$=180°$

$\therefore \angle$B$+\angle$D$=\angle$B$+(\angle$ADC$+\angle$ADE$)$

$=(\angle$B$+\angle$ADC$)+\angle$ADE

$=180°+34°=214°$ 📖 ⑤

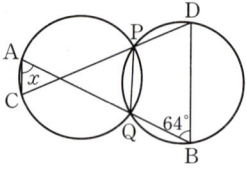

13 $\square$BCDE가 원 O에 내접하므로

$\angle$BED$+110°=180°$ $\therefore \angle$BED$=70°$

$\overline{BE}$가 원 O의 지름이므로 $\angle$BDE$=90°$

즉 $\angle$ABE$=\angle$EBD$=180°-(90°+70°)=20°$

$\therefore \angle$ABD$=2\angle$ABE$=2\times20°=40°$

따라서 $\triangle$FBD에서

$\angle x=180°-(40°+90°)=50°$ 📖 ①

14 오른쪽 그림과 같이 $\overline{BE}$를 그으면 $\square$ABEF와 $\square$BCDE는 각각 원에 내접하므로

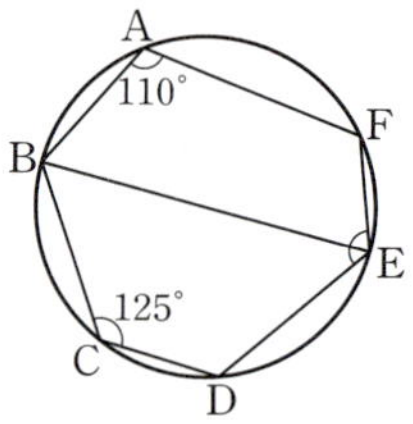

$110°+\angle$BEF$=180°$

$\therefore \angle$BEF$=70°$

$125°+\angle$BED$=180°$

$\therefore \angle$BED$=55°$

$\therefore \angle$E$=\angle$BEF$+\angle$BED$=70°+55°=125°$ 📖 ④

15 $\angle$BAP$=\dfrac{1}{2}\angle$BOP$=\dfrac{1}{2}\times170°=85°$

$\square$ABQP가 원 O에 내접하므로 $\angle$PQC$=\angle$BAP$=85°$

$\square$PQCD가 원 O′에 내접하므로 $85°+\angle x=180°$

$\therefore \angle x=95°$ 📖 ④

16 오른쪽 그림과 같이 $\overline{PQ}$를 그으면

$\square$PQBD가 원에 내접하므로

$\angle$CPQ$=\angle$DBQ$=64°$

$\therefore \angle x=\angle$CPQ$=64°$

($\overparen{CQ}$에 대한 원주각)

📖 64°

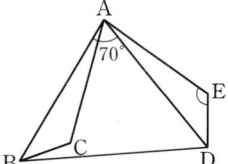

17 $\triangle$ABD에서 $\angle$A$=180°-(24°+40°)=116°$

$\square$ABCD가 원에 내접하려면 $\angle$A$+\angle$C$=180°$이어야 하므로

$\angle$C$=180°-\angle$A$=180°-116°=64°$ 📖 ②

18 오른쪽 그림과 같이 $\overline{BD}$를 그으면

$\triangle$ABD는 $\overline{AB}=\overline{AD}$인 이등변삼각형이므로

$\angle$ABD$=\dfrac{1}{2}\times(180°-70°)=55°$

□ABDE가 원에 내접하므로

$55°+∠AED=180°$ ∴ $∠AED=125°$ **답** $125°$

19 (i) 한 쌍의 대각의 크기의 합이 180°인 경우
□ADHF, □BEHD, □CFHE의 3개
(ii) 한 변에 대하여 같은 쪽에 있는 두 각의 크기가 90°로 같은 경우
□ABEF, □BCFD, □CADE의 3개
(i), (ii)에서 구하는 사각형은 $3+3=6$(개) **답** 6개

20 오른쪽 그림에서 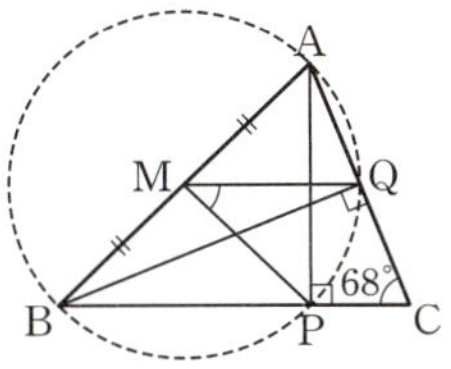
$∠APB=∠AQB=90°$이므로
□ABPQ는 원에 내접한다.
이때 $\overline{AB}$는 이 원의 지름이고
$\overline{AM}=\overline{BM}$이므로 점 M은 이 원의 중심이다.
△APC에서 $∠PAC=180°-(90°+68°)=22°$이므로
$∠PMQ=2∠PAQ=2\times22°=44°$ **답** 44°

21 △AOE에서 $15°+∠AEO=50°$

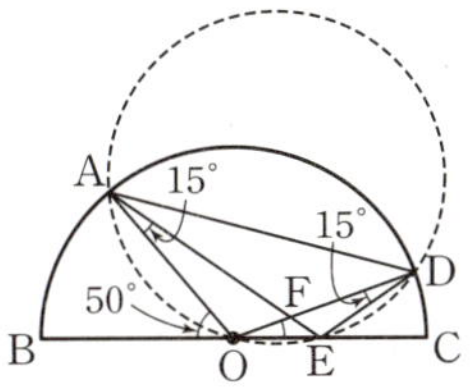

∴ $∠AEO=35°$
$∠OAE=∠ODE$이므로 □AOED
는 오른쪽 그림과 같이 원에 내접한다.

∴ $∠ADO=∠AEO=35°$
이때 △AOD는 $\overline{OA}=\overline{OD}$인 이등변삼각형이므로
$∠AOD=180°-2\times35°=110°$

∴ $∠DOE=180°-(50°+110°)=20°$ **답** 20°

22 □ABCD가 원에 내접하므로
$∠BAD+80°=180°$

∴ $∠BAD=100°$ ······ 30 %
△ABD는 $\overline{AB}=\overline{AD}$인 이등변삼각형이므로
$∠ABD=\dfrac{1}{2}\times(180°-100°)=40°$ ······ 30 %
□ABDE가 원에 내접하므로
$40°+∠AED=180°$ ∴ $∠AED=140°$ ······ 40 %

답 140°

23 오른쪽 그림과 같이 $\overline{AC}$를 그으면 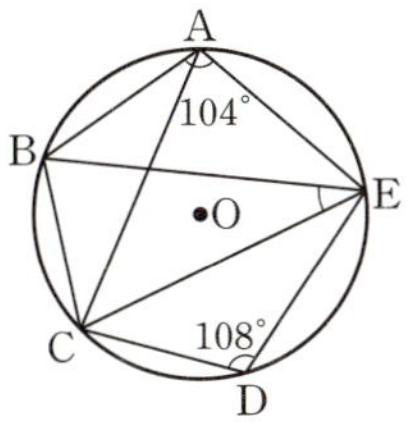
□ACDE가 원 O에 내접하므로
$∠CAE+108°=180°$

∴ $∠CAE=72°$ ······ 40 %

∴ $∠BAC=∠BAE-∠CAE$
$=104°-72°$
$=32°$ ······ 40 %

∴ $∠BEC=∠BAC=32°$ ······ 20 %

답 32°

24 (1) □ABQP가 원에 내접하므로
$∠PQC=∠BAP=110°$
□PQCD가 원에 내접하므로
$110°+∠x=180°$ ∴ $∠x=70°$ ······ 40 %
(2) □ABQP가 원에 내접하므로
$∠DPQ=∠ABQ=93°$
□PQCD가 원에 내접하므로
$93°+∠y=180°$ ∴ $∠y=87°$ ······ 40 %
(3) $∠y-∠x=87°-70°=17°$ ······ 20 %

답 (1) 70° (2) 87° (3) 17°

09 접선과 현이 이루는 각

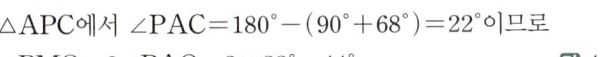
대표문제 **확인하기** 본교재 **055**쪽

01 ③ **02** 79° **03** ④ **04** 63°
05 ② **06** ④

01 $∠BAC=∠BCT=40°$
$\overset{\frown}{AB}=\overset{\frown}{BC}$이므로 $∠ACB=∠BAC=40°$
따라서 △ACB에서
$∠ABC=180°-(40°+40°)=100°$ **답** ③

02 $∠DBA=∠DAT=42°$
△BAD에서 $∠BAD=180°-(42°+37°)=101°$
□BADC가 원에 내접하므로
$∠x=180°-101°=79°$ **답** 79°

03 오른쪽 그림과 같이 $\overline{AT}$를 그으면
$∠ATB=90°$,
$∠BAT=∠BTC=62°$이므로
△ABT에서
$∠ABT=180°-(62°+90°)=28°$
△PTB에서 $∠x+28°=62°$ ∴ $∠x=34°$ **답** ④

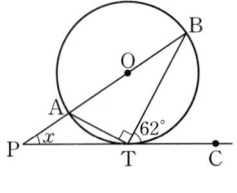

04 $\overline{BD}=\overline{BE}$이므로 △DBE에서
$∠DEB=\dfrac{1}{2}\times(180°-46°)=67°$

∴ $∠DFE=∠DEB=67°$
따라서 △DEF에서
$∠EDF=180°-(67°+50°)=63°$ **답** 63°

05 $∠CPT=∠CAP=75°$, $∠BPT=∠BDP=55°$이므로
$75°+55°+∠x=180°$ ∴ $∠x=50°$ **답** ②

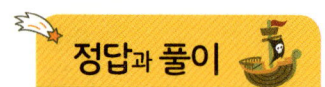
06 △ABT와 △CDT에서
∠ABT=∠ATP=∠CDT(①, ②)
∠BAT=∠BTQ=∠DCT(⑤)
즉 동위각의 크기가 같으므로 $\overline{AB}$∥$\overline{CD}$(③)
따라서 옳지 않은 것은 ④이다. 🔲 ④

필수문제 확인하기

본교재 056~058쪽

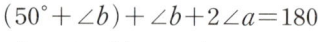

01 $4\sqrt{3}$ cm²	**02** ④	**03** ④	**04** ③
05 110°	**06** 60°	**07** ⑤	**08** ⑤
09 58°	**10** ②	**11** 2	**12** 42°
13 52°	**14** ④	**15** 40°	**16** 50°
17 $\dfrac{9\sqrt{3}}{2}$ cm²	**18** 56°		

01 ∠BCA=∠BAT=60°이므로
∠BOA=2∠BCA=2×60°=120°
∴ △OAB=$\dfrac{1}{2}$×4×4×sin (180°−120°)
=$4\sqrt{3}$(cm²) 🔲 $4\sqrt{3}$ cm²

02 ∠ADE=∠BDE=∠a,
∠CAD=∠CBA=∠b라고 하면
△ABD에서
(50°+∠b)+∠b+2∠a=180°
2(∠a+∠b)=130° ∴ ∠a+∠b=65°
따라서 △EBD에서 ∠x=∠a+∠b=65° 🔲 ④

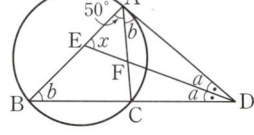

03 □ABCD가 원에 내접하므로
100°+∠BCD=180° ∴ ∠BCD=80°
△BCD에서 ∠DBC=180°−(80°+40°)=60°
∴ ∠DCE=∠DBC=60° 🔲 ④

04 오른쪽 그림과 같이 $\overline{AC}$를 그으면
$\overline{BC}$=$\overline{CD}$이므로 $\overarc{BC}$=$\overarc{CD}$
∠BAC=∠CAD=$\dfrac{1}{2}$×60°=30°
∴ ∠x=∠CAD=30° 🔲 ③

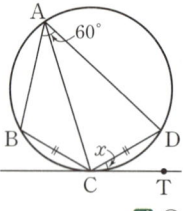

[다른 풀이]
□ABCD가 원에 내접하므로
60°+∠BCD=180° ∴ ∠BCD=120°
오른쪽 그림과 같이 $\overline{BD}$를 그으면
△BCD에서 $\overline{BC}$=$\overline{CD}$이므로
∠BDC=∠DBC
∠DBC=$\dfrac{1}{2}$×(180°−120°)=30°
∴ ∠x=∠DBC=30°

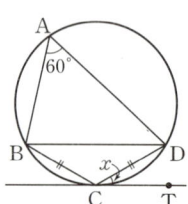

05 오른쪽 그림과 같이 $\overline{AT}$를 긋고
∠ABT=∠y라고 하면
∠ATP=∠ABT=∠y
△APT에서 ∠BAT=30°+∠y
$\overline{AB}$=$\overline{BT}$이므로
∠BTA=∠BAT=30°+∠y
△BAT에서 ∠y+(30°+∠y)+(30°+∠y)=180°,
3∠y=120° ∴ ∠y=40°
∴ ∠BAT=30°+∠y=30°+40°=70°
이때 □ATCB는 원에 내접하므로
70°+∠x=180° ∴ ∠x=110° 🔲 110°

06 오른쪽 그림과 같이 $\overline{AB}$를 그으면
∠ABC=90°,
∠CAB=∠CBT=20°이므로
△ABC에서
∠ACB=180°−(20°+90°)=70°
∠ADB=∠ACB=70°이고
$\overline{AD}$∥$\overline{BT}$이므로 ∠DBT=∠ADB=70°(엇각)
∴ ∠PBC=70°−20°=50°
따라서 △PBC에서
∠APD=∠BPC=180°−(50°+70°)=60° 🔲 60°

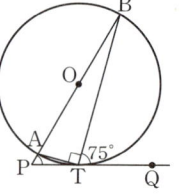

07 오른쪽 그림과 같이 $\overline{AT}$를 그으면
∠ATB=90°, ∠BAT=∠BTQ=75°
△BAT에서
∠ABT=180°−(75°+90°)=15°
∴ ∠ATP=∠ABT=15°
△APT에서 ∠APT+15°=75°
∴ ∠APT=60° 🔲 ⑤

08 오른쪽 그림과 같이 $\overline{BC}$를 그으면
∠ACB=90°,
∠BCD=∠BAC=30°
△ADC에서
∠CDA=180°−(30°+90°+30°)
=30°
∴ ∠CAD=∠CDA (②), ∠BCD=∠BDC
직각삼각형 ABC에서
$\overline{AC}$=10cos 30°=$5\sqrt{3}$(cm),
$\overline{BC}$=10sin 30°=5(cm) (③)
이때 $\overline{AB}$=$2\overline{BC}$이고 $\overline{BC}$=$\overline{BD}$이므로 $\overline{AB}$=$2\overline{BD}$ (⑤)
$\overline{CD}$=$\overline{AC}$=$5\sqrt{3}$(cm) (④)
또 △BDC에서 ∠BCD=∠BDC=30°이므로
∠CBD=180°−2×30°=120° (①)
따라서 옳지 않은 것은 ⑤이다. 🔲 ⑤

09 오른쪽 그림과 같이 $\overline{\text{AT}}$를 긋고
$\angle\text{ABT}=\angle a$라 하면
$\angle\text{ATQ}=\angle\text{ABT}=\angle a$,
$\angle\text{ATB}=90°$이므로
$\angle\text{BTP}=180°-(\angle a+90°)$
$\qquad\quad=90°-\angle a$
따라서 $\triangle\text{BTP}$에서
$\angle a=(90°-\angle a)+26°$, $2\angle a=116°$
$\therefore \angle a=58°$　　　　　　　　　　　답 58°

10 오른쪽 그림과 같이 $\overline{\text{AO}}$의 연장선이
원 O와 만나는 점을 D라고 하면
$\angle\text{ADB}=\angle\text{ACB}=\angle\text{ABP}=\angle x$이
고 $\angle\text{ABD}=90°$
이때 $2\pi\times\overline{\text{AO}}=12\pi$에서
$\overline{\text{AO}}=6(\text{cm})$이므로
$\overline{\text{AD}}=2\overline{\text{AO}}=2\times6=12(\text{cm})$
따라서 직각삼각형 ABD에서
$\overline{\text{BD}}=\sqrt{12^2-(4\sqrt3)^2}=4\sqrt6(\text{cm})$이므로
$\tan x=\dfrac{\overline{\text{AB}}}{\overline{\text{BD}}}=\dfrac{4\sqrt3}{4\sqrt6}=\dfrac{\sqrt2}{2}$　　　답 ②

11 $\triangle\text{ADC}$와 $\triangle\text{ACB}$에서
$\angle\text{ADC}=\angle\text{ACB}=90°$, $\angle\text{ACD}=\angle\text{ABC}$이므로
$\triangle\text{ADC}\sim\triangle\text{ACB}$ (AA 닮음)
즉 $\overline{\text{AD}}:\overline{\text{AC}}=\overline{\text{AC}}:\overline{\text{AB}}$이므로
$\overline{\text{AC}}^2=4\times6=24$　　$\therefore \overline{\text{AC}}=2\sqrt6\;(\because \overline{\text{AC}}>0)$
직각삼각형 ADC에서 $\overline{\text{DC}}=\sqrt{(2\sqrt6)^2-4^2}=2\sqrt2$
$\overline{\text{EC}}$를 그으면 $\triangle\text{ADC}$와 $\triangle\text{CDE}$에서
$\angle\text{ADC}=\angle\text{CDE}=90°$, $\angle\text{CAD}=\angle\text{ECD}$이므로
$\triangle\text{ADC}\sim\triangle\text{CDE}$ (AA 닮음)
즉 $\overline{\text{AD}}:\overline{\text{CD}}=\overline{\text{DC}}:\overline{\text{DE}}$이므로
$4:2\sqrt2=2\sqrt2:\overline{\text{DE}}$　　$\therefore \overline{\text{DE}}=2$　　답 2

12 $\overline{\text{PA}}=\overline{\text{PB}}$이므로 $\triangle\text{APB}$에서
$\angle\text{PAB}=\dfrac12\times(180°-54°)=63°$
$\therefore \angle\text{CBE}=\angle\text{CAB}=180°-(63°+75°)=42°$　　답 42°

13 오른쪽 그림과 같이 $\overline{\text{BC}}$를 그으면
$\angle\text{BCA}=\angle\text{BDC}=64°$
$\triangle\text{ACB}$에서 $\overline{\text{AB}}=\overline{\text{AC}}$이므로
$\angle\text{ABC}=\angle\text{ACB}=64°$
$\therefore \angle\text{BAC}=180°-2\times64°=52°$

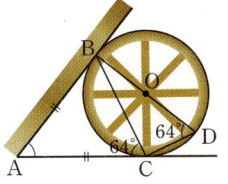

답 52°

14 $\angle\text{APS}=\angle\text{ACP}=71°$, $\angle\text{DPS}=\angle\text{DBP}=64°$이므로
$71°+64°+\angle x=180°$　　$\therefore \angle x=45°$　　답 ④

15 $\angle\text{BAP}=\angle\text{BCA}=65°$
오른쪽 그림과 같이 $\overline{\text{DE}}$를 그으면
$\angle\text{EDA}=\angle\text{EAP}=65°$
$\angle\text{BDE}=\angle\text{DAE}=\angle x$이므로
$\triangle\text{BED}$에서 $\angle\text{DEA}=35°+\angle x$
따라서 $\triangle\text{DEA}$에서
$65°+(35°+\angle x)+\angle x=180°$, $2\angle x=80°$
$\therefore \angle x=40°$　　　　　　　　　　답 40°

16 $\overset{\frown}{\text{AB}}:\overset{\frown}{\text{BC}}:\overset{\frown}{\text{CA}}=10:5:3$이므로
$\angle\text{ACB}:\angle\text{BAC}:\angle\text{ABC}=10:5:3$　　…… 40 %
한 원에서 모든 호에 대한 원주각의 크기의 합은 180°이므로
$\angle\text{BAC}=180°\times\dfrac{5}{10+5+3}=50°$　　…… 40 %
$\therefore \angle\text{BCT}=\angle\text{BAC}=50°$　　…… 20 %
답 50°

17 $\angle\text{ATB}=90°$, $\angle\text{ABT}=\angle\text{ATP}=30°$이고　…… 40 %
$\overline{\text{AB}}=2\times3=6(\text{cm})$이므로 직각삼각형 ATB에서
$\overline{\text{AT}}=6\sin30°=3(\text{cm})$, $\overline{\text{BT}}=6\cos30°=3\sqrt3(\text{cm})$
　　　　　　　　　　　　　　　　　…… 40 %
$\therefore \triangle\text{ATB}=\dfrac12\times3\times3\sqrt3=\dfrac{9\sqrt3}{2}(\text{cm}^2)$　…… 20 %

답 $\dfrac{9\sqrt3}{2}$ cm²

18 오른쪽 그림과 같이 $\overline{\text{PD}}$, $\overline{\text{PB}}$, $\overline{\text{CB}}$를
긋고 $\angle\text{APD}=\angle\text{PBD}=\angle x$라고
하면
$\triangle\text{PAD}$에서 $\angle\text{PDB}=\angle x+22°$
$\angle\text{DPB}=90°$이므로 $\triangle\text{PDB}$에서

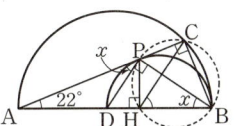

$90°+(\angle x+22°)+\angle x=180°$
$2\angle x=68°$　　$\therefore \angle x=34°$　　…… 30 %
$\triangle\text{AHP}$에서 $\angle\text{CPH}=22°+90°=112°$　…… 20 %
이때 $\square\text{PHBC}$에서 $\angle\text{PHB}+\angle\text{PCB}=90°+90°=180°$이므
로 $\square\text{PHBC}$는 원에 내접한다.　…… 20 %
따라서 $\triangle\text{PHB}$에서
$\angle\text{BPH}=180°-(90°+34°)=56°$이므로
$\angle\text{CHB}=\angle\text{CPB}=112°-56°=56°$　…… 30 %

답 56°

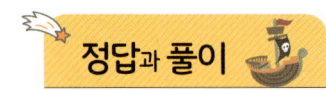
III. 통계

10 대푯값과 산포도

본교재 061쪽

대표문제 확인하기

01 ④	02 ④	03 ⑤	04 ⑤
05 ③	06 ①	07 ②	

01 평균이 87점이므로 $\dfrac{80+87+x+93+85}{5}=87$

$x+345=435$ $\therefore x=90$ 달 ④

02 주어진 자료를 작은 값부터 크기순으로 나열하면

10, 12, 13, 13, 14, 14, 15, 15, 15

중앙값은 5번째 자료의 값이므로 (중앙값)=14(명)

15명의 도수가 3으로 가장 크므로

(최빈값)=15(명)   달 ④

03 중앙값은 자료를 작은 값부터 크기순으로 나열할 때, 5번째와 6번째 자료의 값의 평균이므로

(중앙값)=$\dfrac{28+32}{2}=\dfrac{60}{2}=30$(회)

36회의 도수가 2로 가장 크므로 (최빈값)=36(회)   달 ⑤

04 편차의 총합은 0이므로

$-2+(-3)+x+1+0+y+2=0$

$\therefore x+y=2$ 달 ⑤

05 편차의 총합은 0이므로

$-3+(-1)+3+x+1=0$ $\therefore x=0$

$\therefore$ (분산)=$\dfrac{(-3)^2+(-1)^2+3^2+0^2+1^2}{5}=\dfrac{20}{5}=4$ 달 ③

06 (평균)=$\dfrac{7+4+6+4+8+6+7}{7}=\dfrac{42}{7}=6$(회)이므로

(분산)=$\dfrac{1^2+(-2)^2+0^2+(-2)^2+2^2+0^2+1^2}{7}=\dfrac{14}{7}=2$

$\therefore$ (표준편차)=$\sqrt{2}$(회)   달 ①

07 4개의 학급 중 표준편차가 가장 작은 반의 성적 분포가 가장 고르다.

따라서 B반의 성적 분포가 가장 고르다.   달 ②

필수문제 확인하기

본교재 062~065쪽

01 ③	02 13	03 ⑤	04 ⑤
05 90점	06 ⑤	07 ④	08 ⑤
09 ①	10 ②	11 4	12 ③
13 ④	14 70	15 ⑤	16 ⑤
17 ②	18 ⑤	19 ①	20 ②
21 3	22 $\sqrt{6.8}$점	23 2	

01 세 반 전체의 국어 성적의 평균은

$\dfrac{30\times75+25\times64+35\times70}{30+25+35}=\dfrac{6300}{90}=70$(점)   달 ③

02 3개의 수 a, b, 5의 평균이 7이므로

$\dfrac{a+b+5}{3}=7$ $\therefore a+b=16$

3개의 수 c, d, 9의 평균이 15이므로

$\dfrac{c+d+9}{3}=15$ $\therefore c+d=36$

$\therefore$ (구하는 평균)=$\dfrac{a+b+c+d}{4}=\dfrac{16+36}{4}=13$ 달 13

03 $A=\dfrac{15+5+10+5+5+10+5+25}{8}=\dfrac{80}{8}=10$

주어진 자료를 작은 값부터 크기순으로 나열하면

5, 5, 5, 5, 10, 10, 15, 25

중앙값은 4번째와 5번째 자료의 값의 평균이므로

$B=\dfrac{5+10}{2}=7.5$

5의 도수가 4로 가장 크므로 $C=5$ $\therefore C<B<A$ 달 ⑤

04 평균이 1이므로 $\dfrac{2+(-3)+b+5+6+(-4)+a}{7}=1$

$a+b+6=7$ $\therefore a+b=1$

최빈값이 2이므로 a, b 중 하나는 반드시 2이어야 한다.

이때 $a<b$이므로 $a=-1$, $b=2$

주어진 자료를 작은 값부터 크기순으로 나열하면

-4, -3, -1, 2, 2, 5, 6

따라서 중앙값은 4번째 자료의 값이므로 (중앙값)=2   달 ⑤

05 4회에 걸친 과학 성적의 최빈값이 80점이므로 $x=80$

$\therefore$ (4회에 걸친 과학 성적의 평균)=$\dfrac{100+80+60+80}{4}$

$=\dfrac{320}{4}=80$(점)

5회의 과학 성적을 y점이라고 하면

$\dfrac{320+y}{5}=80+2$ $\therefore y=90$ 달 90점

06 학생 A의 편차를 x cm라고 하면 편차의 총합은 0이므로
$x+7+(-6)+1+(-8)+9=0$ ∴ $x=-3$
학생 A와 학생 B의 키의 차는 편차의 차와 같으므로
$7-(-3)=10$(cm)   답 ⑤

07 ㄴ. 분산의 음이 아닌 제곱근을 표준편차라고 한다.
따라서 옳은 것은 ㄱ, ㄷ, ㄹ의 3개이다.   답 ④

08 ① 편차의 총합은 0이므로
　$-5+0+4+x+1+(-3)=0$ ∴ $x=3$
⑤ 평균보다 점수가 높은 학생의 편차는 양수이므로 평균보다
　점수가 높은 학생은 C, D, E의 3명이다.
따라서 옳지 않은 것은 ⑤이다.   답 ⑤

09 도수의 총합이 21이므로
$6+2+3+x+2+y=21$ ∴ $x+y=8$ ······ ㉠
{(편차)×(도수)}의 총합은 0이므로
$(-20)×6+(-10)×2+0×3+10×x+20×2+30×y$
$=0$
$10x+30y-100=0$ ∴ $x+3y=10$ ······ ㉡
㉠, ㉡을 연립하여 풀면 $x=7$, $y=1$
∴ $x+5y=7+5×1=12$ 답 ①

10 편차의 총합은 0이므로
$-2+(-3)+1+x+4=0$ ∴ $x=0$
(분산)$=\dfrac{(-2)^2+(-3)^2+1^2+0^2+4^2}{5}=\dfrac{30}{5}=6$이므로
(표준편차)$=\sqrt{6}$(초)   답 ②

11 평균이 3시간이므로 $\dfrac{3+2+a+4+1+b+6}{7}=3$
∴ $a+b=5$ ······ ㉠
분산이 $\dfrac{20}{7}$이므로
$\dfrac{0^2+(-1)^2+(a-3)^2+1^2+(-2)^2+(b-3)^2+3^2}{7}=\dfrac{20}{7}$
∴ $(a-3)^2+(b-3)^2=5$ ······ ㉡
㉡의 좌변을 전개하여 정리하면 $a^2+b^2-6(a+b)+18=5$
이 식에 ㉠을 대입하여 정리하면 $a^2+b^2=17$
이때 a, b는 자연수이므로 $a=1$, $b=4$ 또는 $a=4$, $b=1$
∴ $ab=4$ 답 4

12 점수가 50점인 학생을 제외한 나머지 5명의 평균은
$\dfrac{6×50-50}{5}=50$(점)
점수가 50점인 학생의 편차는 0점이므로 나머지 5명의 분산은
$\dfrac{6×20-0}{5}=24$
∴ (나머지 학생 5명의 표준편차)$=\sqrt{24}=2\sqrt{6}$(점)   답 ③

13 $8+2=3+7$로 4개의 수의 총합에는 변화가 없으므로 실제 평균도 3이다.
잘못 본 두 수를 제외한 2개의 수의 (편차)^{2}의 총합을 A라고 하면 분산이 6이므로
$\dfrac{A+(3-3)^2+(7-3)^2}{4}=6$, $A+16=24$ ∴ $A=8$
∴ (실제 분산)$=\dfrac{A+(8-3)^2+(2-3)^2}{4}=\dfrac{8+26}{4}$
$\qquad\qquad\qquad=\dfrac{34}{4}=8.5$ 답 ④

14 평균이 8이므로 $\dfrac{a+b+c}{3}=8$
∴ $a+b+c=24$ ······ ㉠
분산이 6이므로 $\dfrac{(a-8)^2+(b-8)^2+(c-8)^2}{3}=6$
∴ $(a-8)^2+(b-8)^2+(c-8)^2=18$ ······ ㉡
㉡의 좌변을 전개하여 정리하면
$a^2+b^2+c^2-16(a+b+c)+192=18$
이 식에 ㉠을 대입하여 정리하면
$a^2+b^2+c^2=16×24-192+18=210$
따라서 a^2, b^2, c^2의 평균은 $\dfrac{a^2+b^2+c^2}{3}=\dfrac{210}{3}=70$ 답 70

15 $\dfrac{a+b+c+d}{4}=4$,
$\dfrac{(a-4)^2+(b-4)^2+(c-4)^2+(d-4)^2}{4}=10$이므로
$x=\dfrac{(2a+1)+(2b+1)+(2c+1)+(2d+1)}{4}$
$\quad=2×\dfrac{a+b+c+d}{4}+1=2×4+1=9$
$y=\dfrac{(2a-8)^2+(2b-8)^2+(2c-8)^2+(2d-8)^2}{4}$
$\quad=\dfrac{4(a-4)^2+4(b-4)^2+4(c-4)^2+4(d-4)^2}{4}$
$\quad=4×\dfrac{(a-4)^2+(b-4)^2+(c-4)^2+(d-4)^2}{4}$
$\quad=4×10=40$
∴ $x+y=9+40=49$ 답 ⑤

16 학생 수를 n명, 각 학생의 수학 쪽지 시험의 점수를 x_1점, x_2점, $\cdots$, x_n점이라고 하면
$\dfrac{x_1+x_2+\cdots+x_n}{n}=28$,
$\dfrac{(x_1-28)^2+(x_2-28)^2+\cdots+(x_n-28)^2}{n}=6$
이때 수학 수행 평가 점수는 각각 $(2x_1+5)$점, $(2x_2+5)$점, $\cdots$, $(2x_n+5)$점이므로

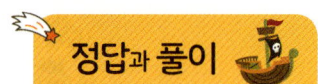

$$(평균)=\frac{(2x_1+5)+(2x_2+5)+\cdots+(2x_n+5)}{n}$$
$$=2\times\frac{x_1+x_2+\cdots+x_n}{n}+5$$
$$=2\times28+5=61(점)$$
$$(분산)=\frac{(2x_1-56)^2+(2x_2-56)^2+\cdots+(2x_n-56)^2}{n}$$
$$=\frac{4(x_1-28)^2+4(x_2-28)^2+\cdots+4(x_n-28)^2}{n}$$
$$=4\times\frac{(x_1-28)^2+(x_2-28)^2+\cdots+(x_n-28)^2}{n}$$
$$=4\times6=24$$

답 ⑤

17 A, B 두 분단 전체의 평균은 A, B 두 분단 각각의 평균과 같으므로

$$(분산)=\frac{14\times(\sqrt{6})^2+16\times3^2}{14+16}=\frac{228}{30}=7.6$$

답 ②

18 종이 D를 넓이가 x와 $12-x$인 두 조각으로 나누면 넓이를 나타내는 5개의 변량 5, 5, 8, x, $12-x$의 평균은

$$\frac{5+5+8+x+(12-x)}{5}=\frac{30}{5}=6$$

이때 x, $12-x$와 평균 6의 차가 작을수록 표준편차는 작아진다.

즉 $x=12-x=6$일 때, 표준편차는 최소이다.

따라서 넓이가 6, 6인 두 조각으로 나누어야 한다.

답 ⑤

19 사격 점수는 각각 1점, 1점, 2점, 3점, 3점, 3점, 3점, 4점, 5점, 5점이므로

$$(평균)=\frac{1+1+2+3+3+3+3+4+5+5}{10}=\frac{30}{10}=3(점)$$

(분산)

$$=\frac{(-2)^2+(-2)^2+(-1)^2+0^2+0^2+0^2+0^2+1^2+2^2+2^2}{10}$$

$$=\frac{18}{10}=1.8$$

$$\therefore (표준편차)=\sqrt{1.8}(점)$$

답 ①

20 A조 : $(평균)=\frac{4\times3+5\times3+6\times3}{3+3+3}=\frac{45}{9}=5(점)$

$(분산)=\frac{(-1)^2\times3+0^2\times3+1^2\times3}{9}=\frac{6}{9}=\frac{2}{3}$

B조 : $(평균)=\frac{2\times3+5\times1+8\times3}{3+1+3}=\frac{35}{7}=5(점)$

$(분산)=\frac{(-3)^2\times3+0^2\times1+3^2\times3}{7}=\frac{54}{7}$

C조 : $(평균)=\frac{4\times2+5\times3+6\times2}{2+3+2}=\frac{35}{7}=5(점)$

$(분산)=\frac{(-1)^2\times2+0^2\times3+1^2\times2}{7}=\frac{4}{7}$

따라서 옳은 것은 ㄱ, ㄹ이다.

답 ②

21 ㈎에서 5개의 수를 작은 값부터 크기순으로 나열할 때, 3번째 수가 3이어야 하므로 $a\geq3$ ······ ㉠ ······ 40 %

㈏에서 6개의 수를 작은 값부터 크기순으로 나열할 때, 3번째 와 4번째 수의 평균이 3.7이어야 한다.

이때 $\frac{3.5+3.9}{2}=3.7$이므로 $a\leq3.5$ ······ ㉡ ······ 40 %

㉠, ㉡에서 자연수 a의 값은 3이다. ······ 20 %

답 3

22 원이의 점수를 x점이라고 하면 진우, 나리, 현수, 희주의 점수는 각각

$(x-5)$점, $(x-3)$점, $(x+1)$점, $(x+2)$점이므로

······ 10 %

$$(평균)=\frac{(x-5)+(x-3)+x+(x+1)+(x+2)}{5}$$

$$=x-1(점)$$ ······ 40 %

$$(분산)=\frac{(-4)^2+(-2)^2+1^2+2^2+3^2}{5}=\frac{34}{5}=6.8이므로$$

$$(표준편차)=\sqrt{6.8}(점)$$ ······ 50 %

답 $\sqrt{6.8}$점

23 평균이 1이므로 $\frac{a+(-1)+5+b+(-3)}{5}=1$

$$\therefore a+b=4$$ ······ ㉠ ······ 30 %

분산이 8이므로

$$\frac{(a-1)^2+(-2)^2+4^2+(b-1)^2+(-4)^2}{5}=8$$

$$\therefore (a-1)^2+(b-1)^2=4$$ ······ ㉡ ······ 30 %

㉡의 좌변을 전개하여 정리하면 $a^2+b^2-2(a+b)+2=4$

이 식에 ㉠을 대입하여 정리하면 $a^2+b^2=10$

a, b는 자연수이므로 $a=1$, $b=3$ 또는 $a=3$, $b=1$

이때 $a>b$이므로 $a=3$, $b=1$ ······ 30 %

$$\therefore a-b=3-1=2$$ ······ 10 %

답 2

11 산점도와 상관관계

대표문제 확인하기

본교재 **067**쪽

01 ①　　　**02** (1) 2점　(2) 5점　(3) 5명

03 (1) ④　(2) 25 %　　　**04** ①　　　**05** ②, ④

06 (1) 양의 상관관계　(2) C

01 주어진 수학과 영어 시험에서 맞은 문항 수를 조사한 표를 산점도로 바르게 나타낸 것은 ①이다.

답 ①

02 (1) 참가자 F의 1차 점수는 5점, 2차 점수는 3점이므로 그 차는 5−3=2(점)이다.

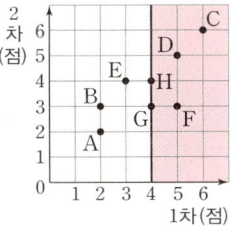

(2) 2차 점수가 두 번째로 높은 참가자는 D이므로 D의 1차 점수는 5점이다.

(3) 1차 점수가 4점 이상인 참가자 수는 위의 산점도에서 색칠한 부분에 속하는 점의 개수와 같으므로 5명이다.

답 (1) 2점 (2) 5점 (3) 5명

03 (1) 수학 점수가 영어 점수보다 좋은 학생 수는 오른쪽 산점도에서 대각선보다 위쪽에 있는 점의 개수와 같으므로 5명이다.

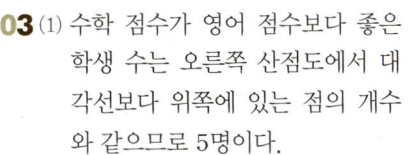

(2) 영어 점수와 수학 점수가 같은 학생 수는 오른쪽 산점도에서 대각선 위의 점의 개수와 같으므로 4명이다.

∴ $\frac{4}{16} \times 100 = 25(\%)$

답 (1) ④ (2) 25 %

04 여름철 기온이 높을수록 냉방비도 증가하므로 여름철 기온과 냉방비 사이에는 양의 상관관계가 있다.
① 양의 상관관계   ② 음의 상관관계
③, ④, ⑤ 상관관계가 없다.

답 ①

05 ① 상관관계가 없다.
②, ④ 양의 상관관계
③, ⑤ 음의 상관관계

답 ②, ④

06 (1) 키가 클수록 대체로 몸무게가 많이 나가므로 두 변량 사이에는 양의 상관관계가 있다.
(2) 키에 비해 몸무게가 가장 많이 나가는 학생은 대각선으로부터 위쪽으로 가장 멀리 떨어진 학생 C이다.

답 (1) 양의 상관관계 (2) C

필수문제 확인하기

본교재 **068 ~ 070**쪽

01 ④	**02** ①	**03** 48 %	**04** ③
05 40 %	**06** (1) 50 % (2) 5명 (3) 3명		**07** 20
08 ⑤	**09** 30 %	**10** 5명	**11** 90점
12 ③, ⑤	**13** ③	**14** ⑤	
15 (1) 28 % (2) 60점 (3) 5명	**16** (1) 35 % (2) 1명		

---

01 중간고사 국어 성적이 80점 초과인 학생들은 오른쪽 산점도에서 색칠한 부분(점선 위의 점 제외)에 속하므로 이 학생들의 기말고사 성적은 각각 80점, 90점, 90점, 100점이다.

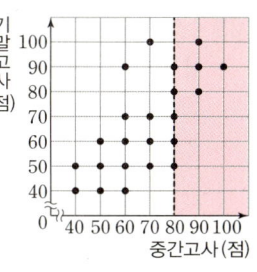

따라서 이 학생들의 평균은

$\frac{80+90+90+100}{4} = 90(점)$

답 ④

02 2회의 사격 점수가 6점 초과 9점 미만인 선수들은 오른쪽 산점도에서 색칠한 부분(점선 위의 점 제외)에 속하므로 이 사격 선수들의 1회 점수는 각각 6점, 8점이다.

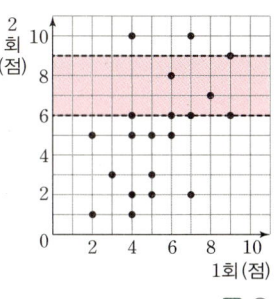

따라서 그 합은 6+8=14(점)이다.

답 ①

03 키가 160 cm 이상이고 앉은키가 85 cm 이상인 학생 수는 오른쪽 산점도에서 색칠한 부분에 속하는 점의 개수와 같으므로 12명이다.

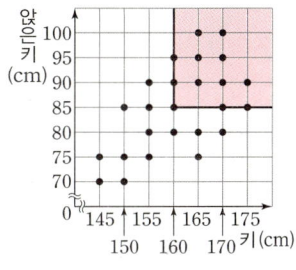

∴ $\frac{12}{25} \times 100 = 48(\%)$

답 48 %

04 ① 세 학생 A, B, D는 오른쪽 산점도에서 대각선 위에 있는 점이므로 국어 성적과 영어 성적이 같다.

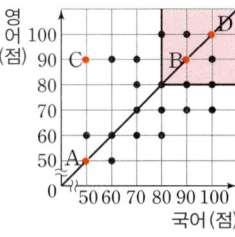

② 학생 C는 대각선보다 위쪽에 있으므로 국어 성적보다 영어 성적이 높다.

③ 두 과목 성적이 모두 80점 이상인 학생 수는 위의 산점도에서 색칠한 부분에 속하는 점의 개수와 같으므로 8명이다.

④ 두 과목 성적의 평균이 가장 높은 학생은 두 과목의 점수의 합이 가장 높은 D이다.

⑤ 하영이네 반에서 영어 성적보다 국어 성적이 높은 학생 수는 위의 산점도에서 대각선보다 아래쪽에 있는 점의 개수와 같으므로 9명, 국어 성적보다 영어 성적이 높은 학생 수는 대각선보다 위쪽에 있는 점의 개수와 같으므로 7명이다. 따라서 영어 성적보다 국어 성적이 높은 학생이 더 많다.

따라서 옳지 않은 것은 ③이다.

답 ③

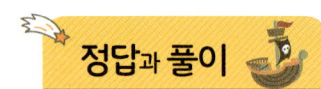
05 수학 성적이 국어 성적보다 낮은 학생 수는 오른쪽 산점도에서 대각선보다 아래쪽에 있는 점의 개수와 같으므로 6명이다.

∴ $\dfrac{6}{15} \times 100 = 40(\%)$

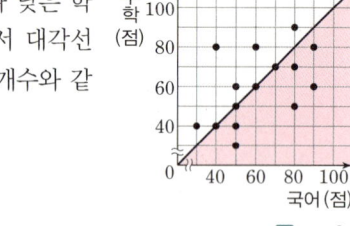

🖪 40 %

06 (1) 작년보다 올해 홈런을 친 횟수가 더 많은 야구 선수의 수는 오른쪽 산점도에서 대각선보다 위쪽에 있는 점의 개수와 같으므로 8명이다.

∴ $\dfrac{8}{16} \times 100 = 50(\%)$

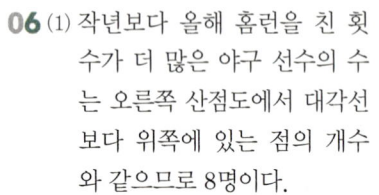

(2) 작년보다 올해 홈런을 친 횟수가 줄어든 야구 선수의 수는 위의 산점도에서 대각선보다 아래쪽에 있는 점의 개수와 같으므로 5명이다.

(3) 작년과 올해 홈런을 친 횟수가 같은 야구 선수의 수는 대각선 위에 있는 점의 개수와 같으므로 3명이다.

🖪 (1) 50 % (2) 5명 (3) 3명

07 과학 성적보다 사회 성적이 낮은 학생 수는 오른쪽 산점도에서 대각선보다 아래쪽에 있는 점의 개수와 같으므로 6명이다.

∴ $\dfrac{6}{15} \times 100 = 40(\%)$

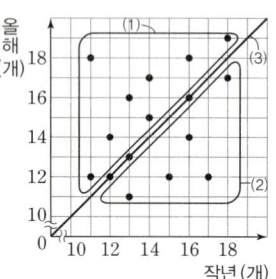

과학 성적과 사회 성적이 같은 학생 수는 위의 산점도에서 대각선 위에 있는 점의 개수와 같으므로 3명이다.

∴ $\dfrac{3}{15} \times 100 = 20(\%)$

∴ $a - b = 40 - 20 = 20$

🖪 20

08 ① 수행 평가 점수와 실기 점수가 같은 학생 수는 오른쪽 산점도에서 대각선 위의 점의 개수와 같으므로 4명이다.

③ 실기 점수보다 수행 평가 점수가 더 높은 학생 수는 오른쪽 산점도에서 대각선보다 아래쪽에 있는 점의 개수와 같으므로 9명이다.

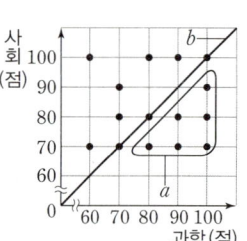

④ 학생 A의 수행 평가 점수는 8점, 실기 점수는 10점이므로 그 차는 10 - 8 = 2(점)이다.

⑤ 수행 평가 점수보다 실기 점수가 더 높은 학생 수는 위의 산점도에서 대각선보다 위쪽에 있는 점의 개수와 같으므로 7명이다. ∴ $\dfrac{7}{20} \times 100 = 35(\%)$

따라서 옳지 않은 것은 ⑤이다. 🖪 ⑤

09 윗몸일으키기 기록과 팔굽혀펴기 기록의 합이 40회 미만인 학생 수는 오른쪽 산점도에서 색칠한 부분(점선 위의 점 제외)에 속하는 점의 개수와 같으므로 9명이다.

∴ $\dfrac{9}{30} \times 100 = 30(\%)$

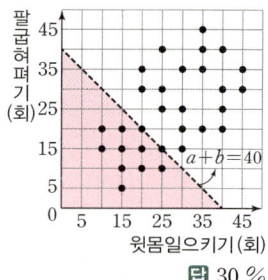

🖪 30 %

10 (가)에서 1회보다 2회에서 점수가 높아진 선수의 수는 오른쪽 산점도에서 대각선 p보다 위쪽에 있는 점의 개수와 같다.

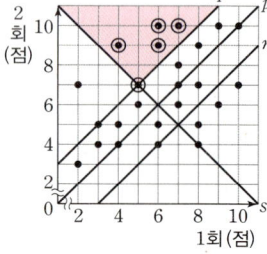

(나)에서 1회와 2회의 점수의 차가 2점 이상인 선수의 수는 오른쪽 산점도에서 직선 q 위의 점과 그 위쪽에 있는 점의 개수와 직선 r 위의 점과 그 아래쪽에 있는 점의 개수의 합과 같다.

(다)에서 1회와 2회의 점수의 합이 12점 이상인 선수의 수는 위의 산점도에서 직선 s 위의 점과 그 위쪽에 있는 점의 개수와 같다.

따라서 주어진 조건을 모두 만족하는 선수의 수는 위의 산점도에서 색칠한 부분에 속하는 점의 개수와 같으므로 5명이다.

🖪 5명

11 두 과목 점수의 합이 상위 12 % 이내에 드는 학생 수는 $25 \times \dfrac{12}{100} = 3(명)$이므로 상을 받는 학생은 모두 3명이다. 이 학생들의 사회 성적을 각각 구하면 90점, 95점, 85점이므로 상을 받는 학생들의 사회 성적의 평균은 $\dfrac{90 + 95 + 85}{3} = 90(점)$이다.

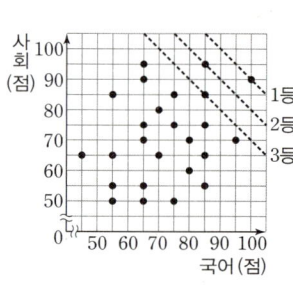

🖪 90점

12 주어진 산점도는 음의 상관관계가 있다.

①, ④ 양의 상관관계
② 상관관계가 없다.
③, ⑤ 음의 상관관계
따라서 주어진 그림과 같은 것은 ③, ⑤이다. 🖪 ③, ⑤

13 ③ 학생 D는 학생 B보다 통학 거리가 짧다. 🖪 ③

14 ⑤ 전체적으로 탄소 배출량이 낮은 도시는 대기 오염도가 낮은 편이다. 🖪 ⑤

15 (1) 두 과목의 성적의 합이 110점 이하인 학생 수는 오른쪽 산 점도에서 색칠한 부분에 속하는 점의 개수와 같으므로 7명이다.

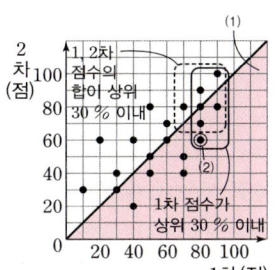

$$\therefore \frac{7}{25} \times 100 = 28(\%)$$

······ 40 %

(2) 1차, 2차 성적의 차가 가장 큰 학생을 나타내는 점은 위의 산점도에서 대각선 p에서 가장 멀리 떨어져 있다. 즉 학생 A이므로 A의 성적의 차는 $100-40=60$(점)이다.

······ 30 %

(3) 1차, 2차 성적의 차가 30점 이상인 학생 수는 위의 산점도에서 직선 q 위의 점의 개수와 직선 r 아래쪽에 있는 점의 개수의 합과 같으므로 5명이다. ······ 30 %

🖹 (1) 28 % (2) 60점 (3) 5명

16 (1) 2차 점수가 1차 점수보다 낮은 학생 수는 오른쪽 산점도에서 대각선보다 아래쪽에 있는 점의 개수와 같으므로 7명이다.

$$\therefore \frac{7}{20} \times 100 = 35(\%)$$

······ 30 %

(2) 점수가 상위 30 % 이내에 드는 학생 수는

$$20 \times \frac{30}{100} = 6(명)이다.$$

1차 점수가 상위 30 % 이내에 들었던 학생 수는 위의 산점도에서 실선으로 둘러싸인 부분에 속하는 점의 개수와 같고 1, 2차 점수의 합이 상위 30 % 이내에 든 학생 수는 점선으로 둘러싸인 부분에 속하는 점의 개수와 같다.

······ 40 %

따라서 1차 점수가 상위 30 % 이내에 들었던 학생 중에서 1, 2차 점수의 합이 상위 30 % 이내에 들지 못하는 학생은 1명이다. ······ 30 %

🖹 (1) 35 % (2) 1명

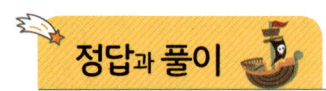

대단원 마무리하기

I. 삼각비

본교재 072~075쪽

01 ③	**02** ⑤	**03** ①	**04** ②
05 $\dfrac{7}{13}$	**06** ④	**07** ①	**08** ④
09 13.372	**10** $10(\sqrt{3}+3)$ m		**11** ③
12 $2(3+\sqrt{3})$	**13** $2\sqrt{10}$ cm	**14** ①	
15 $10(3+\sqrt{3})$ m		**16** ⑤	**17** $3\sqrt{3}$ cm²
18 ③	**19** $\dfrac{\sqrt{17}}{17}$		
20 (1) $\sin x=\dfrac{\sqrt{3}}{3}$, $\tan x=\dfrac{\sqrt{2}}{2}$ (2) $\dfrac{\sqrt{6}}{6}$			**21** $\dfrac{39}{40}$
22 $2\sqrt{13}$ cm	**23** $20\sqrt{3}$ cm²	**24** $12\sqrt{3}$	

01 $\overline{AB}=\sqrt{(\sqrt{5})^2+2^2}=3$이므로

$\cos B=\dfrac{\overline{BC}}{\overline{AB}}=\dfrac{\sqrt{5}}{3}$, $\tan A=\dfrac{\overline{BC}}{\overline{AC}}=\dfrac{\sqrt{5}}{2}$

$\therefore \cos B\times\tan A=\dfrac{\sqrt{5}}{3}\times\dfrac{\sqrt{5}}{2}=\dfrac{5}{6}$　　**답** ③

02 $\cos A=\dfrac{4}{\overline{AB}}=\dfrac{2}{5}$이므로 $\overline{AB}=10$

$\overline{BC}=\sqrt{10^2-4^2}=2\sqrt{21}$이므로

$\triangle ABC=\dfrac{1}{2}\times2\sqrt{21}\times4=4\sqrt{21}$　　**답** ⑤

03 △ABC와 △HBA에서

∠BAC=∠BHA=90°, ∠B는 공통이고

△ABC와 △HAC에서

∠BAC=∠AHC=90°, ∠C는 공통이므로

△ABC∽△HBA∽△HAC (AA 닮음)

$\therefore x=\angle HAB=\angle ACB$, $y=\angle HAC=\angle ABC$

△ABC에서 $\overline{AB}=\sqrt{15^2-12^2}=9$이므로

$\cos x=\dfrac{12}{15}=\dfrac{4}{5}$, $\cos y=\dfrac{9}{15}=\dfrac{3}{5}$

$\therefore \cos x+\cos y=\dfrac{4}{5}+\dfrac{3}{5}=\dfrac{7}{5}$　　**답** ①

04 △ABC에서 $\sin x=\dfrac{3}{\overline{AB}}=\dfrac{1}{3}$이므로 $\overline{AB}=9$

△ABC와 △DBE에서 ∠ACB=∠DEB=90°,

∠ABC=∠DBE (맞꼭지각)이므로

△ABC∽△DBE (AA 닮음)

$\overline{AB}:\overline{DB}=\overline{BC}:\overline{BE}$, $9:3=3:\overline{BE}$　　$\therefore \overline{BE}=1$

△DBE에서 $\overline{DE}=\sqrt{3^2-1^2}=2\sqrt{2}$

$\overline{AE}=\overline{AB}+\overline{BE}=9+1=10$이므로 △ADE에서

$\tan y=\dfrac{\overline{DE}}{\overline{AE}}=\dfrac{2\sqrt{2}}{10}=\dfrac{\sqrt{2}}{5}$　　**답** ②

05 오른쪽 그림과 같이 직선 $12x-5y+60=0$이 x축, y축과 만나는 점을 각각 A, B라고 하면 A$(-5, 0)$, B$(0, 12)$

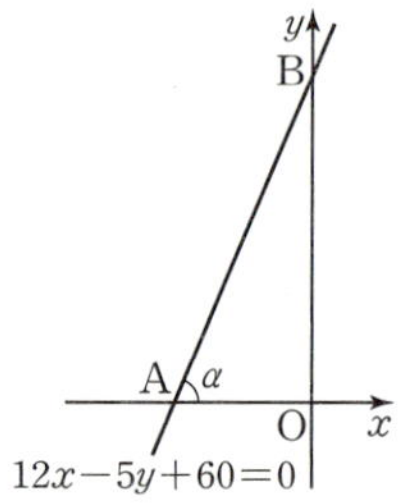

△AOB에서 $\overline{AB}=\sqrt{5^2+12^2}=13$

따라서 $\sin \alpha=\dfrac{12}{13}$, $\cos \alpha=\dfrac{5}{13}$이므로

$\sin \alpha-\cos \alpha=\dfrac{12}{13}-\dfrac{5}{13}=\dfrac{7}{13}$　　**답** $\dfrac{7}{13}$

06 ㄱ. (좌변)$=\dfrac{\sqrt{2}}{2}\times\dfrac{\sqrt{2}}{2}+2\times\dfrac{\sqrt{3}}{2}\times\dfrac{\sqrt{3}}{3}=\dfrac{1}{2}+1=\dfrac{3}{2}$

ㄴ. (좌변)$=2\times1\times\dfrac{1}{2}\times1=1$

ㄷ. (좌변)$=\dfrac{\sqrt{3}}{2}\div\dfrac{\sqrt{3}}{2}-\sqrt{3}\div\dfrac{1}{2}=\dfrac{\sqrt{3}}{2}\times\dfrac{2}{\sqrt{3}}-\sqrt{3}\times2$

　　　　$=1-2\sqrt{3}$

ㄹ. (좌변)$=1\div\dfrac{1}{2}-\sqrt{3}\times\dfrac{\sqrt{3}}{2}=1\times2-\dfrac{3}{2}=\dfrac{1}{2}$

따라서 옳은 것은 ㄱ, ㄴ, ㄷ의 3개이다.　　**답** ④

07 △ABC에서 $\cos 30°=\dfrac{\overline{AB}}{20}=\dfrac{\sqrt{3}}{2}$이므로 $\overline{AB}=10\sqrt{3}$(cm)

△ADB에서 $\sin 30°=\dfrac{\overline{BD}}{10\sqrt{3}}=\dfrac{1}{2}$이므로 $\overline{BD}=5\sqrt{3}$(cm)

△DEB에서 ∠DBE=60°이므로

$\sin 60°=\dfrac{\overline{DE}}{5\sqrt{3}}=\dfrac{\sqrt{3}}{2}$　　$\therefore \overline{DE}=\dfrac{15}{2}$(cm)　　**답** ①

08 △ADC에서 $\sin 30°=\dfrac{\overline{AC}}{6}=\dfrac{1}{2}$이므로 $\overline{AC}=3$(cm)

$\cos 30°=\dfrac{\overline{DC}}{6}=\dfrac{\sqrt{3}}{2}$이므로 $\overline{DC}=3\sqrt{3}$(cm)

$\therefore \triangle ABC=\dfrac{1}{2}\times(6+3\sqrt{3})\times3=\dfrac{18+9\sqrt{3}}{2}$(cm²)　　**답** ④

09 $\sin 64°=\dfrac{x}{10}=0.8988$　　$\therefore x=8.988$

$\cos 64°=\dfrac{y}{10}=0.4384$　　$\therefore y=4.384$

$\therefore x+y=8.988+4.384=13.372$　　**답** 13.372

10 오른쪽 그림과 같이 A 지점에서 ㈏ 건물을 바라본 지점을 각각 B, C, H라 하면

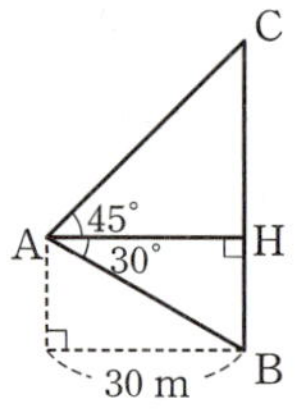

△ABH에서 $\overline{BH}=30\tan 30°=10\sqrt{3}$(m)

△ACH에서 $\overline{CH}=30\tan 45°=30$(m)

따라서 ㈏ 건물의 높이는

$\overline{CB}=\overline{BH}+\overline{CH}$

　　$=10\sqrt{3}+30$

　　$=10(\sqrt{3}+3)$(m)　　**답** $10(\sqrt{3}+3)$ m

11 $\overline{\rm BH}=h\tan 45^\circ=h$, $\overline{\rm CH}=h\tan 60^\circ=\sqrt3 h$

$\overline{\rm BH}+\overline{\rm CH}=\overline{\rm BC}$, 즉 $(1+\sqrt3)h=24$이므로

$h=\dfrac{24}{\sqrt3+1}=12(\sqrt3-1)$ 답 ③

12 오른쪽 그림과 같이 점 A에서 $\overline{\rm BC}$에
내린 수선의 발을 H라고 하면
$\triangle$ABH에서 $\overline{\rm AH}=4\sin 60^\circ=2\sqrt3$,
$\overline{\rm BH}=4\cos 60^\circ=2$

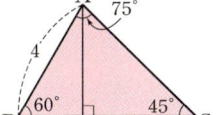

이때 $\angle{\rm C}=180^\circ-(60^\circ+75^\circ)=45^\circ$이므로

$\triangle$AHC에서 $\overline{\rm CH}=\dfrac{2\sqrt3}{\tan 45^\circ}=2\sqrt3$

따라서 $\overline{\rm BC}=\overline{\rm BH}+\overline{\rm CH}=2+2\sqrt3$이므로

$\triangle{\rm ABC}=\dfrac12\times(2+2\sqrt3)\times2\sqrt3=2(3+\sqrt3)$ 답 $2(3+\sqrt3)$

13 오른쪽 그림과 같이 점 D에서 $\overline{\rm BC}$
의 연장선 위에 내린 수선의 발을
H라고 하면
$\angle{\rm DCH}=\angle{\rm ABC}=45^\circ$

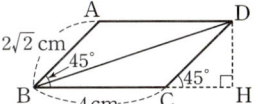

$\triangle$DCH에서

$\overline{\rm DH}=2\sqrt2\sin 45^\circ=2({\rm cm})$, $\overline{\rm CH}=2\sqrt2\cos 45^\circ=2({\rm cm})$

$\therefore \overline{\rm BH}=\overline{\rm BC}+\overline{\rm CH}=4+2=6({\rm cm})$

따라서 $\triangle$DBH에서

$\overline{\rm BD}=\sqrt{6^2+2^2}=2\sqrt{10}({\rm cm})$ 답 $2\sqrt{10}$ cm

14 오른쪽 그림과 같이 점 B에서 $\overline{\rm AC}$에
내린 수선의 발을 H라고 하면
$\triangle$BCH에서 $\overline{\rm BH}=50\sin 30^\circ=25$

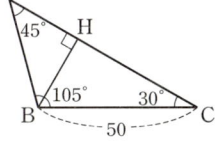

이때 $\angle{\rm A}=180^\circ-(105^\circ+30^\circ)=45^\circ$

이므로 $\triangle$ABH에서

$\overline{\rm AB}=\dfrac{25}{\sin 45^\circ}=25\div\dfrac{1}{\sqrt2}=25\times\sqrt2=25\sqrt2$ 답 ①

15 $\overline{\rm AD}=h\,{\rm m}$라고 하면

$\overline{\rm BD}=h\tan 45^\circ=h({\rm m})$, $\overline{\rm CD}=h\tan 30^\circ=\dfrac{\sqrt3}{3}h({\rm m})$

$\overline{\rm BD}-\overline{\rm CD}=\overline{\rm BC}$, 즉 $\left(1-\dfrac{\sqrt3}{3}\right)h=20$이므로

$h=20\times\dfrac{3}{3-\sqrt3}=10(3+\sqrt3)$

따라서 타워의 높이는 $10(3+\sqrt3)$ m이다. 답 $10(3+\sqrt3)$ m

16 정팔각형은 오른쪽 그림과 같이 8개의 합
동인 이등변삼각형으로 나누어진다.
이때 이등변삼각형의 꼭지각의 크기는

$\dfrac{360^\circ}{8}=45^\circ$이므로

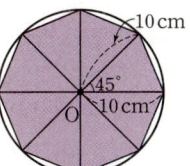

(정팔각형의 넓이)$=8\times\left(\dfrac12\times10\times10\times\sin 45^\circ\right)$

$=200\sqrt2({\rm cm^2})$ 답 ⑤

17 $\square{\rm ABCD}=8\times3\times\sin 60^\circ=12\sqrt3({\rm cm^2})$
평행사변형의 넓이는 한 대각선에 의해 이등분되므로

$\triangle{\rm ABC}=\dfrac12\square{\rm ABCD}=\dfrac12\times12\sqrt3=6\sqrt3({\rm cm^2})$

$\therefore \triangle{\rm AMC}=\dfrac12\triangle{\rm ABC}=\dfrac12\times6\sqrt3=3\sqrt3({\rm cm^2})$ 답 $3\sqrt3$ cm²

18 $\square{\rm ABCD}=\dfrac12\times8\times8\times\sin(180^\circ-135^\circ)$

$=16\sqrt2({\rm cm^2})$ 답 ③

19 오른쪽 그림과 같은 직각삼각형 ABC를
생각하면

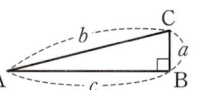

$\sin A=\dfrac{a}{b}$, $\cos A=\dfrac{c}{b}$ $\cdots\cdots$ 20 %

$\sin A:\cos A=1:4$이므로 $\dfrac{a}{b}:\dfrac{c}{b}=1:4$

$\dfrac{4a}{b}=\dfrac{c}{b}$ $\therefore c=4a$ $\cdots\cdots$ 50 %

$\triangle$ABC에서 $b=\sqrt{(4a)^2+a^2}=\sqrt{17}a$이므로

$\cos C=\dfrac{a}{b}=\dfrac{a}{\sqrt{17}a}=\dfrac{\sqrt{17}}{17}$ $\cdots\cdots$ 30 %

답 $\dfrac{\sqrt{17}}{17}$

20 (1) $\triangle$EFG에서 $\overline{\rm EG}=\sqrt{3^2+3^2}=3\sqrt2$

$\triangle$AEG는 $\angle{\rm AEG}=90^\circ$인 직각삼각형이므로

$\overline{\rm AG}=\sqrt{(3\sqrt2)^2+3^2}=3\sqrt3$ $\cdots\cdots$ 30 %

$\therefore \sin x=\dfrac{\overline{\rm AE}}{\overline{\rm AG}}=\dfrac{3}{3\sqrt3}=\dfrac{\sqrt3}{3}$, $\tan x=\dfrac{\overline{\rm AE}}{\overline{\rm EG}}=\dfrac{3}{3\sqrt2}=\dfrac{\sqrt2}{2}$

$\cdots\cdots$ 40 %

(2) $\sin x\times\tan x=\dfrac{\sqrt3}{3}\times\dfrac{\sqrt2}{2}=\dfrac{\sqrt6}{6}$ $\cdots\cdots$ 30 %

답 (1) $\sin x=\dfrac{\sqrt3}{3}$, $\tan x=\dfrac{\sqrt2}{2}$ (2) $\dfrac{\sqrt6}{6}$

21 $45^\circ<x<90^\circ$일 때, $0<\cos x<\sin x$이므로
$\cos x-\sin x<0$, $\cos x+\sin x>0$

$\therefore \sqrt{(\cos x-\sin x)^2}-\sqrt{(\cos x+\sin x)^2}$

$=-(\cos x-\sin x)-(\cos x+\sin x)$

$=-\cos x+\sin x-\cos x-\sin x$

$=-2\cos x$ $\cdots\cdots$ 30 %

즉 $-2\cos x=-\dfrac54$이므로 $\cos x=\dfrac58$ $\cdots\cdots$ 20 %

$\cos x=\dfrac58$이므로 오른쪽 그림과 같이 $\overline{\rm AB}=5k$,
$\overline{\rm AC}=8k\,(k>0)$인 직각삼각형 ABC를 그리
면

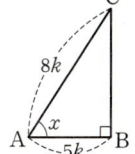

$\overline{\rm BC}=\sqrt{(8k)^2-(5k)^2}=\sqrt{39}k$

$\therefore \sin x=\dfrac{\sqrt{39}k}{8k}=\dfrac{\sqrt{39}}{8}$,

$\tan x=\dfrac{\sqrt{39}k}{5k}=\dfrac{\sqrt{39}}{5}$ $\cdots\cdots$ 40 %

$$\therefore \sin x \times \tan x = \frac{\sqrt{39}}{8} \times \frac{\sqrt{39}}{5} = \frac{39}{40}$$ ······ 10 %

답 $\frac{39}{40}$

22 오른쪽 그림과 같이 점 A에서 $\overline{BC}$에 내린 수선의 발을 H라고 하면
△ABH에서

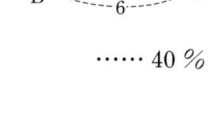

$\overline{AH} = 6 \sin 60° = 3\sqrt{3}$(cm),
$\overline{BH} = 6 \cos 60° = 3$(cm) ······ 40 %
$\therefore \overline{CH} = \overline{BC} - \overline{BH} = 8 - 3 = 5$(cm) ······ 20 %
따라서 △AHC에서
$\overline{AC} = \sqrt{(3\sqrt{3})^2 + 5^2} = 2\sqrt{13}$(cm) ······ 40 %

답 $2\sqrt{13}$ cm

23 $\overline{AE} /\!/ \overline{DC}$이므로 △AED = △AEC ······ 30 %
$\therefore \square ABED = \triangle ABE + \triangle AED$
$= \triangle ABE + \triangle AEC$ ······ 30 %
$= \triangle ABC$
$= \frac{1}{2} \times 8 \times 10 \times \sin 60°$
$= 20\sqrt{3}$(cm²) ······ 40 %

답 $20\sqrt{3}$ cm²

24 오른쪽 그림과 같이 $\overline{BD}$를 그으면
△ABD
$= \frac{1}{2} \times 2\sqrt{3} \times 2\sqrt{3} \times \sin(180° - 120°)$
$= 3\sqrt{3}$ ······ 40 %
△BCD $= \frac{1}{2} \times 6 \times 6 \times \sin 60° = 9\sqrt{3}$ ······ 40 %
$\therefore \square ABCD = \triangle ABD + \triangle BCD$
$= 3\sqrt{3} + 9\sqrt{3} = 12\sqrt{3}$ ······ 20 %

답 $12\sqrt{3}$

Ⅱ. 원의 성질

본교재 **076~079**쪽

01 ①	**02** ②	**03** $12\sqrt{3}$	**04** $6\sqrt{5}$ cm
05 ④	**06** ②	**07** $\frac{9}{5}$ cm	**08** ③
09 69°	**10** ②	**11** 25°	**12** ①
13 ④	**14** ③	**15** ②	**16** 164°
17 25°	**18** ③	**19** 62°	**20** $12\sqrt{3}$ cm
21 $12\sqrt{3}$ cm	**22** 15 cm	**23** $\left(\frac{8}{3}\pi - 4\sqrt{3}\right)$ cm²	
24 42°	**25** (1) $4\sqrt{3}$ cm (2) $(8 + 4\sqrt{3})$ cm		

01 $\overline{BD} = \overline{AD} = 6$ cm
$\overline{OC} = \overline{OB} = x$ cm이므로 $\overline{OD} = x - 4$(cm)
직각삼각형 ODB에서
$6^2 + (x-4)^2 = x^2$, $8x = 52$ $\therefore x = 6.5$ 답 ①

02 접시의 중심을 O라고 하면 $\overline{AH}$의 연장선은 오른쪽 그림과 같이 접시의 중심 O를 지난다.
접시의 반지름의 길이를 r cm라고 하면

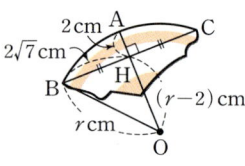

$\overline{BH} = \overline{CH} = \frac{1}{2}\overline{BC} = \frac{1}{2} \times 4\sqrt{7} = 2\sqrt{7}$(cm),
$\overline{OH} = r - 2$(cm)이므로 직각삼각형 BOH에서
$(2\sqrt{7})^2 + (r-2)^2 = r^2$, $4r = 32$ $\therefore r = 8$
따라서 원래 접시의 반지름의 길이는 8 cm이다. 답 ②

03 $\overline{OD} = \overline{OE} = \overline{OF}$이므로 $\overline{AB} = \overline{BC} = \overline{CA}$
따라서 △ABC는 정삼각형이므로
∠B = 60°
오른쪽 그림과 같이 $\overline{OB}$를 그으면

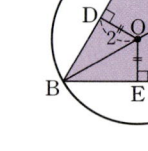

△OBD ≡ △OBE (RHS 합동)이므로
$\angle OBE = \frac{1}{2} \angle B = \frac{1}{2} \times 60° = 30°$
△OBE에서 $\overline{BE} = \frac{2}{\tan 30°} = 2\sqrt{3}$
$\therefore \overline{BC} = 2\overline{BE} = 2 \times 2\sqrt{3} = 4\sqrt{3}$
$\therefore \triangle ABC = \frac{1}{2} \times 4\sqrt{3} \times 4\sqrt{3} \times \sin 60° = 12\sqrt{3}$ 답 $12\sqrt{3}$

04 $\overline{OT}$를 그으면 $\angle ATO = \angle AT'O = 90°$이므로
직각삼각형 OAT'에서 $\overline{AT'} = \sqrt{7^2 - 2^2} = 3\sqrt{5}$(cm)
따라서 △ABC의 둘레의 길이는
$\overline{AB} + \overline{BC} + \overline{CA} = \overline{AB} + (\overline{BP} + \overline{CP}) + \overline{CA}$
$= (\overline{AB} + \overline{BT'}) + (\overline{CT} + \overline{CA})$
$= \overline{AT'} + \overline{AT} = 2\overline{AT'}$
$= 2 \times 3\sqrt{5} = 6\sqrt{5}$(cm) 답 $6\sqrt{5}$ cm

05 $\overline{CD}=\overline{AD}+\overline{BC}=2+7=9$

오른쪽 그림과 같이 점 D에서 $\overline{BC}$에 내린
수선의 발을 H라고 하면 $\overline{CH}=7-2=5$
따라서 직각삼각형 CDH에서
$\overline{DH}=\sqrt{9^2-5^2}=2\sqrt{14}$
$\therefore \overline{AB}=\overline{DH}=2\sqrt{14}$

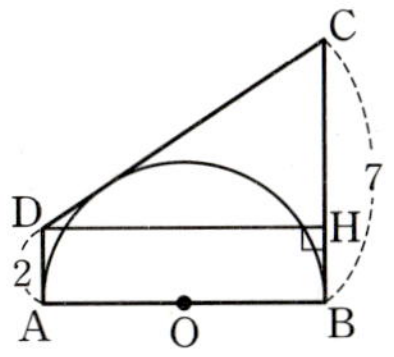

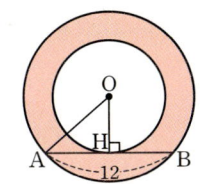

答 ④

06 오른쪽 그림과 같이 두 원의 중심 O에서
$\overline{AB}$에 내린 수선의 발을 H라고 하면
$\overline{AH}=\dfrac{1}{2}\overline{AB}=\dfrac{1}{2}\times12=6$
이때 큰 원의 반지름의 길이를 a, 작은 원
의 반지름의 길이를 b라고 하면
직각삼각형 OAH에서 $a^2-b^2=6^2=36$
따라서 색칠한 부분의 넓이는
$\pi a^2-\pi b^2=\pi(a^2-b^2)=36\pi$

答 ②

07 $\overline{AE}=\overline{AF}=6-3=3$(cm)이므로
$\overline{DH}=\overline{DE}=8-3=5$(cm)
$\overline{GI}=\overline{IH}=x$ cm라고 하면
$\overline{DI}=x+5$(cm), $\overline{CI}=8-(x+3)=5-x$(cm)
직각삼각형 DIC에서
$(5-x)^2+6^2=(x+5)^2$, $20x=36$ $\therefore x=\dfrac{9}{5}$
$\therefore \overline{GI}=\dfrac{9}{5}$ cm

答 $\dfrac{9}{5}$ cm

08 오른쪽 그림과 같이 $\overline{CB}$를 그으면
$\angle ACB=\dfrac{1}{2}\angle AOB=\dfrac{1}{2}\times60°=30°$
$\therefore \angle BCE=70°-30°=40°$
$\therefore \angle BDE=\angle BCE=40°$

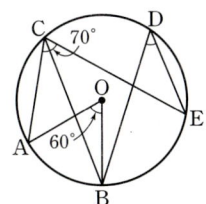

答 ③

09 오른쪽 그림과 같이 $\overline{AD}$를 그으면
$\angle CAD=\dfrac{1}{2}\angle COD=\dfrac{1}{2}\times42°=21°$
$\angle ADB=90°$이므로
△ADP에서
$\angle P=180°-(90°+21°)=69°$

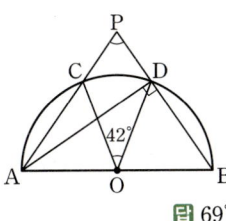

答 69°

10 오른쪽 그림과 같이 $\overline{BO}$의 연장선이
원 O와 만나는 점을 A′이라고 하면
$\angle BA'C=\angle BAC$이고 $\angle A'CB=90°$
이때 $\overline{A'B}=2\overline{BO}=2\times4=8$이므로
직각삼각형 A′CB에서
$\overline{A'C}=\sqrt{8^2-6^2}=2\sqrt{7}$
$\therefore \tan A=\tan A'=\dfrac{\overline{BC}}{\overline{A'C}}=\dfrac{6}{2\sqrt{7}}=\dfrac{3\sqrt{7}}{7}$

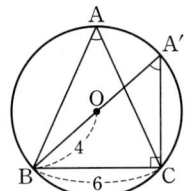

答 ②

11 $\angle APB=\dfrac{1}{2}\times210°=105°$
△PAB에서
$\angle PAB+\angle PBA=180°-105°=75°$
이때 $\overset{\frown}{PA}:\overset{\frown}{PB}=1:2$이므로 $\angle PBA:\angle PAB=1:2$
$\therefore \angle PBA=75°\times\dfrac{1}{1+2}=25°$

答 25°

12 $\overset{\frown}{AB}:\overset{\frown}{BC}:\overset{\frown}{CA}=3:4:2$이므로
$\angle C:\angle A:\angle B=3:4:2$
한 원에서 모든 호에 대한 원주각의 크기의 합은 180°이므로
$\angle A=180°\times\dfrac{4}{3+4+2}=80°$

答 ①

13 $\angle DAC=\angle DBC=52°$
□ABCD는 원에 내접하므로
$\angle BAD+80°=180°$ $\therefore \angle BAD=100°$
$\therefore \angle BAC=\angle BAD-\angle DAC=100°-52°=48°$

答 ④

14 $\angle A=\angle x$라고 하면 $\angle BCE=\angle x$
△ABF에서 $\angle FBE=\angle x+20°$
△CBE에서 $\angle x+(\angle x+20°)+32°=180°$
$2\angle x=128°$ $\therefore \angle x=64°$

答 ③

15 오른쪽 그림과 같이 $\overline{AD}$를 그으면
$\angle ADE=\dfrac{1}{2}\angle AOE=\dfrac{1}{2}\times50°=25°$
□ABCD는 원 O에 내접하므로
$\angle x+\angle ADC=180°$
$\therefore \angle x+\angle y=\angle x+(\angle ADC+\angle ADE)$
$\qquad\qquad=(\angle x+\angle ADC)+25°$
$\qquad\qquad=180°+25°=205°$

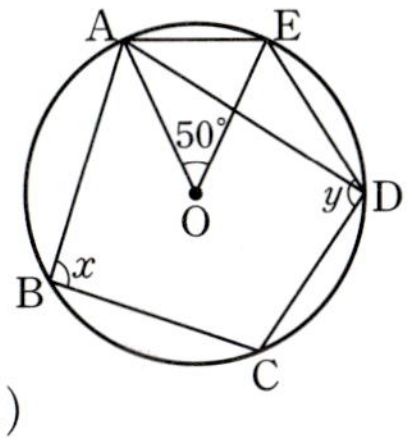

答 ②

16 □PQCD가 원 O′에 내접하므로 $\angle BQP=\angle PDC=98°$
□ABQP가 원 O에 내접하므로 $\angle BAP+98°=180°$
$\therefore \angle BAP=82°$
$\therefore \angle x=2\angle BAP=2\times82°=164°$

答 164°

17 □ABCD가 원에 내접하므로
$95°+\angle BCD=180°$ $\therefore \angle BCD=85°$
$\angle DBC=\angle DCT=70°$이므로
△BCD에서
$70°+85°+\angle x=180°$ $\therefore \angle x=25°$

答 25°

18 오른쪽 그림과 같이 $\overline{AT}$를
그으면 $\angle BTA=90°$,
$\angle BAT=\angle y$이므로
△ABT에서
$35°+90°+\angle y=180°$

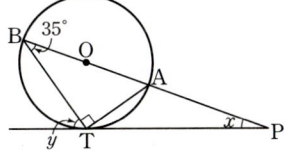

$\therefore \angle y=55°$

$\angle ATP=\angle ABT=35°$이므로

$\triangle ATP$에서 $35°+\angle x=55°$ $\therefore \angle x=20°$

$\therefore \angle x+\angle y=20°+55°=75°$ 답 ③

19 $\angle BTQ=\angle BAT=58°$, $\angle CTQ=\angle CDT=60°$이므로

$\angle x+58°+60°=180°$ $\therefore \angle x=62°$ 답 62°

20 오른쪽 그림과 같이 원의 중심 O에서 $\overline{AB}$ 에 내린 수선의 발을 M이라 하고, $\overline{OM}$의 연장선과 원 O의 교점을 P라고 하면 $\overline{OM}=\overline{PM}$이므로

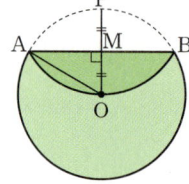

$\overline{OM}=\dfrac{1}{2}\overline{OP}=\dfrac{1}{2}\times 12=6(cm)$

...... 50 %

$\overline{OA}$를 그으면 직각삼각형 AOM에서

$\overline{AM}=\sqrt{12^2-6^2}=6\sqrt{3}(cm)$ ...... 40 %

$\therefore \overline{AB}=2\overline{AM}=2\times 6\sqrt{3}=12\sqrt{3}(cm)$ ...... 10 %

답 $12\sqrt{3}$ cm

21 오른쪽 그림과 같이 $\overline{AO}$를 그으면 $\triangle ATO$와 $\triangle AT'O$에서

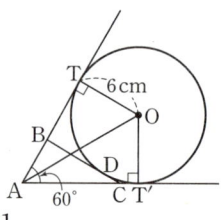

$\angle ATO=\angle AT'O=90°$,

$\overline{OT}=\overline{OT'}$, $\overline{OA}$는 공통이므로

$\triangle ATO\equiv\triangle AT'O$ (RHS 합동)

$\therefore \angle OAT=\angle OAT'=\dfrac{1}{2}\angle TAT'=\dfrac{1}{2}\times 60°=30°$

...... 30 %

직각삼각형 ATO에서

$\overline{AT}=\dfrac{6}{\tan 30°}=6\sqrt{3}(cm)$ ...... 20 %

따라서 $\triangle ACB$의 둘레의 길이는

$\overline{AB}+\overline{BC}+\overline{CA}=\overline{AB}+(\overline{BD}+\overline{CD})+\overline{CA}$

$=(\overline{AB}+\overline{BT})+(\overline{CT'}+\overline{CA})$

$=\overline{AT}+\overline{AT'}=2\overline{AT}$

$=2\times 6\sqrt{3}=12\sqrt{3}(cm)$ ...... 50 %

답 $12\sqrt{3}$ cm

22 오른쪽 그림과 같이 4개의 삼각형과 원들의 접점을 각각 F, G, H, I, J, K, L, M, N이라고 하자.

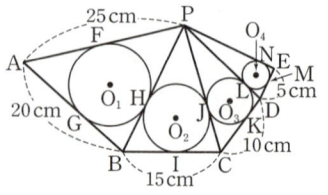

$\overline{PF}=x$ cm라고 하면

$\overline{AG}=\overline{AF}=25-x(cm)$

$\overline{BI}=\overline{BH}=\overline{BG}=20-(25-x)$

$=x-5(cm)$

$\overline{CK}=\overline{CJ}=\overline{CI}=15-(x-5)=20-x(cm)$

$\overline{DM}=\overline{DL}=\overline{DK}=10-(20-x)=x-10(cm)$

$\overline{EN}=\overline{EM}=5-(x-10)=15-x(cm)$ ...... 50 %

한편 $\overline{PF}=\overline{PH}=\overline{PJ}=\overline{PL}=\overline{PN}=x$ cm이므로 ...... 30 %

$\overline{PE}=\overline{PN}+\overline{EN}=x+(15-x)=15(cm)$ ...... 20 %

답 15 cm

23 $\angle BOC=2\angle BAC=2\times 30°=60°$ ...... 20 %

이때 $\triangle OBC$에서 $\overline{OB}=\overline{OC}$이므로

$\angle OBC=\angle OCB=\dfrac{1}{2}\times(180°-60°)=60°$

따라서 $\triangle OBC$는 한 변의 길이가 4 cm인 정삼각형이다.

...... 40 %

$\therefore$ (색칠한 부분의 넓이)=(부채꼴 OBC의 넓이)$-\triangle OBC$

$=\pi\times 4^2\times\dfrac{60}{360}-\dfrac{1}{2}\times 4\times 4\times\sin 60°$

$=\dfrac{8}{3}\pi-4\sqrt{3}(cm^2)$ ...... 40 %

답 $\left(\dfrac{8}{3}\pi-4\sqrt{3}\right)$ cm²

24 오른쪽 그림과 같이 $\overline{AD}$를 그으면

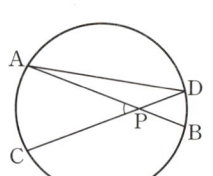

$\angle ADC=180°\times\dfrac{1}{6}=30°$ ...... 30 %

$\overarc{AC}:\overarc{BD}=5:2$이므로

$\angle ADC:\angle BAD=5:2$

$\therefore \angle BAD=\dfrac{2}{5}\angle ADC=\dfrac{2}{5}\times 30°=12°$ ...... 40 %

따라서 $\triangle APD$에서

$\angle APC=\angle PAD+\angle ADP=12°+30°=42°$ ...... 30 %

답 42°

25 (1) $\angle ACB=90°$,

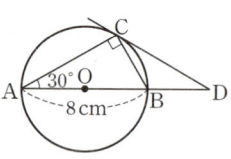

$\angle BCD=\angle BAC=30°$

$\triangle ACD$에서

$\angle ADC=180°-(30°+90°+30°)$

$=30°$

따라서 $\triangle ACD$는 $\overline{AC}=\overline{CD}$인 이등변삼각형이다.

...... 30 %

이때 직각삼각형 ABC에서 $\overline{AC}=8\cos 30°=4\sqrt{3}(cm)$

$\therefore \overline{CD}=\overline{AC}=4\sqrt{3}$ cm ...... 30 %

(2) 직각삼각형 ABC에서 $\overline{BC}=8\sin 30°=4(cm)$

이때 $\angle BCD=\angle BDC=30°$이므로

$\triangle BCD$는 $\overline{BC}=\overline{BD}$인 이등변삼각형이다.

$\therefore \overline{BD}=\overline{BC}=4$ cm ...... 30 %

따라서 $\triangle BCD$의 둘레의 길이는

$4+4+4\sqrt{3}=8+4\sqrt{3}(cm)$ ...... 10 %

답 (1) $4\sqrt{3}$ cm (2) $(8+4\sqrt{3})$ cm

01 ④	**02** 3	**03** 45세	**04** ①
05 0	**06** ⑤	**07** ②	**08** ①
09 18	**10** 52	**11** ②	**12** ③
13 A	**14** (1) 8회 (2) 34개		**15** ②, ④
16 ④, ⑤	**17** ④	**18** −4	**19** 78점
20 (1) 50 kg (2) 5		**21** (1) $3M+1$ (2) $9S^2$	
22 6명	**23** 90점		

01 (3회까지의 수학 성적의 총합)$=3\times89=267$(점)

4회의 성적을 x점이라고 하면 4회까지의 평균이 90점 이상이어야 하므로

$$\frac{267+x}{4}\geq90,\ 267+x\geq360 \qquad \therefore x\geq93$$

따라서 4회에 최소 93점을 받아야 한다. **目** ④

02 $\dfrac{a+b+c+d+e+f}{6}=5$이므로 $a+b+c+d+e+f=30$

따라서 구하는 평균은

$$\frac{(a-4)+(b-5)+(c+3)+(d-6)+(e+2)+(f-2)}{6}$$

$$=\frac{a+b+c+d+e+f-12}{6}=\frac{30-12}{6}=3$$ **目** 3

03 (A 동호회 회원들의 나이의 총합)$=10\times42=420$(세)

(B 동호회 회원들의 나이의 총합)$=6\times50=300$(세)

따라서 구하는 평균은 $\dfrac{420+300}{10+6}=\dfrac{720}{16}=45$(세) **目** 45세

04 주어진 자료를 작은 값부터 크기순으로 나열하면

230, 230, 235, 240, 240, 245, 245, 245, 250, 255이므로

중앙값은 5번째와 6번째 자료의 값의 평균이다.

$$\therefore a=\frac{240+245}{2}=242.5$$

245 mm의 도수가 3으로 가장 크므로 $b=245$

$$\therefore a-b=242.5-245=-2.5$$ **目** ①

05 평균이 0이므로

$$\frac{a+0+(-2)+b+(-3)+(-1)+5}{7}=0,$$

$a+b-1=0 \qquad \therefore a+b=1$

$a+b=1,\ a-b=3$을 연립하여 풀면 $a=2,\ b=-1$

주어진 자료를 작은 값부터 크기순으로 나열하면

$-3,\ -2,\ -1,\ -1,\ 0,\ 2,\ 5$

중앙값은 4번째 자료의 값이므로 (중앙값)$=-1$

-1의 도수가 2로 가장 크므로 (최빈값)$=-1$

따라서 중앙값과 최빈값의 차는 $-1-(-1)=0$ **目** 0

06 평균이 3이므로

$$\frac{4+(-6)+a+0+10+2+b}{7}=3,\ a+b+10=21$$

$\therefore a+b=11$

최빈값이 4이므로 $a,\ b$ 중 하나는 반드시 4이어야 한다.

이때 $a>b$이므로 $a=7,\ b=4$

$\therefore 3a+b=3\times7+4=25$ **目** ⑤

07 선수 D의 편차를 x kg이라고 하면 편차의 총합은 0이므로

$-4+(-5)+(-1)+x=0 \qquad \therefore x=10$

(자료의 값)=(평균)+(편차)이므로

(선수 D의 몸무게)$=73+10=83$(kg) **目** ②

08 지현이의 점수를 x점이라고 하면 민우, 지영, 현식, 상철이의

점수는 각각

$(x-6)$점, $(x-4)$점, $(x+2)$점, $(x+3)$점이므로

$$(평균)=\frac{(x-6)+(x-4)+x+(x+2)+(x+3)}{5}$$

$$=x-1(점)$$

$$(분산)=\frac{(-5)^2+(-3)^2+1^2+3^2+4^2}{5}=\frac{60}{5}=12$$이므로

(표준편차)$=\sqrt{12}=2\sqrt{3}$(점) **目** ①

09 $12+8=7+13$으로 5개의 수의 총합에는 변화가 없으므로 실제 평균도 10이다.

잘못 본 두 수를 제외한 3개의 수의 $(편차)^2$의 총합을 A라고 하면

$$\frac{A+(7-10)^2+(13-10)^2}{5}=20,\ A+18=100$$

$\therefore A=82$

$$\therefore (실제\ 분산)=\frac{A+(12-10)^2+(8-10)^2}{5}$$

$$=\frac{82+8}{5}=\frac{90}{5}=18$$ **目** 18

10 평균이 3이므로 $\dfrac{4a+4\times3+4b}{12}=3$

$4a+4b+12=36 \qquad \therefore a+b=6 \qquad \cdots\cdots \text{㉠}$

분산이 $\dfrac{2}{3}$이므로 $\dfrac{4(a-3)^2+4\times0^2+4(b-3)^2}{12}=\dfrac{2}{3}$

$\therefore (a-3)^2+(b-3)^2=2 \qquad \cdots\cdots \text{㉡}$

㉡의 좌변을 전개하여 정리하면 $a^2+b^2-6(a+b)+18=2$

이 식에 ㉠을 대입하여 정리하면 $a^2+b^2=20$

$a,\ b$는 자연수이므로 $a=2,\ b=4$ 또는 $a=4,\ b=2$

이때 $a>b$이므로 $a=4,\ b=2$

따라서 직육면체의 겉넓이는

$2\times3\times4+2\times3\times2+2\times4\times2=24+12+16=52$ **目** 52

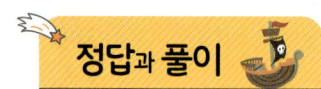

11 $\dfrac{a+b+c+d+e}{5}=10$,

$\dfrac{(a-10)^2+(b-10)^2+(c-10)^2+(d-10)^2+(e-10)^2}{5}$

$=4$이므로

$x=\dfrac{(2a-5)+(2b-5)+(2c-5)+(2d-5)+(2e-5)}{5}$

$=2\times\dfrac{a+b+c+d+e}{5}-5=2\times10-5=15$

$y=\dfrac{(2a-20)^2+(2b-20)^2+(2c-20)^2+(2d-20)^2+(2e-20)^2}{5}$

$=\dfrac{4(a-10)^2+4(b-10)^2+4(c-10)^2+4(d-10)^2+4(e-10)^2}{5}$

$=4\times\dfrac{(a-10)^2+(b-10)^2+(c-10)^2+(d-10)^2+(e-10)^2}{5}$

$=4\times4=16$

$\therefore x+y=15+16=31$ 답 ②

12 전체 학생의 평균도 남학생, 여학생 각각의 평균과 같으므로

$(\text{분산})=\dfrac{25\times2^2+15\times x^2}{25+15}=4^2$

$100+15x^2=640,\ 15x^2=540$

$x^2=36$ $\therefore x=6\ (\because x>0)$ 답 ③

13 학생 A : $(\text{평균})=\dfrac{13+15+14+16+17}{5}=\dfrac{75}{5}=15(\text{개})$

$(\text{분산})=\dfrac{(-2)^2+0^2+(-1)^2+1^2+2^2}{5}=\dfrac{10}{5}=2$

학생 B : $(\text{평균})=\dfrac{15+11+13+17+19}{5}=\dfrac{75}{5}=15(\text{개})$

$(\text{분산})=\dfrac{0^2+(-4)^2+(-2)^2+2^2+4^2}{5}=\dfrac{40}{5}=8$

따라서 A 학생의 분산이 B 학생의 분산보다 작으므로 A 학생의 기록이 B 학생보다 더 고르다. 답 A

14 (1) 3점 슛으로 얻은 점수가 38점 이상이려면

$38\div3=12\dfrac{2}{3}$이므로 3점 슛의 골인 수는 13개 이상이어야 한다.

따라서 3점 슛을 13개 이상 골인한 경기 수는 위의 산점도에서 색칠한 부분에 속하는 점의 개수와 같으므로 8회이다.

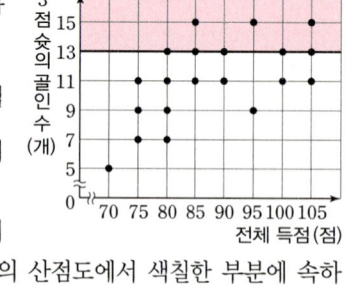

(2) 전체 득점이 95점이었던 경기의 3점 슛의 골인 수는 각각 9개, 15개이고, 2점 슛의 골인 수가 최대가 되려면 3점 슛의 골인 수가 적어야 하므로

$(95-9\times3)\div2=34(\text{개})$ 답 (1) 8회 (2) 34개

15 ② 공부 시간보다 게임 시간이 더 짧은 학생 수는 오른쪽 산점도에서 대각선보다 아래쪽에 있는 점의 개수와 같으므로 7명이다.

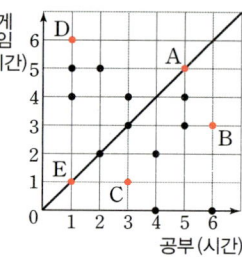

③ 게임을 하지 않은 학생 수는 오른쪽 산점도에서 가로축 위의 점의 개수와 같으므로 2명이다.

④ 공부 시간보다 게임 시간이 더 긴 학생은 위의 산점도에서 대각선보다 위쪽에 있는 점의 개수와 같으므로 5명이다.

⑤ 게임 시간과 공부 시간이 같은 학생 수는 위의 산점도에서 대각선 위의 점의 개수와 같으므로 4명이다.

$\therefore \dfrac{4}{16}\times100=25(\%)$

따라서 옳지 않은 것은 ②, ④이다. 답 ②, ④

16 ① 중간고사 성적이 좋은 학생은 대체로 기말고사 성적도 좋다고 할 수 있다.

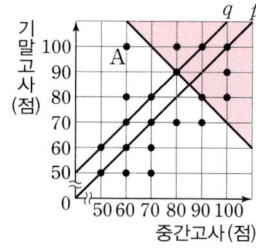

② 중간고사 성적보다 기말고사 성적이 떨어진 학생 수는 오른쪽 산점도에서 대각선 p보다 아래쪽에 있는 점의 개수와 같으므로 8명이다.

③ 중간고사 성적보다 기말고사 성적이 10점 이상 향상된 학생 수는 위의 산점도에서 직선 q 위에 있는 점과 그 위쪽에 있는 점의 개수와 같으므로 8명이다.

$\therefore \dfrac{8}{20}\times100=40(\%)$

④ 기말고사 성적이 중간고사 성적에 비해 가장 많이 향상된 학생은 위의 산점도에서 대각선 p에서 위쪽으로 가장 멀리 떨어져 있는 점 A이다.

따라서 점 A가 나타내는 학생의 중간고사 성적은 60점, 기말고사 성적은 100점이므로 $100-60=40(\text{점})$이 향상되었다.

⑤ 중간고사 성적과 기말고사 성적의 합이 170점 이상인 학생 수는 위의 산점도에서 색칠한 부분에 속하는 점의 개수와 같으므로 7명이다.

$\therefore \dfrac{7}{20}\times100=35(\%)$

따라서 옳지 않은 것은 ④, ⑤이다. 답 ④, ⑤

17 ④ 선수 D는 1차 점수에 비해 2차 점수가 높다. 답 ④

18 평균이 2이므로

$\dfrac{1+a+8+6+2+(-3)+b}{7}=2$

$a+b+14=14$ $\therefore a+b=0$ …… 40 %

최빈값이 2이므로 a, b 중 하나는 반드시 2이어야 한다.
이때 $a<b$이므로 $a=-2$, $b=2$ …… 40 %
$\therefore a-b=-2-2=-4$ …… 20 %
      📗 -4

19 학생 C의 편차를 x점이라고 하면 편차의 총합은 0이므로
$-1+(-2)+x+3+(-5)+4+(-2)=0$
$\therefore x=3$ …… 50 %
(자료의 값)=(평균)+(편차)이므로
(학생 C의 수학 성적)$=75+3=78$(점)   …… 50 %
      📗 78점

20 (1) $51+47=48+50$이므로 학생 6명의 몸무게의 총합은 변함이 없다.
따라서 실제 평균도 50 kg이다.   …… 40 %
(2) 잘못 본 두 학생을 제외한 나머지 4명의 몸무게의 (편차)^{2}의 총합을 A라고 하면
$$\frac{A+(48-50)^2+(50-50)^2}{6}=4$$
$A+4=24$ $\therefore A=20$ …… 30 %
따라서 실제 분산은
$$\frac{A+(51-50)^2+(47-50)^2}{6}=\frac{20+10}{6}=\frac{30}{6}=5$$
      …… 30 %
      📗 (1) 50 kg   (2) 5

21 (1) $\dfrac{a+b+c+d+e}{5}=M$이므로
구하는 평균은
$$\frac{(3a+1)+(3b+1)+(3c+1)+(3d+1)+(3e+1)}{5}$$
$$=\frac{3(a+b+c+d+e)+5}{5}$$
$$=3\times\frac{a+b+c+d+e}{5}+1=3M+1$$
      …… 50 %
(2) $\dfrac{(a-M)^2+(b-M)^2+(c-M)^2+(d-M)^2+(e-M)^2}{5}$
$=S^2$
구하는 분산은
$$\frac{(3a-3M)^2+(3b-3M)^2+(3c-3M)^2+(3d-3M)^2+(3e-3M)^2}{5}$$
$$=\frac{9(a-M)^2+9(b-M)^2+9(c-M)^2+9(d-M)^2+9(e-M)^2}{5}$$
$$=9\times\frac{(a-M)^2+(b-M)^2+(c-M)^2+(d-M)^2+(e-M)^2}{5}$$
$$=9S^2$$
      …… 50 %
      📗 (1) $3M+1$ (2) $9S^2$

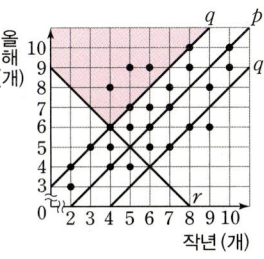

22 (가)에서 작년보다 올해 득점이 더 높은 선수의 수는 대각선 p보다 위쪽에 있는 점의 개수와 같다.
      …… 30 %
(나)에서 작년과 올해 득점의 차가 2점 이상인 선수의 수는 직선 q 위의 점과 그 위쪽에 있는 점의 개수와 직선 q' 위의 점과 그 아래쪽에 있는 점의 개수의 합과 같다.
      …… 30 %
(다)에서 작년과 올해의 득점의 평균이 5점, 즉 득점의 합이 10점 이상인 선수의 수는 직선 r 위에 있는 점과 그 위쪽에 있는 점의 개수와 같다.
      …… 30 %
따라서 주어진 조건을 모두 만족하는 선수의 수는 위의 산점도에서 색칠한 부분에 속하는 점의 개수와 같으므로 6명이다.
      …… 10 %
      📗 6명

23 성적의 합이 상위 20 % 이내에 드는 학생 수는
$$25\times\frac{20}{100}=5(명)이므로$$
      …… 40 %
상위 20 % 이내에 드는 학생들의 영어 성적은 100점, 90점, 90점, 90점, 80점이다.
      …… 30 %
따라서 구하는 평균은
$$\frac{100+90+90+90+80}{5}=\frac{450}{5}=90(점)$$ …… 30 %
      📗 90점

정답과 풀이

중단원 Test

01 삼각비

워크북 002~003쪽

01 ⑤	02 15	03 $\frac{\sqrt{10}}{10}$	04 ④
05 ④	06 $\frac{\sqrt{6}}{9}$	07 ②	08 ②
09 ④	10 ③	11 ④	12 ⑤

01 $\overline{AB}=\sqrt{2^2+1^2}=\sqrt{5}$이므로

$\sin A=\dfrac{\overline{BC}}{\overline{AB}}=\dfrac{2}{\sqrt{5}}=\dfrac{2\sqrt{5}}{5}$

답 ⑤

02 오른쪽 그림과 같이 두 점 A, D에서 $\overline{BC}$에 내린 수선의 발을 각각 H, H′이라고 하면

$\overline{HH'}=\overline{AD}=8\text{ cm}$

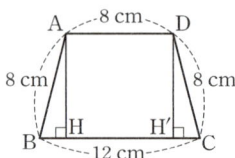

∴ $\overline{BH}=\overline{CH'}=\dfrac{1}{2}\times(12-8)=2\text{(cm)}$

△ABH에서

$\overline{AH}=\sqrt{8^2-2^2}=2\sqrt{15}\text{(cm)}$

△ABH와 △DCH′에서

∠B=∠C, $\overline{AB}=\overline{DC}$, $\overline{BH}=\overline{CH'}$

즉 △ABH≡△DCH′ (SAS 합동)이므로

$\overline{DH'}=\overline{AH}=2\sqrt{15}\text{ cm}$

$\tan B=\dfrac{\overline{AH}}{\overline{BH}}=\dfrac{2\sqrt{15}}{2}=\sqrt{15}$, $\tan C=\dfrac{\overline{DH'}}{\overline{CH'}}=\dfrac{2\sqrt{15}}{2}=\sqrt{15}$

∴ $\tan B\times\tan C=\sqrt{15}\times\sqrt{15}=15$

답 15

03 $\overline{AD'}=\overline{AD}=5\text{ cm}$이므로 △ABD′에서

$\overline{BD'}=\sqrt{5^2-3^2}=4\text{(cm)}$　∴ $\overline{D'C}=5-4=1\text{(cm)}$

$\overline{DE}=\overline{D'E}=x\text{ cm}$라 하면 △ED′C에서

$\overline{EC}=3-x\text{(cm)}$, $\overline{D'C}=1\text{ cm}$이므로

$x^2=1^2+(3-x)^2$, $6x=10$　∴ $x=\dfrac{5}{3}$

△AD′E에서 $\overline{AD'}=5\text{ cm}$, $\overline{D'E}=\dfrac{5}{3}\text{ cm}$이므로

$\overline{AE}=\sqrt{5^2+\left(\dfrac{5}{3}\right)^2}=\dfrac{5\sqrt{10}}{3}\text{(cm)}$

∴ $\sin a=\dfrac{\overline{D'E}}{\overline{AE}}=\dfrac{5}{3}\div\dfrac{5\sqrt{10}}{3}$

$=\dfrac{5}{3}\times\dfrac{3}{5\sqrt{10}}=\dfrac{\sqrt{10}}{10}$

답 $\dfrac{\sqrt{10}}{10}$

04 ∠B=90°이고 $\tan A=2$이므로 오른쪽 그림과 같이 $\overline{AB}=k$, $\overline{BC}=2k$ $(k>0)$인 직각삼각형을 그리면 $\overline{AC}=\sqrt{k^2+(2k)^2}=\sqrt{5}k$

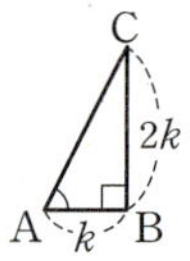

$\sin A=\dfrac{\overline{BC}}{\overline{AC}}=\dfrac{2k}{\sqrt{5}k}=\dfrac{2\sqrt{5}}{5}$

$\cos A=\dfrac{\overline{AB}}{\overline{AC}}=\dfrac{k}{\sqrt{5}k}=\dfrac{\sqrt{5}}{5}$이므로

$\dfrac{\sin A-\cos A}{\sin A+\cos A}=\left(\dfrac{2\sqrt{5}}{5}-\dfrac{\sqrt{5}}{5}\right)\div\left(\dfrac{2\sqrt{5}}{5}+\dfrac{\sqrt{5}}{5}\right)$

$=\dfrac{\sqrt{5}}{5}\div\dfrac{3\sqrt{5}}{5}=\dfrac{\sqrt{5}}{5}\times\dfrac{5}{3\sqrt{5}}=\dfrac{1}{3}$

답 ④

05 △ABC와 △EDC에서

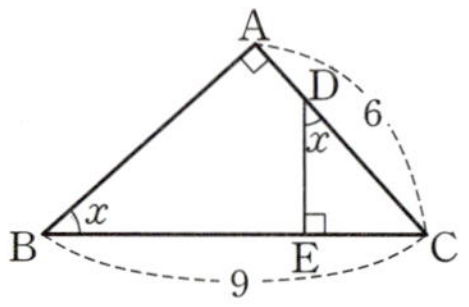

∠C는 공통,

∠BAC=∠DEC=90°

즉 △ABC∽△EDC(AA 닮음)이므로

$x=∠EDC=∠ABC$

△ABC에서 $\overline{AB}=\sqrt{9^2-6^2}=3\sqrt{5}$이므로

$\cos x=\cos B=\dfrac{\overline{AB}}{\overline{BC}}=\dfrac{3\sqrt{5}}{9}=\dfrac{\sqrt{5}}{3}$

답 ④

06 △ABC에서 $\overline{BC}=\sqrt{3^2-1^2}=2\sqrt{2}\text{(cm)}$이므로

$\overline{BD}=\overline{DC}=\dfrac{1}{2}\times2\sqrt{2}=\sqrt{2}\text{(cm)}$

△ABD에서 $\overline{AD}=\sqrt{1^2+(\sqrt{2})^2}=\sqrt{3}$

$\overline{DE}=a\text{ cm}$라 하면

△AEC에서 $\overline{CE}^2=3^2-(\sqrt{3}+a)^2$

△DEC에서 $\overline{CE}^2=(\sqrt{2})^2-a^2$

즉 $3^2-(\sqrt{3}+a)^2=(\sqrt{2})^2-a^2$에서 $6-2\sqrt{3}a-a^2=2-a^2$

$2\sqrt{3}a=4$　∴ $a=\dfrac{2\sqrt{3}}{3}$

따라서 $\overline{CE}=\sqrt{(\sqrt{2})^2-\left(\dfrac{2\sqrt{3}}{3}\right)^2}=\dfrac{\sqrt{6}}{3}$이므로

$\sin x=\dfrac{\overline{CE}}{\overline{AC}}=\dfrac{\sqrt{6}}{3}\div3=\dfrac{\sqrt{6}}{3}\times\dfrac{1}{3}=\dfrac{\sqrt{6}}{9}$

답 $\dfrac{\sqrt{6}}{9}$

07 △ABC와 △BEC에서

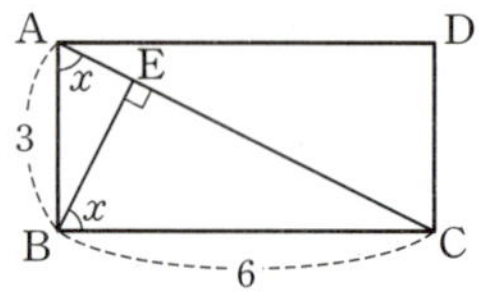

∠C는 공통,

∠ABC=∠BEC=90°

즉 △ABC∽△BEC (AA 닮음)

이므로

$x=∠EBC=∠BAC$

△ABC에서 $\overline{AC}=\sqrt{6^2+3^2}=3\sqrt{5}$이므로

$\sin x=\dfrac{\overline{BC}}{\overline{AC}}=\dfrac{6}{3\sqrt{5}}=\dfrac{2\sqrt{5}}{5}$, $\cos x=\dfrac{\overline{AB}}{\overline{AC}}=\dfrac{3}{3\sqrt{5}}=\dfrac{\sqrt{5}}{5}$,

$\tan x=\dfrac{\overline{BC}}{\overline{AB}}=\dfrac{6}{3}=2$

∴ $\tan x\times(\sin x+\cos x)=2\times\left(\dfrac{2\sqrt{5}}{5}+\dfrac{\sqrt{5}}{5}\right)=\dfrac{6\sqrt{5}}{5}$　답 ②

08 $\triangle ABC \backsim \triangle AEF \backsim \triangle ADE \backsim \triangle EDF$ (AA 닮음)

① $\triangle EDF$에서 $\sin A = \dfrac{\overline{DF}}{\overline{EF}}$

② $\triangle ADE$에서 $\cos A = \dfrac{\overline{AD}}{\overline{AE}}$

③ $\triangle ABC$에서 $\sin A = \dfrac{\overline{BC}}{\overline{AC}}$

④ $\triangle AEF$에서 $\sin A = \dfrac{\overline{EF}}{\overline{AF}}$

⑤ $\triangle ADE$에서 $\sin A = \dfrac{\overline{DE}}{\overline{AE}}$

따라서 $\sin A$를 나타내는 것이 아닌 것은 ②이다. 　**답** ②

09 오른쪽 그림과 같이 직선 $2x-3y+7=0$
이 x축, y축과 만나는 점을 각각 A, B라
고 하면

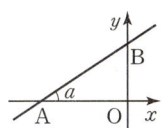

$A\left(-\dfrac{7}{2},\ 0\right)$, $B\left(0,\ \dfrac{7}{3}\right)$

$\triangle AOB$에서 $\overline{AB}=\sqrt{\left(\dfrac{7}{2}\right)^2+\left(\dfrac{7}{3}\right)^2}=\dfrac{7\sqrt{13}}{6}$

$\therefore \sin a = \dfrac{\overline{BO}}{\overline{AB}}=\dfrac{7}{3}\div\dfrac{7\sqrt{13}}{6}=\dfrac{7}{3}\times\dfrac{6}{7\sqrt{13}}=\dfrac{2\sqrt{13}}{13}$ 　**답** ④

10 $\overline{EG}=\sqrt{5^2+5^2}=5\sqrt{2}$, $\overline{AG}=\sqrt{5^2+5^2+5^2}=5\sqrt{3}$이고
$\angle AEG=90°$이므로

$\triangle AEG$에서 $\cos x = \dfrac{\overline{EG}}{\overline{AG}}=\dfrac{5\sqrt{2}}{5\sqrt{3}}=\dfrac{\sqrt{6}}{3}$ 　**답** ③

11 $\overline{FH}=\sqrt{4^2+3^2}=5$, $\overline{BH}=\sqrt{5^2+5^2}=5\sqrt{2}$이고
$\angle BFH=90°$이므로

$\triangle BFH$에서

$\sin x = \dfrac{\overline{BF}}{\overline{BH}}=\dfrac{5}{5\sqrt{2}}=\dfrac{\sqrt{2}}{2}$, $\cos x = \dfrac{\overline{FH}}{\overline{BH}}=\dfrac{5}{5\sqrt{2}}=\dfrac{\sqrt{2}}{2}$,

$\tan x = \dfrac{\overline{BF}}{\overline{FH}}=\dfrac{5}{5}=1$

$\therefore \sin x \times \cos x + 2\tan x = \dfrac{\sqrt{2}}{2}\times\dfrac{\sqrt{2}}{2}+2\times1$

$\qquad\qquad\qquad\qquad\qquad = \dfrac{1}{2}+2=\dfrac{5}{2}$ 　**답** ④

12 $\overline{BE}=\dfrac{1}{2}\overline{BC}=1$이므로

$\triangle ABE$에서 $\overline{AE}=\sqrt{2^2-1^2}=\sqrt{3}$

$\therefore \overline{DE}=\overline{AE}=\sqrt{3}$

오른쪽 그림과 같이 점 A에서 밑면에 내
린 수선의 발을 H라고 하면 점 H는
$\triangle BCD$의 무게중심이므로

$\overline{EH}=\dfrac{1}{3}\overline{DE}=\dfrac{1}{3}\times\sqrt{3}=\dfrac{\sqrt{3}}{3}$

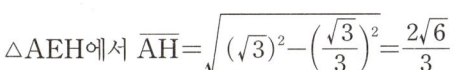

$\triangle AEH$에서 $\overline{AH}=\sqrt{(\sqrt{3})^2-\left(\dfrac{\sqrt{3}}{3}\right)^2}=\dfrac{2\sqrt{6}}{3}$

$\therefore \sin x = \dfrac{\overline{AH}}{\overline{AE}}=\dfrac{2\sqrt{6}}{3}\div\sqrt{3}=\dfrac{2\sqrt{6}}{3}\times\dfrac{1}{\sqrt{3}}=\dfrac{2\sqrt{2}}{3}$ 　**답** ⑤

중단원 **Test**

02 삼각비의 값 　　　　　　　워크북 004~005쪽

01 ②	**02** ②	**03** ③	**04** $1+\sqrt{3}$
05 $\sqrt{2}-1$	**06** ④	**07** ⑤	**08** ②
09 ③	**10** $\dfrac{\sqrt{3}}{3}$	**11** ⑤	**12** ④

01 ㄱ. (좌변)$=\dfrac{\sqrt{3}}{2}\div\dfrac{1}{2}=\dfrac{\sqrt{3}}{2}\times2=\sqrt{3}$

ㄴ. (좌변)$=1\times1=1$

ㄷ. (좌변)$=\dfrac{\sqrt{3}}{2}+0=\dfrac{\sqrt{3}}{2}$

ㄹ. (좌변)$=\dfrac{\sqrt{2}}{2}-\dfrac{\sqrt{2}}{2}=0$

ㅁ. (좌변)$=\dfrac{\sqrt{3}}{2}\times1+\dfrac{\sqrt{3}}{2}=\sqrt{3}$

따라서 옳은 것은 ㄱ, ㅁ이다. 　**답** ②

02 $\triangle ABC$에서

$\cos 60° = \dfrac{\overline{BC}}{\overline{AB}}=\dfrac{x}{10}=\dfrac{1}{2}$ 　$\therefore x=5$

$\sin 60° = \dfrac{\overline{AC}}{\overline{AB}}=\dfrac{\overline{AC}}{10}=\dfrac{\sqrt{3}}{2}$ 　$\therefore \overline{AC}=5\sqrt{3}$(cm)

$\triangle ACD$에서 $\sin 45° = \dfrac{y}{5\sqrt{3}}=\dfrac{\sqrt{2}}{2}$ 　$\therefore y=\dfrac{5\sqrt{6}}{2}$ 　**답** ②

03 $\triangle ABC$에서

$\angle C=180°-(90°+30°)=60°$

$\triangle ADC$에서

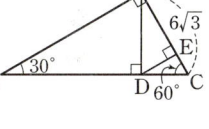

$\cos 60° = \dfrac{\overline{CD}}{\overline{AC}}=\dfrac{\overline{CD}}{6\sqrt{3}}=\dfrac{1}{2}$

$\therefore \overline{CD}=3\sqrt{3}$

$\triangle DCE$에서 $\sin 60° = \dfrac{\overline{DE}}{\overline{DC}}=\dfrac{\overline{DE}}{3\sqrt{3}}=\dfrac{\sqrt{3}}{2}$ 　$\therefore \overline{DE}=\dfrac{9}{2}$

　답 ③

04 오른쪽 그림의 $\triangle ACD$에서

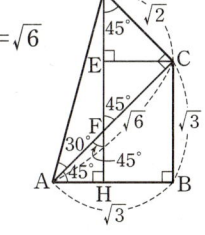

$\tan 30° = \dfrac{\overline{CD}}{\overline{AC}}=\dfrac{\sqrt{2}}{\overline{AC}}=\dfrac{\sqrt{3}}{3}$ 　$\therefore \overline{AC}=\sqrt{6}$

$\triangle ABC$에서

$\sin 45° = \dfrac{\overline{BC}}{\overline{AC}}=\dfrac{\overline{BC}}{\sqrt{6}}=\dfrac{\sqrt{2}}{2}$

$\therefore \overline{BC}=\sqrt{3}$

점 C에서 $\overline{DH}$에 내린 수선의 발을 E, $\overline{DH}$와 $\overline{AC}$가 만나는 점
을 F라고 하면

$\angle EFC=\angle AFH=45°$이므로 $\angle EDC=45°$

즉 $\triangle DEC$에서 $\cos 45° = \dfrac{\overline{DE}}{\overline{CD}}=\dfrac{\overline{DE}}{\sqrt{2}}=\dfrac{\sqrt{2}}{2}$ 　$\therefore \overline{DE}=1$

$\therefore \overline{DH}=\overline{DE}+\overline{EH}=\overline{DE}+\overline{BC}=1+\sqrt{3}$ 　**답** $1+\sqrt{3}$

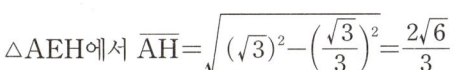

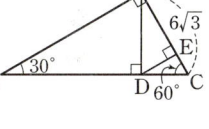

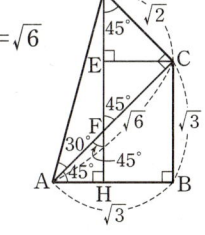

05 $\triangle$CDB에서 $\tan 45° = \dfrac{\overline{BC}}{\overline{BD}} = \dfrac{1}{\overline{BD}} = 1$ $\therefore \overline{BD} = 1$

$\sin 45° = \dfrac{\overline{BC}}{\overline{CD}} = \dfrac{1}{\overline{CD}} = \dfrac{\sqrt{2}}{2}$ $\therefore \overline{CD} = \sqrt{2}$

$\overline{AD} = \overline{CD} = \sqrt{2}$이므로 $\overline{AB} = \overline{AD} + \overline{DB} = \sqrt{2} + 1$

$\triangle$ABC에서 $\tan A = \dfrac{\overline{BC}}{\overline{AB}} = \dfrac{1}{\sqrt{2}+1} = \sqrt{2} - 1$ 답 $\sqrt{2}-1$

06 직선 $4x - 3y + 3 = 0$, 즉 $y = \dfrac{4}{3}x + 1$의 기울기가 $\dfrac{4}{3}$이므로

$\tan \alpha = \dfrac{4}{3}$

즉 오른쪽 그림과 같이 $\angle C = 90°$, $\angle ABC = \alpha$
이고 $\overline{BC} = 3a$, $\overline{AC} = 4a(a > 0)$인 직각삼각형
ABC를 그리면

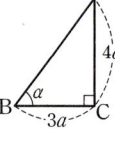

$\overline{AB} = \sqrt{(3a)^2 + (4a)^2} = 5a$이므로

$\cos \alpha = \dfrac{\overline{BC}}{\overline{AB}} = \dfrac{3a}{5a} = \dfrac{3}{5}$

직선 $12x - 5y + 10 = 0$, 즉 $y = \dfrac{12}{5}x + 2$의 기울기가 $\dfrac{12}{5}$이므

로 $\tan \beta = \dfrac{12}{5}$

즉 오른쪽 그림과 같이 $\angle F = 90°$, $\angle DEF = \beta$
이고 $\overline{DF} = 12b$, $\overline{EF} = 5b(b > 0)$인 직각삼각형
DEF를 그리면

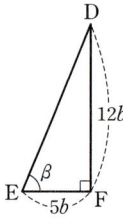

$\overline{DE} = \sqrt{(5b)^2 + (12b)^2} = 13b$이므로

$\sin \beta = \dfrac{\overline{DF}}{\overline{DE}} = \dfrac{12b}{13b} = \dfrac{12}{13}$

$\therefore \cos \alpha + \sin \beta = \dfrac{3}{5} + \dfrac{12}{13} = \dfrac{99}{65}$ 답 ④

07 ④ $\triangle$AOB에서 $\angle OAB = 180° - (90° + 55°) = 35°$이므로

$\sin 35° = \dfrac{\overline{OB}}{\overline{OA}} = \dfrac{0.5736}{1} = 0.5736$

⑤ $\overline{AB} /\!/ \overline{CD}$이므로 $\angle OCD = \angle OAB = 35°$

$\tan 35° = \dfrac{\overline{OD}}{\overline{CD}} = \dfrac{1}{1.4281} = 0.70023\cdots$

따라서 옳지 않은 것은 ⑤이다. 답 ⑤

08 $0° \le A \le 90°$일 때,

ㄷ. A의 크기가 커지면 $\tan A$의 값은 커진다.

ㄹ. $\sin A = \cos A$일 때, $A = 45°$이므로

$\tan A = \tan 45° = 1$

ㅁ. $\tan A$의 값 중 가장 작은 값은 0이고 가장 큰 값은 알 수
없다.

따라서 옳은 것은 ㄱ, ㄴ, ㄹ이다. 답 ②

09 $\sin 0° = 0$, $\cos 0° = 1$에서

$\sin 0° < \sin 50° < \cos 0°$, $\sin 0° < \cos 50° < \cos 0°$

$\sin 50° > \cos 50°$, $\tan 50° > 1 (= \cos 0°)$

따라서 큰 것부터 차례대로 나열하면 $\tan 50°$, $\cos 0°$, $\sin 50°$,
$\cos 50°$, $\sin 0°$이므로 세 번째에 오는 값은 $\sin 50°$이다. 답 ③

10 $0° < x < 45°$일 때, $0 < \sin x < \cos x$이므로

$\cos x + \sin x > 0$, $\sin x - \cos x < 0$

$\therefore$ (좌변) $= (\cos x + \sin x) - \{-(\sin x - \cos x)\}$
$= \cos x + \sin x + \sin x - \cos x = 2\sin x$

즉 $2\sin x = 1$이므로 $\sin x = \dfrac{1}{2}$ $\therefore x = 30°$

$\therefore \tan x = \tan 30° = \dfrac{\sqrt{3}}{3}$ 답 $\dfrac{\sqrt{3}}{3}$

11 $\sin 28° = 0.4695$이므로 $x = 28°$

$\tan 27° = 0.5095$이므로 $y = 27°$

$\therefore x + y = 28° + 27° = 55°$ 답 ⑤

12 밑면의 반지름의 길이를 r라고 하면 밑면의 둘레의 길이가
200π이므로

$2\pi r = 200\pi$ $\therefore r = 100$

오른쪽 그림의 $\triangle$AOB에서

$\tan x = \dfrac{\overline{OA}}{\overline{OB}} = \dfrac{107}{100} = 1.07$

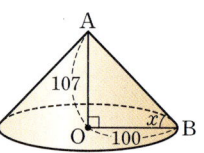

이때 주어진 삼각비의 표에서 $\tan 47°$의
값이 1.0724로 1.07에 가장 가깝다.

따라서 x의 크기는 약 $47°$이다. 답 ④

중단원 Test

03 삼각형의 변의 길이

워크북 006~007쪽

01 ⑤	02 $\dfrac{\sqrt{15}}{3}$	03 6.7 m	04 ③
05 ③	06 ④	07 ②	08 ②
09 ⑤	10 ③	11 $30\sqrt{6}$ m	12 ②

01 $x = 20\cos 57° = 20 \times 0.5446 = 10.892$

$y = 20\sin 57° = 20 \times 0.8387 = 16.774$

$\therefore x + y = 10.892 + 16.774 = 27.666$ 답 ⑤

02 $\triangle$DGH에서 $\overline{DH} = 6\tan 60° = 6\sqrt{3}$
$\triangle$CFG에서 $\overline{CG} = \overline{DH} = 6\sqrt{3}$이므로

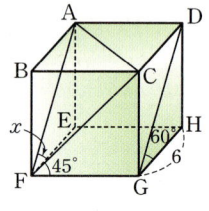

$\overline{FC} = \dfrac{6\sqrt{3}}{\sin 45°} = 6\sqrt{3} \div \dfrac{\sqrt{2}}{2} = 6\sqrt{6}$

$\overline{BC} = \overline{FG} = \overline{CG} = 6\sqrt{3}$이므로 $\triangle$ABC에
서

$\overline{AC} = \sqrt{6^2 + (6\sqrt{3})^2} = 12$

$\overline{AF}=\overline{DG}=\dfrac{6}{\cos 60^\circ}=12$이므로 오른쪽

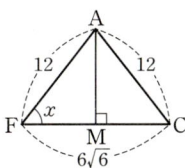

그림에서 △AFC는 이등변삼각형이다.
이때 점 A에서 $\overline{FC}$에 내린 수선의 발을
M이라 하면 $\overline{FM}=\overline{CM}=3\sqrt{6}$이므로
△AFM에서
$\overline{AM}=\sqrt{12^2-(3\sqrt{6})^2}=3\sqrt{10}$
$\therefore \tan x=\dfrac{\overline{AM}}{\overline{FM}}=\dfrac{3\sqrt{10}}{3\sqrt{6}}=\dfrac{\sqrt{15}}{3}$

답 $\dfrac{\sqrt{15}}{3}$

03 $\overline{BC}=10\tan 34^\circ=10\times 0.67=6.7\,(\text{m})$
따라서 나무의 높이는 6.7 m이다.

답 6.7 m

04 오른쪽 그림과 같이 △DCH에서

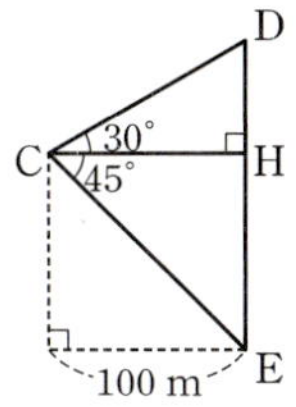

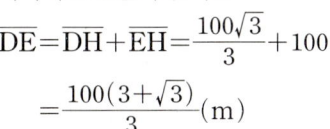

$\overline{DH}=100\tan 30^\circ=\dfrac{100\sqrt{3}}{3}\,(\text{m})$
△CEH에서 $\overline{EH}=100\tan 45^\circ=100\,(\text{m})$
따라서 B 건물의 높이는
$\overline{DE}=\overline{DH}+\overline{EH}=\dfrac{100\sqrt{3}}{3}+100$
$\quad=\dfrac{100(3+\sqrt{3})}{3}\,(\text{m})$

답 ③

05 오른쪽 그림과 같이 점 A에서 $\overline{BC}$에
내린 수선의 발을 H라고 하면

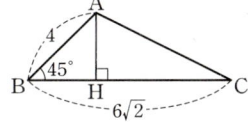

△ABH에서
$\overline{AH}=4\sin 45^\circ=2\sqrt{2}$,
$\overline{BH}=4\cos 45^\circ=2\sqrt{2}$
$\therefore \overline{CH}=\overline{BC}-\overline{BH}=6\sqrt{2}-2\sqrt{2}=4\sqrt{2}$
따라서 △AHC에서 $\overline{AC}=\sqrt{(2\sqrt{2})^2+(4\sqrt{2})^2}=2\sqrt{10}$

답 ③

06 오른쪽 그림과 같이 점 D에서 $\overline{BC}$의
연장선 위에 내린 수선의 발을 H라고
하면

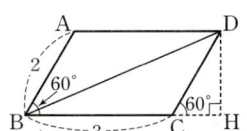

$\angle DCH=\angle ABC=60^\circ$ (동위각)
△DCH에서
$\overline{DH}=2\sin 60^\circ=\sqrt{3}$, $\overline{CH}=2\cos 60^\circ=1$
$\therefore \overline{BH}=\overline{BC}+\overline{CH}=3+1=4$
따라서 △DBH에서 $\overline{BD}=\sqrt{4^2+(\sqrt{3})^2}=\sqrt{19}$

답 ④

07 오른쪽 그림과 같이 점 A에서 $\overline{BC}$에 내
린 수선의 발을 H라고 하면

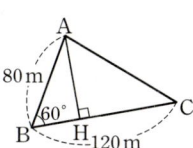

△ABH에서
$\overline{AH}=80\sin 60^\circ=40\sqrt{3}\,(\text{m})$
$\overline{BH}=80\cos 60^\circ=40\,(\text{m})$
$\therefore \overline{CH}=\overline{BC}-\overline{BH}=120-40=80\,(\text{m})$
따라서 △AHC에서
$\overline{AC}=\sqrt{(40\sqrt{3})^2+80^2}=40\sqrt{7}\,(\text{m})$

답 ②

08 오른쪽 그림과 같이 점 A에서 $\overline{BC}$에 내
린 수선의 발을 H라고 하면

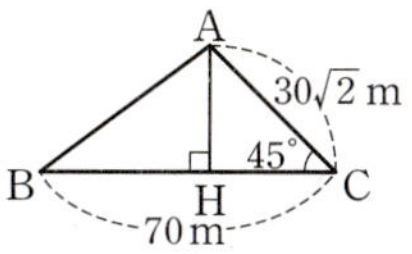

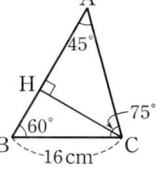

△AHC에서
$\overline{AH}=30\sqrt{2}\sin 45^\circ=30\,(\text{m})$
$\overline{CH}=30\sqrt{2}\cos 45^\circ=30\,(\text{m})$
$\therefore \overline{BH}=\overline{BC}-\overline{CH}=70-30=40\,(\text{m})$
따라서 △ABH에서 $\overline{AB}=\sqrt{40^2+30^2}=50\,(\text{m})$

답 ②

09 오른쪽 그림과 같이 점 C에서 $\overline{AB}$에 내린
수선의 발을 H라고 하면 △BCH에서

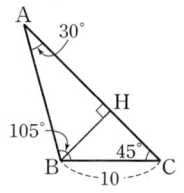

$\overline{BH}=16\cos 60^\circ=8\,(\text{cm})$,
$\overline{CH}=16\sin 60^\circ=8\sqrt{3}\,(\text{cm})$
이때 $\angle A=180^\circ-(60^\circ+75^\circ)=45^\circ$이므로
△AHC에서 $\overline{AH}=\dfrac{8\sqrt{3}}{\tan 45^\circ}=8\sqrt{3}\,(\text{cm})$
$\therefore \overline{AB}=\overline{AH}+\overline{BH}=8\sqrt{3}+8=8(\sqrt{3}+1)\,(\text{cm})$

답 ⑤

10 오른쪽 그림과 같이 점 B에서 $\overline{AC}$에 내린
수선의 발을 H라고 하면

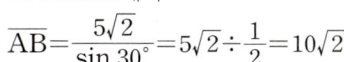

△BCH에서 $\overline{BH}=10\sin 45^\circ=5\sqrt{2}$
이때 $\angle A=180^\circ-(105^\circ+45^\circ)=30^\circ$이므
로 △ABH에서
$\overline{AB}=\dfrac{5\sqrt{2}}{\sin 30^\circ}=5\sqrt{2}\div\dfrac{1}{2}=10\sqrt{2}$

답 ③

11 오른쪽 그림과 같이 점 A에서 $\overline{BC}$에 내
린 수선의 발을 H라고 하면 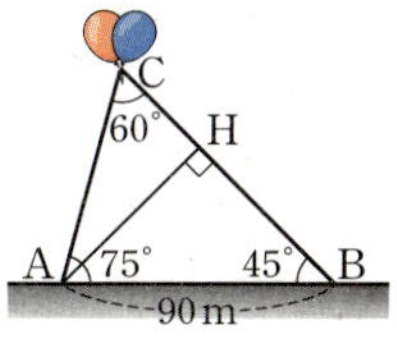
△ABH에서
$\overline{AH}=90\sin 45^\circ=45\sqrt{2}\,(\text{m})$
이때 $\angle C=180^\circ-(75^\circ+45^\circ)=60^\circ$이
므로
△CAH에서
$\overline{AC}=\dfrac{45\sqrt{2}}{\sin 60^\circ}=45\sqrt{2}\div\dfrac{\sqrt{3}}{2}=30\sqrt{6}\,(\text{m})$

답 $30\sqrt{6}$ m

12 오른쪽 그림과 같이 점 C에서 $\overline{AB}$에
내린 수선의 발을 H라고 하면 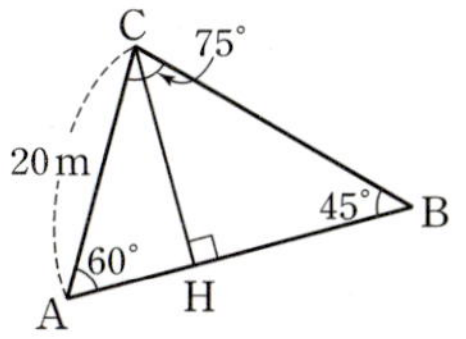
△CAH에서
$\overline{AH}=20\cos 60^\circ=10\,(\text{m})$
$\overline{CH}=20\sin 60^\circ=10\sqrt{3}\,(\text{m})$
이때 $\angle B=180^\circ-(60^\circ+75^\circ)=45^\circ$이므로
△CHB에서 $\overline{BH}=\dfrac{10\sqrt{3}}{\tan 45^\circ}=10\sqrt{3}\,(\text{m})$
$\therefore \overline{AB}=\overline{AH}+\overline{BH}=10+10\sqrt{3}=10(\sqrt{3}+1)\,(\text{m})$

답 ②

중단원 Test

04 삼각형의 높이와 넓이

워크북 **008**~**009**쪽

01 $7(\sqrt{3}-1)$ **02** ③ **03** ③
04 $10(\sqrt{3}+1)$ m **05** ④
06 $\left(\dfrac{32}{3}\pi-16\sqrt{3}\right)$ cm² **07** ③ **08** ⑤
09 ④ **10** (1) $2\sqrt{7}$ (2) $10\sqrt{3}$
11 $\dfrac{15\sqrt{2}}{2}$ cm² **12** 8 cm

01 오른쪽 그림에서 $\overline{CD}=h$라고 하면
$\overline{AD}=h\tan45°=h$,
$\overline{BD}=h\tan60°=\sqrt{3}h$
$\overline{AD}+\overline{BD}=\overline{AB}$,
즉 $(1+\sqrt{3})h=14$이므로
$h=\dfrac{14}{\sqrt{3}+1}=7(\sqrt{3}-1)$

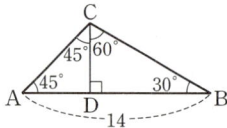

답 $7(\sqrt{3}-1)$

02 오른쪽 그림과 같이 점 P에서 $\overline{AB}$에 내린 수선의 발을 H라 하고 $\overline{PH}=h$ m라고 하면
$\overline{AH}=h\tan45°=h$(m),
$\overline{BH}=h\tan30°=\dfrac{\sqrt{3}}{3}h$(m)

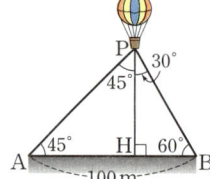

$\overline{AH}+\overline{BH}=\overline{AB}$, 즉 $\left(1+\dfrac{\sqrt{3}}{3}\right)h=100$이므로
$h=100\times\dfrac{3}{3+\sqrt{3}}=50(3-\sqrt{3})$
따라서 열기구의 높이는 $50(3-\sqrt{3})$ m이다. **답** ③

03 $\overline{CH}=h$ m라고 하면
$\overline{AH}=h\tan55°$(m),
$\overline{BH}=h\tan38°$(m)
$\overline{AH}-\overline{BH}=\overline{AB}$,
즉 $(\tan55°-\tan38°)h=80$
이므로
$h=\dfrac{80}{\tan55°-\tan38°}$

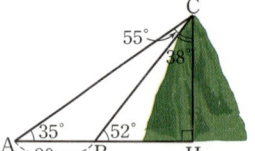

따라서 산의 높이는 $\dfrac{80}{\tan55°-\tan38°}$ m이다. **답** ③

04 $\overline{AD}=h$ m라고 하면
$\overline{BD}=h\tan60°=\sqrt{3}h$(m), $\overline{CD}=h\tan45°=h$(m)
$\overline{BD}-\overline{CD}=\overline{BC}$, 즉 $(\sqrt{3}-1)h=20$이므로
$h=\dfrac{20}{\sqrt{3}-1}=10(\sqrt{3}+1)$
따라서 건물의 높이는 $10(\sqrt{3}+1)$ m이다. **답** $10(\sqrt{3}+1)$ m

05 $\triangle ABC=\dfrac{1}{2}\times5\times8\times\sin B=10\sqrt{2}$이므로
$\sin B=\dfrac{\sqrt{2}}{2}$ ∴ ∠B=45°
답 ④

06 오른쪽 그림과 같이 $\overline{OC}$를 그으면
$\triangle AOC$는 $\overline{OA}=\overline{OC}$인 이등변삼각형
이므로
∠OCA=∠OAC=30°
따라서 ∠COB=30°+30°=60°
이므로

(색칠한 부분의 넓이)=(부채꼴 COB의 넓이)−$\triangle$COB
$=\pi\times8^2\times\dfrac{60}{360}-\dfrac{1}{2}\times8\times8\times\sin60°$
$=\dfrac{32}{3}\pi-16\sqrt{3}(\text{cm}^2)$

답 $\left(\dfrac{32}{3}\pi-16\sqrt{3}\right)$ cm²

07 오른쪽 그림과 같이 $\overline{AC}$를 그으면
$\square ABCD$
$=\triangle ABC+\triangle ACD$
$=\dfrac{1}{2}\times6\times6\sqrt{2}\times\sin45°$
$\quad+\dfrac{1}{2}\times2\sqrt{3}\times2\sqrt{3}\times\sin(180°-120°)$
$=18+3\sqrt{3}(\text{cm}^2)$

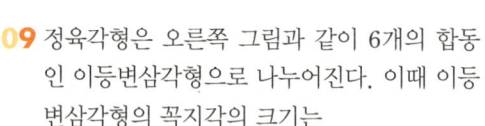

답 ③

08 $\overline{AC}\,/\!/\,\overline{DE}$이므로 $\triangle ACD=\triangle ACE$
∴ $\square ABCD=\triangle ABC+\triangle ACD=\triangle ABC+\triangle ACE$
$=\triangle ABE=\dfrac{1}{2}\times5\times(8+4)\times\sin60°$
$=15\sqrt{3}(\text{cm}^2)$
답 ⑤

09 정육각형은 오른쪽 그림과 같이 6개의 합동인 이등변삼각형으로 나누어진다. 이때 이등변삼각형의 꼭지각의 크기는
$\dfrac{360°}{6}=60°$이므로

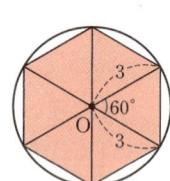

(정육각형의 넓이)$=6\times\left(\dfrac{1}{2}\times3\times3\times\sin60°\right)$
$=\dfrac{27\sqrt{3}}{2}$
답 ④

10 (1) $\triangle DAC$, $\triangle ECB$는 정삼각형이므로
∠DCA=∠ECB=60°
오른쪽 그림과 같이 점 D에서 $\overline{CE}$에 내린 수선의 발을 H라 하면
$\triangle DCH$에서
∠DCH=180°−(60°+60°)
$=60°$

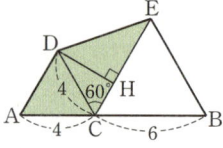

이므로

$\overline{CH}=4\cos 60°=2$

$\overline{DH}=4\sin 60°=2\sqrt{3}$

이때 $\overline{EH}=\overline{EC}-\overline{CH}=6-2=4$이므로 △DHE에서

$\overline{DE}=\sqrt{(2\sqrt{3})^2+4^2}=2\sqrt{7}$

(2) □ACED=△ACD+△DCE

$=\dfrac{1}{2}\times 4\times 4\times\sin 60°+\dfrac{1}{2}\times 6\times 2\sqrt{3}$

$=4\sqrt{3}+6\sqrt{3}=10\sqrt{3}$ 답 (1) $2\sqrt{7}$ (2) $10\sqrt{3}$

11 □ABCD$=10\times 6\times\sin(180°-135°)=30\sqrt{2}(\text{cm}^2)$

평행사변형의 넓이는 한 대각선에 의해 이등분되므로

$\triangle DBC=\dfrac{1}{2}\square ABCD=\dfrac{1}{2}\times 30\sqrt{2}=15\sqrt{2}(\text{cm}^2)$

$\therefore \triangle BED=\dfrac{1}{2}\triangle DBC=\dfrac{1}{2}\times 15\sqrt{2}=\dfrac{15\sqrt{2}}{2}(\text{cm}^2)$

답 $\dfrac{15\sqrt{2}}{2}$ cm²

12 $\overline{BD}=x$ cm라고 하면 등변사다리꼴의 두 대각선의 길이는 같으므로

$\overline{AC}=\overline{BD}=x$ cm

□ABCD의 넓이가 $16\sqrt{2}$ cm²이므로

$\dfrac{1}{2}\times x\times x\times\sin 45°=16\sqrt{2}$, $\dfrac{1}{2}\times x\times x\times\dfrac{\sqrt{2}}{2}=16\sqrt{2}$,

$x^2=64$

그런데 $x>0$이므로 $x=8$ $\therefore \overline{BD}=8$ cm 답 8 cm

중단원 Test

05 현의 성질

워크북 010~011쪽

01 ⑤	**02** ④	**03** $\dfrac{25}{3}$	**04** ③
05 ⑤	**06** ①	**07** ①	**08** ⑤
09 $4\sqrt{13}\pi$	**10** ⑤	**11** $55°$	**12** ③

01 직각삼각형 OAM에서 $\overline{AM}=\sqrt{4^2-2^2}=2\sqrt{3}(\text{cm})$

$\therefore \overline{AB}=2\overline{AM}=2\times 2\sqrt{3}=4\sqrt{3}(\text{cm})$ 답 ⑤

02 $\overline{OC}=\overline{OA}=9$이므로 $\overline{OM}=9-3=6$

직각삼각형 OAM에서 $\overline{AM}=\sqrt{9^2-6^2}=3\sqrt{5}$

$\therefore \overline{BM}=\overline{AM}=3\sqrt{5}$ 답 ④

03 $\overline{AB}\perp\overline{OC}$이므로 $\overline{BM}=\overline{AM}=8$ cm

$\overline{OC}=\overline{OB}=x$ cm이므로 $\overline{OM}=x-6(\text{cm})$

직각삼각형 OMB에서

$8^2+(x-6)^2=x^2$, $12x=100$ $\therefore x=\dfrac{25}{3}$ 답 $\dfrac{25}{3}$

04 오른쪽 그림과 같이 원의 중심 O에서 $\overline{AB}$에 내린 수선의 발을 H라고 하면

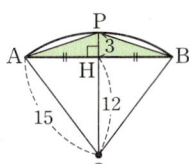

$\overline{AH}=\overline{BH}=\dfrac{1}{2}\overline{AB}=\dfrac{1}{2}\times 4=2(\text{cm})$

$\overline{OA}=\dfrac{1}{2}\times 12=6(\text{cm})$이므로

직각삼각형 OAH에서

$\overline{OH}=\sqrt{6^2-2^2}=4\sqrt{2}(\text{cm})$

$\therefore \triangle OAB=\dfrac{1}{2}\times 4\times 4\sqrt{2}=8\sqrt{2}(\text{cm}^2)$ 답 ③

05 오른쪽 그림과 같이 원의 중심을 O라고 하면 $\overline{PH}$의 연장선은 원의 중심 O를 지나므로

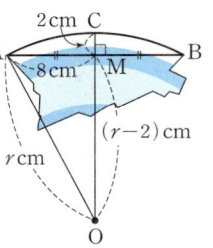

$\overline{OH}=15-3=12$

직각삼각형 AOH에서

$\overline{AH}=\sqrt{15^2-12^2}=9$

$\therefore \overline{AB}=2\overline{AH}=2\times 9=18$

$\therefore \triangle PAB=\dfrac{1}{2}\times 18\times 3=27$ 답 ⑤

06 오른쪽 그림과 같이 접시의 중심을 O라고 하면 $\overline{CM}$의 연장선은 접시의 중심 O를 지난다.

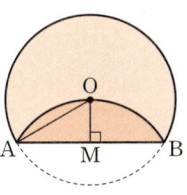

접시의 반지름의 길이를 r cm라고 하면 직각삼각형 AOM에서

$8^2+(r-2)^2=r^2$, $4r=68$ $\therefore r=17$

따라서 원래 접시의 반지름의 길이는 17 cm이다. 답 ①

07 오른쪽 그림과 같이 원 O의 중심에서 $\overline{AB}$에 내린 수선의 발을 M이라고 하면

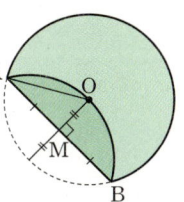

$\overline{OA}=5$, $\overline{OM}=\dfrac{1}{2}\times 5=\dfrac{5}{2}$

△OAM에서 $\overline{AM}=\sqrt{5^2-\left(\dfrac{5}{2}\right)^2}=\dfrac{5\sqrt{3}}{2}$

$\therefore \overline{AB}=2\overline{AM}=2\times\dfrac{5\sqrt{3}}{2}=5\sqrt{3}$ 답 ①

08 오른쪽 그림과 같이 원 O의 중심에서 $\overline{AB}$에 내린 수선의 발을 M이라 하고 원 O의 반지름의 길이를 r라고 하면

$\overline{OA}=r$, $\overline{OM}=\dfrac{1}{2}r$

$\overline{AM}=\frac{1}{2}\overline{AB}=\frac{1}{2}\times6\sqrt{3}=3\sqrt{3}$이므로

직각삼각형 OAM에서

$(3\sqrt{3})^2+(\frac{1}{2}r)^2=r^2$, $r^2=36$ ∴ $r=6$ (∵ $r>0$)

따라서 원 O의 넓이는 $\pi\times6^2=36\pi$ 답 ⑤

09 $\overline{OM}=\overline{ON}$이므로 $\overline{CD}=\overline{AB}=12$

∴ $\overline{DN}=\frac{1}{2}\overline{CD}=\frac{1}{2}\times12=6$

직각삼각형 OND에서 $\overline{OD}=\sqrt{4^2+6^2}=2\sqrt{13}$

따라서 원 O의 둘레의 길이는 $2\pi\times2\sqrt{13}=4\sqrt{13}\pi$ 답 $4\sqrt{13}\pi$

10 오른쪽 그림과 같이 원 O의 중심에서 $\overline{CD}$, $\overline{AB}$에 내린 수선의 발을 각각 M, N이라고 하자.

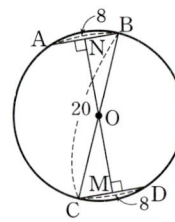

$\overline{CM}=\frac{1}{2}\overline{CD}=\frac{1}{2}\times8=4$,

$\overline{OC}=\frac{1}{2}\overline{BC}=\frac{1}{2}\times20=10$이므로

직각삼각형 OCM에서

$\overline{OM}=\sqrt{10^2-4^2}=2\sqrt{21}$

이때 $\overline{AB}=\overline{CD}$이므로 $\overline{ON}=\overline{OM}=2\sqrt{21}$

따라서 $\overline{AB}//\overline{CD}$이므로 두 현 AB, CD 사이의 거리는

$2\sqrt{21}+2\sqrt{21}=4\sqrt{21}$ 답 ⑤

11 $\overline{OM}=\overline{ON}$에서 △ABC는 $\overline{AB}=\overline{AC}$인 이등변삼각형이므로

$\angle B=\frac{1}{2}\times(180°-70°)=55°$ 답 55°

12 $\overline{OD}=\overline{OE}=\overline{OF}$이므로 $\overline{AB}=\overline{BC}=\overline{CA}$

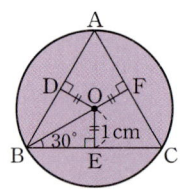

즉 △ABC는 정삼각형이므로 $\angle B=60°$

오른쪽 그림과 같이 $\overline{BO}$를 그으면

△BOD≡△BOE(RHS 합동)이므로

$\angle OBE=\frac{1}{2}\angle B=\frac{1}{2}\times60°=30°$

△OBE에서 $\overline{OB}=\frac{1}{\sin30°}=1\div\frac{1}{2}=2$(cm)

따라서 원 O의 넓이는 $\pi\times2^2=4\pi$(cm²) 답 ③

중단원 Test

06 원의 접선

워크북 012~013쪽

01 ④	**02** ③	**03** 3	**04** ④
05 $\frac{72}{13}$ cm	**06** ③	**07** 22	**08** ③
09 $\frac{36}{7}$ cm	**10** ③	**11** $\frac{25}{2}$ cm	**12** ④

01 $\angle PAO=\angle PBO=90°$이므로 □APBO에서

$\angle AOB=360°-(90°+68°+90°)=112°$ 답 ④

02 ①, ② 원 밖의 한 점에서 그 원에 그은 두 접선의 길이는 같으므로

$\overline{AD}=\overline{AE}$, $\overline{BD}=\overline{BF}$

④ △OCF와 △OCE에서

$\overline{OC}$는 공통, $\angle OFC=\angle OEC=90°$,

$\overline{OF}=\overline{OE}$ (반지름)

이므로 △OCF≡△OCE (RHS 합동)

∴ $\angle OCF=\angle OCE$

⑤ 원의 접선은 그 접점을 지나는 반지름에 수직이므로

$\angle ODB=\angle OEC=\angle OFC=90°$ 답 ③

03 $\overline{BE}=x$라고 하면 $\overline{DE}=\overline{BE}=x$, $\overline{FC}=\overline{FD}=9-x$

이때 $\overline{AB}=\overline{AC}$이므로 $15+x=12+(9-x)$

$2x=6$ ∴ $x=3$ 답 3

04 오른쪽 그림과 같이 반원 O와 $\overline{CD}$의 접점을 E라고 하면

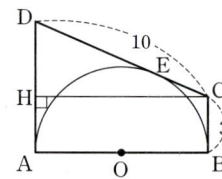

$\overline{DA}=\overline{DE}$, $\overline{CE}=\overline{CB}$이므로

$\overline{DA}=10-3=7$

점 C에서 $\overline{DA}$에 내린 수선의 발을 H라고 하면

$\overline{DH}=7-3=4$

따라서 직각삼각형 DHC에서 $\overline{HC}=\sqrt{10^2-4^2}=2\sqrt{21}$

∴ $\overline{AB}=\overline{HC}=2\sqrt{21}$ 답 ④

05 $\overline{DA}=\overline{DC}$, $\overline{EB}=\overline{EC}$이므로

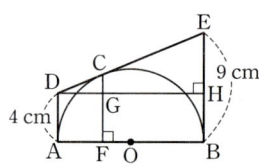

$\overline{DE}=4+9=13$(cm)

오른쪽 그림과 같이 점 D에서 $\overline{EB}$에 내린 수선의 발을 H라 하면

$\overline{EH}=9-4=5$(cm)이므로 직각삼각형 EDH에서

$\overline{DH}=\sqrt{13^2-5^2}=12$(cm)

$\overline{CF}$와 $\overline{DH}$의 교점을 G라 하면

$\angle CDG=\angle EDH$, $\angle CGD=\angle EHD=90°$이므로

△CDG∽△EDH(AA 닮음)

$\overline{DC}:\overline{DE}=\overline{CG}:\overline{EH}$에서

$4:13=\overline{CG}:5$, $13\overline{CG}=20$ ∴ $\overline{CG}=\frac{20}{13}$(cm)

∴ $\overline{CF}=\frac{20}{13}+4=\frac{72}{13}$(cm) 답 $\frac{72}{13}$ cm

06 $\overline{OM}=\frac{1}{2}\overline{OC}=\frac{1}{2}\times12=6$(cm)

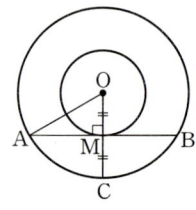

오른쪽 그림과 같이 $\overline{OA}$를 그으면 직각삼각형 OAM에서

$\overline{AM}=\sqrt{12^2-6^2}=6\sqrt{3}$(cm)

$$\therefore \overline{AB}=2\overline{AM}=2\times6\sqrt{3}$$
$$=12\sqrt{3}(cm) \qquad \text{답 ③}$$

07 $\overline{BE}=\overline{BD}=\overline{AB}-\overline{AD}=11-4=7$
$\overline{AF}=\overline{AD}=4$이므로 $\overline{CE}=\overline{CF}=\overline{AC}-\overline{AF}=19-4=15$
$$\therefore \overline{BC}=\overline{BE}+\overline{CE}=7+15=22 \qquad \text{답 22}$$

08 원 O의 반지름의 길이를 r라고 하면
$\overline{CE}=\overline{CF}=\overline{OE}=r$
$\overline{AB}=9+6=15$, $\overline{BC}=9+r$, $\overline{CA}=6+r$이므로
직각삼각형 ABC에서
$(9+r)^2+(6+r)^2=15^2$, $r^2+15r-54=0$,
$(r+18)(r-3)=0$
$$\therefore r=-18 \text{ 또는 } r=3$$
그런데 $r>0$이므로 $r=3$ $\qquad \text{답 ③}$

09 직각삼각형 ABC에서
$\overline{AB}=\sqrt{15^2-9^2}=12(cm)$
오른쪽 그림과 같이
$\overline{OD}=\overline{OE}=r$ cm라 하고 $\overline{AO}$를 그으면

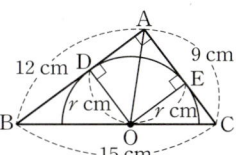

$\triangle ABC=\triangle ABO+\triangle ACO$이므로
$\dfrac{1}{2}\times12\times9=\dfrac{1}{2}\times12\times r+\dfrac{1}{2}\times9\times r$
$108=21r \qquad \therefore r=\dfrac{36}{7}$

따라서 반원 O의 반지름의 길이는 $\dfrac{36}{7}$ cm이다. $\qquad \text{답 } \dfrac{36}{7}$ cm

10 $\overline{AB}+\overline{CD}=\overline{AD}+\overline{BC}$이므로 $7+\overline{CD}=5+10$
$$\therefore \overline{CD}=8(cm) \qquad \text{답 ③}$$

11 $\overline{BE}=x$ cm라고 하면 □EBCD는 원 O에 외접하므로
$x+10=\overline{DE}+15 \qquad \therefore \overline{DE}=x-5(cm)$
$\therefore \overline{AE}=15-(x-5)=20-x(cm)$
따라서 직각삼각형 ABE에서
$(20-x)^2+10^2=x^2$, $40x=500 \qquad \therefore x=\dfrac{25}{2}$
$$\therefore \overline{BE}=\dfrac{25}{2} \text{ cm} \qquad \text{답 } \dfrac{25}{2} \text{ cm}$$

12 $\overline{CE}=x$ cm라 하면 □AECD에서
$6+x=\overline{AE}+4 \qquad \therefore \overline{AE}=2+x(cm)$
$\overline{BE}=6-x(cm)$이므로 직각삼각형 ABE에서
$4^2+(6-x)^2=(2+x)^2$,
$16x=48 \qquad \therefore x=3$
$\therefore \overline{AE}=2+3=5(cm)$, $\overline{BE}=6-3=3(cm)$
원 O의 반지름의 길이를 r cm라고 하면

$\overline{BL}=\overline{BK}=r$ cm, $\overline{AK}=\overline{AJ}=4-r(cm)$,
$\overline{EL}=\overline{EJ}=3-r(cm)$이므로
$\overline{AE}=\overline{AJ}+\overline{EJ}=(4-r)+(3-r)=5$, $2r=2 \qquad \therefore r=1$
따라서 원 O의 반지름의 길이는 1 cm이다. $\qquad \text{답 ④}$

중단원 Test

07 원주각의 성질

워크북 014~015쪽

01 ①	**02** ②	**03** 40°	**04** ③
05 13°	**06** ⑤	**07** ⑤	**08** $\dfrac{4}{3}$
09 65°	**10** 22°	**11** ③	**12** ④

01 $\dfrac{1}{2}\times(360°-\angle x)=130°$이므로 $\angle x=100°$

$$\therefore \angle y=\dfrac{1}{2}\angle x=\dfrac{1}{2}\times100°=50°$$

$$\therefore \angle x-\angle y=100°-50°=50° \qquad \text{답 ①}$$

02 오른쪽 그림과 같이 $\overline{AD}$를 그으면

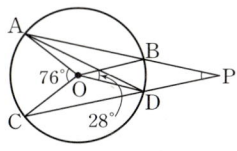

$\angle ADC=\dfrac{1}{2}\angle AOC$

$\qquad =\dfrac{1}{2}\times76°=38°$

$\angle BAD=\dfrac{1}{2}\angle BOD$

$\qquad =\dfrac{1}{2}\times28°=14°$

$\triangle ADP$에서 $14°+\angle P=38° \qquad \therefore \angle P=24° \qquad \text{답 ②}$

03 오른쪽 그림과 같이 $\overline{OA}$, $\overline{OB}$를 그으면

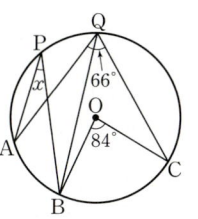

$\angle AOB=2\angle C=2\times70°=140°$

이때 $\angle PAO=\angle PBO=90°$

이므로 □AOBP에서

$\angle P=360°-(90°+140°+90°)=40° \qquad \text{답 40°}$

04 오른쪽 그림과 같이 $\overline{BQ}$를 그으면
$\angle AQB=\angle x$,

$\angle BQC=\dfrac{1}{2}\angle BOC=\dfrac{1}{2}\times84°=42°$

따라서 $\angle x+42°=66°$이므로
$\angle x=24°$

$\qquad \text{답 ③}$

05 $\angle ABC = \angle x$라고 하면 $\angle ADC = \angle ABC = \angle x$
$\triangle APD$에서 $\angle BAD = 30° + \angle x$
$\triangle AEB$에서 $(30° + \angle x) + \angle x = 56°$, $2\angle x = 26°$
$\therefore \angle x = 13°$ 　　　　　　　　　　답 $13°$

06 $\angle ABD = 90°$이므로 $\triangle BAD$에서
$90° + (28° + \angle x) + \angle y = 180°$ 　　$\therefore \angle x + \angle y = 62°$ 　답 ⑤

07 $\angle ABD = \angle ACD = \angle x$, $\angle ABC = 90°$이므로
$\angle x = 90° - 14° = 76°$
$\angle BDC = \angle BAC = \angle y$, $\angle ADC = 90°$이므로
$\angle y = 90° - 26° = 64°$
$\therefore \angle x - \angle y = 76° - 64° = 12°$ 　　답 ⑤

08 오른쪽 그림과 같이 $\overline{BO}$의 연장선이
원 O와 만나는 점을 A'이라고 하면
$\angle BA'C = \angle BAC$
이때 $\overline{A'B} = 2\overline{BO} = 2 \times 3 = 6$이고
$\angle A'CB = 90°$이므로
직각삼각형 $A'BC$에서
$\overline{A'C} = \sqrt{6^2 - 4^2} = 2\sqrt{5}$
$\therefore \sin A + \cos A \times \tan A = \dfrac{4}{6} + \dfrac{2\sqrt{5}}{6} \times \dfrac{4}{2\sqrt{5}}$
$\qquad\qquad = \dfrac{2}{3} + \dfrac{2}{3} = \dfrac{4}{3}$ 　　답 $\dfrac{4}{3}$

09 $\angle ABC = 90°$이고 $\overarc{AB} = \overarc{BC}$이므로
$\angle ACB = \angle BAC = \dfrac{1}{2} \times (180° - 90°) = 45°$
$\angle BPC = \angle BAC = 45°$
따라서 $\triangle PQC$에서 $\angle BQC = 45° + 20° = 65°$ 　답 $65°$

10 $\angle PAB = 90°$이므로 $\triangle ABP$에서
$\angle ABP = 180° - (90° + 24°) = 66°$
$\overarc{PA} : \overarc{BC} = \angle ABP : \angle BPC$이므로
$9 : 3 = 66° : \angle x$, $9\angle x = 198°$ 　　$\therefore \angle x = 22°$ 　답 $22°$

11 오른쪽 그림과 같이 $\overline{BC}$를 그으면
$\angle ACB = 90°$이므로
$\triangle ABC$에서
$\angle ABC = 180° - (90° + 15°) = 75°$
$\overarc{AC} : \overarc{BC} = \angle ABC : \angle CAB$
이므로
$\overarc{AC} : 5 = 75° : 15°$, $15\overarc{AC} = 375$
$\therefore \overarc{AC} = 25 (cm)$ 　　답 ③

12 오른쪽 그림과 같이 $\overline{AD}$를 그으면 한 원
에서 모든 호에 대한 원주각의 크기의 합
은 $180°$이므로
$\angle ADB = 180° \times \dfrac{1}{6} = 30°$,
$\angle DAC = 180° \times \dfrac{1}{4} = 45°$
따라서 $\triangle AED$에서 $\angle x = 30° + 45° = 75°$ 　답 ④

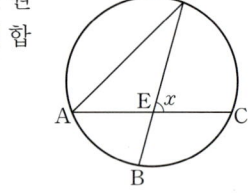

중단원 Test

08 원에 내접하는 사각형 　　　　　　　워크북 016~017쪽

01 ②, ⑤	**02** ③	**03** $120°$
04 $\angle x = 45°$, $\angle y = 55°$	**05** ③	**06** $210°$
07 ④	**08** ④	**09** ⑤	**10** $72°$
11 ㄴ, ㅁ, ㅂ	**12** $25°$	

01 ② $\angle A = \angle D = 80°$이므로 네 점 A, B, C, D는 한 원 위에
있다.
⑤ $\angle ABD = 90° - 30° = 60°$이므로 $\angle ABD = \angle ACD$
따라서 네 점 A, B, C, D는 한 원 위에 있다. 　답 ②, ⑤

02 네 점 A, B, C, D가 한 원 위에 있으려면
$\angle DAC = \angle DBC = 66°$이어야 한다.
따라서 $\triangle ACD$에서
$\angle ACD = 180° - (72° + 66°) = 42°$ 　　답 ③

03 $\angle BDC = 90°$이므로 $\triangle BCD$에서
$\angle BCD = 180° - (90° + 30°) = 60°$
□ABCD가 원 O에 내접하므로
$\angle x + 60° = 180°$ 　　$\therefore \angle x = 120°$ 　답 $120°$

04 $\angle x = \angle ECD = 45°$
□ABCE가 원에 내접하므로
$(45° + 80°) + \angle y = 180°$
$\therefore \angle y = 55°$ 　　답 $\angle x = 45°$, $\angle y = 55°$

05 □ABCD가 원에 내접하므로 $\angle ADP = \angle B = 56°$
$\triangle ABQ$에서 $\angle PAD = 56° + \angle x$
$\triangle PAD$에서 $36° + (56° + \angle x) + 56° = 180°$
$\therefore \angle x = 32°$ 　　답 ③

06 오른쪽 그림과 같이 $\overline{CE}$를 그으면

$\angle DCE = \dfrac{1}{2}\angle DOE = \dfrac{1}{2}\times 60° = 30°$

□ABCE는 원 O에 내접하므로

$\angle A + \angle BCE = 180°$

$\therefore \angle A + \angle C = \angle A + (\angle BCE + \angle ECD)$

$\qquad = (\angle A + \angle BCE) + \angle ECD$

$\qquad = 180° + 30° = 210°$

답 210°

07 $\angle EAD = \angle ECD = 24°$

△AFE에서

$24° + \angle AEF = 100°$ $\qquad \therefore \angle AEF = 76°$

□ABCE가 원에 내접하므로

$\angle x + 76° = 180°$ $\qquad \therefore \angle x = 104°$

답 ④

08 오른쪽 그림과 같이 $\overline{BE}$를 그으면

□ABEF와 □BCDE는 각각 원에 내접하므로

$120° + \angle ABE = 180°$

$\therefore \angle ABE = 60°$

$105° + \angle CBE = 180°$

$\therefore \angle CBE = 75°$

$\therefore \angle B = \angle ABE + \angle CBE = 60° + 75° = 135°$

답 ④

09 □PQCD가 원 O′에 내접하므로

$\angle PQB = \angle PDC = 115°$

□ABQP가 원 O에 내접하므로

$\angle PAB + 115° = 180°$ $\qquad \therefore \angle PAB = 65°$

$\therefore \angle POB = 2\angle PAB = 2\times 65° = 130°$

답 ⑤

10 □PQBD가 원에 내접하므로

$\angle AQP = \angle PDB = 72°$

$\therefore \angle ACP = \angle AQP = 72°$

답 72°

11 ㄴ. 등변사다리꼴은 두 밑각의 크기가 서로 같으므로 대각의 크기의 합이 $\dfrac{1}{2}\times 360° = 180°$이다.

ㅁ, ㅂ. 정사각형과 직사각형은 네 내각의 크기가 모두 90°이므로 대각의 크기의 합이 180°이다.

따라서 항상 원에 내접하는 사각형은 ㄴ, ㅁ, ㅂ이다.

답 ㄴ, ㅁ, ㅂ

12 $\angle ABD = \angle ACD = 65°$이므로

□ABCD는 원에 내접한다.

$60° + (\angle x + 65°) = 180°$

$\therefore \angle x = 55°$

이때 $\angle ADB = \angle x = 55°$이므로

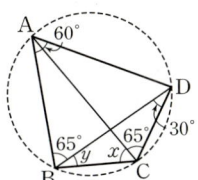

$(65° + \angle y) + (55° + 30°) = 180°$

$\therefore \angle y = 30°$

$\therefore \angle x - \angle y = 55° - 30° = 25°$

답 25°

중단원 **Test**

09 접선과 현이 이루는 각

워크북 018~019쪽

01 ④	**02** 50°	**03** 31°	**04** 40°
05 25°	**06** 35°	**07** ①	**08** $4\sqrt{3}$
09 69°	**10** ②	**11** 130°	**12** ①

01 $\angle x = \angle BCA = 180° - (50° + 45°) = 85°$

답 ④

02 $\angle ABC = \dfrac{1}{2}\angle AOC = \dfrac{1}{2}\times 100° = 50°$

$\therefore \angle x = \angle ABC = 50°$

답 50°

03 $\overarc{AB} = \overarc{BC}$이므로 $\angle BCA = \angle CAB = 33°$

$\therefore \angle BAE = \angle BCA = 33°$

△CPA에서

$35° + \angle ACP = 33° + 33°$ $\qquad \therefore \angle ACP = 31°$

답 31°

04 $\overarc{AB} : \overarc{BC} : \overarc{CA} = 2 : 3 : 4$이므로

$\angle ACB : \angle CAB : \angle CBA = 2 : 3 : 4$

$\therefore \angle ACB = 180° \times \dfrac{2}{2+3+4} = 40°$

$\therefore \angle x = \angle ACB = 40°$

답 40°

05 □ABCD가 원에 내접하므로

$95° + \angle BCD = 180°$ $\qquad \therefore \angle BCD = 85°$

$\angle DBC = \angle DCT = 70°$이므로

△BCD에서 $70° + 85° + \angle x = 180°$ $\qquad \therefore \angle x = 25°$

답 25°

06 $\angle DCT′ = \angle x$라 하면 $\angle CAD = \angle DCT′ = \angle x$

$\overarc{AB} = \overarc{BC} = \overarc{CD}$이므로

$\angle ACB = \angle BAC = \angle CAD = \angle x$

$\angle BAD + \angle BCD = 180°$이므로

$2\angle x + (\angle x + 75°) = 180°$

$3\angle x = 105°$ $\qquad \therefore \angle x = 35°$

답 35°

중단원 Test **051**

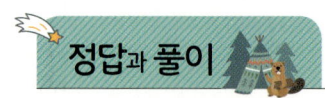
07 오른쪽 그림과 같이 $\overline{AC}$를 그으면

$\angle BAC=90°$,

$\angle BCA=\angle BAT=\angle x$이므로

$\triangle ABC$에서

$\angle CBA=180°-(90°+\angle x)$

$\qquad =90°-\angle x$

$\overline{PA}=\overline{AB}$이므로 $\triangle ABP$에서

$\angle BPA=\angle PBA=90°-\angle x$

따라서 $\angle x=(90°-\angle x)+(90°-\angle x)$에서

$3\angle x=180°$ $\quad \therefore \angle x=60°$

답 ①

08 $\triangle BAC$와 $\triangle BCD$에서

$\angle BCA=\angle BDC=90°$, $\angle BAC=\angle BCD$이므로

$\triangle BAC \circ\!\!\!\backsim \triangle BCD$ (AA 닮음)

따라서 $\overline{BA}:\overline{BC}=\overline{BC}:\overline{BD}$이므로

$12:\overline{BC}=\overline{BC}:4$, $\overline{BC}^2=48$

그런데 $\overline{BC}>0$이므로 $\overline{BC}=4\sqrt{3}$

답 $4\sqrt{3}$

09 $\overline{PA}=\overline{PB}$이므로 $\triangle PAB$에서

$\angle ABP=\dfrac{1}{2}\times(180°-50°)=65°$

$\angle ACB=\angle ABP=65°$

이때 $\overparen{AC}:\overparen{CB}=3:2$이므로 $\angle CBA:\angle BAC=3:2$

즉 $\angle BAC=\dfrac{2}{3}\angle CBA$이므로 $\triangle ACB$에서

$\angle CBA+\dfrac{2}{3}\angle CBA+65°=180°$

$\dfrac{5}{3}\angle CBA=115°$ $\quad \therefore \angle CBA=69°$

답 $69°$

10 $\overline{CE}=\overline{CF}$이므로 $\triangle FEC$에서

$\angle FEC=\dfrac{1}{2}\times(180°-52°)=64°$

$\therefore \angle FDE=\angle FEC=64°$

따라서 $\triangle DEF$에서 $\angle x=180°-(64°+46°)=70°$

답 ②

11 $\angle x=\angle DTQ=\angle ATP=70°$

$\angle y=\angle CTP=\angle BTQ=\angle BAT=60°$

$\therefore \angle x+\angle y=70°+60°=130°$

답 $130°$

12 $\angle DPT=\angle DCP=60°$, $\angle CDP=\angle CPT'=\angle BAP=80°$

이므로

$\triangle PCD$에서 $\angle DPC=180°-(80°+60°)=40°$

답 ①

10 대푯값과 산포도

워크북 020~021쪽

01 ③	**02** ⑤	**03** ③	**04** ⑤
05 ⑤	**06** 47 kg	**07** $\sqrt{2}$개	**08** 16
09 -8	**10** 30, 10	**11** ③	**12** ①
13 ②			

01 남학생 15명의 수학 성적의 평균을 x점이라고 하면 이 반 전체의 수학 성적의 평균이 30점이므로

$\dfrac{25\times33+15x}{40}=30$, $825+15x=1200$, $15x=375$

$\therefore x=25$

따라서 남학생 15명의 수학 성적의 평균은 25점이다. 답 ③

02 중앙값은 자료를 작은 값부터 크기순으로 나열할 때 13번째 자료의 값이므로

(중앙값)$=30$(권)

48권의 도수가 3으로 가장 크므로 (최빈값)$=48$(권) 답 ⑤

03 평균이 2이므로 $\dfrac{1+a+9+5+2+b+(-2)}{7}=2$

$a+b+15=14$ $\quad \therefore a+b=-1$

최빈값이 2이므로 a, b 중 하나는 반드시 2이어야 한다.

이때 $a>b$이므로 $a=2$, $b=-3$

$\therefore a-b=2-(-3)=5$

답 ③

04 ① 평균이 극단적인 변량의 값에 영향을 가장 많이 받는다.

② 산포도로 전체 변량의 분포 상태를 알 수 있다.

③ 자료 전체의 특징을 대표적으로 나타내는 값을 대푯값이라고 한다.

④ 편차는 어떤 자료의 각 변량에서 그 자료의 평균을 뺀 값이다.

따라서 옳은 것은 ⑤이다.

답 ⑤

05 (개)에서 5개의 수를 작은 값부터 크기순으로 나열할 때, 3번째 수가 20이어야 하므로 $x\leq20$ $\quad$ ······ ㉠

(내)에서 4개의 수를 작은 값부터 크기순으로 나열할 때, 2번째와 3번째 수의 평균이 8이어야 한다.

이때 $\dfrac{6+10}{2}=8$이므로 $x\geq10$ $\quad$ ······ ㉡

㉠, ㉡을 만족하는 자연수 x는 10, 11, 12, $\cdots$, 20의 11개이다.

답 ⑤

06 학생 C의 편차를 x kg이라고 하면 편차의 총합은 0이므로
$-3+7+x+2+(-1)=0$ ∴ $x=-5$
(자료의 값)=(평균)+(편차)이므로
(학생 C의 몸무게)$=52+(-5)=47$(kg)
답 47 kg

07 (분산)$=\dfrac{(-1)^2+0^2+2^2+(-2)^2+1^2}{5}=\dfrac{10}{5}=2$이므로
(표준편차)$=\sqrt{2}$(개)
답 $\sqrt{2}$개

08 a, b, c, d의 평균이 10이고 표준편차가 2이므로
(분산)$=\dfrac{(a-10)^2+(b-10)^2+(c-10)^2+(d-10)^2}{4}=2^2$
∴ $(a-10)^2+(b-10)^2+(c-10)^2+(d-10)^2=16$ 답 16

09 편차의 총합은 0이므로
$-2+x+2+y+(-1)=0$ ∴ $x+y=1$ ······ ㉠
표준편차가 $\sqrt{5.2}$회이므로
(분산)$=\dfrac{(-2)^2+x^2+2^2+y^2+(-1)^2}{5}=(\sqrt{5.2})^2$
$x^2+y^2+9=26$ ∴ $x^2+y^2=17$ ······ ㉡
이때 $x^2+y^2=(x+y)^2-2xy$이므로 이 식에 ㉠, ㉡을 대입하면
$17=1^2-2xy$ ∴ $xy=-8$ 답 -8

10 $\dfrac{a_1+a_2+a_3+a_4+a_5}{5}=25$이므로 구하는 평균은
$\dfrac{(a_1+5)+(a_2+5)+(a_3+5)+(a_4+5)+(a_5+5)}{5}$
$=\dfrac{a_1+a_2+a_3+a_4+a_5}{5}+5=25+5=30$
구하는 분산은
$\dfrac{(a_1-25)^2+(a_2-25)^2+(a_3-25)^2+(a_4-25)^2+(a_5-25)^2}{5}$
$=10^2=100$
∴ (표준편차)$=\sqrt{100}=10$ 답 30, 10

11 ㄱ. A : (평균)$=\dfrac{1+3+5+7+9}{5}=5$,
B : (평균)$=\dfrac{3+5+7+9+11}{5}=7$
ㄴ. (A의 중앙값)$=5$, (B의 중앙값)$=7$
ㄷ. A : (분산)$=\dfrac{(-4)^2+(-2)^2+0^2+2^2+4^2}{5}=8$,
B : (분산)$=\dfrac{(-4)^2+(-2)^2+0^2+2^2+4^2}{5}=8$
따라서 옳은 것은 ㄱ, ㄴ이다. 답 ③

12 이 반 학생 전체의 평균은 남학생과 여학생 각각의 평균과 같으므로
(분산)$=\dfrac{10\times6+10\times4}{10+10}=\dfrac{100}{20}=5$
∴ (표준편차)$=\sqrt{5}$(점) 답 ①

13 5명의 학생 중 표준편차가 가장 작은 학생의 수면 시간 분포가 가장 고르다.
따라서 학생 B의 수면 시간 분포가 가장 고르다. 답 ②

중단원 Test

11 산점도와 상관관계
워크북 022~023쪽

01 ② **02** ③
03 (1) 6명 (2) 50점, 80점 (3) 70점
04 (1) 8명 (2) 10 % **05** ② **06** ③
07 92.5점 **08** ⑤ **09** ② **10** ②, ④
11 ④ **12** ②

01 과학 성적이 80점 이하인 학생 수는 오른쪽 산점도에서 색칠한 부분에 속하는 점의 개수와 같으므로 8명이다. ∴ $a=8$
수학 성적이 90점 이상인 학생 수는 오른쪽 산점도에서 빗금친 부분에 속하는 점의 개수와 같으므로 7명이다. ∴ $b=7$
∴ $a+b=8+7=15$
답 ②

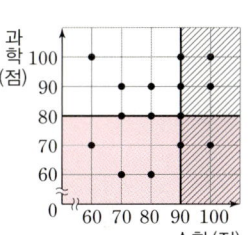

02 수학 성적이 70점 초과이고 국어 성적이 90점 이상인 학생 수는 오른쪽 산점도에서 색칠한 부분(점선 위의 점 제외)에 속하는 점의 개수와 같으므로 3명이다.
답 ③

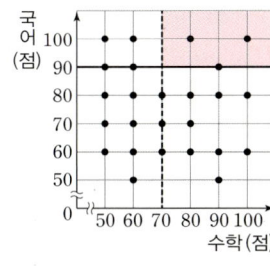

03 (1) 과학 성적과 영어 성적이 같은 학생 수는 오른쪽 산점도에서 대각선 위에 있는 점의 개수와 같으므로 6명이다.
(2) 과학 성적이 80점인 학생 수는 오른쪽 산점도에서 직선 p 위에 있는 점의 개수와 같으므로

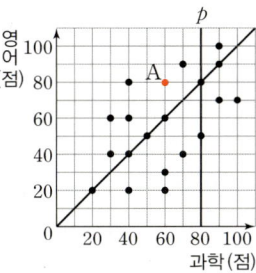

2명이고, 이 학생들의 영어 성적은 각각 50점, 80점이다.

(3) 학생 A의 과학 성적은 60점, 영어 성적은 80점이므로 두 과
목의 평균은 $\dfrac{60+80}{2}=70$(점)이다.

답 (1) 6명   (2) 50점, 80점   (3) 70점

04 (1) 중간고사 국어 성적이 기말고
사 국어 성적보다 높은 학생
수는 오른쪽 산점도에서 대각
선보다 아래쪽에 있는 점의 개
수와 같으므로 8명이다.

(2) 중간고사 국어 성적과 기말고
사 국어 성적이 같은 학생 수
는 위의 산점도에서 대각선 위에 있는 점의 개수와 같으므
로 2명이다.

$\therefore \dfrac{2}{20}\times 100=10(\%)$

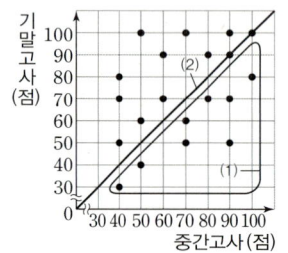

답 (1) 8명   (2) 10 %

05 중간고사와 기말고사 영어 점수의
차가 20점 이상인 학생 수는 오른
쪽 산점도에서 색칠한 부분에 속
하는 점의 개수와 같으므로 13명
이다.

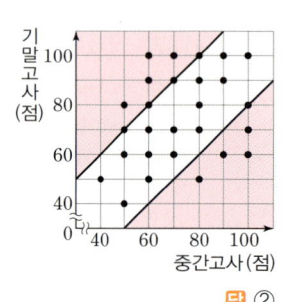

답 ②

06 두 과목의 성적의 차가 30점 이상
인 학생 수는 오른쪽 산점도에서
색칠한 부분에 속하는 점의 개수
와 같으므로 5명이고 전체의

$\dfrac{5}{25}\times 100=20(\%)$이다.

$\therefore a=20$

두 과목의 성적의 합이 160점 이상인 학생 수는 위의 산점도에
서 빗금친 부분에 속하는 점의 개수와 같으므로 10명이다.

$\therefore b=10$

$\therefore a+b=20+10=30$

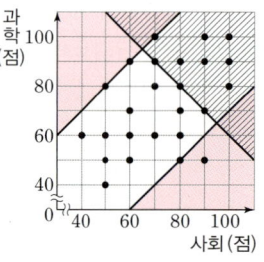

답 ③

07 두 점수의 평균이 80점 초과, 즉
두 점수의 합이 160점 초과인 학
생 수는 오른쪽 산점도에서 색칠
한 부분(점선 위의 점 제외)에 속
하는 점의 개수와 같으므로 4명이
다. 이 학생들의 실기 점수는 각각
80점, 90점, 100점, 100점이므로

$(\text{평균})=\dfrac{80+90+100+100}{4}=92.5$(점)

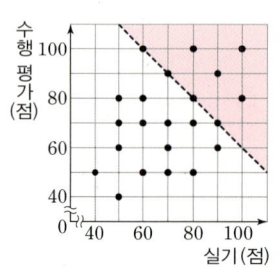

답 92.5점

08 ① 1차와 2차에서 같은 점수를 얻
은 학생 수는 오른쪽 산점도에
서 대각선 위의 점의 개수와 같
으므로 4명이다.

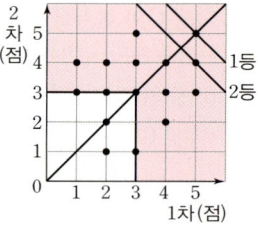

② 1, 2차 점수의 합이 두 번째로
높은 학생의 1, 2차 점수의 합
은 5+4=9(점)이다.

③ 1차와 2차 중 적어도 한 번의 점수가 3점 이상인 학생 수는
위의 산점도에서 색칠한 부분의 점의 개수와 같으므로 14명
이다.

④ 조사 대상자인 중학생들의 총 인원수는 위의 산점도에서 전
체 점의 개수와 같으므로 16명이다.

⑤ 2차 점수가 1차 점수보다 높은 학생 수는 위의 산점도에서
대각선보다 위쪽에 있는 점의 개수와 같으므로 6명이다.

따라서 옳은 것은 ⑤이다.

답 ⑤

09 자동차가 많이 움직일수록 남아 있는 연료의 양은 줄어들므로
x, y 사이에는 음의 상관관계가 있다.

답 ②

10 ①, ③ 음의 상관관계

②, ④ 상관관계가 없다.

⑤ 양의 상관관계

따라서 상관관계가 없는 것은 ②, ④이다.

답 ②, ④

11 ④ 학생 C는 학생 E에 비해 SNS 접속 시간이 짧다.

답 ④

12 ① A 집단은 수학에 비해 국어를 잘하는 편이다.

③ C 집단은 국어에 비해 수학을 잘하는 편이다.

④ D 집단은 수학과 국어를 모두 잘하는 편이다.

⑤ 주어진 산점도는 양의 상관관계를 나타내므로 대체로 수학
을 잘하는 학생은 국어도 잘한다고 할 수 있다.

따라서 옳은 것은 ②이다.

답 ②

01 $\dfrac{2\sqrt{3}}{3}$	02 ⑤	03 ①	04 $\dfrac{7}{5}$
05 ④	06 $30°$	07 $y=\sqrt{3}x+2\sqrt{3}$	
08 ⑤	09 ②	10 ⑤	11 ④
12 ①, ④	13 ①	14 ④	15 ④
16 $25\sqrt{3}$ m	17 $4\sqrt{6}$ m	18 $5(3+\sqrt{3})$ cm	
19 ⑤	20 $\left(\dfrac{16}{3}\pi-4\sqrt{3}\right)$ cm^2	21 ③	
22 $\dfrac{13\sqrt{7}}{35}$	23 $\dfrac{3\sqrt{5}}{5}$	24 4.695	
25 (1) $\dfrac{20\sqrt{3}}{3}$ m (2) $20\left(1+\dfrac{\sqrt{3}}{3}\right)$ m			
26 $6(2-\sqrt{3})$ cm			

01 $\overline{BC}=\sqrt{6^2-3^2}=3\sqrt{3}$이므로

$\sin A=\dfrac{\overline{BC}}{\overline{AB}}=\dfrac{3\sqrt{3}}{6}=\dfrac{\sqrt{3}}{2}$

$\cos B=\dfrac{\overline{BC}}{\overline{AB}}=\dfrac{3\sqrt{3}}{6}=\dfrac{\sqrt{3}}{2}$

$\tan B=\dfrac{\overline{AC}}{\overline{BC}}=\dfrac{3}{3\sqrt{3}}=\dfrac{\sqrt{3}}{3}$

$\therefore \sin A+\cos B-\tan B=\dfrac{\sqrt{3}}{2}+\dfrac{\sqrt{3}}{2}-\dfrac{\sqrt{3}}{3}$

$=\dfrac{2\sqrt{3}}{3}$ 답 $\dfrac{2\sqrt{3}}{3}$

02 $\cos C=\dfrac{6}{\overline{AC}}=\dfrac{2}{3}$이므로 $\overline{AC}=9$(cm)

$\therefore \overline{AB}=\sqrt{9^2-6^2}=3\sqrt{5}$(cm)   답 ⑤

03 $\angle C=90°$이고 $\sin A=\dfrac{11}{13}$이므로 오른쪽

그림과 같이 $\overline{AB}=13k$, $\overline{BC}=11k$ $(k>0)$

인 직각삼각형 ABC를 그리면

$\overline{AC}=\sqrt{(13k)^2-(11k)^2}=4\sqrt{3}k$

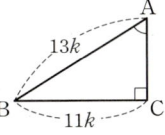

$\therefore \cos B=\dfrac{11k}{13k}=\dfrac{11}{13}$, $\tan B=\dfrac{4\sqrt{3}k}{11k}=\dfrac{4\sqrt{3}}{11}$

$\therefore \cos B\times\tan B=\dfrac{11}{13}\times\dfrac{4\sqrt{3}}{11}=\dfrac{4\sqrt{3}}{13}$ 답 ①

04 △ABC와 △EBD에서 ∠B는 공통, ∠BAC=∠BED=90°

즉 △ABC∽△EBD(AA 닮음)이므로

$x=\angle BCA=\angle BDE$

△EBD에서 $\overline{BE}=\sqrt{5^2-3^2}=4$이므로

$\sin x=\dfrac{\overline{BE}}{\overline{BD}}=\dfrac{4}{5}$, $\cos x=\dfrac{\overline{DE}}{\overline{BD}}=\dfrac{3}{5}$

$\therefore \sin x+\cos x=\dfrac{4}{5}+\dfrac{3}{5}=\dfrac{7}{5}$ 답 $\dfrac{7}{5}$

05 △ABC와 △HBA에서 ∠B는 공통, ∠BAC=∠BHA=90°

즉 △ABC∽△HBA (AA 닮음)이므로

$x=\angle HAB=\angle ACB$

△ABC와 △HAC에서 ∠C는 공통, ∠BAC=∠AHC=90°

즉 △ABC∽△HAC (AA 닮음)이므로

$y=\angle HAC=\angle ABC$

△ABC에서 $\overline{BC}=\sqrt{5^2+12^2}=13$이므로

$\sin x=\dfrac{\overline{AB}}{\overline{BC}}=\dfrac{5}{13}$, $\cos y=\dfrac{\overline{AB}}{\overline{BC}}=\dfrac{5}{13}$

$\therefore \sin x+\cos y=\dfrac{5}{13}+\dfrac{5}{13}=\dfrac{10}{13}$ 답 ④

06 $15°\leq x\leq60°$이므로 $0°\leq2x-30°\leq90°$

이때 $\sin 30°=\dfrac{1}{2}$이므로 $\sin(2x-30°)=\dfrac{1}{2}$에서

$2x-30°=30°$, $2x=60°$ $\therefore x=30°$ 답 $30°$

07 구하는 직선의 방정식을 $y=ax+b$로 놓으면

$a=\tan 60°=\sqrt{3}$

이때 직선 $y=\sqrt{3}x+b$가 점 $(-2, 0)$을 지나므로

$0=-2\sqrt{3}+b$ $\therefore b=2\sqrt{3}$

$\therefore y=\sqrt{3}x+2\sqrt{3}$ 답 $y=\sqrt{3}x+2\sqrt{3}$

08 (주어진 식)$=\sqrt{2}\left(\dfrac{\sqrt{2}}{2}+1\right)-\dfrac{\sqrt{3}}{3}\times\dfrac{\sqrt{3}}{2}$

$=1+\sqrt{2}-\dfrac{1}{2}=\dfrac{1+2\sqrt{2}}{2}$ 답 ⑤

09 $\sin 0°=0$, $\sin 60°=\dfrac{\sqrt{3}}{2}$, $\tan 45°=1$에서

$\sin 0°<\cos 65°<\cos 60°<\sin 60°$이고, $\tan 45°<\tan 70°$

이다.

따라서 작은 것부터 차례대로 나열하면 $\sin 0°$, $\cos 65°$,

$\sin 60°$, $\tan 45°$, $\tan 70°$이므로 두 번째에 오는 값은 $\cos 65°$

이다.   답 ②

10 $45°<A<90°$일 때, $0<\sin 45°<\sin A$, $\sin 45°=\cos 45°$

이므로

$\sin A+\sin 45°>0$, $\cos 45°-\sin A=\sin 45°-\sin A<0$

$\therefore$ (주어진 식)$=(\sin A+\sin 45°)-(\sin 45°-\sin A)$

$=\sin A+\sin 45°-\sin 45°+\sin A$

$=2\sin A$ 답 ⑤

11 $\sin 54°=0.8090$이므로 $x=54$

$\tan 55°=1.4281$이므로 $y=55$

$\therefore x+y=54°+55°=109°$ 답 ④

12 $\tan 51°=\dfrac{3}{\overline{AB}}$이므로 $\overline{AB}=\dfrac{3}{\tan 51°}$

$\angle C=180°-(90°+51°)=39°$이므로

$\tan 39°=\dfrac{\overline{AB}}{3}$ $\therefore \overline{AB}=3\tan 39°$ 답 ①, ④

13 오른쪽 그림에서

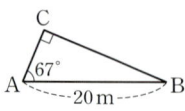

$\overline{AC}=20\cos 67°=20\times 0.39=7.8(m)$

$\overline{BC}=20\sin 67°=20\times 0.92=18.4(m)$

따라서 부러지기 전의 나무의 높이는

$\overline{AC}+\overline{BC}=7.8+18.4=26.2(m)$ 답 ①

14 오른쪽 그림과 같이 점 A에서 $\overline{BC}$에 내린 수선의 발을 H라고 하면

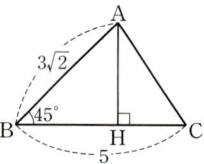

$\triangle ABH$에서 $\overline{AH}=3\sqrt{2}\sin 45°=3$,

$\overline{BH}=3\sqrt{2}\cos 45°=3$

$\therefore \overline{CH}=\overline{BC}-\overline{BH}=5-3=2$

따라서 $\triangle AHC$에서 $\overline{AC}=\sqrt{3^2+2^2}=\sqrt{13}$ 답 ④

15 오른쪽 그림과 같이 점 C에서 $\overline{AB}$에 내린 수선의 발을 H라고 하면

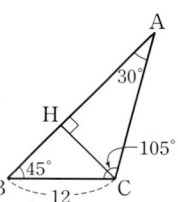

$\triangle BCH$에서 $\overline{CH}=12\sin 45°=6\sqrt{2}$

이때 $\angle A=180°-(45°+105°)=30°$

이므로 $\triangle AHC$에서

$\overline{AC}=\dfrac{6\sqrt{2}}{\sin 30°}=6\sqrt{2}\div \dfrac{1}{2}$

$=6\sqrt{2}\times 2=12\sqrt{2}$ 답 ④

16 오른쪽 그림과 같이 점 A에서 $\overline{BC}$에 내린 수선의 발을 H라 하고 $\overline{AH}=h$ m라고 하면

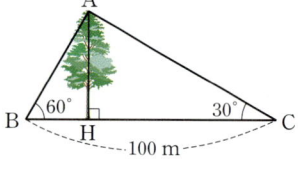

$\overline{BH}=\dfrac{h}{\tan 60°}=\dfrac{\sqrt{3}}{3}h(m)$,

$\overline{CH}=\dfrac{h}{\tan 30°}=\sqrt{3}h(m)$

$\overline{BH}+\overline{CH}=\overline{BC}$, 즉 $\left(\dfrac{\sqrt{3}}{3}+\sqrt{3}\right)h=100$이므로 $\dfrac{4\sqrt{3}}{3}h=100$

$\therefore h=100\times \dfrac{3}{4\sqrt{3}}=25\sqrt{3}$

따라서 나무의 높이는 $25\sqrt{3}$ m이다.   답 $25\sqrt{3}$ m

17 $\angle C=180°-(75°+45°)=60°$

오른쪽 그림과 같이 점 A에서 $\overline{BC}$에 내린 수선의 발을 H라고 하면

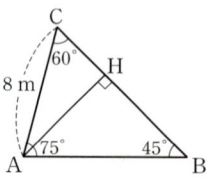

$\triangle AHC$에서

$\overline{AH}=8\sin 60°=4\sqrt{3}(m)$

따라서 $\triangle ABH$에서

$\overline{AB}=\dfrac{4\sqrt{3}}{\sin 45°}=4\sqrt{3}\div \dfrac{1}{\sqrt{2}}=4\sqrt{3}\times \sqrt{2}$

$=4\sqrt{6}(m)$ 답 $4\sqrt{6}$ m

18 $\overline{AH}=h$ cm라고 하면

$\overline{BH}=h\tan 45°=h(cm)$

$\angle BAC=180°-(45°+120°)=15°$이므로

$\angle CAH=45°-15°=30°$

$\overline{CH}=h\tan 30°=\dfrac{\sqrt{3}}{3}h(cm)$

$\overline{BH}-\overline{CH}=\overline{BC}$, 즉 $\left(1-\dfrac{\sqrt{3}}{3}\right)h=10$이므로

$h=10\times \dfrac{3}{3-\sqrt{3}}=5(3+\sqrt{3})$

$\therefore \overline{AH}=5(3+\sqrt{3})$ cm   답 $5(3+\sqrt{3})$ cm

19 $\overline{AD}=h$ m라고 하면

$\overline{BD}=h\tan 60°=\sqrt{3}h(m)$, $\overline{CD}=h\tan 45°=h(m)$

$\overline{BD}-\overline{CD}=\overline{BC}$, 즉 $(\sqrt{3}-1)h=8$이므로

$h=\dfrac{8}{\sqrt{3}-1}=4(\sqrt{3}+1)$

따라서 건물의 높이는 $4(\sqrt{3}+1)$ m이다.   답 ⑤

20 오른쪽 그림과 같이 $\overline{OP}$를 그으면

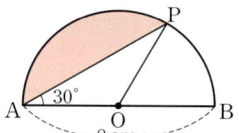

$\triangle AOP$는 $\overline{OA}=\overline{OP}$인 이등변삼각형이므로

$\angle OPA=\angle OAP=30°$

$\therefore \angle AOP=180°-(30°+30°)$

$=120°$

$\therefore$ (색칠한 부분의 넓이)

$=$ (부채꼴 AOP의 넓이) $-\triangle AOP$

$=\pi\times 4^2\times \dfrac{120}{360}-\dfrac{1}{2}\times 4\times 4\times \sin(180°-120°)$

$=\dfrac{16}{3}\pi-4\sqrt{3}(cm^2)$ 답 $\left(\dfrac{16}{3}\pi-4\sqrt{3}\right)$ cm²

21 $\square ABCD=\dfrac{1}{2}\times 8\times 12\times \sin 60°=24\sqrt{3}(cm^2)$ 답 ③

22 $\triangle ABC$에서 $\overline{BC}=\sqrt{5^2-1^2}=2\sqrt{6}(cm)$이므로

$\overline{BD}=\dfrac{1}{2}\times 2\sqrt{6}=\sqrt{6}(cm)$

$\triangle ABD$에서 $\overline{AD}=\sqrt{1^2+(\sqrt{6})^2}=\sqrt{7}(cm)$ ······ 30 %

$\overline{DE}=a$ cm라 하면 $\triangle AEC$에서

$\overline{CE}^2=\overline{AC}^2-\overline{AE}^2=5^2-(\sqrt{7}+a)^2$

$\triangle DEC$에서 $\overline{CE}^2=\overline{DC}^2-\overline{DE}^2=(\sqrt{6})^2-a^2$

즉 $5^2-(\sqrt{7}+a)^2=(\sqrt{6})^2-a^2$이므로 $a=\dfrac{6\sqrt{7}}{7}$ ······ 40 %

따라서 $\overline{AE}=\overline{AD}+\overline{DE}=\sqrt{7}+\dfrac{6\sqrt{7}}{7}=\dfrac{13\sqrt{7}}{7}$이므로

$\cos x=\dfrac{13\sqrt{7}}{7}\div 5=\dfrac{13\sqrt{7}}{7}\times \dfrac{1}{5}=\dfrac{13\sqrt{7}}{35}$ ······ 30 %

답 $\dfrac{13\sqrt{7}}{35}$

23 오른쪽 그림과 같이 직선 $2x-y-4=0$이 x축, y축과 만나는 점을 각각 A, B라고 하면

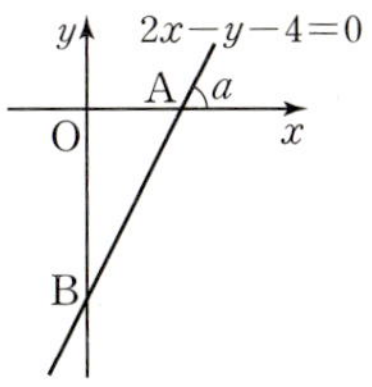

$A(2, 0)$, $B(0, -4)$ ······ 30 %

$\triangle$AOB에서

$\overline{AB}=\sqrt{2^2+4^2}=2\sqrt{5}$

$a=\angle$OAB(맞꼭지각)이므로

$\cos a=\dfrac{\overline{AO}}{\overline{AB}}=\dfrac{2}{2\sqrt{5}}=\dfrac{\sqrt{5}}{5}$, $\sin a=\dfrac{\overline{BO}}{\overline{AB}}=\dfrac{4}{2\sqrt{5}}=\dfrac{2\sqrt{5}}{5}$

······ 50 %

$\therefore \cos a+\sin a=\dfrac{\sqrt{5}}{5}+\dfrac{2\sqrt{5}}{5}=\dfrac{3\sqrt{5}}{5}$ ······ 20 %

답 $\dfrac{3\sqrt{5}}{5}$

24 $\triangle$ABC에서 $\angle C=180°-(90°+28°)=62°$ ······ 40 %

$\cos 62°=\dfrac{x}{10}=0.4695$이므로 ······ 40 %

$x=10\times 0.4695=4.695$ ······ 20 %

답 4.695

25 (1) 오른쪽 그림과 같이 C 지점에서 건물 B를 바라본 지점을 각각 D, E, H라 하고 A 건물의 오른쪽 바닥 끝을 F라고 하면

$\triangle$CEH에서

$\overline{FC}=\overline{EH}=20\tan 30°=\dfrac{20\sqrt{3}}{3}$(m)

따라서 A 건물의 높이는 $\dfrac{20\sqrt{3}}{3}$ m이다.

······ 30 %

(2) $\triangle$DCH에서

$\overline{DH}=20\tan 45°=20$(m) ······ 30 %

따라서 B 건물의 높이는

$\overline{DE}=\overline{DH}+\overline{EH}=20+\dfrac{20\sqrt{3}}{3}=20\left(1+\dfrac{\sqrt{3}}{3}\right)$(m)

······ 40 %

답 (1) $\dfrac{20\sqrt{3}}{3}$ m (2) $20\left(1+\dfrac{\sqrt{3}}{3}\right)$ m

26 오른쪽 그림과 같이 점 A에서 $\overline{BC}$에 내린 수선의 발을 H라고 하면

$\overline{BH}=\overline{CH}=\dfrac{1}{2}\times 12=6$(cm)

$\triangle$ABH에서

$\overline{AB}=\dfrac{6}{\cos 30°}=6\div\dfrac{\sqrt{3}}{2}=6\times\dfrac{2}{\sqrt{3}}=4\sqrt{3}$(cm) ······ 30 %

$\triangle$ABC$=\dfrac{1}{2}\times\overline{AB}\times\overline{BC}\times\sin 30°$

$=\dfrac{1}{2}\times 4\sqrt{3}\times 12\times\dfrac{1}{2}=12\sqrt{3}$(cm²) ······ 30 %

원의 중심을 I, 반지름의 길이를 r cm라고 하면

$\triangle$ABC$=\triangle$IAB$+\triangle$IAC$+\triangle$IBC이므로

$12\sqrt{3}=\dfrac{1}{2}\times r\times(4\sqrt{3}+4\sqrt{3}+12)$, $(4\sqrt{3}+6)r=12\sqrt{3}$

$\therefore r=\dfrac{12\sqrt{3}}{4\sqrt{3}+6}=6(2-\sqrt{3})$

따라서 구하는 반지름의 길이는 $6(2-\sqrt{3})$ cm이다.

······ 40 %

답 $6(2-\sqrt{3})$ cm

대단원 **T**est

Ⅱ. 원의 성질

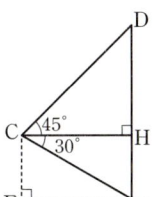

워크북 **028 ~ 031**쪽

01 ⑤	**02** 13 cm	**03** ②	**04** 12 cm²
05 ①	**06** 3π	**07** ④	**08** 24
09 ③	**10** ②	**11** 85°	**12** ③
13 ⑤	**14** $\dfrac{3\sqrt{5}}{2}$ cm	**15** ③	**16** 35°
17 ①, ④	**18** ②	**19** 58°	**20** ④
21 2 cm	**22** $(72\sqrt{2}-99)\pi$ cm²	**23** 6 cm	
24 16°	**25** 45°	**26** 60°	

01 $\overline{AO}=\dfrac{1}{2}\overline{AB}=\dfrac{1}{2}\times 16=8$(cm),

$\overline{CP}=\dfrac{1}{2}\overline{CD}=\dfrac{1}{2}\times 6=3$(cm)

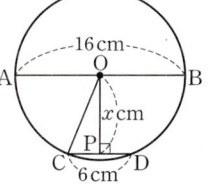

오른쪽 그림과 같이 $\overline{OC}$를 그으면

$\overline{OC}=\overline{AO}=8$ cm이므로 직각삼각형

OCP에서

$x=\sqrt{8^2-3^2}=\sqrt{55}$

답 ⑤

02 오른쪽 그림과 같이 접시의 중심을 O라고 하면 $\overline{CM}$의 연장선은 접시의 중심 O를 지난다.

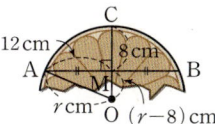

접시의 반지름의 길이를 r cm라고 하면

$\overline{AM}=\overline{BM}=\dfrac{1}{2}\overline{AB}=\dfrac{1}{2}\times 24=12$(cm)

이때 $\overline{OA}=r$ cm, $\overline{OM}=(r-8)$ cm이므로

직각삼각형 AOM에서

$12^2+(r-8)^2=r^2$, $16r=208$ $\therefore r=13$

따라서 원래 접시의 반지름의 길이는 13 cm이다. 답 13 cm

03 $\overline{OM}=\overline{ON}$이므로 $\triangle$ABC는 $\overline{AB}=\overline{AC}$인 이등변삼각형이다.

$\therefore \angle B=\dfrac{1}{2}\times(180°-50°)=65°$

답 ②

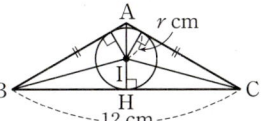

04 오른쪽 그림과 같이 점 O에서 $\overline{BC}$에 내린 수선의 발을 N이라고 하면
$\overline{AB}=\overline{BC}$이므로 $\overline{ON}=\overline{OM}=3$ cm
$\therefore \triangle OBC=\dfrac{1}{2}\times 8\times 3=12(cm^2)$

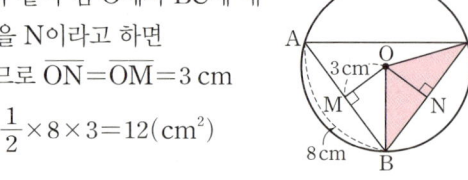

답 12 cm²

05 $\overline{PT}=\overline{PT'}$, $\overline{AT}=\overline{AQ}$, $\overline{BQ}=\overline{BT'}$이므로
$\overline{PA}+\overline{AB}+\overline{PB}=\overline{PA}+(\overline{AQ}+\overline{BQ})+\overline{PB}$
$=(\overline{PA}+\overline{AT})+(\overline{BT'}+\overline{PB})$
$=\overline{PT}+\overline{PT'}=2\overline{PT}$
따라서 $6+4+8=2\overline{PT}$이므로 $\overline{PT}=9$(cm)
$\therefore \overline{AT}=\overline{PT}-\overline{PA}=9-6=3$(cm)

답 ①

06 오른쪽 그림과 같이 $\overline{CD}$와 반원 O의 접점을 T라고 하면
$\overline{AD}=\overline{DT}$, $\overline{CB}=\overline{CT}$이므로
$\overline{AD}+3=5$ $\therefore \overline{AD}=2$
점 D에서 $\overline{BC}$에 내린 수선의 발을 H라고 하면
$\overline{CH}=3-2=1$
직각삼각형 DHC에서 $\overline{DH}=\sqrt{5^2-1^2}=2\sqrt{6}$
$\therefore \overline{AB}=\overline{DH}=2\sqrt{6}$
따라서 반원 O의 반지름의 길이는 $\sqrt{6}$이므로 그 넓이는
$\dfrac{1}{2}\times\pi\times(\sqrt{6})^2=3\pi$

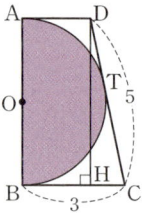

답 3π

07 오른쪽 그림과 같이 두 원의 중심 O에서 $\overline{AB}$에 내린 수선의 발을 M이라고 하면
$\overline{OA}=5\sqrt{3}$ cm, $\overline{OM}=5$ cm이므로 직각삼각형 OAM에서
$\overline{AM}=\sqrt{(5\sqrt{3})^2-5^2}=5\sqrt{2}$(cm)
$\therefore \overline{AB}=2\overline{AM}=2\times 5\sqrt{2}=10\sqrt{2}$(cm)

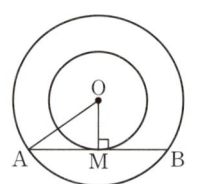

답 ④

08 $\overline{BD}=\overline{BE}=x$라고 하면
$\overline{AD}=\overline{AF}=6$, $\overline{CE}=\overline{CF}=4$이므로
$\overline{AB}=x+6$, $\overline{BC}=x+4$, $\overline{AC}=6+4=10$
따라서 직각삼각형 ABC에서
$(x+4)^2+(x+6)^2=10^2$, $x^2+10x-24=0$
$(x+12)(x-2)=0$ $\therefore x=-12$ 또는 $x=2$
그런데 $x>0$이므로 $x=2$
$\therefore \triangle ABC=\dfrac{1}{2}\times(4+2)\times(6+2)=24$

답 24

09 $\angle ADB=\dfrac{1}{2}\angle AOB=\dfrac{1}{2}\times 110°=55°$
$\triangle DBP$에서 $15°+\angle P=55°$ $\therefore \angle P=40°$

답 ③

10 $\angle x=\dfrac{1}{2}\times 260°=130°$, $\angle y=\dfrac{1}{2}\times(360°-260°)=50°$
$\therefore \angle x-\angle y=130°-50°=80°$

답 ②

11 $\angle PAQ=\angle PBQ=35°$이므로
$\triangle PAC$에서 $\angle x=50°+35°=85°$

답 85°

12 오른쪽 그림과 같이 $\overline{AQ}$를 그으면
$\angle AQB=90°$
이때 $\angle AQR=\angle APR=50°$이므로
$50°+\angle RQB=90°$
$\therefore \angle RQB=40°$

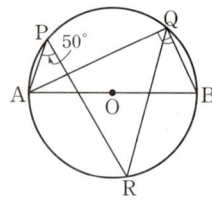

답 ③

13 오른쪽 그림과 같이 $\overline{AE}$를 그으면
$\angle AEB=90°$, $\angle DAE=\dfrac{1}{2}\angle x$
$\triangle CAE$에서
$52°+\dfrac{1}{2}\angle x+90°=180°$,
$\dfrac{1}{2}\angle x=38°$ $\therefore \angle x=76°$

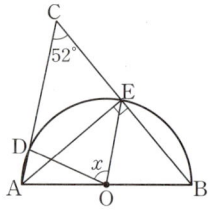

답 ⑤

14 오른쪽 그림과 같이 $\overline{BO}$의 연장선이 원 O와 만나는 점을 A'이라고 하면
$\angle BA'C=\angle BAC$
이때 $\angle A'CB=90°$, $\cos A'=\dfrac{2}{3}$이므로
$\overline{A'B}=3k$, $\overline{A'C}=2k(k>0)$로 놓으면
직각삼각형 A'BC에서
$5^2+(2k)^2=(3k)^2$, $5k^2=25$, $k^2=5$ $\therefore k=\sqrt{5}$ ($\because k>0$)
$\therefore \overline{A'B}=3\sqrt{5}$ cm, $\overline{A'C}=2\sqrt{5}$ cm
따라서 원 O의 반지름의 길이는
$\dfrac{1}{2}\overline{A'B}=\dfrac{1}{2}\times 3\sqrt{5}=\dfrac{3\sqrt{5}}{2}$(cm)

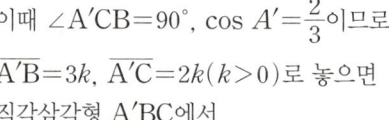
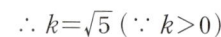

답 $\dfrac{3\sqrt{5}}{2}$ cm

15 $\triangle ABP$에서 $\angle BAP+20°=70°$ $\therefore \angle BAP=50°$
한 원에서 모든 호에 대한 원주각의 크기의 합은 180°이므로
주어진 원의 둘레의 길이를 l cm라고 하면
$50°:180°=5:l$, $50l=900$ $\therefore l=18$
따라서 원의 둘레의 길이는 18 cm이다.

답 ③

16 $\square ABCD$가 원에 내접하므로
$\angle FAD=\angle DCB=50°$
$\triangle DEC$에서 $\angle FDA=45°+50°=95°$
$\triangle FAD$에서 $\angle F+50°+95°=180°$
$\therefore \angle F=35°$

답 35°

17 ① ∠A=∠DCE=118°이므로 □ABCD는 원에 내접한다.

② ∠A≠∠DCE이므로 □ABCD는 원에 내접하지 않는다.

③ ∠ABC=180°−70°=110°,

∠ADC=180°−120°=60°이므로

∠ABC+∠ADC≠180°

따라서 □ABCD는 원에 내접하지 않는다.

④ △ACD에서 ∠D=180°−(49°+31°)=100°이므로

∠B+∠D=180°

따라서 □ABCD는 원에 내접한다.

⑤ △BCD에서 ∠C=180°−(50°+55°)=75°이므로

∠EAD≠∠C

따라서 □ABCD는 원에 내접하지 않는다.

따라서 □ABCD가 원에 내접하는 것은 ①, ④이다. **답 ①, ④**

18 ∠CAB=∠CBT=62°

□ABCD가 원에 내접하므로 ∠ABC=180°−118°=62°

따라서 △ABC에서

∠ACB=180°−(62°+62°)=56° **답 ②**

19 $\overline{BF}=\overline{BD}$이므로 △FBD에서

$\angle FDB=\dfrac{1}{2}\times(180°−42°)=69°$

∴ ∠FED=∠FDB=69°

따라서 △DEF에서

∠FDE=180°−(53°+69°)=58° **답 58°**

20 ∠CPT=∠CAP=70°, ∠BPT=∠BDP=43°이므로

70°+43°+∠x=180° ∴ ∠x=67° **답 ④**

21 원의 중심을 O라고 하면 $\overline{CD}$의 연장선은 오른쪽 그림과 같이 원의 중심 O를 지난다.

이때 $\overline{AD}=\overline{BD}$이므로

$\overline{AD}=\overline{BD}=\dfrac{1}{2}\overline{AB}$

$=\dfrac{1}{2}\times12=6(\text{cm})$ ······ 30 %

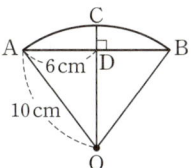

$\overline{OA}=10\,\text{cm}$이므로 △AOD에서

$\overline{OD}=\sqrt{10^2−6^2}=8(\text{cm})$ ······ 40 %

∴ $\overline{CD}=\overline{OC}−\overline{OD}=10−8=2(\text{cm})$ ······ 30 %

답 2 cm

22 사분원 O와 원 O′의 접점을 C, D, E라 하고, 원 O′의 반지름의 길이를 r cm라 하면 ∠O′EO=∠O′CO=90°,

$\overline{OC}=\overline{OE}$이므로 □EOCO′은 한 변의 길이가 r cm인 정사각형이다.

······ 30 %

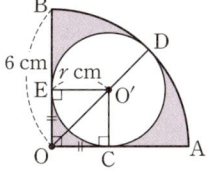

$\overline{OO'}=\sqrt{r^2+r^2}=\sqrt{2}r(\text{cm})$, $\overline{O'D}=r\,\text{cm}$이므로

$6=\sqrt{2}r+r$, $(\sqrt{2}+1)r=6$

∴ $r=\dfrac{6}{\sqrt{2}+1}=6(\sqrt{2}−1)$ ······ 50 %

∴ (색칠한 부분의 넓이)

=(부채꼴 OAB의 넓이)−(원 O′의 넓이)

$=\dfrac{1}{4}\times\pi\times6^2−\pi\times\{6(\sqrt{2}−1)\}^2$

$=(72\sqrt{2}−99)\pi(\text{cm}^2)$ ······ 20 %

답 $(72\sqrt{2}−99)\pi\ \text{cm}^2$

23 $\overline{CE}=\overline{CF}=x\,\text{cm}$라 하면

$\overline{AD}=\overline{AF}=(8−x)\,\text{cm}$, $\overline{BD}=\overline{BE}=(10−x)\,\text{cm}$이므로

$12=(8−x)+(10−x)$, $2x=6$ ∴ $x=3$ ······ 50 %

따라서 △PQC의 둘레의 길이는

$\overline{CE}+\overline{CF}=2\overline{CE}=2\times3=6(\text{cm})$ ······ 50 %

답 6 cm

24 오른쪽 그림에서

∠OAE=∠ODE=12°이므로

네 점 A, O, E, D는 한 원 위에 있다.

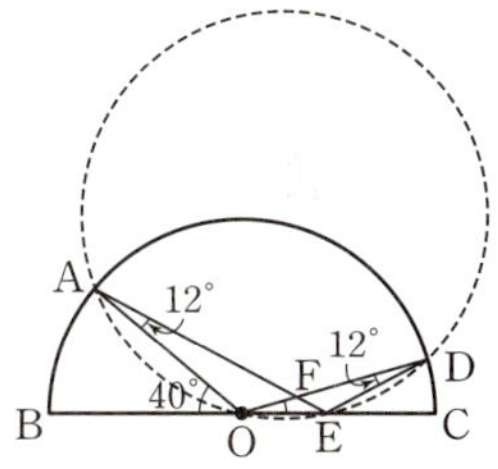

또 △AOE에서

∠AEO+12°=40°

∴ ∠AEO=28° ······ 40 %

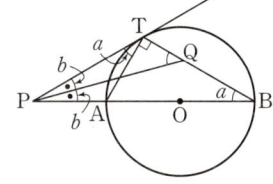

∠ADO=∠AEO=28°이고

△ODA는 $\overline{OA}=\overline{OD}$인 이등변삼각형이므로

∠AOD=180°−(28°+28°)=124° ······ 30 %

∴ ∠DOE=180°−(40°+124°)=16° ······ 30 %

답 16°

25 오른쪽 그림과 같이 $\overline{AT}$를 긋고

∠ATP=∠ABT=∠a,

∠TPQ=∠QPB=∠b라 하면

△PAT에서

∠TAB=∠a+2∠b

이때 ∠ATB=90°이므로 △ABT에서

∠a+2∠b+∠a+90°=180°

2(∠a+∠b)=90° ∴ ∠a+∠b=45° ······ 70 %

따라서 △QPB에서

∠TQP=∠a+∠b=45° ······ 30 %

답 45°

26 오른쪽 그림과 같이 $\overline{PQ}$, $\overline{PB}$, $\overline{CB}$를 긋고

∠APQ=∠PBQ=∠x라 하면

△PAQ에서 ∠PQB=∠x+30°

∠QPB=90°이므로 △PQB에서

90°+(∠x+30°)+∠x=180°

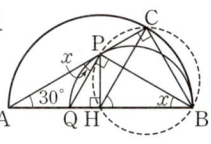

$2\angle x = 60°$ ∴ $\angle x = 30°$ ⋯⋯ 30 %

△APH에서 ∠CPH=30°+90°=120° ⋯⋯ 20 %

이때 □PHBC에서 ∠PHB+∠PCB=90°+90°=180°이므로 □PHBC는 원에 내접한다. ⋯⋯ 20 %

따라서 △PHB에서

∠BPH=180°-(90°+30°)=60°이므로

∠CHB=∠CPB=120°-60°=60° ⋯⋯ 30 %

답 60°

대단원 Test

Ⅲ. 통계

워크북 032～035쪽

01 ②	**02** ③	**03** 0.5	**04** ②
05 ①	**06** ①	**07** ②	**08** 27
09 ⑤	**10** ④	**11** ③	**12** ⑤
13 ②	**14** ④	**15** ②	**16** ③, ④
17 ③	**18** 74점	**19** 3.2	**20** 19π
21 $\frac{7}{2}$	**22** 2명	**23** 85점	

---

01 5개의 끈의 길이를 각각 a cm, b cm, c cm, d cm, e cm라고 하면 평균이 20 cm이므로 $\frac{a+b+c+d+e}{5}=20$

이때 5개의 정사각형의 둘레의 길이는 각각 $4a$ cm, $4b$ cm, $4c$ cm, $4d$ cm, $4e$ cm이므로 구하는 평균은

$\frac{4a+4b+4c+4d+4e}{5}=4\times\frac{a+b+c+d+e}{5}$

$=4\times20=80(\text{cm})$ 답 ②

02 남학생 15명의 수행 평가 성적의 평균을 x점이라고 하면 이 반 전체의 수행 평가 성적의 평균이 65점이므로

$\frac{25\times68+15x}{40}=65,\ 1700+15x=2600,\ 15x=900$

∴ $x=60$

따라서 남학생 15명의 수행 평가 성적의 평균은 60점이다.

답 ③

03 주어진 자료를 작은 값부터 크기순으로 나열하면

2, 3, 4, 4, 4, 5, 5, 6, 6, 11

중앙값은 5번째와 6번째 자료의 값의 평균이므로

$(\text{중앙값})=\frac{4+5}{2}=4.5(\text{개})$

4개의 도수가 3으로 가장 크므로 $(\text{최빈값})=4(\text{개})$

따라서 $a=4.5$, $b=4$이므로

$a-b=4.5-4=0.5$ 답 0.5

---

04 평균이 11이므로

$\frac{14+12+11+a+15+9+11+9+b+10}{10}=11$

$a+b+91=110$ ∴ $a+b=19$

최빈값이 11이므로 a, b 중 하나는 반드시 11이어야 한다.

이때 $a>b$이므로 $a=11$, $b=8$

∴ $a-b=11-8=3$ 답 ②

05 편차의 총합은 0이므로

$4+0+x+2+(-4)=0$ ∴ $x=-2$ 답 ①

06 ㄱ. 학생 C의 편차가 음수이므로 학생 C의 성적은 평균보다 낮다.

ㄴ. (자료의 값)=(평균)+(편차)이므로

(학생 A의 성적)=75+1=76(점)

ㄷ. 학생 D의 편차를 x점이라고 하면 편차의 총합은 0이므로

$1+(-2)+(-1)+x+3=0$ ∴ $x=-1$

$(\text{분산})=\frac{1^2+(-2)^2+(-1)^2+(-1)^2+3^2}{5}=\frac{16}{5}$이므로

$(\text{표준편차})=\sqrt{\frac{16}{5}}=\frac{4\sqrt{5}}{5}(\text{점})$

ㄹ. 평균보다 높은 점수를 받은 학생의 편차는 양수이므로 평균보다 높은 점수를 받은 학생은 A, E이다.

따라서 옳은 것은 ㄱ, ㄴ이다. 답 ①

07 편차의 총합은 0이므로

$-2+(-3)+x+1+4+y=0$ ∴ $x+y=0$ ⋯⋯ ㉠

표준편차가 $2\sqrt{2}$이므로

$\frac{(-2)^2+(-3)^2+x^2+1^2+4^2+y^2}{6}=(2\sqrt{2})^2$

$x^2+y^2+30=48$ ∴ $x^2+y^2=18$ ⋯⋯ ㉡

이때 $x^2+y^2=(x+y)^2-2xy$이므로 이 식에 ㉠, ㉡을 대입하면

$18=0^2-2xy$ ∴ $xy=-9$ 답 ②

08 평균이 5이므로

$\frac{A+B+C}{3}=5$ ∴ $A+B+C=15$ ⋯⋯ ㉠

분산이 2이므로 $\frac{(A-5)^2+(B-5)^2+(C-5)^2}{3}=2$

∴ $(A-5)^2+(B-5)^2+(C-5)^2=6$ ⋯⋯ ㉡

㉡의 좌변을 전개하여 정리하면

$A^2+B^2+C^2-10(A+B+C)+75=6$

이 식에 ㉠을 대입하여 정리하면

$A^2+B^2+C^2=10\times15-75+6=81$

따라서 A^2, B^2, C^2의 평균은 $\frac{A^2+B^2+C^2}{3}=\frac{81}{3}=27$ 답 27

09 $\dfrac{a+b+c}{3}=m$, $\dfrac{(a-m)^2+(b-m)^2+(c-m)^2}{3}=s^2$이므로

구하는 평균과 분산은

$$(평균)=\dfrac{(a+3)+(b+3)+(c+3)}{3}$$
$$=\dfrac{a+b+c}{3}+3=m+3$$
$$(분산)=\dfrac{(a-m)^2+(b-m)^2+(c-m)^2}{3}=s^2$$

답 ⑤

10 A, B 두 모둠 전체의 평균은 A, B 두 모둠 각각의 평균과 같으므로

$$(분산)=\dfrac{8\times4+10\times13}{8+10}=\dfrac{162}{18}=9$$
$$\therefore (표준편차)=\sqrt{9}=3(점)$$

답 ④

11 ①, ② A, B 두 반의 성적의 평균이 같으므로 어느 반이 더 우수하다고 할 수 없다.

③, ④, ⑤ A반의 성적의 표준편차가 B반보다 작으므로 A반의 성적이 더 고르게 분포되어 있다.

따라서 옳은 것은 ③이다.

답 ③

12 A : $(평균)=\dfrac{7\times1+8\times3+9\times1+10\times5}{10}=\dfrac{90}{10}=9(점)$

$$(분산)=\dfrac{(-2)^2\times1+(-1)^2\times3+0^2\times1+1^2\times5}{10}$$
$$=\dfrac{12}{10}=1.2$$

B : $(평균)=\dfrac{8\times2+9\times6+10\times2}{10}=\dfrac{90}{10}=9(점)$

$$(분산)=\dfrac{(-1)^2\times2+0^2\times6+1^2\times2}{10}=\dfrac{4}{10}=0.4$$

ㄱ. A, B 두 선수의 평균은 9점으로 같다.

ㄴ. B의 점수의 분산이 A보다 작으므로 B의 사격 점수가 더 고르다.

ㄷ. A의 점수의 분산이 B보다 크므로 표준편차도 A가 B보다 크다.

따라서 옳은 것은 ㄴ, ㄷ이다.

답 ⑤

13 글쓰기 점수와 말하기 점수가 같은 학생 수는 오른쪽 산점도에서 대각선 위에 있는 점의 개수와 같으므로 4명이다.

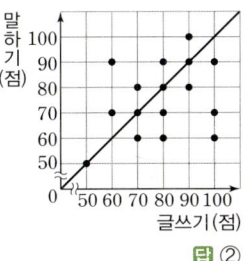

답 ②

14 영어와 수학 성적 중 적어도 한 과목의 성적이 80점 이상인 학생 수는 오른쪽 산점도에서 색칠한 부분에 속하는 점의 개수와 같으므로 15명이다.

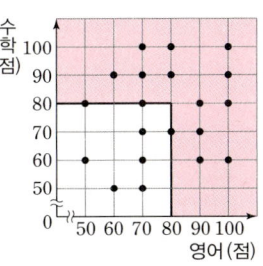

15 수학 성적과 국어 성적의 합이 130점 이상인 학생 수는 오른쪽 산점도에서 색칠한 부분에 속하는 점의 개수와 같으므로 8명이다.

$\therefore a=8$

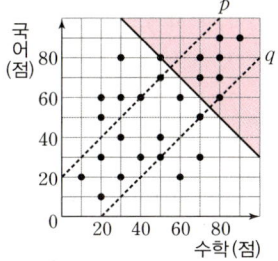

수학 성적과 국어 성적의 차가 20점 미만인 학생 수는 오른쪽 산점도에서 두 직선 p, q 사이에 있는 점의 개수(점선 위의 점 제외)와 같으므로 14명이다. $\therefore b=14$

$\therefore a+b=8+14=22$

답 ②

$\therefore \dfrac{15}{20}\times100=75(\%)$

답 ④

16 ① 스마트폰 사용 시간이 5시간 미만인 학생 수는 오른쪽 산점도에서 직선 p보다 왼쪽에 있는 점의 개수와 같으므로 10명이다.

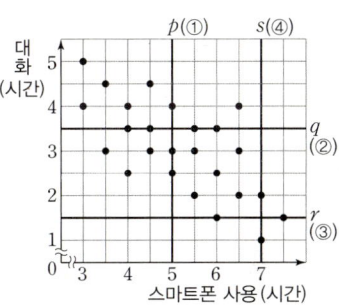

② 대화 시간이 3시간 30분 이상인 학생 수는 오른쪽 산점도에서 직선 q 위의 점과 그 위쪽에 있는 점의 개수와 같으므로 11명이다.

$\therefore \dfrac{11}{25}\times100=44(\%)$

③ 대화 시간이 1시간 30분 이하인 학생 수는 위의 산점도에서 직선 r 위의 점과 그 아래쪽에 있는 점의 개수와 같으므로 3명이고, 이들의 스마트폰 사용 시간은 각각 6시간, 7시간, 7.5시간이므로 $6+7+7.5=20.5(시간)$, 즉 20시간 30분이다.

④ 스마트폰 사용 시간이 7시간 이상인 학생 수는 위의 산점도에서 직선 s 위의 점과 그 오른쪽에 있는 점의 개수와 같으므로 3명이고, 이들의 가족 사이의 대화 시간은 각각 1시간, 1.5시간, 2시간이므로 평균은 $\dfrac{60+90+120}{3}=90(분)$이다.

⑤ 스마트폰 사용 시간이 긴 학생은 대체로 가족 사이의 대화 시간이 짧다.

따라서 옳은 것은 ③, ④이다.

답 ③, ④

17 ① 급여액과 카드 사용액 사이에는 양의 상관관계가 있으므로 급여액이 높으면 대체로 카드 사용액도 높은 편이다.

② A는 D에 비해 급여도 낮고 카드 사용액도 적다.

④ A, B, C, D, E 중 카드 사용액이 가장 적은 사원은 A이다.

⑤ A, B, C, D, E 중 급여액과 카드 사용액이 가장 많은 사원은 D이다.

따라서 옳은 것은 ③이다.

답 ③

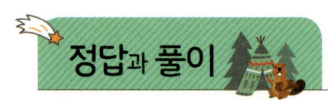

18 편차의 총합은 항상 0이므로

$2+(-4)+x+(-2)+(1-2x)=0$

$-3-x=0$ ∴ $x=-3$ ⋯⋯ 40 %

이때 학생 C와 E의 성적은 각각

$72+x=72+(-3)=69$(점),

$72+(1-2x)=72+7=79$(점) ⋯⋯ 40 %

이므로 학생 C와 E의 수학 성적의 평균은

$\dfrac{69+79}{2}=\dfrac{148}{2}=74$(점) ⋯⋯ 20 %

🔲 74점

19 $a\le b\le c$라고 하면 중앙값이 5이므로 $a=5$ ⋯⋯ 40 %

최빈값이 5이므로 b, c 중 적어도 하나는 5이어야 한다.

b, c 모두 5인 경우, 평균이 4가 되지 않으므로 $b=5$

평균이 4이므로

$\dfrac{1+3+5+5+c}{5}=4$, $14+c=20$ ∴ $c=6$ ⋯⋯ 30 %

∴ (분산)$=\dfrac{(-3)^2+(-1)^2+1^2+1^2+2^2}{5}=\dfrac{16}{5}$

$=3.2$ ⋯⋯ 30 %

🔲 3.2

20 세 원의 반지름의 길이의 평균이 4이므로 $\dfrac{a+b+c}{3}=4$

∴ $a+b+c=12$ ⋯⋯ ㉠ ⋯⋯ 20 %

세 원의 반지름의 길이의 표준편차가 $\sqrt{3}$, 즉 분산이 3이므로

$\dfrac{(a-4)^2+(b-4)^2+(c-4)^2}{3}=3$ ⋯⋯ 20 %

$(a-4)^2+(b-4)^2+(c-4)^2=9$에서

$a^2+b^2+c^2-8(a+b+c)+48=9$

이 식에 ㉠을 대입하여 정리하면

$a^2+b^2+c^2=8\times12-48+9=57$ ⋯⋯ 30 %

따라서 세 원의 넓이는 각각 $a^2\pi$, $b^2\pi$, $c^2\pi$이므로

세 원의 넓이의 평균은

$\dfrac{a^2\pi+b^2\pi+c^2\pi}{3}=\dfrac{(a^2+b^2+c^2)\pi}{3}=\dfrac{57\pi}{3}=19\pi$ ⋯⋯ 30 %

🔲 19π

21 $4+8=5+7$에서 4개의 변량의 총합에는 변화가 없으므로 실제 평균도 7이다. ⋯⋯ 30 %

잘못 본 두 변량을 제외한 2개의 변량의 (편차)²의 총합을 A라고 하면

$\dfrac{A+(5-7)^2+(7-7)^2}{4}=2$, $A+4=8$

∴ $A=4$ ⋯⋯ 40 %

∴ (실제 분산)$=\dfrac{A+(4-7)^2+(8-7)^2}{4}$

$=\dfrac{A+10}{4}=\dfrac{14}{4}=\dfrac{7}{2}$ ⋯⋯ 30 %

🔲 $\dfrac{7}{2}$

22 ㈎에서 2회보다 1회의 성적이 높은 학생 수는 오른쪽 산점도에서 대각선 p보다 아래쪽에 있는 점의 개수와 같다. ⋯⋯ 40 %

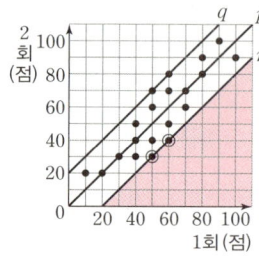

㈏에서 1회와 2회의 성적 차가 20점 이상인 학생 수는 오른쪽 산점도에서 직선 q 위의 점과 그 위쪽에 있는 점의 개수와 직선 r 위의 점과 그 아래쪽에 있는 점의 개수의 합과 같다. ⋯⋯ 40 %

따라서 주어진 조건을 모두 만족하는 학생 수는 2명이다.

⋯⋯ 20 %

🔲 2명

23 전체 학생 수는 20명이므로 상위 30 % 이내에 드는 학생은 $20\times\dfrac{30}{100}=6$(명)이다.

⋯⋯ 40 %

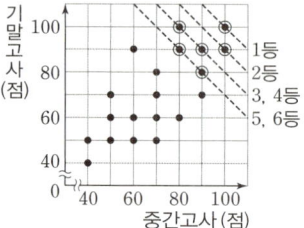

이때 상위 6명의 학생을 나타내는 점을 순서쌍

(중간고사 성적, 기말고사 성적)

으로 나타내면

$(100, 100)$, $(100, 90)$, $(80, 100)$, $(90, 90)$, $(80, 90)$, $(90, 80)$이므로 이 학생들의 평균은 각각 100점, 95점, 90점, 90점, 85점, 85점이다. ⋯⋯ 40 %

따라서 상위 30 % 이내에 들려면 두 시험의 평균이 85점 이상이어야 한다. ⋯⋯ 20 %

🔲 85점

학업 성취도 **T**est

워크북 036~040쪽

01 ②	**02** 18	**03** 0.6140	**04** ③
05 $3\sqrt{6}$ m	**06** ③	**07** $25(\sqrt{3}-1)$ m	
08 ⑤	**09** ④	**10** ③	**11** $10\sqrt{3}$ cm
12 ②	**13** ②	**14** 17°	**15** ⑤
16 6 cm	**17** ④	**18** ③	**19** ①
20 ③, ⑤	**21** $\dfrac{4\sqrt{5}}{5}$점	**22** ④	**23** ⑤
24 4	**25** $\dfrac{3\sqrt{5}}{5}$	**26** $10(3+\sqrt{3})$ m	
27 $28\sqrt{10}$ cm²	**28** 40°	**29** 27π cm²	**30** 민혁

01 ① $\sin A = \dfrac{\overline{BC}}{\overline{AB}} = \dfrac{3}{5}$ ② $\cos A = \dfrac{\overline{AC}}{\overline{AB}} = \dfrac{4}{5}$

③ $\tan A = \dfrac{\overline{BC}}{\overline{AC}} = \dfrac{3}{4}$ ④ $\sin B = \dfrac{\overline{AC}}{\overline{AB}} = \dfrac{4}{5}$

⑤ $\cos B = \dfrac{\overline{BC}}{\overline{AB}} = \dfrac{3}{5}$

답 ②

02 △ABC에서 $\tan 60° = \dfrac{\overline{AC}}{12} = \sqrt{3}$

∴ $\overline{AC} = 12\sqrt{3}$

△ACD에서 $\cos 30° = \dfrac{\overline{CD}}{12\sqrt{3}} = \dfrac{\sqrt{3}}{2}$

∴ $\overline{CD} = 18$

답 18

03 $\sin 39° = 0.6293$, $\cos 40° = 0.7660$, $\tan 38° = 0.7813$이므로

$\sin 39° + \cos 40° - \tan 38° = 0.6293 + 0.7660 - 0.7813$

$= 0.6140$

답 0.6140

04 오른쪽 그림에서

△ABC∽△DBA∽△DAC

(AA 닮음)이므로

∠DAB=∠ACB,

∠DAC=∠ABC

△ABC에서 $\overline{BC} = \sqrt{5^2 + (5\sqrt{3})^2} = 10$(cm)

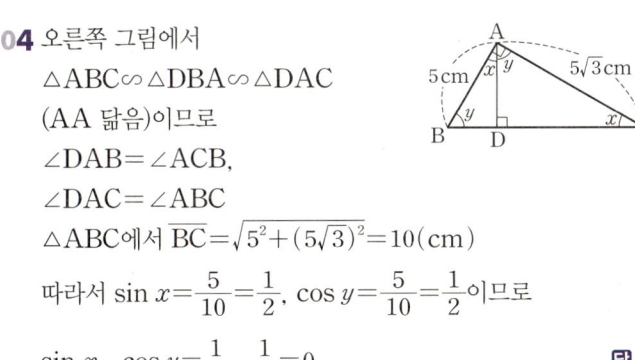

따라서 $\sin x = \dfrac{5}{10} = \dfrac{1}{2}$, $\cos y = \dfrac{5}{10} = \dfrac{1}{2}$이므로

$\sin x - \cos y = \dfrac{1}{2} - \dfrac{1}{2} = 0$

답 ③

05 ∠C=180°-(75°+45°)=60°

오른쪽 그림과 같이 점 A에서 $\overline{BC}$에

내린 수선의 발을 H라고 하면

△ACH에서

$\overline{AH} = 6\sin 60° = 3\sqrt{3}$(m)

따라서 △ABH에서

$\overline{AB} = \dfrac{3\sqrt{3}}{\sin 45°} = 3\sqrt{6}$(m)

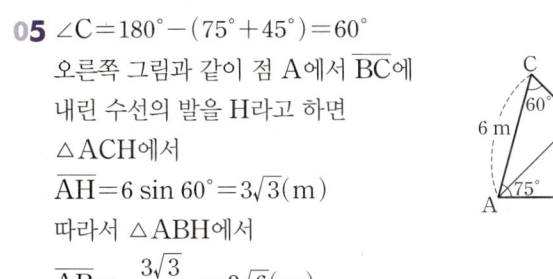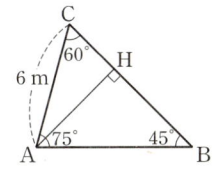

답 $3\sqrt{6}$ m

06 $\overline{CD} = h$ m라고 하면

△CAD에서 $\overline{AD} = \dfrac{h}{\tan 30°} = \sqrt{3}h$(m)

△CBD에서 $\overline{BD} = \dfrac{h}{\tan 45°} = h$(m)

이때 $\overline{AB} = \overline{AD} - \overline{BD}$이므로

$\sqrt{3}h - h = 6$, $(\sqrt{3}-1)h = 6$

∴ $h = \dfrac{6}{\sqrt{3}-1} = 3(\sqrt{3}+1)$

따라서 깃발의 높이는 $3(\sqrt{3}+1)$ m이다.

답 ③

07 $\overline{AH} = h$ m라고 하면

△ABH에서 $\overline{BH} = \dfrac{h}{\tan 45°} = h$(m)

△AHC에서 $\overline{CH} = \dfrac{h}{\tan 30°} = \sqrt{3}h$(m)

$\overline{BC} = \overline{BH} + \overline{CH}$이므로

$h + \sqrt{3}h = 50$, $(\sqrt{3}+1)h = 50$

∴ $h = \dfrac{50}{\sqrt{3}+1} = 25(\sqrt{3}-1)$

따라서 나무의 높이는 $25(\sqrt{3}-1)$ m이다. 답 $25(\sqrt{3}-1)$ m

08 오른쪽 그림과 같이 $\overline{AC}$를 그으면

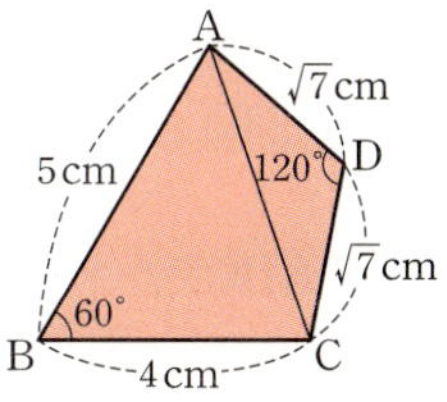

□ABCD

$= △ABC + △ACD$

$= \dfrac{1}{2} \times 5 \times 4 \times \sin 60°$

$\quad + \dfrac{1}{2} \times \sqrt{7} \times \sqrt{7} \times \sin(180° - 120°)$

$= 5\sqrt{3} + \dfrac{7\sqrt{3}}{4} = \dfrac{27\sqrt{3}}{4}$(cm²)

답 ⑤

09 $\overline{AB} \perp \overline{OC}$이므로 $\overline{BM} = \overline{AM} = 10$ cm

원 O의 반지름의 길이를 r cm라고 하면

$\overline{OC} = \overline{OB} = r$ cm이므로 $\overline{OM} = r-8$(cm)

직각삼각형 OMB에서

$10^2 + (r-8)^2 = r^2$, $16r = 164$ ∴ $r = \dfrac{41}{4}$

따라서 원 O의 반지름의 길이는 $\dfrac{41}{4}$ cm이다.

답 ④

10 오른쪽 그림과 같이 원 O의 중심에서

$\overline{AB}$에 내린 수선의 발을 M이라 하고

$\overline{OA}$를 그으면

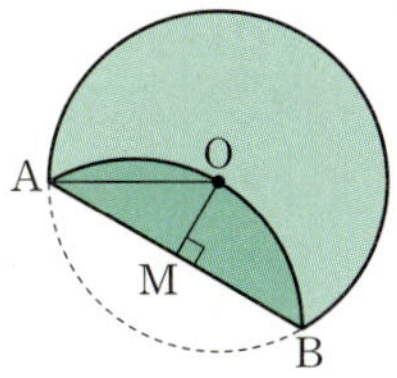

$\overline{OA} = 4$ cm, $\overline{OM} = \dfrac{1}{2} \times 4 = 2$(cm)

직각삼각형 OAM에서

$\overline{AM} = \sqrt{4^2 - 2^2} = 2\sqrt{3}$(cm)

∴ $\overline{AB} = 2\overline{AM} = 2 \times 2\sqrt{3} = 4\sqrt{3}$(cm)

답 ③

11 오른쪽 그림과 같이 $\overline{OA}$를 긋고, 원 O의 중심에서 $\overline{AB}$에 내린 수선의 발을 H라고 하자.

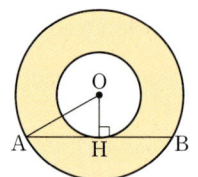

큰 원의 반지름의 길이를 a cm, 작은 원의 반지름의 길이를 b cm라고 하면 색칠한 부분의 넓이는

$\pi a^2 - \pi b^2 = \pi(a^2 - b^2) = 75\pi$ $\therefore a^2 - b^2 = 75$

직각삼각형 OAH에서 $\overline{AH} = \sqrt{a^2 - b^2} = \sqrt{75} = 5\sqrt{3}$(cm)

$\therefore \overline{AB} = 2\overline{AH} = 2 \times 5\sqrt{3} = 10\sqrt{3}$(cm)   🔴 $10\sqrt{3}$ cm

12 오른쪽 그림과 같이 $\overline{BO}$의 연장선이 원 O와 만나는 점을 A′이라고 하면

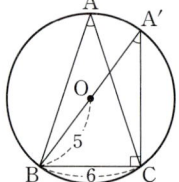

$\angle BA'C = \angle BAC$

이때 $\overline{A'B} = 2\overline{BO} = 2 \times 5 = 10$이고

$\angle A'CB = 90°$이므로

직각삼각형 A′BC에서 $\overline{A'C} = \sqrt{10^2 - 6^2} = 8$

$\therefore \cos A = \cos A' = \dfrac{\overline{A'C}}{\overline{A'B}} = \dfrac{8}{10} = \dfrac{4}{5}$ 🔴 ②

13 $\angle ABC = \angle ADC = \angle x$라고 하면

$\triangle APD$에서 $\angle BAD = 36° + \angle x$

$\triangle ABQ$에서 $(36° + \angle x) + \angle x = 80°$, $2\angle x = 44°$

$\therefore \angle x = 22°$ 🔴 ②

14 □ABQP가 원에 내접하므로

$\angle PQC = \angle BAP = 110°$, $\angle DPQ = \angle ABQ = 93°$

□PQCD가 원에 내접하므로

$110° + \angle x = 180°$, $93° + \angle y = 180°$

$\therefore \angle x = 70°$, $\angle y = 87°$

$\therefore \angle y - \angle x = 87° - 70° = 17°$ 🔴 17°

15 $\angle DBC = \angle DCT = 65°$

□ABCD가 원에 내접하므로

$100° + \angle BCD = 180°$ $\therefore \angle BCD = 80°$

따라서 $\triangle BCD$에서

$\angle x = 180° - (65° + 80°) = 35°$ 🔴 ⑤

16 오른쪽 그림과 같이 $\overline{BC}$를 그으면

$\angle ACB = 90°$이므로

$\triangle ABC$에서

$\overline{BC} = 12 \sin 30° = 6$(cm)

$\angle ABC = 180° - (30° + 90°)$
$\qquad = 60°$

이때 $\angle BCD = \angle BAC = 30°$이므로

$\triangle BCD$에서 $\angle BDC + 30° = 60°$ $\therefore \angle BDC = 30°$

따라서 $\triangle BCD$는 $\overline{BC} = \overline{BD}$인 이등변삼각형이므로

$\overline{BD} = \overline{BC} = 6$ cm   🔴 6 cm

17 $\angle CPT = \angle CAP = 74°$, $\angle BPT = \angle BDP = 38°$이므로

$74° + 38° + \angle x = 180°$ $\therefore \angle x = 68°$ 🔴 ④

18 (평균) $= \dfrac{3+4+9+11+13+16+22+22+29+30+39}{11}$

$\qquad = \dfrac{198}{11} = 18$(회)

전체 자료가 11개이므로 중앙값은 자료를 작은 값부터 크기순으로 나열했을 때, 6번째 자료의 값이다.

$\therefore$ (중앙값) $= 16$(회)

22회의 도수가 2로 가장 크므로 (최빈값) $= 22$(회)

따라서 $a = 18$, $b = 16$, $c = 22$이므로

$a + b + c = 18 + 16 + 22 = 56$ 🔴 ③

19 (평균) $= \dfrac{9+7+8+7+8+8+6+6+7+8}{10}$

$\qquad = \dfrac{74}{10} = 7.4$(시간)

자료를 작은 값부터 크기순으로 나열하면

6, 6, 7, 7, 7, 8, 8, 8, 8, 9이므로

(중앙값) $= \dfrac{7+8}{2} = 7.5$(시간)

8시간의 도수가 4로 가장 크므로 (최빈값) $= 8$(시간)

따라서 $A = 7.4$, $B = 7.5$, $C = 8$이므로 $A < B < C$ 🔴 ①

20 편차의 총합은 0이므로 $-1 + x + 3 + (-2) = 0$ $\therefore x = 0$

① 편차가 가장 작은 학생 D의 성적이 가장 낮다.

② 중앙값은 자료를 작은 값부터 크기순으로 나열할 때, 2번째 와 3번째 자료의 값의 평균이므로 A, B 두 학생의 성적의 평균이다.

③ 이 자료의 평균은 편차가 0점인 학생 B의 성적과 같다.

④ (분산) $= \dfrac{(-1)^2 + 0^2 + 3^2 + (-2)^2}{4} = \dfrac{7}{2} = 3.5$

⑤ 학생 A와 학생 C의 점수의 차는 $3 - (-1) = 4$(점)이다.

따라서 옳은 것은 ③, ⑤이다.   🔴 ③, ⑤

21 편차의 총합은 0이므로

$-1 + (-2) + x + 3 + 1 = 0$ $\therefore x = -1$

$\therefore$ (분산) $= \dfrac{(-1)^2 + (-2)^2 + (-1)^2 + 3^2 + 1^2}{5} = \dfrac{16}{5}$

$\therefore$ (표준편차) $= \sqrt{\dfrac{16}{5}} = \dfrac{4\sqrt{5}}{5}$(점)   🔴 $\dfrac{4\sqrt{5}}{5}$점

22 표준편차가 가장 작은 학생은 D이므로 학생 D의 턱걸이 기록이 가장 고르게 분포되어 있다.   🔴 ④

23 평균이 6이므로

$\dfrac{5+x+6+y+10}{5} = 6$ $\therefore x + y = 9$ …… ㉠

분산이 12이므로

$$\frac{(-1)^2+(x-6)^2+0^2+(y-6)^2+4^2}{5}=12$$

$$\therefore x^2+y^2=12(x+y)-29 \qquad \cdots\cdots \text{ⓛ}$$

㉠을 ㉡에 대입하면 $x^2+y^2=12\times9-29=79$ **답** ⑤

24 두 번의 경기에서 모두 7점 이상
을 얻은 선수는 7명이다.

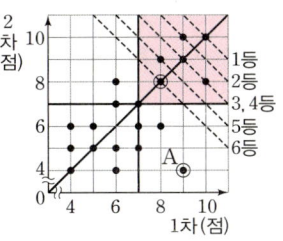

1차 경기에 비해 2차 경기에서
얻은 점수가 가장 많이 떨어진
선수를 나타내는 점은 대각선에
서 아래쪽으로 가장 멀리 떨어진
점 A이므로 이 선수의 두 점수의 차는 $9-4=5$(점)이다.
두 번의 경기에서 얻은 점수의 합이 높은 순으로 6등인 선수의
1차 점수는 8점, 2차 점수도 8점이므로

$$\text{(평균)}=\frac{8+8}{2}=8\text{(점)}\text{이다.}$$

따라서 $a=7$, $b=5$, $c=8$이므로
$a+b-c=7+5-8=4$ **답** 4

25 직선 $2x-y-4=0$이 x축, y축과 만나는 점을 각각 A, B라고
하면 $A(2, 0)$, $B(0, -4)$ $\cdots\cdots$ 30 %
$\triangle AOB$에서 $\overline{AB}=\sqrt{2^2+4^2}=2\sqrt{5}$
이때 $a=\angle OAB$ (맞꼭지각)이므로

$$\cos a=\frac{\overline{OA}}{\overline{AB}}=\frac{2}{2\sqrt{5}}=\frac{\sqrt{5}}{5},$$

$$\sin a=\frac{\overline{BO}}{\overline{AB}}=\frac{4}{2\sqrt{5}}=\frac{2\sqrt{5}}{5} \qquad \cdots\cdots 40\ \%$$

$$\therefore \cos a+\sin a=\frac{\sqrt{5}}{5}+\frac{2\sqrt{5}}{5}=\frac{3\sqrt{5}}{5} \qquad \cdots\cdots 30\ \%$$

답 $\dfrac{3\sqrt{5}}{5}$

26 $\overline{AD}=h$ m라고 하면

$$\overline{BD}=\frac{h}{\tan45°}=h\,(\text{m}), \quad \overline{CD}=\frac{h}{\tan60°}=\frac{\sqrt{3}}{3}h\,(\text{m})$$

$\cdots\cdots$ 40 %

이때 $\overline{BC}=\overline{BD}-\overline{CD}$이므로 $h-\dfrac{\sqrt{3}}{3}h=20$

$$\left(1-\frac{\sqrt{3}}{3}\right)h=20, \quad \frac{(3-\sqrt{3})h}{3}=20 \qquad \cdots\cdots 40\ \%$$

$$\therefore h=\frac{60}{3-\sqrt{3}}=10(3+\sqrt{3})$$

따라서 건물의 높이는 $10(3+\sqrt{3})$ m이다. $\cdots\cdots$ 20 %

답 $10(3+\sqrt{3})$ m

27 $\overline{CD}=\overline{AD}+\overline{BC}=4+10=14\,(\text{cm})$ $\cdots\cdots$ 20 %

오른쪽 그림과 같이 점 D에서 $\overline{BC}$에 내린
수선의 발을 H라고 하면
$\overline{CH}=\overline{BC}-\overline{BH}=10-4=6\,(\text{cm})$
따라서 직각삼각형 DHC에서
$\overline{DH}=\sqrt{14^2-6^2}=4\sqrt{10}\,(\text{cm})$

$\therefore \overline{AB}=\overline{DH}=4\sqrt{10}$ cm $\cdots\cdots$ 50 %

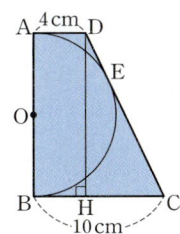

$$\therefore \square ABCD=\frac{1}{2}\times(4+10)\times4\sqrt{10}$$

$$=28\sqrt{10}\,(\text{cm}^2) \qquad \cdots\cdots 30\ \%$$

답 $28\sqrt{10}$ cm²

28 오른쪽 그림과 같이 $\overline{AC}$를 그으면
  $\angle ACB=90°$ $\cdots\cdots$ 30 %

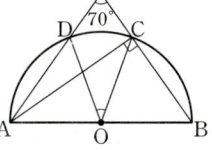

따라서 직각삼각형 PAC에서
  $\angle PAC=180°-(90°+70°)$
       $=20°$ $\cdots\cdots$ 40 %

$$\therefore \angle COD=2\angle DAC$$
$$=2\times20°=40° \qquad \cdots\cdots 30\ \%$$

답 40°

29 오른쪽 그림과 같이 $\overline{BO}$의 연장선이
원 O와 만나는 점을 C'이라고 하면
  $\angle AC'B=\angle ACB=\angle ABP$
      $=60°$ $\cdots\cdots$ 30 %

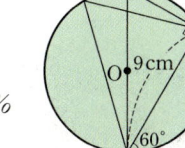

$\triangle C'BA$에서 $\angle C'AB=90°$이므로

$$\sin60°=\frac{9}{\overline{BC'}}=\frac{\sqrt{3}}{2}$$

$$\therefore \overline{BC'}=6\sqrt{3}\,(\text{cm}) \qquad \cdots\cdots 40\ \%$$

따라서 원 O의 반지름의 길이는 $\dfrac{1}{2}\times6\sqrt{3}=3\sqrt{3}\,(\text{cm})$이므로

구하는 넓이는

$$\pi\times(3\sqrt{3})^2=27\pi\,(\text{cm}^2) \qquad \cdots\cdots 30\ \%$$

답 27π cm²

30 정엽이가 얻은 기록의 평균과 분산은 각각

$$\text{(평균)}=\frac{13+11+15+17+19}{5}=15\text{(개)},$$

$$\text{(분산)}=\frac{(-2)^2+(-4)^2+0^2+2^2+4^2}{5}=8$$

$\therefore$ (정엽이가 얻은 기록의 표준편차)$=\sqrt{8}$
$=2\sqrt{2}$(개) $\cdots\cdots$ 30 %

민혁이가 얻은 기록의 평균과 분산은 각각

$$\text{(평균)}=\frac{14+17+15+16+13}{5}=15\text{(개)},$$

$$\text{(분산)}=\frac{(-1)^2+2^2+0^2+1^2+(-2)^2}{5}=2$$

$\therefore$ (민혁이가 얻은 기록의 표준편차)$=\sqrt{2}$(개) $\cdots\cdots$ 30 %

민혁이가 얻은 기록의 표준편차가 정엽이가 얻은 기록의 표준
편차보다 작으므로 민혁이가 얻은 기록이 더 고르다. 따라서
민혁이를 선발해야 한다. $\cdots\cdots$ 40 %

답 민혁

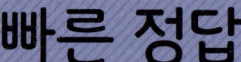

빠른 정답

본교재 ★

Ⅰ. 삼각비

01 삼각비

대표문제 확인하기 본교재 007쪽

01 ① **02** ③ **03** ① **04** $\dfrac{5}{13}$ **05** ② **06** ③

필수문제 확인하기 본교재 008~011쪽

01 ① **02** $\sqrt{3}$ **03** $\dfrac{\sqrt{42}}{7}$ **04** ① **05** ③ **06** $\dfrac{3}{5}$

07 ⑤ **08** $6\sqrt{7}$ cm^2 **09** $(600+200\sqrt{5})$ m **10** ④

11 ⑤ **12** $\dfrac{\sqrt{5}}{6}$ **13** $6-2\sqrt{5}$ **14** ⑤ **15** $\dfrac{\sqrt{21}}{14}$

16 ④ **17** ④ **18** $\dfrac{\sqrt{5}}{2}$ **19** $\dfrac{\sqrt{34}}{17}$ **20** $\dfrac{\sqrt{5}}{5}$ **21** ③

22 $\sqrt{2}$ **23** $\dfrac{2\sqrt{5}}{5}$ **24** $\dfrac{15}{4}$ **25** $\dfrac{1}{3}$

02 삼각비의 값

대표문제 확인하기 본교재 013쪽

01 ② **02** ② **03** ③

04 (1) 0.6820 (2) 0.7314 (3) 0.9325 **05** ④ **06** ②

07 1.1738

필수문제 확인하기 본교재 014~017쪽

01 ③ **02** $\dfrac{1}{4}$ **03** ③ **04** $(9-3\sqrt{3})$ cm **05** ⑤

06 $(48\pi-72\sqrt{3})$ cm^2 **07** $3\sqrt{3}-3$ **08** $2-\sqrt{3}$

09 $\dfrac{\sqrt{2}+\sqrt{6}}{4}$ **10** ④ **11** 1 **12** ③, ⑤ **13** 2.3786

14 24 **15** ⑤ **16** $2\tan A$ **17** ④ **18** ④

19 ③ **20** ② **21** 29 **22** $2-\sqrt{3}$ **23** (1) $\dfrac{2}{3}$ (2) $\dfrac{11\sqrt{5}}{15}$

24 39.07 m

03 삼각형의 변의 길이

대표문제 확인하기 본교재 019쪽

01 ③ **02** ② **03** ① **04** $50\sqrt{3}$ m **05** ②

06 ⑤ **07** ④ **08** ③

필수문제 확인하기 본교재 020~023쪽

01 ④ **02** $96\sqrt{3}$ cm^3 **03** ② **04** 4.38 m

05 $12\sqrt{3}$ m **06** ⑤ **07** $250\sqrt{3}$ m **08** ②

09 $12\sqrt{3}$ cm^2 **10** ① **11** $\dfrac{2\sqrt{3}}{3}$ **12** ②

13 $2\sqrt{19}$ cm **14** ④ **15** $2\sqrt{31}$ km **16** ②

17 ② **18** ③ **19** ④ **20** ③ **21** ④

22 $(20-10\sqrt{3})$ cm **23** (1) 6 km (2) 8 km (3) $2\sqrt{13}$ km

04 삼각형의 높이와 넓이

대표문제 확인하기 본교재 025쪽

01 ③ **02** ④ **03** ③ **04** ② **05** $\dfrac{7\sqrt{3}}{2}$ cm^2 **06** ⑤

07 ④

필수문제 확인하기 본교재 026~030쪽

01 ① **02** $9(3-\sqrt{3})$ **03** ③ **04** $9(3+\sqrt{3})$

05 $90(\sqrt{3}+1)$ m **06** ② **07** 4 cm **08** ① **09** ④

10 $(12\pi-9\sqrt{3})$ cm^2 **11** 49 cm^2 **12** $\dfrac{15\sqrt{3}}{2}$ **13** 2 : 3

14 $8+4\sqrt{3}$ cm^2 **15** ① **16** $36\sqrt{3}$ **17** ② **18** ③

19 ④ **20** $72\sqrt{3}$ cm^2 **21** $30\sqrt{3}$ cm^2 **22** ②

23 $\dfrac{15\sqrt{3}}{2}$ **24** 21 **25** $30(3-\sqrt{3})$ m **26** 10 cm^2

27 (1) $\overline{AM}=5\sqrt{5}$ cm, $\overline{AN}=5\sqrt{5}$ cm (2) $\dfrac{75}{2}$ cm^2 (3) $\dfrac{3}{5}$

28 4 cm **29** $\dfrac{25\sqrt{3}}{4}$ cm^2 **30** 40

II. 원의 성질

05 현의 성질

대표문제 확인하기   본교재 033쪽

01 ③   **02** ①   **03** 5   **04** ①   **05** ③   **06** ⑤

필수문제 확인하기   본교재 034~035쪽

01 ③   **02** ⑤   **03** $\frac{50}{3}\pi$ cm   **04** 15 cm

05 ②   **06** $2\sqrt{39}$ cm   **07** $4\sqrt{3}\pi$ cm   **08** ③

09 ④   **10** $4\sqrt{5}$ cm²   **11** $(12\pi-9\sqrt{3})$ cm²

12 (1) $4\sqrt{3}$ cm   (2) 8 cm   (3) 64π cm²

06 원의 접선

대표문제 확인하기   본교재 037쪽

01 ④   **02** $\sqrt{21}$ cm   **03** ①   **04** 2 cm   **05** ②

06 $\frac{15}{4}$ cm

필수문제 확인하기   본교재 038~041쪽

01 ②   **02** $3\sqrt{3}$ cm   **03** $5\sqrt{3}$ cm   **04** ③

05 16   **06** 8 cm   **07** $12\sqrt{2}$ cm   **08** ④

09 $16\sqrt{15}$ cm²   **10** ②   **11** ③   **12** 10   **13** ③

14 4 km   **15** 9 cm²   **16** 2   **17** ④   **18** ②   **19** ④

20 $(11-4\sqrt{6})$ cm   **21** (1) $9\sqrt{3}$ cm²   (2) $2\sqrt{3}$ cm

22 (1) 10   (2) $20\sqrt{6}$ **23** 1

07 원주각의 성질

대표문제 확인하기   본교재 043쪽

01 ③   **02** 36°   **03** ③   **04** ⑤   **05** ②   **06** 60°

필수문제 확인하기   본교재 044~047쪽

01 ③   **02** 8π cm²   **03** ②   **04** ①   **05** 24°

06 119°   **07** ③   **08** ②   **09** 20°   **10** 34°   **11** ①

12 54°   **13** ④   **14** ③   **15** ③   **16** ④   **17** 70°

18 80°   **19** ③   **20** ②   **21** ①   **22** 5π cm

23 $\angle x=36°$, $\angle y=24°$ **24** 5°   **25** (1) $\frac{\sqrt{7}}{4}$ (2) $\frac{3\sqrt{7}}{7}$

26 30°

08 원에 내접하는 사각형

대표문제 확인하기   본교재 049쪽

01 ③, ⑤   **02** ①   **03** 95°   **04** 63°   **05** ③   **06** ⑤

필수문제 확인하기   본교재 050~053쪽

01 ④   **02** ④   **03** 25°   **04** ②   **05** ②   **06** 27°

07 150°   **08** ②   **09** ③   **10** 156°   **11** 32°   **12** ⑤

13 ①   **14** ④   **15** ④   **16** 64°   **17** ②   **18** 125°

19 6개   **20** 44°   **21** 20°   **22** 140°   **23** 32°

24 (1) 70°   (2) 87°   (3) 17°

09 접선과 현이 이루는 각

대표문제 확인하기
본교재 055쪽

01 ③　　**02** 79°　　**03** ④　　**04** 63°　　**05** ②
06 ④

필수문제 확인하기
본교재 056～058쪽

01 $4\sqrt{3}$ cm²　　**02** ④　　**03** ④　　**04** ③　　**05** 110°
06 60°　**07** ⑤　**08** ⑤　**09** 58°　**10** ②　**11** 2
12 42°　**13** 52°　**14** ④　**15** 40°　**16** 50°
17 $\dfrac{9\sqrt{3}}{2}$ cm²　　**18** 56°

III. 통계

10 대푯값과 산포도

대표문제 확인하기
본교재 061쪽

01 ④　　**02** ④　　**03** ⑤　　**04** ⑤　　**05** ③　　**06** ①
07 ②

필수문제 확인하기
본교재 062～065쪽

01 ③　**02** 13　**03** ⑤　**04** ⑤　**05** 90점　**06** ⑤
07 ④　**08** ⑤　**09** ①　**10** ②　**11** 4　**12** ③
13 ④　**14** 70　**15** ⑤　**16** ⑤　**17** ②　**18** ⑤
19 ①　**20** ②　**21** 3　**22** $\sqrt{6.8}$점 **23** 2

11 산점도와 상관관계

대표문제 확인하기
본교재 067쪽

01 ①　　**02** (1) 2점　(2) 5점　(3) 5명　　**03** (1) ④　(2) 25 %
04 ①　　**05** ②, ④　**06** (1) 양의 상관관계　(2) C

필수문제 확인하기
본교재 068～070쪽

01 ④　　**02** ①　　**03** 48 %　**04** ③　　**05** 40 %
06 (1) 50 %　(2) 5명　(3) 3명　　**07** 20　**08** ⑤　　**09** 30 %
10 5명　**11** 90점　**12** ③, ⑤　**13** ③　　**14** ⑤
15 (1) 28 %　(2) 60점　(3) 5명　　**16** (1) 35 %　(2) 1명

대단원 마무리하기

I. 삼각비
본교재 072～075쪽

01 ③　**02** ⑤　**03** ①　**04** ②　**05** $\dfrac{7}{13}$　**06** ④
07 ①　**08** ④　**09** 13.372 **10** $10(\sqrt{3}+3)$ m　**11** ③
12 $2(3+\sqrt{3})$　**13** $2\sqrt{10}$ cm　　**14** ①
15 $10(3+\sqrt{3})$ m　**16** ⑤　**17** $3\sqrt{3}$ cm²　　**18** ③
19 $\dfrac{\sqrt{17}}{17}$　**20** (1) $\sin x=\dfrac{\sqrt{3}}{3}$, $\tan x=\dfrac{\sqrt{2}}{2}$　(2) $\dfrac{\sqrt{6}}{6}$　**21** $\dfrac{39}{40}$
22 $2\sqrt{13}$ cm　　**23** $20\sqrt{3}$ cm²　　**24** $12\sqrt{3}$

II. 원의 성질
본교재 076～079쪽

01 ①　　**02** ②　　**03** $12\sqrt{3}$ **04** $6\sqrt{5}$ cm　　**05** ④
06 ②　　**07** $\dfrac{9}{5}$ cm **08** ③　　**09** 69°　**10** ②　**11** 25°
12 ①　**13** ④　**14** ③　**15** ②　**16** 164°　**17** 25°
18 ③　**19** 62°　**20** $12\sqrt{3}$ cm　　**21** $12\sqrt{3}$ cm
22 15 cm **23** $\left(\dfrac{8}{3}\pi-4\sqrt{3}\right)$ cm² **24** 42°
25 (1) $4\sqrt{3}$ cm　(2) $(8+4\sqrt{3})$ cm

III. 통계
본교재 080～083쪽

01 ④　**02** 3　**03** 45세　**04** ①　**05** 0　**06** ⑤
07 ②　**08** ①　**09** 18　**10** 52　**11** ②　**12** ③
13 A　**14** (1) 8회　(2) 34개　**15** ②, ④　**16** ④, ⑤　**17** ④
18 −4　**19** 78점　**20** (1) 50 kg　(2) 5
21 (1) $3M+1$　(2) $9S^2$　　**22** 6명　**23** 90점

워크북 ★✦

중단원 Test

01 삼각비
워크북 002~003쪽

01 ⑤　　02 15　　03 $\dfrac{\sqrt{10}}{10}$　　04 ④　　05 ④　　06 $\dfrac{\sqrt{6}}{9}$

07 ②　　08 ②　　09 ④　　10 ③　　11 ④　　12 ⑤

02 삼각비의 값
워크북 004~005쪽

01 ②　　02 ②　　03 ③　　04 $1+\sqrt{3}$　05 $\sqrt{2}-1$　06 ④

07 ⑤　　08 ②　　09 ③　　10 $\dfrac{\sqrt{3}}{3}$　　11 ⑤　　12 ④

03 삼각형의 변의 길이
워크북 006~007쪽

01 ⑤　　02 $\dfrac{\sqrt{15}}{3}$　　03 6.7 m　04 ③　　05 ③　　06 ④

07 ②　　08 ②　　09 ⑤　　10 ③　　11 $30\sqrt{6}$ m　12 ②

04 삼각형의 높이와 넓이
워크북 008~009쪽

01 $7(\sqrt{3}-1)$　　02 ③　　03 ③　　04 $10(\sqrt{3}+1)$ m

05 ④　　06 $\left(\dfrac{32}{3}\pi-16\sqrt{3}\right)$ cm²　　07 ③　　08 ⑤

09 ④　　10 (1) $2\sqrt{7}$　(2) $10\sqrt{3}$　11 $\dfrac{15\sqrt{2}}{2}$ cm²　　12 8 cm

05 현의 성질
워크북 010~011쪽

01 ⑤　　02 ④　　03 $\dfrac{25}{3}$　　04 ③　　05 ⑤　　06 ①

07 ①　　08 ⑤　　09 $4\sqrt{13}\pi$　10 ⑤　　11 55°　　12 ③

06 원의 접선
워크북 012~013쪽

01 ④　　02 ③　　03 3　　04 ④　　05 $\dfrac{72}{13}$ cm　06 ③

07 22　　08 ③　　09 $\dfrac{36}{7}$ cm　　10 ③　　11 $\dfrac{25}{2}$ cm

12 ④

07 원주각의 성질
워크북 014~015쪽

01 ①　　02 ②　　03 40°　04 ③　　05 13°　06 ⑤

07 ⑤　　08 $\dfrac{4}{3}$　　09 65°　10 22°　11 ③　　12 ④

08 원에 내접하는 사각형
워크북 016~017쪽

01 ②, ⑤　02 ③　　03 120°　04 $\angle x=45°$, $\angle y=55°$　05 ③

06 210°　07 ④　　08 ④　　09 ⑤　　10 72°

11 ㄴ, ㅁ, ㅂ　　12 25°

09 접선과 현이 이루는 각
워크북 018~019쪽

01 ④　　02 50°　03 31°　04 40°　05 25°　06 35°

07 ①　　08 $4\sqrt{3}$　09 69°　10 ②　　11 130°　12 ①

10 대푯값과 산포도
워크북 020~021쪽

01 ③　　02 ⑤　　03 ③　　04 ⑤　　05 ⑤　　06 47 kg

07 $\sqrt{2}$개　08 16　　09 −8　　10 30, 10　11 ③　　12 ①

13 ②

11 산점도와 상관관계
워크북 022~023쪽

01 ②　　02 ③　　03 (1) 6명　(2) 50점, 80점　(3) 70점

04 (1) 8명　(2) 10 %　05 ③　　06 ③　　07 92.5점　08 ⑤

09 ②　　10 ②, ④　11 ④　　12 ②

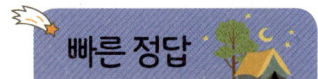
대단원 Test

I. 삼각비
워크북 024∼027쪽

01 $\dfrac{2\sqrt{3}}{3}$ **02** ⑤ **03** ① **04** $\dfrac{7}{5}$ **05** ④ **06** 30°

07 $y=\sqrt{3}x+2\sqrt{3}$ **08** ⑤ **09** ② **10** ⑤ **11** ④

12 ①, ④ **13** ① **14** ④ **15** ④ **16** $25\sqrt{3}$ m

17 $4\sqrt{6}$ m **18** $5(3+\sqrt{3})$ cm **19** ⑤

20 $\left(\dfrac{16}{3}\pi-4\sqrt{3}\right)$ cm² **21** ③ **22** $\dfrac{13\sqrt{7}}{35}$ **23** $\dfrac{3\sqrt{5}}{5}$ **24** 4.695

25 (1) $\dfrac{20\sqrt{3}}{3}$ m　(2) $20\left(1+\dfrac{\sqrt{3}}{3}\right)$ m **26** $6(2-\sqrt{3})$ cm

II. 원의 성질
워크북 028∼031쪽

01 ⑤ **02** 13 cm **03** ② **04** 12 cm² **05** ①

06 3π **07** ④ **08** 24 **09** ③ **10** ② **11** 85°

12 ③ **13** ⑤ **14** $\dfrac{3\sqrt{5}}{2}$ cm **15** ③ **16** 35°

17 ①, ④ **18** ② **19** 58° **20** ④ **21** 2 cm

22 $(72\sqrt{2}-99)\pi$ cm² **23** 6 cm **24** 16° **25** 45°

26 60°

III. 통계
워크북 032∼035쪽

01 ② **02** ③ **03** 0.5 **04** ② **05** ① **06** ①

07 ② **08** 27 **09** ⑤ **10** ④ **11** ③ **12** ⑤

13 ② **14** ④ **15** ② **16** ③, ④ **17** ③ **18** 74점

19 3.2 **20** 19π **21** $\dfrac{7}{2}$ **22** 2명 **23** 85점

학업 성취도 Test
워크북 036∼040쪽

01 ② **02** 18 **03** 0.6140 **04** ③ **05** $3\sqrt{6}$ m **06** ③

07 $25(\sqrt{3}-1)$ m **08** ⑤ **09** ④ **10** ③

11 $10\sqrt{3}$ cm **12** ② **13** ② **14** 17° **15** ⑤

16 6 cm **17** ④ **18** ③ **19** ① **20** ③, ⑤ **21** $\dfrac{4\sqrt{5}}{5}$점

22 ④ **23** ⑤ **24** 4 **25** $\dfrac{3\sqrt{5}}{5}$ **26** $10(3+\sqrt{3})$ m

27 $28\sqrt{10}$ cm² **28** 40° **29** 27π cm² **30** 민혁

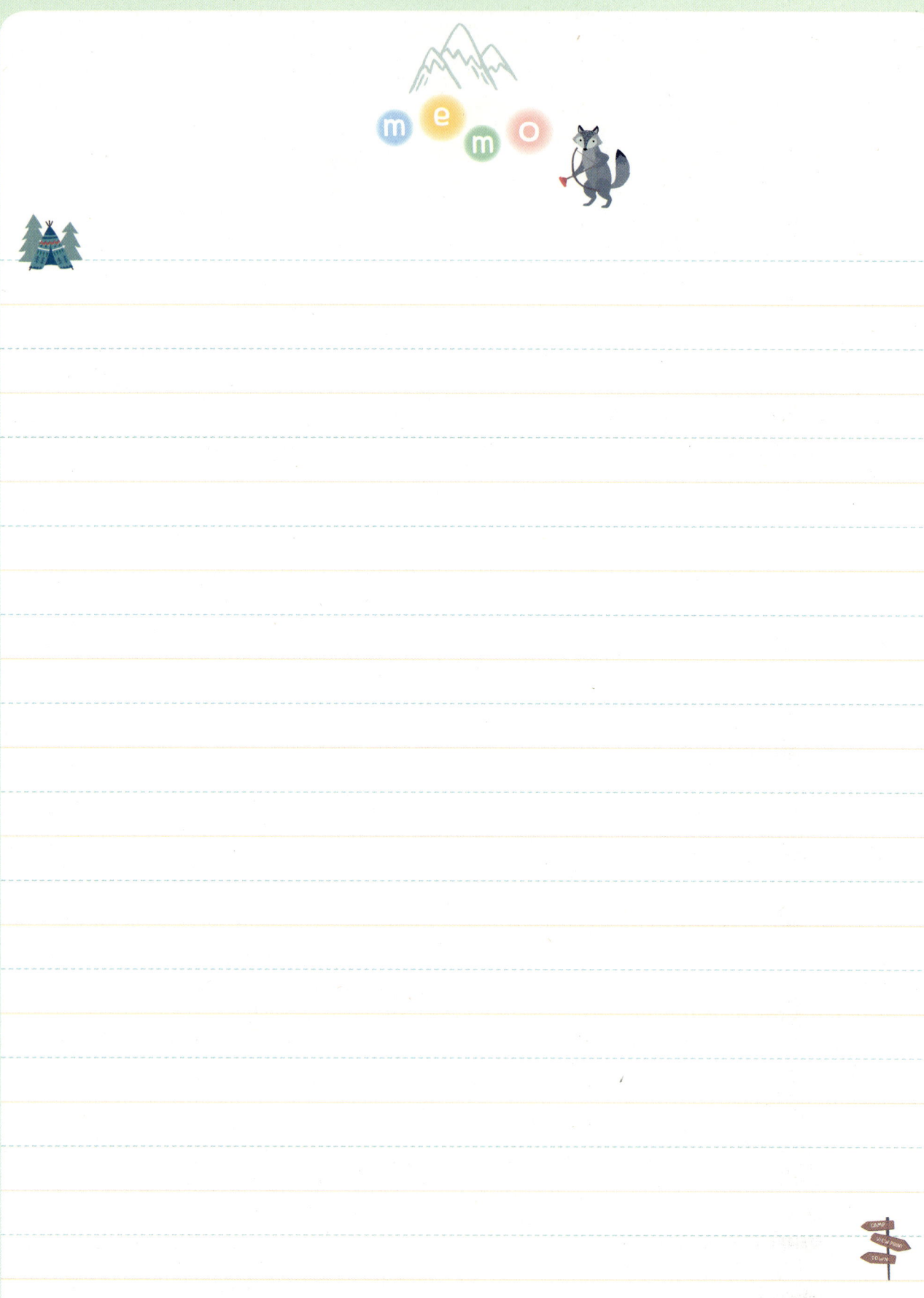

新 수학의 바이블

내신 특강